공간으로 본 영조시대

장서각한국사강의 36

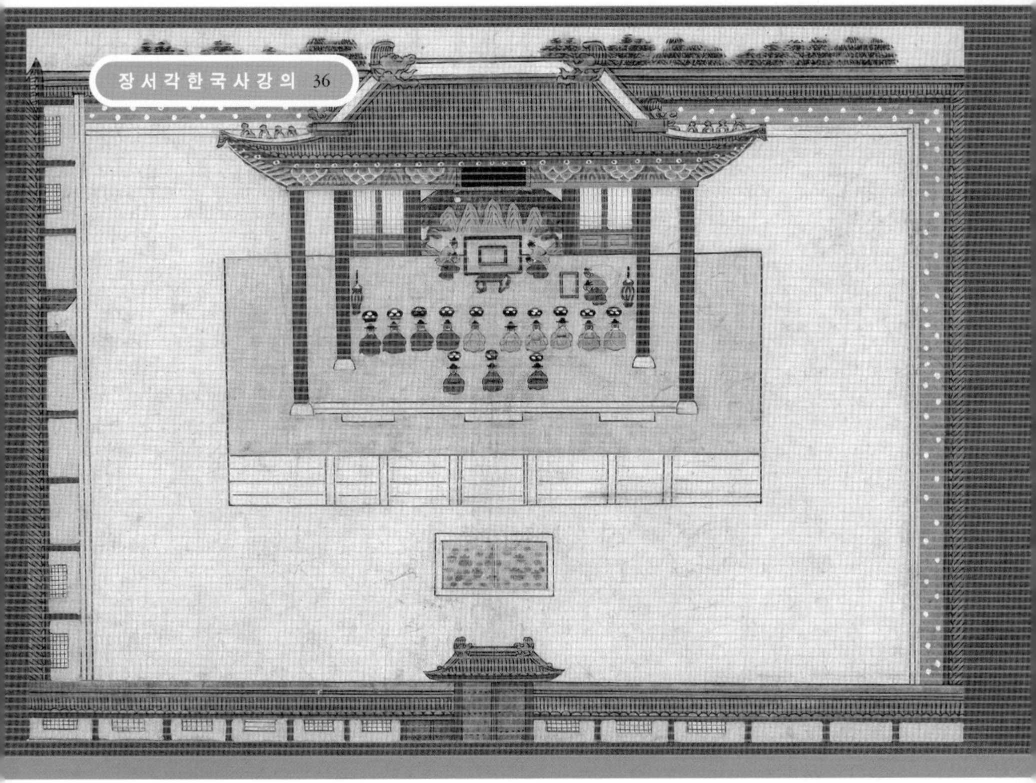

공간으로 본 영조시대

정은주 · 박진성 · 윤정 · 임민혁 · 김우진
김지영 · 정해은 · 이상배 · 유승희 지음

한국학중앙연구원출판부

책머리에

이 책은 장서각 소장 자료를 바탕으로 영조 연간의 공간에 담긴 인문학적 의미를 탐구한 연구 성과이다. 전체 구성은 당시 국정 운영과 사회적 실상을 정치, 숭조, 소중화, 도시라는 4가지 공간 범주를 중심으로, 총 9가지 세부 주제로 나누어 살펴보았다. 이를 통해 영조 대의 정치적 구상과 사상적 지향이 다양한 공간 속에서 어떻게 구현되었는지를 입체적으로 밝히는 데 목적을 두었다.

첫째 '정치 공간'에서, 박진성의 「창의궁, 영조의 잠저 시절 추억과 추모의 공간」은 연잉군 시절의 잠저이자 등극 이후에도 영조가 각별한 애정을 기울였던 창의궁을 통해 그의 정치적·정서적 세계를 살펴보고자 했다. 이를 위해 영조가 등극 전후에 남긴 창의궁 관련 글을 중심으로, 이 공간에서 드러낸 과거 회상과 부모에 대한 추모, 그리고 노년기에 추구한 현실 위인 및 안식의 의미를 분석하고, 이를 문학적으로 어떻게 형상화했는지 고찰했다.

윤정의 「영조 후반 경희궁 임어와 경현당 세손 대리청정」은 영조 후반기 경희궁의 운영과 그 안에 담긴 정치적 지향을 세손(정조)의 대리청정과 그 공간적 배경이 된 경현당의 사적을 매개로 고찰했다. 이를 통해 영조 후반기의 경희궁 운영이 임오화변을 거쳐 후계자 교체를 완결하는 과정이자, 경종 대 세제와 영조 전반 사도세자의 대리청정으로부터 비롯된 정치적 파장에 대응하는 성격을 지니고 있었음을 밝혔다.

둘째 '숭조 공간'에서, 정은주의 「영조 연간 함경도 왕실 능전 사적 정비: 『북도능전지』와 《북도능전도형》을 중심으로」는 영조 연간 함경도 조선 왕실 능전 사적 정비 과정을 고찰하기 위해 1747년 위창조의 『북로능전지』와 이를 보완한 1758년 『북도능전지』의 내용을 비교·분석했다. 이를 통해 《북도능전도형》에 묘사된 각 능전 사적의 연혁과 정비 과정의 구체적인 경위를 밝히고, 주기(註記)와 화면 구성을 분석하여 조선 후기 함경도 왕실 산릉도의 형식과 전형을 규명했다.

임민혁의 「영조의 효제 논리와 사친 궁원 조성」은 영조가 사친에 대한 효제를 정치적으로 어떻게 활용했는지를 규명했다. 재위 중반 정국의 안정기에 이르러 영조는 육상궁 참배와 소령원 친행을 통해 효제 실천을 구체화했으며, 이를 사친추숭이라는 정치 논리 속에서 전개했다. 그 결과 『궁원식례』가 편찬되었고, 이는 국왕의 위상을 강화하고 정국 운영을 정당화하는 정치적 의미를 지니게 되었음을 분석했다.

셋째 '소중화 공간'에서, 김우진의 「영조의 남송 역사 인식과 추모 공간의 활용: 와룡사와 황제총을 중심으로」는 영조가 송 고종이 정강의 변 이후 남송을 건국했으나 부형을 귀환시키지 못한 부채의식을 안고 즉위한 점을 자신의 처지에 투영하고, 동시에 차별화를 통해 자신의 정당성을 확보하고자 했던 의도를 밝히려 했다. 또한 영조의 악비 추숭과 『정충록』 재간행, 황제총의 재조명, 문천상의 와룡사 합향 등을 분석하여 그의 정치적 입장과 의지 형성에 미친 영향을 파악했다.

김지영의 「영조 대 대보단의 장소성」은 영조 대 대보단 증수에는 중국의 구원병 파견에 대한 감사를 넘어 건국기 조선의 내치와 외교 정책의 중요 원칙을 재확인하고, 이에 기반하여 '재조(再造) 조선' 혹은 조선 중흥(重興)의 방향성을 설정하고 적극적으로 제도 개혁을 하려는 실천적 목적이 있었음을 밝히려 했다. 이를 위해 1749년 대보단 증수 논의 쟁점을 살펴보고, 명 태조 향사로 확장된 영조 대 대보단의 장소성을 새롭게 조명했다.

넷째 '도시 공간'에서, 정해은의 「조선 후기 탕춘대성의 위상 변화와 도성 방어체제의 재편」은 탕춘대성을 조선 후기 도성 방어 전략의 재편 과정과 연결 지어 분석했다. 이를 위해 숙종 대 탕춘대의 축성과 중단 배경을 살펴보고, 영조 대에 이루어진 축성 논의를 검토했다. 또한 영조 대 북한산성이 도성을 수호하는 배후기지가 되면서 탕춘대성도 도성의 외성으로서 조선 후기 도성 방어체제를 재구성한 핵심 요소로 기능했음을 밝혔다.

이상배의 「청계천 수리시설 정비: 영조의 도시계획」은 영조가 추진한 청계천 준설사업을 1760년 준천에 국한된 기존의 시각에서 벗어나, 기획 단계부터 완공까지 22년에 걸친 장기 수리사업으로 재조명하고 시기별 전개 과정을 구분하여 고찰했다. 나아가 영조가 도성민과 소통하며 공동체적 인식을 형성한 과정을 분석하고, 청계천 준설이 조선시대 최대의 수리시설 개선사업으로서 도성의 도심 환경과 생활 개선을 이끌었음을 규명했다.

유승희의 「18세기 한성부 성저십리의 운영과 특징」은 영조 연간 한성부의 성저십리 운영 양상을 고찰했다. 17세기 후반 이후 성저십리에는 국가 주도의 공간 정비가 이루어졌음을 밝히고, 그 방향을 성저십리 내 금표 제정을 통한 금송(禁松)과 금장(禁葬) 관리, 왕실 및 국가 관련 시설물의 설치와 촌락 조성, 한성부 부-방 체제로의 행정 편입으로 요약했다. 이를 통해 18세기 성저십리 운영이 지닌 역사적 함의와 공간적 의미를 검토했다.

이 책은 영조 대의 정치와 사상을 개별 사건이나 제도의 차원을 넘어, 그것이 구체적 공간의 조성과 운영 속에서 어떻게 드러나고 재편되었는지를 종합적으로 탐구한 저작이다. 또한 장서각 소장 자료를 비롯해 풍부한 사료를 토대로 공간을 매개로 한 새로운 분석 틀을 제시함으로써, 정치사·사상사·도시사 연구를 유기적으로 연결하는 학제적 성과를 보여준다. 나아가 영조 대 공간 운영의 의미를 재해석한 연구로서, 조선 후기 국가 운영의 성격을 다각도로 이해하는 데 기여할 뿐 아니라, 오늘날 한국 역사와 도시 공간 연구에도 중요한 시사점을 제시할 것이다.

2025년 11월

저자 일동

차례

책머리에 · 5

1부 정치 공간

1장 창의궁, 영조의 잠저 시절 추억과 추모의 공간 박진성

1. 머리말 · 15
2. 연잉군 시절의 사저 마련과 생활 · 18
3. 왕위 등극 이후 창의궁에서 추억과 안식 · 33
4. 맺음말 · 45

2장 영조 후반 경희궁 임어와 경현당 세손 대리청정 윤정

1. 머리말 · 49
2. 영조 후반 궁궐 경영과 경희궁 임어 · 52
3. 세손의 위호 변경과 후계자 위상 정립 · 66
4. 세손 대리청정과 경현당 사적의 재구성 · 79
5. 맺음말 · 91

2부 숭조 공간

3장 영조 연간 함경도 왕실 능전 사적 정비: 『북도능전지』와 《북도능전도형》을 중심으로 — 정은주

1. 머리말 · 99
2. 영조 연간 『북도능전지』의 편찬 경위 · 102
3. 《북도능전도형》의 팔릉과 주요 사적 · 112
4. 맺음말 · 138

4장 영조의 효제 논리와 사친 궁원 조성 — 임민혁

1. 머리말 · 145
2. 효제의 정치 논리와 왕권 · 147
3. 사친추숭의 과정과 의례적 성격 · 155
4. 육상궁과 소령원 행행 · 164
5. 육상궁과 소령원의 지위 · 171
6. 맺음말 · 181

3부 소중화 공간

5장 영조의 남송 역사 인식과 추모 공간의 활용: 와룡사와 황제총을 중심으로 김우진

1. 머리말 · 187
2. 영조의 남송 고종에 대한 비평 · 191
3. 와룡사 치제와 『정충록』 재간행을 통한 악비의 행적 재부각 · 198
4. 황제총 설(說)의 부상과 와룡사에의 문천상 합향 · 205
5. 맺음말 · 212

6장 영조 대 대보단의 장소성 김지영

1. 머리말 · 221
2. 1749년 대보단 증수 논의의 쟁점 · 225
3. 증수 제단과 제향 형식: 대조(大造)와 재조(再造) 공덕의 기념 · 234
4. 명 태조 향사로 확장된 대보단의 의미 · 238
5. 증수 이후 대보단 운영과 장소성의 공고화 · 247
6. 맺음말 · 253

4부 도시 공간

7장 조선 후기 탕춘대성의 위상 변화와 도성 방어체제의 재편 정해은

1. 머리말 · 261
2. 숙종 대 탕춘대성의 축조와 중단 · 264
3. 영조 대 탕춘대성의 재축조와 성격 변화 · 276
4. 도성 방어와 탕춘대성 · 286
5. 맺음말 · 292

8장 청계천 수리시설 정비: 영조의 도시계획 이상배

1. 머리말 · 297
2. 한성의 공간 구조와 도성 치수정책의 전개 · 301
3. 영조의 청계천 준설 3단계 · 308
4. 맺음말: 청계천 준천의 역사적 의미 · 327

9장 18세기 한성부 성저십리의 운영과 특징 유승희

1. 머리말 · 331
2. 공간의 규제: 금장(禁葬)과 금송(禁松) · 334
3. 국가 관련 시설의 조성과 모민(募民) · 343
4. 한성부 행정체제의 편입과 관리 · 350
5. 맺음말 · 361

1부

정치 공간

1장

창의궁, 영조의 잠저 시절 추억과 추모의 공간

박진성

1. 머리말

조선의 제21대 국왕인 영조는 28세 나이로 왕세제에 봉해지고 31세에 왕위에 등극했다. 왕세제 전에는 종친부(宗親府), 주원(廚院), 도총부(都摠府) 등에서 관직생활을 했고 성인이 되어서는 사저인 창의궁(彰義宮)으로 나가 지내기도 했다. 이처럼 영조는 늦은 나이에 왕위에 올라 50여 년을 재위했던 장수왕으로서 등극 이전부터 이후까지, 궐 내외를 망라해 추억하고 기념할 공간이 많을 수밖에 없었다.

영조는 역대 국왕 가운데 가장 많은 어제(御製)를 남긴 인물이기도 하다. 즉위 이전부터 1776년 몰년까지 『열성어제(列聖御製)』에 수록된 1,500여 편의 시문을 비롯해 각종 어제 문집류와 노년에 지은 5,000여 편의 어제첩 등 수천 편의 어제 시문을 남겼다.[1] 이러한 영조의 어제 가운데서 자신이 태어난 창덕궁 보경당(寶慶堂), 부왕 숙종을 모셨던 경희궁 융복전(隆福殿), 생모 숙빈 최씨(淑嬪崔氏)와의 추억이 서린 잠저(潛邸) 창의궁과 고령(高嶺)의 소령원(昭寧園) 등 영조만의 특별한 공간에 대한 이야기와 감상을 무수히 확인할 수 있다.

이 글은 영조의 기억에 자리한 수많은 공간 가운데 그의 잠저였던 창의궁에 주목해보았다. 창의궁은 영조의 연잉군(延礽君) 시절 19세가 된 왕자의 출합(出閤)을 위해 마련된 사저(私邸)였다가 왕세제 책봉 이후 동궁 소속의 궁가(宮家)로 편입되었다. 영조는 왕세제가 되기 전에 이곳에서 숙빈 최씨를 모시고 지내다가 그녀의 임종을 지켜보기도 했다. 자식인 화억옹주(和憶翁主)와 효장세자(孝章世子), 화순옹주(和順翁主)가 태어난 곳이자 사도세자(思悼世子)의 아들로 요절한 의소세손(懿昭世孫)의 사당을 조성한 곳도 바로 창의궁이다.

이처럼 영조에게 창의궁은 생모 및 자식들과의 추억이 서려 있는 사적 공간으로서, 궐내의 여느 공간들과 다른 성격을 지닌다. 실제로 영조 어제 중에는 이곳과 관련된 시문이 다수 수록되어 있다. 영조는 생의 말년까지 창의궁을 '구저(舊邸)' 또는 '잠저(潛邸)'라 칭하면서 글쓰기 대상으로 삼았고 양성헌, 일한재(日閑齋), 함일재(咸一齋) 등 소속 건물을 열거하면서 특별한 추억과 감회를 술회하기도 했다.[2]

1 영조의 어제는 크게 '『열성어제』', '문집', '영조어제간본', '영조어제첩본'의 4가지 형태로 구분할 수 있다. 『열성어제』(58책 110권) 가운데 영조의 어제는 권18에서 권37까지로 831수의 시와 691편의 문이 수록되어 있다. 영조의 문집은 『영조장조문집』에 수록된 『어제집경당편집』(6권 3책)·『어제속집경당편집』(6권 3책)과 『영조문집보유』에 수록된 『영종대왕어제속편』(10권 5책), 『영종대왕어제』(상·하 2권), 『영종대왕어제습유』(4권 4책), 『어제시문』(상·하) 등이 있다. 영조어제간본은 정조 대 작성된 『봉모당봉안어서총목』과 1910년대 작성된 『봉모당봉장서목』에 수록되어 있는 『어제대훈』과 『어제자성편』 등을 비롯해 별도 간행본 80여 편이다. 영조어제첩본은 『어제집경당편집』 편찬 이후인 1770년대부터 승하 이전까지 영조가 노년에 지은 율문과 산문으로 『봉모당봉안어서총목』과 『봉모당봉장서목』에 수록된 5,200여 편의 개별 첩장과 간본 형태의 작품이다(안장리, 『조선 국왕 영조 문학 연구』, 세창출판사, 2020 참조).

2 한국학중앙연구원 장서각에 소장된 5,200여 편의 영조어제첩본류 가운데 '어제창의궁(御製彰義宮)(한국학중앙연구원 장서각, 이하 '장서각', K4-4689)'을 비롯해 창의궁과 관련된 구저, 잠저,

이 글에서는 영조 어제 속 창의궁 관련 기록을 주요 대상으로 삼아 등극 이전부터 이후까지 영조가 창의궁이라는 공간을 어떻게 인식하고 문학적으로 형상화했는지, 이 공간만의 의미는 무엇인지를 고찰하고자 한다. 대개 창의궁이 영조의 잠저였다는 사실과 이곳을 마련한 과정에 대해서는 단편적으로 논의된 바가 있지만, 영조 등극 전후 창의궁에서 이루어진 활동 및 인식에 대해서는 별도의 연구가 아직 진행되지 않았다.[3] 이 글을 통해 창의궁이라는 공간의 의미와 영조의 내면의식을 보다 세밀하게 살필 수 있을 것이라 기대한다.

양성헌, 일한재, 함일재 등을 제목으로 삼은 작품으로 '어제잠저기(御製潛邸記)(장서각, K4-4244)·어제억구저(御製憶舊邸)(장서각, K4-3147)·어제일한재(御製日閑齋)(장서각, K4-3918)·어제함일재(御製咸一齋)(장서각, K4-5316)·어제양성주인자서(御製養性主人自序)(장서각, K4-3088)' 등 약 45편의 시문이 수록되어 있으며, 작품 제목으로 삼지 않더라도 내용에서 창의궁을 구저라 일컫고 창의궁 내 주요 건물들을 언급하면서 창의궁에 머물던 과거를 회상하고 감회를 읊은 작품이 수백 편에 달한다.

3 필자가 확인한 창의궁 관련 개별 연구로는 창의궁 일한재에 소장된 서책과 서화 약 1,450점의 목록을 바탕으로 영조가 목록을 작성한 의미와 조선 후기 궁가의 문화 향유 양상을 살핀 연구가 있으며[황정연, 「조선후기 궁가(宮家)의 미술사·도시인문학적 의미: 창의궁(彰義宮)의 장소성과 서화컬렉션을 중심으로」, 『미술자료』 91, 2017], 최근 화순옹주(和順翁主)의 궁가를 토대로 영조 대 옹주 궁가의 성립과 운영, 계승 방식을 살핀 연구에서 영조 일가가 보유했던 네 개의 궁가 가운데 하나로서 창의궁이 조성되고 운영된 사례를 검토한 바 있다[김지영, 「영조대 옹주 궁가(翁主宮家)의 성립과 계승: 화순옹주(和順翁主)-월성위(月城尉) 궁가(宮家)를 중심으로」, 『조선시대사학보』 111, 2024, 120~122쪽]. 이 밖에 관련 저서로서 조선시대 한양에 자리한 왕실 별궁들의 조성과 운영, 공간의 의미 등을 종합적으로 검토한 책에서 연잉군 시절 사저로서 창의궁 마련 과정과 영조 등극 이후 잠저로서 특별하게 관리한 역사를 설명했다(김지영 외, 『대권 밖의 오아실, 한양의 별궁』, 서울역사박물관, 2020, 117~119쪽, 171~175쪽).

2. 연잉군 시절의 사저 마련과 생활

1) 창의궁 사저의 마련과 이거

창의궁은 경복궁의 서문인 영추문(迎秋門)을 마주한 순화방(順化坊)에 있었다. 현재 행정구역상으로는 서울시 종로구 통의동 35번지 일대이다. 이곳은 애초부터 영조의 사저로 마련된 궁가는 아니었고 일찍이 효종의 넷째 딸인 숙휘공주(淑徽公主)가 인평위(寅平尉) 정제현(鄭齊賢)과 혼인했을 때 거주한 저택이었다(그림 1). 이 사저의 구입과 연잉군의 이거는 사실 순조롭지만은 않았다.

영조는 6세 때인 1699년(숙종 25) 연잉군 봉호를 받았고, 11세였던 1704년 2월에 진사 서종제(徐宗悌)의 딸 정성왕후와 가례를 올렸다. 이로부터 두 달이 지난 4월에 숙종은 연잉군이 이미 혼례를 올렸음에도 아직 저택이 없어 출합을 못하는 것을 염려하여 호조에 사저를 구입해주도록 명했다. 하지만 당시 숙빈 최씨의 저택인 숙빈방(淑嬪房)이 옛 이현궁(梨峴宮) 자리에 이미 마련되어 있었기 때문에 어린 왕자만을 위한 별도의 저택을 사들이기가 쉽지 않았다.[4] 3년이 지난 1707년에 연잉군의 동생 연령군(延齡君)이 가례를 올리면서 숙종은 혼례를 치른 연잉군과 연령군을 위해 출합할 저택을 구입해주도록 재차 지시했다. 이때 연잉군의 사저로서 선조의 장녀인 정명공주(貞明公主)가 살던 집을 사려고 했지만, 이는 공주 후손의 반대로 인해 끝내 무산되고 말았다.[5] 연잉군과 연령군을 특별히 아꼈

4 『숙종실록』, 30년(1704) 4월 17일.

5 『숙종실록』, 33년(1707) 8월 29일, 9월 3일.

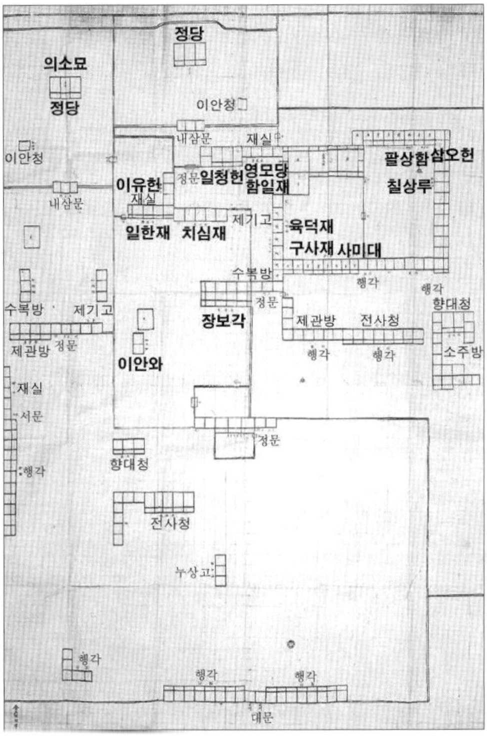

그림 1 〈창의궁 배치도〉 부분, 고려대학교박물관

던 숙종은 왕자들의 저택을 궁궐 근처의 번화가에 두고자 했지만 당시 가뭄과 기근으로 국고가 바닥난 상황에서 막대한 비용을 마련해야 했기에 대외의 눈치를 볼 수밖에 없었고, 대신들의 반대 또한 심하여 이를 쉽사리 추진하지 못했다.[6] 그러다가 1710년 연잉군의 나이가 어느덧 17세에 이르면서 출합에 대한 논의가 본격화되었다.

> 연잉군 왕자의 나이가 이미 장성했고 또 가례를 거행했는데, 출합(出閤)의 의논이 있었다는 말을 듣지 못했습니다. 삼가 생각하건대 자애(慈愛)

6 『승정원일기』, 숙종 33년(1707) 11월 7일; 『숙종실록』, 34년(1708) 10월 30일.

하시는 정리(情理)에 차마 잠시 떠나보내지 못하시는데, 이미 주원(廚院)의 제거(提擧)를 맡고 있으니, 낭료를 인접하고 문부(文簿)를 출납하는 데 방애(妨碍)되는 단서가 있을 듯합니다. 삼가 원하건대 빨리 구례(舊例)를 좇아 사합(私閤)에 거처하게 하소서.[7]

위 상소에서 지평 조석명(趙錫命)은 연잉군의 출합이 너무 지연됨을 문제 삼으면서 숙종이 남달리 아끼는 마음을 거두고 관례를 따라야 한다고 말했다. 조석명이 출합 재촉의 이유로 든 연잉군의 주원 제거 벼슬자리는 연잉군의 출합이 왜 늦어졌는지를 이해하는 또 하나의 단서가 된다.

조석명의 상소와 함께 연잉군의 출합에 대한 논의와 결정은 급물살을 탔고 상소가 올라온 그달의 마지막 날에 마침내 연잉군의 출합이 이듬해 봄으로 확정되었다.[8] 이렇게 출합 날짜가 정해지고 며칠 뒤 호조는 전 주부 정계일(鄭繼一)이 살고 있던 집을 매수하기로 한다. 그 집은 곧 숙휘공주와 인평위 정제현이 살던 고택이었다. 호조의 계문에 따르면 집의 부지는 3,539칸이었고 건물은 266칸 규모였으며, 매수 가격은 은 3,934냥 정도였다.[9] 숙종은 과거에 조정의 여러 궁가와 저택이 지나치게 넓고 사치스러운 것을 염려하며 이 집을 콕 짚어서 비판했지만[10] 정작 연잉군의 사저로 정해지자 거금을 들여 구입했다. 연잉군에 대한 숙종의 애정이 얼마나 각별했는지 알 수 있을 것이다. 연잉군의 출합에 대한 숙종의 남다른 마음씀은 다음의 어제시를 통해서도 확인할 수 있다.

연잉군에게 집을 사서 주었는데, 바로 인평도위의 옛집이다. 특별히 헌

7 『숙종실록』, 36년(1710) 9월 14일.

8 『승정원일기』, 숙종 36년(1710) 9월 30일.

9 『승정원일기』, 숙종 36년(1710) 10월 10일.

10 『숙종실록』, 28년(1702) 8월 10일.

(軒)의 이름을 '양성헌'이라고 지어주고 절구 두 수를 목판에 새겨 헌 안에 걸게 했다.(延礽君買給第宅, 卽寅平都尉舊第也. 特命軒名曰養性, 遂以二絶鏤板, 揭之軒裏.)

두 헌에 새로 편액 써서 내리니	兩軒新賜額
이름을 지은 뜻 어찌 쓸데없으랴.	命意豈徒然.
존양의 의미 알고자 한다면	欲知存養義
『맹자』「진심」편을 깊이 음미하라.	深玩盡心篇.

또	又
높은 누각은 어찌 그리 탁 트였나	高閣何寬敞
임금 수레 예전에 이미 왔었지.	鑾輿昔已臨.
광명전과 매우 가까우니	密邇光明殿
때때로 이르러 내 마음을 위로하라.	時登慰我心.[11]

『열성어제』에 수록된 숙종의 위 시는 1710년 10월 연잉군의 사저를 구입한 직후 연잉군에게 지어준 것이다. 숙종은 숙휘공주와 인평도위가 살았던 집을 사준 것에 그치지 않고, '양성헌'이라는 헌명(軒名)을 직접 하사하여 집에 걸게 했으며, 어제시 두 수까지 지어주었다. 첫 번째 절구에서 말한 '두 헌'은 연잉군의 양성헌과 동생 연령군의 안국동 사저에 있는 존심헌(存心軒)을 일컫는다. 숙종은 『맹자』「진심」편에 나오는 '존심양성(存心養性, 마음을 보존하고 본성을 기른다)'의 구절을 반씩 취하여 연령군과 연잉군 사저의 헌명으로 각각 지어주었다. 이에 첫 번째 수의 마지막 구절에서 위와

11 『열성어제』 제11권, 「숙종대왕○시」. 이하 『열성어제』 수록 작품의 번역은 한국고전종합DB 고전번역서를 참조하되 필자가 수정했다.

같이 말한 것이다. 두 번째 절구에서는 숙종의 진심이 묻어난다. 첫 구의 높은 누각은 바로 양성헌을 가리키며, 임금 수레가 예전에 왔다는 말은 1696년 4월에 고모인 숙휘공주의 병환이 깊어지자 숙종이 직접 거둥하여 문안하고 이듬해 3월 사망했을 때 친히 조문했던 일을 이른 것으로 보인다.[12] 다음 구에서는 숙종 자신도 직접 와봤기에 이 집이 광명전과 가깝다는 것을 알고 있고, 이에 연잉군에게 자주 광명전에 들러서 왕자와 떨어져 지내는 자신의 서운한 마음을 위로해달라고 말했다.

몇 년의 우여곡절 끝에 연잉군 사저를 얻게 된 것에 대한 후련함이나 축하보다는 사랑하는 왕자를 떠나보내야 하는 아쉬움이 더 크게 느껴지는 작품이다. 훗날 왕위에 오른 영조는 이러한 부친의 마음을 잊지 않고자 양성헌을 평생의 자호로 삼고 양성주인이라 자칭했다.[13]

그런데 숙종은 위 시를 지어주고 나서도 연잉군을 쉽사리 떠나보내지 못했다. 당초 1711년 봄으로 출합일을 정했고, 그 거처가 마련됨에 따라 이현궁에 있던 숙빈 최씨의 거처도 옮겨서 연잉군과 동거하게 했다.[14] 그러나 이러한 결정이 난 이후에도 숙종은 몇 번이나 번복하면서 일정을 계속 연기했고, 설상가상으로 연잉군이 마마병까지 걸리면서 출합은 요원해지기만 했다.[15] 그렇게 다시 1년이 지나 19세가 된 1712년 2월이 되어서야 연잉군은 마침내 궁을 떠나 창의궁으로 이거할 수 있었다.

> 왕자 연잉군이 금중(禁中)에서 사제로 나갔다. 작년 이래로 해조에서 여러 번 출합의 날을 가렸는데도 기일에 미치면 임금이 문득 명하여 조금

12 『숙종실록』, 22년(1696) 4월 25일, 23년(1697) 3월 25일.

13 「어제자성옹자서(御製自醒翁自敍)」(장서각, K4-4082), "噫, 予欲表恩榮, 自號養性主人."

14 『숙종실록』, 37년(1711) 6월 22일.

15 『승정원일기』, 숙종 37년(1711) 7월 1일, 숙종 38년(1712) 1월 11일; 『숙종실록』, 37년(1711) 9월 6일.

씩 뒤로 물리더니, 이때에 이르러 비로소 출합한 것이다.[16]

이제 네가 장성하여 출합이 가까이 있으니 이는 기뻐할 만하다. 18년 동안 오래 궁중에 머물러 있었으나 이제는 옆에서 모심이 점차 드물어질 것이니, 자애로운 심정이 어찌 서운함을 견딜 수 있겠는가? 이에 절구 두 수를 너에게 주니, 한 수는 너를 축원하는 말이고 한 수는 학문을 권면하는 뜻이다.(今汝年長, 出閤在邇, 是則可喜. 十八年來, 長在宮中, 今則侍側漸覺稀濶, 慈愛之情, 曷堪缺然. 玆以二首絶句贈汝, 一則祝汝之辭, 一則勸學之意也.)

정월에 사저로 나가기로 정했으나	元月差朝出第居
내 너를 생각함을 달랠 길 없었다.	我思汝戀自難紓.
오직 바라니 맑은 마음에 아프지 말고	惟願淸心無疾病
곽공(郭公)처럼 영원히 다복하거라.	永年多福郭公如.

또	又
금은보화 넘치게 쓰면 저축하기 어렵지만	金珠濫費誠難儲
학문을 몸에 지니면 써도 남음이 있네.	學問藏身用有餘.
날마다 부지런하게 스승을 가까이하며	孜孜日益親師傅
밝은 창가에서 경전을 펼쳐보길 바라노라.	經傳晴窓可卷舒.[17]

위의 첫 번째 인용문은 연잉군이 창의궁으로 나가던 날에 작성된 『숙종실록』 기사이며, 두 번째는 그 당시 숙종이 연잉군에게 내려준 절구 두 수이다. 실록 기사에서는 연잉군의 출합 날이 정해졌는데도, 임금이 문득 명

16 『숙종실록』, 38년(1712) 2월 12일.

17 『열성어제』 제12권, 「숙종대왕○시」, 〈연잉군에게 주다(賜延礽君)〉.

하여 조금씩 뒤로 미루다가 이날에 이르러 비로소 출합하게 되었다는 사실을 적시했다. 그리고 어제시 두 작품에서는 몇 번이고 미뤄왔던 출합일이 결국 찾아옴에 마냥 서운하고 아쉽지만 어쩔 수 없이 보내야만 하는 상황이니 부디 건강하고 옛날 곽자의(郭子儀)처럼 부귀영화와 자손복을 영원히 누리길 기원하며, 또 궁을 나가더라도 학업을 게을리하지 말고 매일 정진할 것을 권면했다.

마치 어린아이를 물가에 내놓는 것처럼 숙종은 19년을 궁에서만 지내온 왕자를 궁궐 밖으로 떠나보내야 하는 상황이 마냥 걱정되고 다시는 볼 수 없을 것처럼 아쉬워했다. 그럼에도 보내야 한다는 것을 자신도 알고 있었기에 부디 건강하고 학업에 정진하라는 말을 마지막으로 전했다. 장성한 연잉군의 독립 앞에서 아버지로서 진심을 내비치며 자식의 성공을 기원한 것이다.

2) 연잉군 시절의 활동과 창의궁에서의 희비

몇 번의 변동 끝에 성인이 다 되어서야 출궁한 영조의 심정은 그 부왕과는 조금은 달랐던 것 같다. 영조가 이사한 새 궁가는 숙종이 있던 경희궁에서 북동쪽으로 1km도 채 안되는 거리에 있었지만 삼엄한 도성과는 달리 한적하고 자연을 완상할 수 있는 별천지 같은 곳이라서 그의 마음을 단번에 사로잡았다. 이는 다음 시를 통해 확인할 수 있다.

누각에 기대 먼 곳 바라보니	倚閣遥望處
인왕산이 지척에 있구나.	仁王指覩間.
갑자기 운무 속에 잠겨도	倏忽烟靄裏
산 정취 고금에 한가하구나.	山意古今閒.

이상은 '서쪽으로 인왕산을 바라봄'이다.(右西望仁王.)

초당에 아무 일도 없는 날에 無事草堂日
낚시하다가 해 질 무렵 되었네. 釣魚到夕陽.
못물과 하늘이 한가지 색이니 水天同一色
맑은 흥이 재차 일렁인다네. 清興復洋洋.
이상은 '연못에서 물고기를 구경함'이다.(右觀魚池塘.)[18]

위 작품은 영조가 창의궁 양성헌에서 바라본 여덟 가지 승경을 읊은 시 가운데 첫 번째와 다섯 번째 승경에 관한 것이다. 인용문에는 없지만 그 일곱 번째 시에서 도성의 가을 달을 노래하고 여덟 번째 시에서 눈 속에 핀 매화를 읊은 것을 보면, 1712년 2월 창의궁으로 이거한 뒤 한 해를 오롯이 보내고 지은 작품임을 알 수 있다. 시는 전체 여덟 수인데, 위의 두 수만 보더라도 영조가 새로 얻은 저택이 얼마나 마음에 들었는지 드러난다. 집 서쪽으로 인왕산이 가까이 있어 운무에 잠긴 운치 있는 자태를 언제든 살필 수 있으며, 집 안의 연못은 널찍하여 하루 종일 낚시를 즐길 수 있으니, 이처럼 자연과 동화된 노닐음 속에서 맑은 흥취가 끊이지 않고 생겨난다. 비슷한 시기에 지은 다른 시에서도 "누각에 오르면 해 높이 솟아 마음 절로 한가해지고, 난간 기대면 바람 고요히여 몸이 항상 편안히네(臨閣日高心自閒, 倚欄風靜體常安)"라 했고, 또 다른 작품에서 "문밖에 날마다 시끄러운 수레 없어, 한밤중까지 고당에 한가롭게 누워 있다네(門外日無軒騎紛, 高堂閒臥到宵分)"[19]라 한 것으로 보아 창의궁은 시끄러운 도성으로부터 한발 벗어난 자연 친화적 공간으로서 탈속의 정취를 느끼고 휴식할 수 있는 영조만의 안식처였던 것 같다. 여기에다가 지극정성으로 모시고자 했던 어머니 숙빈 최씨를 곁에서 봉양할 수 있었으니, 그 기쁨은 더할 나위 없었

18 『열성어제』 제18권 「영종대왕○시」, 〈양성헌팔영(養性軒八詠)〉.
19 『열성어제』 제18권 「영종대왕○시」, 〈한가로이 읊다(閒吟)〉.

을 것이다.

> 오호라! 19세인 임진년(1712) 2월 12일에 사저를 얻어 창의궁에 나아갔으니 인평도위의 옛집이다. 그날 함일재에 이르러 사흘 동안 어머니를 기쁘게 모셨다. 그해 겨울에 창의궁 집에 머물면서 한 해를 넘겼다. 아! 19세까지 살아오면서 모두 궐 안에만 있었는데, 이해 창의동에서 20세를 맞았다. 임진년 2월 12일부터 계사년(1713) 11월까지 구저에 있었으니, 두 해에 걸쳐 22개월이었다.[20]

위 인용문은 영조가 말년인 81세에 창의궁 사저로 나갔던 때를 회상하면서 지은 글이다. 창의궁으로 나왔던 바로 그날에 함일재 건물에서 어머니 숙빈 최씨와 사흘간 떨어지지 않고 기쁘게 모셨다는 말을 통해 당시의 지극한 즐거움을 상상할 수 있다. 그리고 19년 동안 항상 궐 안에서 해를 보내다가 스무 살을 창의궁에서 맞이한 감회에 대해서도 다시 상기했다. 팔순을 넘긴 노인이 이처럼 60년도 더 지난 과거를 선명하게 기억하고 있다는 점에서 당시 창의궁 사저에서 보낸 시간이 그에게 너무도 소중하고 행복한 추억이었음을 알 수 있다.

그런데 창의궁으로 나간 영조가 마냥 한가하고 자유롭기만 했던 것은 아니었다. 연잉군을 마지못해 떠나보낸 숙종은 1712년 2월 12일 연잉군이 출합한 지 한 달도 되지 않아 그를 오위도총부 도총관에 임명해 자신의 호위를 담당하게 하면서 어떻게든 곁에 두고자 했다.[21] 영조 또한 그런 아버지의 마음을 잘 알고 있었기에 창의궁으로 나간 뒤에도 부지런히 입

20 「御製八十一懷千萬」(장서각, K4-5227), "嗚呼, 十九歲壬辰年二月十二日, 就邸, 卽彰義宮, 寅平都尉舊第也. 伊日奉諳咸一齋, 承歡三日. 其年冬, 留彰義第過歲. 嗚呼, 生來十九歲, 皆在闕中, 而於此年彰義洞爲二十歲. 自壬辰二月十二日, 至癸巳仲冬在邸, 兩年二十二朔."

21 『승정원일기』, 숙종 38년(1712) 2월 27일.

궐하여 새벽부터 밤까지 업무를 보다가 다시 사저로 돌아가는 생활을 반복했다.

> 아! 내 나이 19세 때 임진년 2월 12일에 비로소 사저로 나갔다. 비록 사저로 나가긴 했지만 거의 새벽닭이 울 때쯤이면 일어나 의관을 정제하고 동이 트길 기다렸다가 동방이 밝아오면 대궐에 이르렀다. 사저에서 궐이 가까웠기에 궐문에 도착해도 문이 아직 열리지 않아 숙직방에 머물면서 문이 열리길 기다렸다. 가끔 궐문에 이르렀는데 성문을 잠그려 하면 그대로 궐로 들어갔다가 매번 문이 다시 닫힐 때 사저로 돌아왔다. 매일 이처럼 하다가 가끔 휴식을 명 받았지만 대부분 이틀을 넘기지 않았다.[22]

위의 「어제잠저기(御製潛邸記)」는 영조가 72세였던 1765년(영조 41)에 지은 것인데, 그 제목대로 잠저 창의궁에서 지냈을 당시의 일상과 각 건물에 얽힌 추억을 회상하며 감회를 읊은 작품이다. 작품 서두에 해당하는 위 인용문에는 1712년 창의궁으로 처음 나간 직후의 일상이 서술되어 있다. 노년의 영조가 기억해낸 창의궁 시절의 일상은 앞서 살폈던 시의 정서들과는 사뭇 거리가 있다. 비록 사저로 나가기는 했지만 보름 만에 도총관에 임명되면서 새벽동이 틀 때부터 입궐하여 궐문이 닫힐 때까지 업무를 보고 밤이 되어서야 집으로 돌아오는 과정을 매일 반복했던 것이다. 휴가를 이틀 넘게 누린 적이 없을 정도로 바쁜 일상을 보냈다는 위 기록대로라면 앞의 시에서 노래한 창의궁에서의 고즈넉한 감상들은 외려 사치스럽고 부질없이 느껴질 수도 있겠다. 하지만 달리 생각하면 반복되는 일상에 지친 영조에게 창의궁은 '망중한(忙中閑)'의 즐거움을 찾을 수 있는 유일한 공

22 「御製潛邸記」(장서각, K4-4244), "噫, 予年十九, 壬辰歲春二月十二日, 始就邸. 其雖就邸, 幾鷄鳴而起, 整衣待曙, 東方欲明, 詣闕. 此闕近邸, 故到闕門, 門猶未開, 留直房, 而以待開門. 或到闕門, 門鑰將下, 則仍卽入闕, 輒趂閉門時, 回邸. 連日若此, 或命休息, 則多不過二日矣."

간이었다고 볼 수 있을 것이다. 그런데 그것이 사치이든 사실이든 출합 이후로 창의궁에서 여유와 안식을 누릴 기회가 많지 않았던 것만은 분명해 보인다.

> 임진년(1712) 19세에는 창의동 사저로 나갔다. 이해 봄에 처음 총관에 임명되었고, 초하(初夏, 4월)에 북한산성에서 시위(侍衛)하고 아울러 종부(宗簿) 종정(宗正)을 겸했다. 10월 동향제(冬享祭)에서 초헌관으로 위촉되었고, 계사년(1713) 20세 봄 정월에 숭정전에서 경하할 때 총관으로 시위했고, 존호를 올릴 때 예를 따랐다. 3월에는 종부 도제거로 봉안사(奉安使)가 되어 심도(沁都, 강화도)에 갔다. […] 여름 6월에 영은문에서 칙사를 맞이하여 관소에서 연향할 때 주원 도제거로 참여했다. 같은 해 8월에 동교(東郊)에서 차헌관에 위촉되었고, 돌아올 때 고암(鼓巖)의 해창정사(海昌亭榭)를 보았다. 9월에 춘당대에서 임금이 친히 시사(試射)하실 때 보검을 들고 모셨으며, 겨울 12월에 내반원에 입직하여 청방(廳房)에서 시탕(侍湯)했다.
>
> 갑오년(1714) 21세에 8개월간 직숙하면서 어필 유서(諭書)와 도상(圖像), 구마(廏馬)를 하사받았고, 8월에 종부로 물러났으며, 그믐에 근무 일수를 채웠음을 알리고 구마를 하사받고 창의궁 사저로 나갔다. 9월에 다시 총관에 제수되었다. […] 아아! 이 이후 오랫동안 궐 안에 있었다. 정유년(1717) 24세에 온양온천에 행행할 때 대궐에서 운검으로 시위하며 어가를 수행하고 서울로 돌아온 후 앞에서 직숙한 곳인 과천 어목헌(御牧軒), 직산 영소정(靈沼亭)과 수선정(水仙亭), 천안 화축관(華祝館) 등을 모두 보았다. 겨울에 칙사를 접견할 때 주원 도제거로서 희정당(熙政堂)에 입시했다. 나의 황형(皇兄, 경종)께서 연향대에서 칙사를 접대할 때 또한 주원 도제거로서 참여했다.[23]

위 작품은 영조가 1773년(영조 49) 6월에 저술한 「어제금팔순성명연(御製今八旬誠冥然)」이다. 영조가 노년에 지은 수많은 자서전의 하나로 팔순까지의 장수를 전혀 생각하지 못한 상황에서 일생을 돌아보며 그 주요 행적과 사건을 시간 순서대로 상술한 작품이다.

위 인용문은 1712년 창의궁 사저로 나간 이후 약 5년간의 활동을 기술한 것이다. 당시 영조는 사저를 나가자마자 도총관에 임명되어 4월에 숙종의 북한산성 거둥을 시위했고, 종부시의 종정까지 겸하면서 각종 제례에 초헌관, 차헌관 등으로 참여했으며, 이듬해에는 종부 제거로서 『선원록(璿源錄)』을 봉안하기 위해 강화도사고에 다녀왔고 주원 도제거로서 칙사의 연향을 주재하기도 했다. 그러는 가운데 숙종이 병환을 얻자 부친을 보살피느라 1713년 겨울부터 이듬해 8월까지 내반원에 입직하여 시탕하기도 했다. 당시 숙종은 11월에 병세가 발현되기 시작해 12월부터 약 5개월 동안 잠을 자지 못하고 수라도 들지 못할 정도로 증세가 심해졌는데, 유천군(儒川君) 이정(李濎)이 올린 치료제로 효험을 보면서 1714년 6월부터 점차 회복했다.[24] 영조는 당시 도총부 총관으로서 8개월 동안 문안청에서 숙직하며 매일 탕약을 올리고 병세가 나아질 때까지 숙종을 돌보았고 마침내 그 공로로 어필 유서(諭書)와 도상(圖像), 구마(廐馬)를 하사받아 사저로 돌아왔다. 이후로도 궐에서 관직생활은 계속되었고 3년 뒤에는 숙종의 온행을 호종하면서 충청도 일대를 다녀오기도 했다.

이와 같이 영조는 창의궁 사저로 나간 뒤로 오위부도총관과 종부시도제거, 사옹원도제거 등의 벼슬을 겸직하면서 출합 전보다 더 바쁜 일상을 보내야 했다. 이러한 활동을 통해 왕자로서의 대외적 위상과 역할이 크게

23 「御製今八旬誠冥然」(장서각, K4-1488). 이하 「어제금팔순성명연」 번역문은 『조선 국왕 영조 문학 연구』(안장리) 60~65쪽에 수록된 자료를 인용한 것이며, 원문 확인 후 필자가 수정했다.

24 『숙종실록』, 39년(1713) 11월 17일, 12월 6일, 40년(1714) 5월 3일, 6월 20일.

증대되었지만 그만큼 창의궁에서 머물 시간은 점점 줄어들었다.

창의궁 시절 바쁜 나날을 보내던 영조에게 뜻밖의 시련이 찾아온다. 바로 생모 숙빈 최씨가 창의궁에서 세상을 떠난 것이다.

> 아아! 무술년(1718) 25세 3월 9일에 불초한 나는 창의궁 함일재(咸一齋) 서쪽에서 유고를 당해 동쪽 일청헌(壹淸軒)에서 배전(陪奠)하고 남쪽 치심재(治心齋)에서 여막을 살았다. 아아! 이 이후 마음은 이미 식었으며, 이에 해당 부서에 주원 도제거, 총관, 종친부 종부 등을 면해줄 것을 청했으나 은혜를 입어 직분을 유지했다. 5월에 고령(高嶺)에 참예하는 데 따라갔으며, 서울로 돌아와 하교를 받들어 서명함에 기복(起復)하여 입궐할 때 각권(角圈)을 달았고 궐내에서는 모자와 허리띠는 그대로 하되 금포단령(錦布團領)을 입었으며, 궐 밖에서는 심제(心制)로 검은 모자와 포직령을 두르고 검은 띠에 신을 신고서 모두 말을 탔다.[25]

숙빈 최씨는 이현궁에서 머물다가 1712년 연잉군 출합 시 창의궁으로 이거하여 아들과 함께 머물렀으나 숙종의 병후로 인해 여러 차례 입궐했다. 그러다 1716년 본인도 병을 얻어 궁에서 나와 창의궁 함일재에서 약 3년을 기거하다가 1718년(숙종 44) 3월 9일 함일재 서쪽의 동익각(東翼閣, 일청헌)에서 별세했다.[26]

영조는 어머니 임종에 앞서 3개월 동안 곁을 지켰지만 끝내 차도를 보지 못했다. 위에 인용한 「어제금팔순성명연」에서 이때 겪은 생모의 상에 대해 상술했는데, 모친을 잃은 비통한 심정과 그때의 직분, 기복출사한 후의 복식 등을 말했다. 영조가 숙빈 최씨의 상례 절차를 기록해 엮은 『무술

25 「御製今八旬誠冥然」(장서각, K4-1488).

26 「淑嬪崔氏神道碑銘」 및 『戊戌苫次日記』, 1718년(숙종 44) 3월 9일(무오) 기사 참조. 이상 한국학중앙연구원 장서각 소장.

점차일기(戊戌苫次日記)』에 따르면 숙빈 최씨는 연잉군의 생모였음에도 신분이 낮았기에 상례에 제약이 많았다. 모후인 인원왕후가 있어 공식적으로 숙빈 최씨는 서모(庶母)였기에 영조는 사가의 예에 따라 창의궁 사제에서 장례를 치러야 했으며, 의례상 생모를 위해 피발(被髮)과 최복(衰服)을 할 수 없었고 장례 기간이나 장지 선택에 있어서도 차별을 감내해야 했다. 영조는 이러한 의전을 정확히 이해하지 못하고 생모를 위해 피발하고 최복을 입었다가 숙종의 문책을 받기도 했다.[27]

훗날 영조는 왕위에 오르자마자 창의궁에서 처량하게 돌아가신 어머니를 위해 창의궁을 모친의 사우(祠宇)로 만들고자 했으나 대신들의 반발로 무산되었고 결국 창의궁 북쪽 산기슭 아래에 따로 사우를 조성했다. 비록 창의궁에 숙빈 사우를 만들지는 못했지만, 영조에게 창의궁은 장성한 뒤 모친을 처음으로 모신 사가이면서 모친이 마지막으로 머문 공간으로서 평생토록 각인되었다.

이렇게 창의궁에서 모친을 떠나보낸 영조에게 또 하나의 비극이 찾아온다. 바로 영조가 창의궁에서 처음으로 얻은 딸 향염(香艶)을 돌도 되기 전에 잃은 것이다. 향염은 1717년 4월 창의궁 기거 당시 후궁 정빈 이씨의 낳은 여식으로 숙종에게 첫 손주이고 영조에게 첫 자식이어서 사랑을 많이 받았으나 돌을 보름 정도 앞두고 병으로 요절하고 말았다. 이때 영조는 숙빈 최씨의 상을 당한 지 한 달밖에 되지 않은 상황이라서 너무도 비통한 심정으로 어린 딸의 시신을 수습해야 했다. 다만 어머니의 상중이라 향염의 장례를 바로 치르지 못하고 8월이 되어서야 어머니의 묘 옆에 안치한 뒤, 첫 자식에 대한 애틋한 심정을 담아 「유녀향염광지(幼女香艶壙誌)」를 지어주었다. 이 글에서 영조는 장의동(壯義洞, 창의동) 사저에서 태어난

27 이영춘, 「『무술점차일기(戊戌苫次日記)』의 의의」, 『숙빈최씨자료집』 1, 한국학중앙연구원, 2009, 84~86쪽 참조.

향염이 기질이 영민하고 미목이 맑고 빼어났다고 말한 다음, 늦은 나이에 이 딸을 얻어 기쁨이 매우 컸는데 생각지도 못하게 1년 만에 병으로 딸을 잃게 되어 슬픔과 아픔을 가눌 수 없다고 했다.[28] 훗날 1773년 팔순이 된 영조는 이때의 애통함을 잊지 않고 '향염'을 '화억옹주'로 추증하고 무덤의 비문을 직접 써주었다. 그의 요절한 딸 가운데서는 오직 향염만 옹주로 추증되었는바, 창의궁에서 얻은 첫째 딸이 얼마나 소중했는지 짐작할 수 있다.

한편, 창의궁에서 어머니와 딸을 연이어 잃은 영조였지만 한 줄기 희망이 찾아오기도 했다. 바로 1719년 2월에 창의궁에서 아들 효장세자가 태어난 것이다. 만복(萬福)이라 불린 어린 아들은 정빈 이씨의 소생으로서 숙종 살아생전에 얻은 유일한 손자였다. 하지만 숙종은 숙빈의 상중에 낳은 아들이라는 이유로 첫 손자를 탐탁지 않아 했다고 한다. 반면, 영조는 연이은 비극 가운데 생긴 경사로 여기면서 아들의 탄생을 누구보다 기뻐했다. 십 년이라는 짧은 삶을 살고 요절한 첫 아들을 위해 지은 묘지에서 영조는 효장세자를 얻은 태몽을 기록하고 어린 시절의 행동거지가 보통 아이들과 남달랐다고 칭송하면서 아들을 아꼈던 마음을 감추지 않았다. 세제 책봉 뒤 입궐했을 때 나이가 어려 창의궁 사제에 머물게 했는데 놀거나 잠자거나 할 때 늘 아버지를 찾으며 우는 것조차 너무도 기특하게 여겼던 영조였다.[29] 이러한 마음에서 1728년(영조 4)에 효장세자가 요절하자

28 「幼女香艶壙誌」(장서각, K2-4716), "生于壯義洞第. 性質英敏, 眉目淸秀. 余晩得此女, 欣幸方甚. 不意戊戌四月初八日疾逝, 歲僅周矣. 嗚呼, 惜哉痛切, 何堪."

29 『열성어제』 제22권 「영종대왕○문」, 「효장세자묘지」, "세자는 휘가 행(縡)이고 자가 성경(聖敬)이다. 기해년(1719) 숙종 45년 2월 15일 신시에 순화방 창의궁 사제에서 태어났다. 세자를 임신할 때 꿈속에서 상서로운 새가 방에 모이는 것을 보고 다시 금빛 거북을 보기도 했으니, 바로 정빈 이씨가 세자를 낳았다. 겨우 두어 살에 마치 어른과 같음이 있어 행동거지가 보통 아이들보다 뛰어났다. 신축년(1721) 가을에 영조가 세제의 명을 받들어 입궐할 때 세자는 나이가 겨우 세 살이었으므로 어린 나이라 영조를 따라 대궐에 함께 들어올 수 없어서 우선 사제에 머무르게 했다. 그런데 세자가 노는 가운데나 꿈속에서도 자주 부모를 불렀으며, 간혹 부르다가 오열한 것은 효친(孝親)의 마음이 천성에 근본했기 때문이었다."

그를 제향하기 위한 사당을 창의궁 서쪽에 건립했고, 매년 걸음하여 안타깝게 떠난 아들을 위무하고 그리워했다.

이상과 같이 쉴 틈 없이 바쁜 가운데 희비가 교차했던 영조의 창의궁 시절은 아이러니하게도 그를 위해 사저를 마련해주었던 부왕 숙종이 승하하면서 끝을 고하게 된다. 숙종이 오랜 투병 끝에 1720년(숙종 46) 6월 8일 경희궁 융복전에서 세상을 떠나자 영조는 5개월 동안 자정전에서 여막살이를 했으며, 산릉을 조성하고 모든 제사를 다 마친 뒤에야 사저로 돌아왔다. 그리고 삼년상 탈상 전인 이듬해 9월 왕세제에 책봉되면서 창의궁을 떠나 다시 궁궐로 들어왔다. 이렇게 숙종의 죽음과 장례는 영조가 창의궁에서 겪은 마지막 슬픔이자 최후의 활동이 되었다.

3. 왕위 등극 이후 창의궁에서 추억과 안식

1) 구저에서의 과거 회상과 가족 추모

1721년(경종 1) 9월 영조의 왕세제 책봉 이후, 그가 머물던 사저는 동궁 소속의 궁가로 편입되었고 창의궁이라는 이름도 이때 정식으로 부여받았다. 1724년 8월 영조 즉위 이후 이곳은 국왕의 잠저로서 위상이 크게 격상되었다. 그 예로 한성부좌윤 홍석보(洪錫輔)의 주청에 따라 왕의 잠저 당시 식년 호적을 따로 떼어다 이곳에 보관하게 했다.[30] 또 즉위와 함께 북악산 아래 새로 조성한 숙빈묘(淑嬪廟)에 참배했을 때는 날이 저물었어도 기

30 『영조실록』, 1년(1725) 8월 10일.

어코 창의궁에 들러 한밤중까지 머물다가 환궁하고는 했다. 당시 임금의 잠저 거둥이 예법에 어긋난다고 신하들이 만류했지만, 영조는 풍패지향(豐沛之鄕) 같은 곳이라는 이유를 들며 말을 듣지 않았다.[31] 이후 숙빈 최씨의 묘호를 육상묘(1744)와 육상궁(1753)으로 추숭하고 이곳에서 친제를 올렸을 때에도 번번이 창의궁에 들러 한참을 머문 뒤 밤중에 환궁했다. 뿐만 아니라 1728년 효장세자가 요절한 뒤에는 그 사당을 창의궁에 두었고, 1731년 담제 때 신주를 창의궁으로 옮겨 봉안하면서 영조의 창의궁 방문이 더 잦아졌다. 그리고 1751년 효장세자의 빈인 효순현빈(孝純賢嬪)이 세상을 떠나자 효장세자 무덤에 합장했고, 그 신주는 창의궁 효장묘(孝章廟)에 함께 모셔졌다. 이듬해 1752년(영조 28)에는 사도세자의 적장자로 원손에 봉해진 의소세손이 3년 만에 요절함에 따라 세손의 묘(廟)를 효장묘 옆에 두게 했다.[32] 그리하여 1765년 11월에 창의궁 내 효장묘의 동쪽 행랑에 효장세자 및 효순현빈 연보와 의소세손의 연보를 감실(龕室)에 보관하고 어필로 '장보각(藏譜閣)'이라는 이름을 내렸다.[33]

이렇게 창의궁은 영조에게 자신의 잠저 시절을 떠올리게 하고 생모와 함께 거처했던 고향 같은 장소이자 친손들의 사당이 자리한 공간으로서 일종의 성역이 되었다. 이러한 양상은 영조가 즉위 후에 지은 어제시문을 통해서도 확인할 수 있다.

정묘년 3월에 제사 지내고 돌아가다가	丁卯三月展禮回
옛집 들어가보니 봄빛이 한창이네.	入瞻故第春色濃.
울긋불긋 꽃들 나를 맞아 웃고 있는데	紅黃灼灼迎我笑
이 마음은 꽃을 봐도 저절로 울적하네.	此心觸物自憧憧.

31 『영조실록』, 2년(1726) 11월 6일.

32 『영조실록』, 7년(1731) 1월 3일, 28년(1752) 8월 2일.

33 『영조실록』, 41년(1765) 11월 18일.

양성헌 걸린 숙종 어필 완상하고 養性軒中玩御筆
일한재에 있는 훈계시 배알하네. 日閒齋裏拜訓詩.
[…]
서묘에 몸소 이르니 내 그리움 배가되어 西廟躬臨倍我思
슬픔에 머리를 돌리니 해가 저무네. 惆悵回首日夕陽.
당송정 아래서 마음으로 탄식할 때 唐松亭下心咨嗟
부슬부슬 가랑비가 바람에 날리네. 濛濛細雨風習習.
아, 옛날 잠저에서 생활하던 때여 粤昔在邸起居年
지금 생각함에 어제저녁 같구나. 到今追思如昨夕.
풍경은 완연히 옛날의 모습인데 景色宛然舊時樣
기쁘게 모시던 즐거움 언제 다시 오랴. 何日其復承歡樂.
서재에서 옛날 책을 두루 보노라니 周覽齋裏古圖書
팔영시 지금도 처마 끝에 적혀 있구나. 八詠今猶題簷角.
기러기와 제비 오간 지 28년 동안 雁往燕來廿八載
어가로 거둥한 적 거의 스무 번이었네. 駕臨幾將二十巡.
붓을 적셔 열두 운자로 시 지으니 濡筆賦詩十二韻
감회 일이 아득한 임진년 봄 떠오르네. 興懷遙想壬辰春.[34]

『열성어제』에 수록된 위 시는 영조가 1747년(영조 23) 3월 4일에 육상묘(毓祥廟)에 참배한 뒤 돌아오는 길에 창의궁 서쪽의 효장묘에 들러서 지은 작품이다. 제목을 '구저행(舊邸行)'이라 하여 창의궁에 얽힌 잠저 시절의 추억과 왕이 되어 다시 찾은 감회를 24구에 담아내었다. 시의 내용을 보면, 세월이 지났어도 이곳의 화사한 봄 풍경과 옛날 숙종이 내려준 양성헌 어필과 학업 권면의 절구시, 자신이 지은 〈양성헌 팔영〉 등은 예전 그대로

34 『열성어제』 제19권 「영종대왕○시」, 〈옛날 사저의 노래(舊邸行)〉.

남아 있는데, 그 정경을 함께 즐겼던 모친과 아들은 현재 부재한다고 대비했다. 말미에 28년 동안 자신이 스무 번 넘게 창의궁을 찾았다는 말과 아득히 임진년을 떠올린다는 구절에는 그들과 그 시절을 향한 간절한 그리움이 담겨 있다.

초봄 21일에 이미 이곳에 왔었고　　初春廿一已臨此
윤4월 12일에 다시 육상궁 들렀네.　　閏夏十二復臨宮.
회갑 맞은 노년에 무슨 일 이루었나　　回甲暮年爲何事
며느리와 손자 생각하니 슬픔이 교차하네.　　憶婦憶孫愴交中.
옛날 한 고조가 풍패에서 하교한 일　　昔之漢高豊沛諭
바로 지금 내 마음과 똑같구나.　　卽與今日我心同.
어찌 여기에 두 사당 세울 줄 생각했으랴　　豈意是處建兩廟
앞서거니 뒤서거니 동서에 사당 생겨났네.　　或先或後在西東.
감회가 깊지만 마음은 저으기 다행이니　　感意雖深心竊幸
아침부터 비가 주룩주룩 자욱하게 내려주네.　　自朝霈然猶濛濛.
여름 해 매우 길지만 오늘만은 짧아서　　夏日甚長今則促
어가 돌리며 그리움에 마음 답답하구나.　　回駕戀戀心憧憧.
죽은 이는 이로부터 유감없을 터인데　　幽明從此庶無憾
시 한 수를 읊조리니 수양버들에 바람 부네.　　吟成一詩垂柳風.
옆 사람 여기가 어떤 곳이냐고 묻는다면　　傍人若問此何地
바로 나의 구저인 창의궁이라 대답하리.　　卽予舊邸彰義宮.[35]

위 작품은 영조가 1754년(영조 30) 윤4월 12일에 육상궁에 참배한 뒤 창의궁에 들렀을 때 지은 시이다. 영조는 이날 육상궁에 참배한 뒤 효장세자

35 『열성어제』 제21권 「영종대왕○시」, 〈감회를 적다(紀懷)〉.

와 의소세손의 사당이 있는 창의궁을 찾았다. 시의 내용을 보면, 영조는 환갑을 맞은 이해에 거의 매달 창의궁과 육상궁에 참배하고 있다고 말한 뒤 몇 년 전에 한 해 차이로 세상을 떠난 며느리 효순현빈과 의소세손을 떠올렸다. 그러고는 옛날 한 고조(漢高祖)가 천하를 통일한 뒤 자신의 고향인 풍패(豊沛)로 돌아온 일화를 떠올리며 이곳이 자신에게는 고향 같다고 말했다. 이곳에 후손의 사당을 세운 일은 의도했던 게 아니었지만 결국 어머니와 아들, 며느리, 손자의 신주를 봉안하게 되었으니 그런 생각이 절로 든 것이다. 비마저 내려 감회가 더욱 깊어지는 가운데 긴 여름 해가 다 지나가고 어둑해질 무렵까지 머물다가 돌아감에도 심정은 그저 울적하기만 했다. 이곳이 바로 자신의 구저인 창의궁이라고 밝힌 마지막 구에서는 이 공간에 대한 강한 애착과 소유욕이 느껴진다.

이와 같이 영조의 어제시에서 창의궁은 가족 추모의 공간이자 정신적 고향과 같은 공간으로 형상화되고 있다. 그런데 이들 가운데서도 특히 자신의 어머니 숙빈 최씨에 대한 추모의 심사가 두드러진 편이다.

> 구저옹(舊邸翁)이 주인옹(主人翁)에게 묻기를, "오늘은 어찌하여 왔는가? 구저를 생각해서 온 것인가?"라고 하자 주인옹이 대답하길, "나의 마음은 하나는 추모에 있고, 하나는 백성을 위함에 있다네. 추모할 적엔 서교에 나아가 저녁까지 구름을 바라보고, 백성을 위할 때는 기우제를 지내 한 치의 비라도 얻으려 했네"라고 했다. 구저옹이, "전에 그렇게 마음을 쓴즉, 이곳에 찾아온 오늘 또한 그렇게 할 것인가?"라고 묻자 주인옹이 대답하기를, "어찌 그러하겠나? 창덕궁, 보경당, 광명전, 경선당이 있어도 오직 이 구저만 생각했으니, 옛날의 이번 달 12~13일에 어머니를 곁에서 모셨고, 계사년(1713) 8월에도 하루 저녁을 곁에서 모셨지. 그 뒤로 예전부터 이 구저에서 조섭했으며, 수시로 틈이 날 때마다 온 적이 많았다네. 오호라! 무술년(1718) 3월부터 5월 초길일까지 일청헌만 바라보았

으며 또 3년 동안은 반드시 삭망일에 찾아왔지. 아! 신축년 8월 21일에 건저의 명을 받아 입궐한 뒤로는 다시 오고 싶더라도 어찌 그리할 수 있었겠는가? 그 뒤로 병오년(1726)에 육상묘(毓祥廟)에 봉안한 뒤에 그해 11월 처음 전배했으니, 그간 6년의 시간을 어찌 효라 하겠는가?[36]

이틀 만에 다시 찾았으니, 억만 추모 어이 견디랴.	兩昨回來, 曷勝萬慕.
낮에 첨배하고, 밤까지 예를 올리네.	瞻拜於晝, 伸禮於夜.
저기 장동 바라보니, 서 있는 건물 우뚝하도다.	瞻彼壯洞, 建宇斯屹.
팔순에 예를 다하니, 백관들 모두 모였구나.	八旬禮成, 百僚咸集.
옛날 무술년을 떠올리니, 어렴풋이 어제 같구나.	憶昔戊戌, 怳若昨日.
25세 곁에서 모신 일, 한바탕 꿈만 같도다.	卄五侍奉, 卽一夢焉.
이내 회포 어이 견디랴, 그저 스스로 억누를 뿐.	予懷曷勝, 只自掩抑.
[⋯]	
먼저 창의궁 들러서, 영모당을 바라보네.	先詣彰義, 瞻永慕堂.
나와서 함일재 앉으니, 이내 회포 천만 가지 이는구나.	出坐咸一, 予懷千萬.
아, 이틀 동안에, 작은 정성 다 바쳤거늘.	嗚呼兩日, 微忱雖伸.
어찌 옛날에 비하리오, 추모의 심정 간절하구나.	豈比乎昔, 追慕深切.[37]

위의 두 작품은 모두 영조가 노년에 작성한 영조어제첩의 하나로서 구저, 즉 창의궁을 중심 소재로 삼고 있다.

36 「御製舊邸翁主人翁問答」(장서각, K4-1204), "舊邸翁問主人翁曰, 今何以來? 爲舊邸來乎? 答曰, 今日予心, 一則追慕, 一則爲民, 若以追慕, 則西郊暮雲, 若以爲民, 則祈雨得寸. 問曰, 於前其若用心, 則來此今日亦然乎? 答曰, 其豈然乎? 昌德寶慶光明慶善, 而惟此舊邸, 今月十二三日侍奉, 癸巳八月一夕侍奉. 其後昔年調攝此邸也, 予受時暇時來者多. 嗚呼, 戊戌三月至五月初吉, 瞻依一淸軒, 且三年內, 必於朔望來. 嗚呼, 辛丑八月二十一日, 受建儲命入闕後, 雖欲復爲, 焉可得也? 其後丙午年奉安毓祥後, 其年仲冬始拜, 其間六年, 是豈孝耶?"

37 「御製萬慕」(장서각, K4-1807).

구저옹과 주인옹의 문답을 다룬 첫 번째 작품에서 영조는 자호를 의인화하여 자신의 진심을 내비쳤다. ‘구저옹’은 곧 잠저 시절 창의궁에 거주하던 영조이며, ‘주인옹’은 현재의 영조를 상징한다. 현재의 영조인 주인옹은 창의궁을 방문했다가 잠저 시절의 자신인 구저옹을 만나 문답을 나누면서 이곳에 깃든 어머니와의 추억을 떠올리고 그녀가 돌아가신 뒤에도 여러 번 찾아왔던 경험을 되새긴다. 그러면서 왕세제가 된 뒤로 그러한 마음을 다하지 못한 자신에 대해 반성하고 있다. 두 번째 작품에서는 창의궁에서 어머니를 추모하는 심사가 크게 부각되고 있다. 이날 영조는 숙빈 최씨의 사당에 참배를 한 뒤 궁으로 돌아오면서 창의궁을 바라보고 이곳에서 돌아가신 어머니를 생각하면서 곁에서 모셨던 꿈같은 지난날을 추억했다. 창의궁에 이르러서는 숙빈 최씨가 머물렀던 영모당과 함일재에 들러 잠시 앉아보기도 했다. 이렇게 어머니의 사당에 참배하고 함께 머물던 구저를 들러 과거를 추억하노라니, 서글픈 심정과 그리운 마음이 억만가지로 일어 억누르고 감내하기가 어렵다고 토로했다.

위의 두 작품 외에도 영조의 어제시문에서 창의궁과 연관된 사저, 구저, 잠저, 임진년 등의 용어가 등장하는 작품에서는 대부분 숙빈 최씨를 창의궁에서 잠시나마 시봉한 것과 무술년에 떠나보낸 일에 대한 회비의 감정을 반복적으로 표출하고 있다. 반면에 비슷한 시기에 승하한 부친 숙종의 경우에는 창의궁보다는 갑오년(1714) 흥정당에서 8개월간 시탕한 추억이 대부분을 차지한다.

2) 노년기 현실 위안과 안식의 공간

왕위에 오른 이후 수시로 창의궁을 찾았던 영조는 노년에 이를 때까지 그 걸음을 멈추지 않았다. 오히려 나이가 들수록 방문 횟수는 더욱 증가하는 경향을 보인다. 체감이 될 정도로 노쇠함이 심해지는 상황에서[38] 가족에 대한 그리움과 외로움이 더 간절해진 이유도 있겠지만, 신체적으로나 정신적으로 피로해진 현실을 벗어나 심신의 안정과 휴식을 취하기 위해 결음한 적도 많았다.

> 대신과 비국 당상을 인견했다. 여러 대신이 존호(尊號)를 올리기를 청하니 임금이 말하기를, "그만두라. 경 등의 하례를 청함이 지리(支離)하더니, 과연 이러한 청이 있다. 경 등이 그치지 아니하면 내가 마땅히 창의궁에 갈 것이다" 하고는, 인하여 창의궁에 동가(動駕)하겠다는 명을 내렸다. 가교(駕轎)를 타고 자정문(資政門)에 나가서 승지·삼사·삼공을 아울러 파직하기를 명하고, 동소(東所)의 위장(衛將) 이언희(李彦熙)를 승지로 제수했다. 창의궁에 나아가 세 대신을 삭직(削職)하기를 명하고, 판부사 서지수(徐志修)를 영의정으로, 판돈녕 한익모(韓翼謨)를 좌의정으로, 평안감사 김상철(金尙喆)을 우의정으로 제배하고, 영의정을 내국 도제거로 삼으라고 명했다.[39]

『영조실록』에서 확인할 수 있는 창의궁 관련 기사의 부류는 크게 두 가지이다. 하나는 동향대제나 전배례, 참배 등의 행사로 인해 창의궁을 찾거나 예식을 마치고 돌아오는 길에 들르는 경우이고, 다른 하나는 신하들의 못마땅한 행태를 두고 보지 못할 지경일 때 그 불만의 표시로 창의궁에 피신한 경우이다.

위 인용문은 후자에 해당한다. 영조는 칠순을 넘긴 이후로 장수에 따른

38 영조는 72세가 된 1765년부터 6년 동안 건강상의 이유로 하향대제(夏享大祭)와 같은 국가의 큰 제사를 직접 주관하지 않고 대신에게 섭행을 명했다. 또 73세에 지은 「어제망팔기회(御製望八記懷)」(장서각, K4-1915)를 보면, 눈이 나빠져서 사람을 만나면 머리색을 보고 성명을 묻고 수염의 유무로 구분할 수 있었으며, 반찬으로 올린 물고기와 고기도 먹어봐야 구분할 수 있다고 했다.

39 『영조실록』, 42년(1766) 12월 9일.

신하들의 진연과 하례, 존호 등의 요청을 해마다 받았다. 그럴 때마다 영조는 허례허식과 사치를 경계한다면서 요청을 물리쳤다. 그럼에도 신하들이 계속 강권할 때는 위와 같이 창의궁으로 피신하는 방법을 썼다. 임금이 이렇게 창의궁으로 피신한 뒤에는 신하들이 뜻을 굽힐 때까지 며칠이고 돌아오지 않았으며, 세손이나 대신들이 몇 번을 찾아가 마음을 돌리게 한 뒤에야 비로소 환궁했다.

이러한 행위의 배경에는 명분과 신하들의 기강을 바로잡으려는 의중도 있었겠지만, 스트레스만 가중되는 현실에서 벗어나 심신의 안정을 취하고자 하는 본능적인 조치였다고 볼 수 있다. 이와 비슷한 예로 가뭄이나 장마로 백성들의 농사 형편이 걱정될 때는 하늘에 제사를 올릴 동안 창의궁에 거둥하여 초조한 마음을 달래거나 직접 백성들을 창의궁으로 불러 농사 형편을 묻기도 했다.[40]

창의궁에 대한 이와 같은 인식은 창의궁을 대상으로 한 영조의 어제시문에서도 동일하게 확인할 수 있다. 「어제구저자상문답(御製舊邸自相問答)」(장서각, K4-1205)에서는 건공탕 복용을 재촉하는 신하를 피해 구저를 찾기도 했고, 「어제구저기회(御製舊邸記懷)」(장서각, K4-1199)에서는 아첨하는 무리와 녹록한 인간들만 가득한 세상이라고 한탄하면서 창의궁에 이르러 그 강개한 심사를 토로하기도 했다. 「어제구저기회(御製舊邸記懷)」(장서각, K4-1200)의 경우에는 옛날 구저에서 있었던 아름다웠던 추억들을 회상하면서 가뭄으로 인한 감선(減膳)과 기우(祈雨), 건공탕 복용 등 현실의 복합적 고민으로 고통받는 현실이 너무도 괴롭다고 하소연했다.

일한옹, 옛 사저 이름이라네.	日閑翁, 古邸名.
하루 청한하게 지내면 하루 동안 신선이라네.	日淸閑, 一日仙.

40 『영조실록』, 36년(1760) 6월 3일, 48년(1772) 4월 23일.

바로 이 문장『운부군옥』에 보인다네.	卽此文, 見韻府.
이 뜻을 가져다 내사(內舍)에 이름했으니.	將此意, 名內舍.
간곡한 뜻 담아 이 제목으로 이름 지었지.	惓惓意, 名此題.
그리운 심정 응당 여기에 담겨 있다네.	憧憧心, 宜見此.
당 안에 앉아 그저 제술하노라.	於堂中, 只製述.
[…]	
옛 갑오년 생각하면 회포가 천만이거늘.	憶昔甲, 懷千萬.
지금 세밑에 마음 어찌 억누르랴.	今歲暮, 心何抑.
아, 옛날이여, 나의 어린 시절이여.	嗟昔日, 予年幼.
아, 지금 떠올려보면 마치 전생 같구나.	噫今憶, 若前生.
나는 어떤 사람인가, 참으로 어둑하도다.	予何人, 誠冥然.
이 어떤 세상인가, 또한 구차하도다.	此何世, 亦苟且.
어찌 강개함을 이기며, 누구에게 말을 하랴.	曷勝慨, 將謂誰.[41]

위 작품의 제목인 「어제일한옹(御製日閑翁)」에서 '일한옹'은 창의궁 일한재(日閑齋)에서 가져온 영조의 자호이다. 그 의미는 『운부군옥(韻府群玉)』에 나오는 "하루를 청한(淸閑)하게 지내면 하루 동안은 신선이 된다"라는 말에서 취한 것이다. 영조는 이 작품의 서두에서 자신의 창의궁 내사에 붙인 이 '일한'이라는 말의 의미가 현재 너무도 절실하게 와닿는다고 말하고 있다. 그것은 과거 이곳에서의 시절이 그리운 탓도 있겠지만, 지금의 현실이 너무도 녹록지 않기 때문이다. 이 작품에서 지금의 실상을 상술하지는 않았지만, 후반부에 자신의 정신이 노쇠해 어둑해졌고 세상은 너무도 구차하니 강개한 심정을 가눌 수 없다고 말한 것을 통해 노년의 현실에 불만이 가득함을 알 수 있다. 이런 상황에서 자기 마음을 위로하고 안정을 찾

41 「御製日閑翁」(장서각, K4-3917).

고자 영조는 집경당 안에서 가만히 조섭하며 옛날 창의궁 시절과 일한재의 의미를 돌이킨 것이다.

> 한양 서촌은 곧 장동(壯洞)이다. 양성주인의 잠저는 바로 창의궁이니, 연추문(延秋門)과 맞닿아 북악산 아래에 있다. 앞으로 남산이 바라보이고, 동쪽으로는 경복궁이 있으며, 서쪽으로는 인왕산이 있다. 두견화, 철쭉, 해당화, 장미가 피었으며, 금빛 연못에 맑은 물이, 초당에는 푸른 시내가 흐르니, 이는 봄과 여름의 정경이다. 섬돌 앞 동물들 뛰어놀고, 당송(唐松)과 백자(柏子)나무 서 있으며, 온 산이 은빛으로 물들고 만 봉우리가 옥처럼 빛나니, 이것이 가을과 겨울의 정경이다. 아, 이런 때에 일청헌(一淸軒) 난간에 기대어 꽃을 감상하고, 이유헌(二酉軒)에서 고서들을 곰곰이 살피니, 구궐(舊闕)의 초당에 완사(浣沙) 같은 푸른 시내 흐르고 화문목이 눈앞에 있고 석대가 뒤에 있도다. 아, 함일재여, 아, 일한재여. 낮부터 밤까지 홀로 편하게 여러 날을 보내니, 이곳이 양성주인이 옛날 한가로이 지내던 곳이다. 늘그막에 옛날을 떠올리며, 불러서 쓰게 하여 기억할 따름이로다.[42]

위 작품은 「어제양성주인자서(御製養性主人自序)」로 1769년(영조 45) 7월 영조가 창의궁의 사시사철 정경을 만끽하던 젊은 시절을 회상하면서 지은 글이다. '양성주인'은 '양성헌의 주인'이라는 말로 창의궁 사저와 헌호(軒號)를 내려준 부왕 숙종에 대한 은영(恩榮)을 내포하고 있다. 이와 함께 창의궁 사저 주인으로서 확고한 정체성을 담고 있는 호이다. 주인이라는 말이 무색하지 않을 정도로 양성주인 영조는 칠순이 훌쩍 넘은 나이임에

42 「御製養性主人自序」(장서각, K4-3088), "漢陽西村卽壯洞. 養性主人潛邸, 是以彰義宮, 延秋門契, 在於北山之下. 前望南山, 東有景福, 西有仁王. 杜鵑倭紅, 海棠薔薇, 金塘澄水, 草堂淸流, 此春夏之景. 階前禽獸, 唐松柏子, 千山如銀, 萬峯若玉, 此秋冬之景也. 於, 斯時也, 一淸倚鑑賞花, 二酉考覽古書, 東樓遙瞻, 舊闕草堂, 淸流浣沙, 文木在前, 石臺在後. 於, 室咸一. 於, 舍日閑. 於書於夜, 自便度日, 此養性主人 昔年閑居者也. 暮年憶昔, 呼寫以記也夫."

도 창의궁이 있는 위치와 내부의 건물, 네 계절에 따라 달라지는 그곳의 풍경과 물상 들을 모두 선명하게 기억하고 있다.

여기의 내용들은 앞서 연잉군 시절 〈양성헌 팔영〉을 통해 묘사한 풍경 및 정취와 일맥상통한다. 그로부터 60년 가까운 세월이 흘렀지만 영조의 머릿속에는 당시 접했던 망중한(忙中閑)의 이미지가 그대로 남아 있었다. 게다가 이곳은 어머니와의 추억이 깃든 마음속 고향 같은 공간이기도 했다. 그렇기에 칠순이 넘어서도 애써 기억하려 하고 여기로 회귀하려는 열망을 강하게 내비쳤다. 이는 현실 세태 또는 노년의 불편한 심신에 대한 반향이라고도 볼 수 있지만, 영조가 말년까지 자의식이 확고했음을 고려하면 정신적 고향 같은 이곳을 망각하는 순간 자신의 정체성도 사라질 것이라 여겨서 더욱 애착한 것으로 여겨진다.

4. 맺음말

지금까지 영조 어제(御製)의 창의궁 관련 기록을 대상으로 삼아 영조의 창의궁 공간 인식과 문학적으로 형상화한 양상, 이 공간의 의미 등을 살펴보았다.

영조에게 창의궁은 친모 및 친자식들과의 추억이 서려 있는 사적 공간으로서 궐내에 있던 여느 공간들과는 다른 성격을 지닌다. 특히 숙종이 창의궁 건물에 하사한 양성헌(養性軒)이라는 당호와 숙빈 최씨의 묘소에 세운 육오당(六吾堂)을 평생의 자호(自號)로 삼았던 점을 고려하면, 영조에게 창의궁은 부모와의 기억을 상기시키고 심적 위안을 주는 추모의 공간이자 안식처였다고 할 수 있다. 실제로 영조는 노년에 자신의 마음은 항상 구저(舊邸)에 있었다고 늘 말했고, 28세에 입궐한 뒤로 생을 마칠 때까지 심정이 답답하고 우울하거나 복잡한 일이 있을 때면 수시로 창의궁 사저를 찾아가 애틋했던 과거를 회상하면서 몸과 마음의 안식을 도모했다. 또 생의 밀년에 이르기까지 창의궁을 구지 또는 잠저라 칭하면서 글쓰기의 직접적인 대상으로 삼기도 하고 이 공간과 관련한 특별한 추억과 감회를 술회했다.

이처럼 창의궁은 영조가 젊은 시절에 일시적으로 거처했던 사저였을 뿐만 아니라 평생에 걸쳐 추억한 유일한 공간이었다. 영조 어제 가운데 흥정당(興政堂), 광명전(光明殿), 집경당(集慶堂) 등 특정 공간을 대상으로 한 작품은 무수히 많지만 대부분 일회성 추억에 그칠 뿐이다. 창의궁처럼 자신의 일생을 반추하고 자신의 가치관과 지향을 함께 언급한 경우는 육오당 외에는 거의 찾아보기 힘들다. 그 이유는 창의궁이 바로 영조가 평생에 걸쳐 추모했던 어머니, 아버지와의 추억이 담긴 공간이었기 때문이다.

영조 사후에 정조는 창의궁이 조부에게 어떤 의미가 있는지 잘 알고 있었기에, 다른 왕실 사당과 다름없이 여기며 특정 기념일마다 찾아가 예를 올렸다. 특히 1778년 영조의 어진을 모사하여 이곳 장보각에 봉심했고, 이후 영조의 어적(御籍)과 어첩(御牒), 유서 등도 함께 봉안했는데, 이로써 창의궁은 정조와 순조 대에 왕실의 공식적인 방문과 예식을 행하는 공간으로 거듭났다. 그러다가 고종 대에 이르러 창의궁에 있던 사당들을 다른 공간으로 이봉(移奉) 및 합사(合祀)하면서 창의궁은 끝내 주인 없는 폐궁으로 남았다.

창의궁은 이처럼 1712년 영조가 처음 나아간 이래로 그의 사후까지 왕의 잠저로서 근 150년이나 운영되었다. 조선 국왕의 잠저 가운데 이처럼 오랜 기간 운영된 예는 없었다. 또 후대 왕가의 거처로 이용되었던 다른 잠저들과 달리 창의궁은 오직 영조의 잠저로만 남았는데, 이 또한 이례적이다. 이렇게 창의궁은 영조가 여느 공간보다 애착했던 사저이자 오롯이 영조만의 잠저로서 본인 일생에서도, 왕가의 다른 잠저에 비해서도 특별한 공간이었다.

참고문헌

1. 자료

영조어제첩류(한국학중앙연구원 장서각, K4-417~K4-5666),

『영조문집보유(英祖文集補遺)』(한국학자료총서 26), 한국정신문화연구원, 2000.

『승정원일기』.

『숙종실록』.

『영조실록』.

『열성어제』.

『숙빈최씨자료집(淑嬪崔氏資料集)』 1책, 한국학중앙연구원, 2009.

『영조자손자료집(英祖子孫資料集)』 1책, 한국학중앙연구원, 2012.

『영조대왕자료집(英祖大王資料集)』 1책, 한국학중앙연구원, 2012.

『영조어제해제』 1~10책, 한국학중앙연구원, 2013.

2. 논저

김상환, 「영조어제첩의 체제와 특성」, 『장서각』 16, 2006.

김지영, 「영조대 옹주궁가(翁主宮家)의 성립과 계승: 화순옹주(和順翁主)-월성위(月城尉) 궁가(宮家)를 중심으로」, 『조선시대사학보』 111, 2024.

김지영 외, 『대권 밖의 오아실, 한양의 별궁』, 서울역사박물관, 2020.

노혜경, 「영조어제첩에 나타난 영조노년의 정신세계와 대응」, 『장서각』 16, 2006.

노혜경, 「영조(英祖) 어제첩(御製帖)에 나타난 영조의 생애인식」, 『인문학연구』 38-1, 2011.

박용만, 「영조의 가족과 생애」, 한국학중앙연구원 장서각 편, 『영조대왕(장서각 특별전 도록)』, 한국학중앙연구원 출판부, 2011.

박진성, 「영조어제첩과 영조의 자전적 글쓰기」, 『온지논총』 80, 2024.

심경호, 『호, 주인옹의 이름』, 고려대학교 출판문화원, 2022.

안장리, 「영조어제(英祖御製) 첩본(帖本) 율문(律文)의 종류와 주제」, 『장서각』 16, 2006.

안장리, 『조선 국왕 영조 문학 연구』, 세창출판사, 2020.

이영춘, 「『무술점차일기(戊戌苫次日記)』의 의의」, 『숙빈최씨자료집』 1, 한국학중앙연구원, 2009.
황정연, 「조선후기 궁가(宮家)의 미술사·도시인문학적 의미: 창의궁(彰義宮)의 장소성과 서화컬렉션을 중심으로」, 『미술자료』 91, 2017.

2장

영조 후반 경희궁 임어와 경현당 세손 대리청정

윤정

1. 머리말

영조의 궁궐 경영은 1760년(영조 36)을 기점으로 그 중심이 창덕궁에서 경희궁(경덕궁)으로 바뀌었다. 이 기간 영조는 한 차례 잠시 창덕궁에 다녀왔을 뿐, 대부분 경희궁에 상주했다. 기존에 임시적인 피우처의 성격이 강했던 경희궁은 국왕이 상주함에 따라 국정과 의례의 중심 공간으로 위상이 높아졌다. 이어 직전 궁호가 경덕궁에서 경희궁으로 개정된 것은 이러한 성격 변화를 반영한다.

이처럼 궁궐 경영의 기조가 바뀌는 것은 영조가 후계자를 사도세자에서 세손(정조)으로 교체한 것과 밀접히 연계되어 있다. 영조는 경희궁으로 이어한 지 2년 만인 1762년(영조 38)에 14년 동안 대리청정을 하고 있던 사도세자를 전격 사사하고 국정 운영의 전면에 복귀했다.[1] 사도세자 상례를 마친 후 세자빈(惠嬪)과 세손 부부도 경희궁으로 이어함에 따라 경희궁이 명실상부한 주임 궁궐이 되었다. 이에 따라 세손의 후계자 수련 또한 경희궁에서 진행되었다.

1775년(영조 51) 세손의 대리청정이 실행되면서 영조는 다시 정치 일선에서 물러났다. 그리고 이듬해 영조가 사망하고 정조가 즉위했다. 경희궁에서 국왕이 즉위한 것은 경종에 이어 두 번째로서, 인조 말 창덕궁이 중건된 후 효종, 현종, 숙종이 연이어 창덕궁에서 즉위한 것과는 대비된다.[2]

경종 대 노론의 세제(영조) 대리청정 요구가 신임사화로 비화되고 영조 대 사도세자 대리청정이 임오화변으로 귀결된 데서 드러나듯이 대리청정은 정치적 위험성을 내포하고 있었다.[3] 그럼에도 영조가 다시 세손 대리청정을 실행한 것은 그것이 가지는 함의 또한 각별했음을 시사한다. 이는 대리청정이 후계자의 권위를 가장 직접적으로 보여주는 방안이라는 데서 찾을 수 있다. 특히 영조는 숙종 대의 전례를 바탕으로 대리청정을 왕위 계승의 통상적 과정으로 정립하고자 했다. 이를 통해 앞서 자신의 대리청정을 둘러싸고 발생했던 신임사화의 파장을 해소하고, '숙종-영조-정조'로 이어지는 왕통을 명확히 하고자 한 것으로 이해된다.

당초 사도세자의 대리청정 자체도 그러한 의도를 내포한 것이었지만, 이것이 파국으로 귀결된 만큼 영조는 다시 세손의 대리청정을 실행하면서 사도세자의 전례를 넘어설 수 있는 명분적인 보강이 필요했다. 여기서

1 윤정, 「영조의 경희궁(慶熙宮) 개호(改號)와 이어(移御)의 정치사적 의미: 사도세자(思悼世子) 사사(賜死)와의 상관성에 대한 분석」, 『서울학연구』 34, 2009.

2 조선 후기 창덕궁의 법궁 위상 정립에 대해서는 윤정, 「인조대 후반 창덕궁(昌德宮) 중건과 후계구도 변경: 세손(世孫)[현종(顯宗)] 책봉과 법궁(法宮)의 위상 정립」, 『사림』 78, 2021; 윤정, 「효종대 궁궐경영과 창덕궁 대비전 건립: 『만수전수리도감의궤(萬壽殿修理都監儀軌)』의 분석」, 『서울과 역사』 118, 2024 참조.

3 실제 이 시기 세손의 대리청정을 둘러싼 논란은 정조 즉위 후 홍인한(洪麟漢)과 정후겸(鄭厚謙)의 사사로 이어졌다. 이에 대해서는 최성환, 「정조대 초반의 탕평(蕩平) 의리(義理)와 충역론(忠逆論)」, 『태동고전연구(泰東古典研究)』 25, 2009 참조.

대리청정 장소로 사용된 경현당 사적이 주목된다.

경현당은 경희궁 동궁의 정당(正堂)으로서 숙종 말 세자인 경종의 대리청정이 이곳에서 이루어졌다. 영조도 경희궁 이어 후 이곳에서 경연을 개설한 바 있다. 나아가 영조는 자신이 관여된 경현당 행사를 환기함으로써 숙종과 자신의 연결을 강조했다. 이는 숙종에서 자신으로 이어지는 왕통을 확증하고 다시 이를 세손에게 전수하려는 지향을 경현당이라는 공간을 통해 표상하고자 했음을 보여준다.

당초 영조의 경희궁 이어가 사도세자 제거를 통한 후계 구도의 변경을 위한 것이라 할 때, 경희궁 경현당에서 이루어진 세손의 대리청정은 궁궐 경영을 통해 모색되는 영조 후반 정치 과정을 이해하는 하나의 방안이 된다. 특히 세손의 대리청정은 영조가 밟아온 정치 행보의 최종 귀결점이라는 점에서 각별한 의미가 있다.

이 글은 이러한 시각에서 영조 후반기 궁궐 경영의 내용과 그것에 담긴 정치적 지향을 세손 대리청정 및 그 공간적 배경이 된 경현당의 사적을 매개로 살펴보고자 한다. 이를 위해 먼저 영조 후반기 궁궐 경영을 사도세자 사사 및 그에 연동된 세자 가족의 거처 변동을 주요 지표로 삼아 살펴볼 것이다. 이어서 사도세자를 대신하여 후계자로 수립되는 세손의 위상을 '동궁(東宮)' 위호의 모색과 좌절, 그리고 그에 이어지는 효장세자 입후(立後)를 통해 살펴볼 것이다. 마지막으로 영조 말년에 실행된 세손 대리청정의 정치적 함의를 그 전범이 된 숙종 대 경종의 대리청정 사적 및 그 공간이었던 경현당에 대한 인식을 매개로 알아볼 것이다.

2. 영조 후반 궁궐 경영과 경희궁 임어

영조 대 궁궐 경영의 전반적인 양상을 살필 수 있도록 『영조실록』과 『승정원일기』에 수록된 임어 기사를 토대로 영조의 거처 변화를 정리하면 〈표 1〉과 같다.[4] 앞의 번호는 실록에 기록된 상황이며, 이어지는 번호는 『승정원일기』에서 추가로 확인한 내용이다.

여기서 영조의 임어 형태가 1760년(영조 36) 7월 경희궁 이어를 기점으로 바뀌는 것을 볼 수 있다. 당시 영조는 세자의 가족을 남겨둔 채 전해에 결혼한 정순왕후와 함께 경희궁으로 이어한 뒤[5] 계속 그곳에 머물다가 1776년(영조 52) 3월 집경당(集慶堂)에서 사망했다(표 1의 15~17).[6] 이에 따라 정조는 경희궁 숭정문(崇政門)에서 즉위했는데,[7] 이는 앞서 숙종이 경덕궁에서 사망하여 경종이 숭정문에서 즉위한 후 두 번째 일이었다.

재위 전반기에 영조는 창덕궁에 상주하며 간헐적으로 창경궁과 경덕궁을 이궁으로 활용했다. 영조가 창경궁에 임어한 것은 3회 확인되는데(표 1의 1·4·14), 이는 모두 상례로 인한 것이었다. 경종의 혼전인 경소전(敬昭殿)과 경종비 선의왕후의 혼전인 경휘전(敬徽殿), 그리고 숙종의 계비인 인원왕후의 혼전인 효소전(孝昭殿)이 모두 창경궁 문정전(文政殿)에 마련되었다. 이에 영조는 친제(親祭) 등 상례를 위해 창경궁에 머물렀으며, 부묘 후 창덕궁으로 돌아왔다. 실록이 창덕궁과 창경궁 사이의 이어를 기록하지

4 조선시대 궁궐 경영의 양상과 정치적 함의에 대해서는 홍순민, 『조선왕조(朝鮮王朝) 궁궐(宮闕) 경영(經營)과 '양궐체제(兩闕體制)'의 변천』, 서울대학교 박사학위논문, 1996 참조.

5 『영조실록』, 36년(1760) 7월 8일. 경희궁 개호는 2월에 이루어졌는데(『영조실록』, 36년 2월 28일), 이는 이어지는 이어가 지속적인 거주를 위한 것임을 보여준다.

6 『영조실록』, 52년(1776) 3월 5일.

7 『영조실록』, 정조 즉위년(1776) 3월 10일.

표 1 영조의 궁궐 임어 상황

연번		창덕궁		창경궁		경덕궁(경희궁)		기간
1	1	00.09.01	00.12.15					02.02.03
	2			00.12.16	02.11.01			
2		02.11.02	06.03.22					03.04.20
3						06.03.22	06.10.20	00.06.28
4	1			06.10.20	08.08.10			05.06.02
	2	08.08.11	12.04.21					
5						12.04.22	12.10.11	00.05.20
6		12.10.11	15.07.01					02.08.17
7						15.07.02	15.10.20	00.03.18
8		15.10.21	17.04.25					01.06.10
9						17.04.25	17.10.15	00.05.20
10		17.10.16	20.02.24					02.04.09
11						20.02.25	21.02.01	00.11.10
12		21.02.02	23.10.29					02.09.14
13						23.10.28	24.07.05	00.07.19
14	1	24.07.06	33.03.19					12.00.02
	2			33.03.30	35.08.08			
	3	35.08.09	36.07.07					
15						36.07.08	40.08.06	04.00.28
16		40.08.06	40.12.25					00.04.20
17						40.12.26	52.03.05	11.02.07

않은 것은 사실상 하나의 권역으로 인식하며 특별한 정치적 의미를 부여하지 않았기 때문이다.

한편 경덕궁 임어는 6회 확인되어(표 1의 3·5·7·9·11·13), 창경궁보다 자주 활용했다. 하지만 그곳에 머문 기간은 1년을 넘지 않았으며 사유 또한 대개 재변과 피우(避寓), 궁궐 수리 등으로 창덕궁을 사용할 수 없었던 데 따른 것이었다. 1730년(영조 6)의 이어는 창덕궁과 창경궁에 저주사건이 드러나 묻혀 있던 흉물을 제거하기 위한 것이었다. 1736년(영조 12)의 이어는 영빈(暎嬪) 소생 옹주가 질병으로 사망하자 전년에 태어난 세자를 보호하기 위한 것이었다.[8] 1739년(영조 15)의 이어는 강풍으로 나무가 꺾인 재변이 이유였다. 영조는 하루 전에 급작스럽게 이어 명령을 내렸고[9] 3개월 만에 창덕궁으로 복귀했다. 1741년(영조 17)의 이어는 사유가 직접 드러나지 않는다. 다만 당시 중부지방의 재해로 유민(流民) 1,400여 명이 도성에 들어온 일이 보여[10] 이와 관련이 있어 보인다. 이 경우 재변에 따른 것으로 분류할 수 있다.

1744년(영조 20)과 1747년(영조 23)에는 창덕궁 수리가 있었다. 1745년(영조 21)에는 10삭에 걸친 역사가 진행되었는데,[11] 전년에 미리 궁궐을 옮긴 것이다. 1747년(영조 23)에는 창덕궁 행각을 수리했다.[12] 이것은 공역 기간 잠시 경덕궁을 사용한 경우이다. 이처럼 재위 전반기 영조의 경덕궁 이어는 사유나 거주 기간 등에서 통상적인 이궁 경영의 일환으로 이해할 수 있다.

이에 반해 1760년(영조 36) 이후의 경희궁 임어는 이전과 성격을 달리한다. 사망할 때까지 계속 경희궁에서 지냈거니와 이어 사유 또한 뚜렷한 정치적 속성을 보인다. 경희궁 이어 2년 만에 사도세자를 사사한 것은 당초 경희궁 이어가 그를 제거하기 위한 작업이었음을 시사하는데,[13] 이 관련성은 세자를 유폐한 기사에 부연된 설명을 통해 확인할 수 있다.

> 임금이 경희궁으로 이어하자 두 궁(宮) 사이가 서로 막히게 되고, 또 환관·기녀와 함께 절도 없이 놀면서 하루 세 번의 문안을 모두 폐했으니,

8 『영조실록』, 12년(1736) 4월 12일.
9 『영조실록』, 15년(1739) 6월 28일.
10 『영조실록』, 17년(1741) 3월 26일.
11 『승정원일기』, 영조 21년(1745) 10월 18일.
12 『승정원일기』, 영조 23년(1747) 11월 1일.
13 윤정(2009), 앞의 글.

임금의 뜻에 맞지 않았다.[14]

위의 기사는 영조의 경희궁 이어가 창덕궁에 남아 있던 사도세자와의 소통 차단 및 그의 일탈을 유도했고, 이것이 영조의 미움을 불러와 임오화변이 발생했다는 시각을 담고 있다. 영조의 경희궁 이어가 임오화변과 밀접히 관련되어 있다는 인식을 드러낸 것이다.

이러한 시각은 실록이 임어 기사를 정리한 방식에서도 드러난다. 영조는 세자 유폐 당일인 윤5월 13일 경희궁에서 창덕궁으로 와서 선원전(璿源殿)에 전배한 후 동궁에서 대명하던 세자를 정성왕후의 혼전인 휘령전(徽寧殿), 즉 창경궁 문정전으로 불러 뒤주에 가두었다. 8일 후 세자의 사망이 확인되었는데, 실록은 "상시일환어경희궁(上是日還御慶熙宮)"이라 하여 당일 영조가 경희궁으로 돌아간 것으로 기록했다.[15] 이를 따르면 영조가 경희궁에서 창덕궁으로 온 것이 사도세자를 사사하기 위한 것이며 이에 사망을 확인하자 바로 경희궁으로 돌아갔다는 해석이 유도된다.

그런데 『승정원일기』를 보면, 영조는 세자를 가둔 후 4일간 창경궁에 머물다가[16] 17일 창덕궁으로 옮겨 하루를 묵은 뒤,[17] 19일에 육상궁을 거쳐 경희궁으로 돌아간 것으로 확인된다.[18] 당시 삼공이 정사의 재개, 즉 복정(復政)의 하례를 요청했고 영조는 이를 받아들였다.[19] 이후 2일간 영조는 경희궁에 머물렀으며 다시 창경궁을 다녀온 정황은 확인되지 않는다. 결국 실록의 기사는 영조의 경희궁 환어 일자를 사도세자 사망에 맞추어 편

14 『영조실록』, 38년(1762) 윤5월 13일, "上御慶熙宮 兩宮之間 轉成疑阻 且與閹寺妓女 遊嬉無度 專廢三朝之禮 上意不合"

15 『영조실록』, 38년(1762) 윤5월 21일.

16 『승정원일기』, 영조 38년(1762) 윤5월 13~16일.

17 『승정원일기』, 영조 38년(1762) 윤5월 18일.

18 『승정원일기』, 영조 38년(1762) 윤5월 19일.

19 『영조실록』, 38년(1762) 윤5월 19일.

집한 것으로, 이는 정조 대 실록 편찬자들이 영조의 경희궁 이어가 사도세자 사사의 직접적인 원인이 되었다고 파악했기 때문이다.

영조가 경희궁에 상주하면서 정사와 주요 의례 또한 경희궁에서 진행되었다. 그사이 영조가 창덕궁에 임어한 것은 1764년(영조 40) 한 차례뿐이고 그 기간도 4개월에 불과했다(표 1의 16). 당시 이어는 영빈 상례 때문이었다. 영빈은 후궁이기 때문에 궁궐 안에서 상례를 치를 수 없었다. 이에 경희궁과 경복궁 사이의 장동(壯洞)에 있는 본가, 즉 영빈방에서 상례를 행했다.[20] 영조는 영빈의 상차(喪次)가 영빈방에 마련된 후 창덕궁으로 이어했다.[21] 이어 후 혜빈[惠慶宮]은 물론 세손도 함께 상례를 치르도록 했고,[22] 이에 따라 혜빈과 세손은 영빈방으로 가서 곡하고 돌아왔다.[23]

영빈의 발인을 맞아 혜빈과 세손은 동궁의 북문인 보화문(普化門) 밖에서 망애례(望哀禮)를 거행했다.[24] 당시 혜빈에게도 망곡의주(望哭儀註)를 올렸는데, 이를 통해 혜빈 역시 동궁에서 행례했음을 알 수 있다. 매장한 후 반우(返虞)에 맞추어 영조는 세손과 영빈방에 가서 세손에게 망배례를 행하도록 하고 유숙한 뒤 이튿날 창덕궁으로 돌아왔다.[25]

영조가 영빈 상례에 창덕궁으로 이어한 것은 혜빈과 세손이 예를 행할 수 있도록 배려한 측면도 있지만, 그 이면에는 사도세자 사사에서 영빈의 역할을 명확히 하려는 의도가 담겨 있었다. 이는 당시 영조가 창경궁 공묵합(恭默閤)에서 세손과 세 대신을 불러 아래와 같이 유시한 것에서 드러난다.

20 영빈의 상례에 대해서는 윤정, 「영조의 의열묘(義烈廟) 건립의 정치사적 의미: 사도세자 사사(賜死)와 후계 구도의 의리 정립」, 『역사와 실학』 69, 2019 참조.

21 『영조실록』, 40년(1764) 8월 6일.

22 당시 세손은 효장세자에게 입후되어 영빈과 세손의 혈연적 관계가 해소된 상태였다.

23 『영조실록』, 40년(1764) 9월 24일.

24 『영조실록』, 40년(1764) 9월 26일, "是夜 王世孫率宮僚 行望哀禮於普化門外 禮曹書入望哭儀註於惠嬪"

25 『영조실록』, 40년(1764) 9월 27일.

임오년의 대의를 만약 명확하게 깨우치지 않았다면 윤리가 그때부터 무너졌을 것이다. 그 어미가 만고에 없는 일을 당하고, 그 아비가 만고에도 없는 의를 행했다. […] 너의 할미가 살아 있을 때 차마 말할 수 없었지만, 지금은 가만히 의리에 따라 처리했다.[26]

영조는 사도세자 사사가 변란이 목전에 있다는 영빈의 고변에 의한 것임을 적시했고, 이어 그의 역할을 『어제표의록(御製表義錄)』으로 정리하여 간행했다. 세손과 혜빈의 상례 참여는 그 의미를 공개적으로 확정하는 과정이었다. 결국 재위 후반기 영조의 유일한 창덕궁 이어 역시 사도세자 사사와 연동된 행보였던 셈이다.

영조가 사도세자를 제거하려면 신하들의 반발을 무마하는 조치가 필요했는데, 거처를 분리한 것은 부자간의 불화를 가시적으로 드러냄으로써 그러한 효과를 유도하는 방안이었다. 사도세자는 영조가 이전에 경희궁으로 이어할 때는 모두 함께 이주했기 때문에 거처가 분리된 적이 없었다.

이 시기 영조의 경덕궁 이어와 창덕궁 환어에 따른 왕실가족의 이동 일자를 〈표 2〉로 정리했다. 이 표에서 대체로 영조가 이어하는 당일 왕실가족도 함께 이동했다는 것을 알 수 있다. 인원왕후는 매번 영조와 함께 옮겼다. 경종 때 인원왕후는 영조의 세제 책봉에 중요한 역할을 했기 때문에 영조 또한 그에 대한 예우를 적극적으로 표방했다.[27] 인조반정 이래 대비와 한 궁궐에서 거주하는 것은 그에 대한 효성을 보여주는 행위로서 각별한 정치적 의미가 있었기 때문이었다.[28]

26 『영조실록』, 40년(1764) 9월 26일, "壬午大義 若不洞諭 倫彝從此斁矣 其母遭萬古所無之境 其父行萬古所無之義 […] 爾祖母在世時 雖不忍諭 今則從容處義"

27 선의왕후와 인원왕후의 역할에 대해서는 윤정, 「재위 전반기(1725~1746) 영조(英祖)의 군신관계 이해: '군신분의(君臣分義)'론(論)의 적용과 지향을 중심으로」, 『한국사학보』 29, 2007; 임혜련, 「경종 대 인원왕후와 선의왕후의 정치적 역할과 위상」, 김은정 외, 『경종 대 정치적 길항과 그 유산』, 한국학중앙연구원 출판부, 2023 참조.

표 2 사도세자 출생 이후 왕실가족의 이동 일자

연번	행차		인원왕후	영조	정성왕후	현빈	사도세자	혜빈
1	1-1	이어	12.04.22		12.04.24		12.04.22	
	1-2	환어	12.10.11			12.10.15	12.10.11	
2	2-1	이어	15.06.26					
	2-2	환어	15.10.21			15.10.24		
3	3-1	이어	17.04.25					
	3-2	환어	17.10.16					
4	4-1	이어	20.02.25			20.02.28	20.02.25	
	4-2	환어	21.02.05			21.02.06		
5	5-1	이어	23.10.27					
	5-2	환어	24.07.06			24.07.08		

중전 정성왕후(貞聖王后)는 현빈(賢嬪, 효장세자빈)과 함께 따로 이어한 것이 1회 보인다(표 2의 1). 사도세자는 경희궁으로 이어할 때는 모두 영조와 함께 갔으나 돌아올 때는 현빈과 함께 온 것이 3회 보인다(표 2의 2·4·5). 혼례 후에는 혜빈과 함께 움직였다(표 2의 4·5).

현빈은 10회의 이어·환어 중 6회를 따로 움직였는데, 이는 왕실가족의 이어 일자를 정할 때 우선순위가 밀린 결과이다. 이러한 사정은 1744년(영조 20) 경덕궁 이어에서 확인된다. 영조는 이어 일자를 2월 안으로 정하도록 했는데, 모두에게 구기(拘忌), 즉 거리낌이 없는 날짜를 찾을 수 없었다. 이에 영조는 현빈에게 구기가 있는 25일로 결정하고 현빈은 28일에 따로 이어하도록 했다.[29] 여기서 왕실가족이 함께 이동하는 것이 원칙이었음을 알 수 있다.

세자가 영조와 함께 이어하는 모습은 후계자로서 위상을 보여주는 방

28 윤정, 「인조(仁祖) 전반기의 구궐(舊闕)[창경궁(昌慶宮)]의 중건과 궁궐 경영: 『승정원일기(承政院日記)』 인조 임어 기사의 분석」, 『한국문화』 55, 2011; 윤정, 「인조대 후반 장렬왕후(莊烈王后) 경덕궁(慶德宮) 이어(移御)의 정치적 의미: 후계구도 변경 및 강빈(姜嬪) 옥사와의 관련성을 중심으로」, 『서울과 역사』 112, 2022; 윤정(2024), 앞의 글.

29 『승정원일기』, 영조 20년(1744) 2월 14일, 16일.

안이었는데, 1736년(영조 12) 이어 기사에서 그 의미를 확인할 수 있다.

> 경덕궁으로 이어했다. 자전이 먼저 출발하고 대가가 그다음, 동궁이 또 그다음으로 출발했다. 무신년 이후 근 10년 만에 처음으로 세자 행차[鶴駕]의 위의를 보았기 때문에 구경하는 자가 슬퍼하기도 하고 기뻐하기도 했다.[30]

위에서 무신년은 1728년(영조 4) 효장세자가 사망한 것을 말한다.[31] 1735년(영조 11) 태어난 사도세자는 이어 한 달 전에 창덕궁 인정전에서 세자에 책봉되었다.[32] 따라서 당시 세자의 행차는 새 후계자의 존재를 외부에 공개하는 의미가 있었다.

효장세자는 본가인 창의궁(彰義宮)에서 궁궐로 들어와 세자에 책봉되었고 사망 때까지 경덕궁으로 이어한 일이 없었다. 반면 사도세자는 궁궐에서 태어나 처음으로 궁궐 밖으로 나서는 것이므로 합당한 의절이 필요했다. 1736년(영조 12) 이어 당시에는 아기였기 때문에 논의가 없었지만, 1739년(영조 15)에는 5세가 되었으므로 논의가 진행되었다. 세자가 여(輿)를 타고 궁을 나가 궐문 밖에서 연(輦)을 타도록 정했는데, 다만 아직 어리므로 대내에서 곧장 연을 타고 궁궐을 나가도록 했다.[33]

이처럼 영조 전반기 경덕궁으로 이어할 때는 길일을 맞추느라 개별적으로 늦게 가는 경우가 있었지만 거처를 나누지는 않았다. 이와 대비해보면 1760년(영조 36) 세자 가족을 남겨둔 채 영조 부부만 경희궁으로 이어

30 『영조실록』, 12년(1736) 4월 22일, "移御慶德宮 慈殿先發 大駕次之 東宮又次之 戊申後近十年 始見鶴駕威儀 觀者爲之悲喜"

31 『영조실록』, 4년(1728) 11월 16일.

32 『영조실록』, 12년(1736) 3월 15일.

33 『승정원일기』, 영조 15년(1739) 6월 26일.

한 것은 예외적인 일로, 그 의도가 자신과 세자를 공간적으로 분리하려는 것이었음을 판단할 수 있다.

실제 영조는 경희궁 이어 후 세자를 철저히 배제하는 태도를 보였다. 반면 세자빈과 세손에 대해서는 지속적으로 애정을 드러내며 세자를 고립시키려는 의도를 숨기지 않았다. 이어 직후 사도세자가 한 달에 걸쳐 온양으로 온행을 떠나자 영조는 다음과 같이 말했다.

> 빈궁과 세손을 곧 데리고 오는 것이 좋겠다. 원량(元良)이 저쪽에 있기 때문에 데리고 오지 않았는데, 세손이 중관(中官)을 보고 나의 안부를 묻는다고 들었다.[34]

세자가 창덕궁에 머물고 있으므로 그의 가족을 데려올 수 없었다는 것인데, 세자가 온행으로 자리를 비운 사이 세손의 문안 의사를 내세워 그를 데려오고자 한 것이다. 이어 세손이 곁을 떠난 지 오래되어 보고 싶다는 뜻도 내비쳤다.[35]

결국 1760년(영조 36) 7월 20일 세손은 경희궁으로 와서 조부를 만났다. 영조는 창경궁에 남아 있는 빈궁에 대한 문안을 명분으로 당일로 세손을 돌려보냈는데,[36] 이는 세자의 배제에 빈궁은 포함되지 않음을 의미한다. 1761년(영조 37) 5월 19일 빈궁과 세손이 함께 경희궁에 와서 영조를 보고 창덕궁으로 돌아간 것도 이러한 기조를 보여준다.[37]

이후 세손은 경연에 시좌하고 문안하기 위해 종종 경희궁에 다녀왔지

34 『영조실록』, 36년(1760) 7월 10일, "嬪宮與世孫 當卽率來 以元良之在彼 故不爲率來 聞世孫見中官 問予安否云矣"

35 『영조실록』, 36년(1760) 7월 19일.

36 『영조실록』, 36년(1760) 7월 20일.

37 『영조실록』, 37년(1761) 5월 19일.

표 3 세손의 영조 문안 횟수

연호	35	36	37	38	39	40	41	42	43	44	45	46	47	48	49	50	51	52
횟수	11	75	93	21	49	80	11	15	17	15	5	11	38	24	52	6	7	5

만, 기본적으로 창경궁에서 부친과 함께 거주했다. 대신 사람을 보내 영조에게 문안했는데 『승정원일기』에는 세손의 문안 기사가 지속적으로 확인된다. 세손의 문안은 1759년(영조 35) 책봉 이후 시작되었다. 궁관이나 강관을 보내 승지에게 문안을 전한 것으로 영조가 궁궐 밖으로 행차하거나 거처가 나뉠 때 이루어진 것이었다.[38] 세자의 문안과 별도로 세손의 문안이 행해진 것으로서 이를 도표로 제시하면 〈표 3〉과 같다.

1759년(영조 35) 11회였던 세손의 문안은 1760년(영조 36)에는 75회, 1761년(영조 37)에는 93회로 급격히 늘어났다. 특히 1761년에는 8월까지만 문안이 확인됨에도 그 횟수가 월등하게 많은데, 이것은 영조의 경희궁 이어로 거처가 나뉘었기 때문이다. 1762년(영조 38)에 21회로 줄어든 것은 사도세자 사사 후 발인을 마친 8월부터 문안이 재개되었기 때문이다. 1763년(영조 39)에는 49회, 1764년(영조 40)에는 80회가 확인된다. 1765년(영조 41)에 11회로 크게 줄어들었고, 이후 1771년(영조 47) 38회, 1772년(영조 48) 24회, 1773년(영조 49) 52회를 제외하면 대개 10회 내외였다.[39] 이것은 1764년(영조 40) 세손이 경희궁으로 이주하여 영조와 한 궁궐에서 거주하게 된 데 따른 것이다.

사도세자 사사 당시 세자가 갇힌 것을 인지한 세손이 현장으로 들어오

38 같은 궁궐에 있을 때도 상시적인 문안이 이루어졌을 것이지만, 이 경우는 승정원을 경유하지 않아 『승정원일기』에 기록되지 않았다.

39 1771년(영조 47)부터 1773년(영조 49)까지 문안 횟수가 증가한 것은 영조가 궁궐 밖에 행차하여 유숙한 경우가 많았기 때문인데, 영조 말기 행차의 양상과 지향에 대해서는 별고에서 자세히 분석할 것이다. 당시의 정치적 상황에 대해서는 김백철, 「영조 만년의 초월적 권위와 '대탕평(大蕩平)': 영조 48년(1772) 김치인사건을 중심으로」, 『역사학보』 214, 2012 참조.

자 영조는 혜빈과 세손 및 여러 왕손을 홍봉한(洪鳳漢)의 집으로 보내도록 했다.[40] 세자의 사망이 확인된 후 혜빈과 세손 등은 상례를 위해 다시 입궐했다.[41] 7월 23일 발인하고 당일 창경궁 강서원으로 반우하여 신전(神殿)을 설치했다.[42] 이에 혜빈과 세손은 창경궁에 머물며 사도세자의 상례를 치렀다.

이 기간에도 세손은 영조의 경연에 시좌하는 등 경희궁을 왕래했다. 혜빈 역시 세손빈과 함께 경희궁을 다녀갔다. 상례 후 처음 행차한 것은 9월 15일 영조의 탄일로서 20여 일 전부터 혜빈 등을 맞이하기 위한 준비가 진행되었다.[43] 일행은 9월 10일 경희궁으로 왔다가 24일 창경궁으로 돌아갔다.[44] 1763년(영조 39) 정조 하례와 9월의 영조 탄일에도 경희궁 문안이 있었다.[45] 1764년(영조 40)에도 같은 형태로 문안이 준비되었지만,[46] 영조가 창덕궁으로 이어하면서 취소되었다. 세손이 경희궁에 머무는 동안에도 세손빈은 혜빈과 함께 지냈는데, 이는 세손의 공식 거처가 여전히 창경궁임을 반영한다.

영조는 세손이 경희궁에 왔다가 돌아가는 상황에 대해 다음과 같이 걱정을 표했다.

어제 풍기가 좋지 않으니 세손이 어떻게 하궐로 가겠는가. 어린아이가

40 『한중록(閑中錄)』 권2; 『영조실록』, 38년(1762) 윤5월 13일, "遂命世子幽囚 世孫倉皇入來 上命嬪宮世孫及諸王孫 送于左議政洪鳳漢第 時夜已過半矣"

41 『[사도세자(思悼世子)]빈궁혼궁도감의궤(殯宮魂宮都監儀軌)』, "二十二日丑時小斂 二十三日午時大斂成殯于侍講院 二十四日辰時成服"

42 『(사도세자)빈궁혼궁도감의궤』, "[七月二十三日] 同日酉時返虞 同日戌時 奉安于昌慶宮之講書院"

43 『승정원일기』, 영조 38년(1762) 8월 22일.

44 『승정원일기』, 영조 38년(1762) 9월 24일.

45 『승정원일기』, 영조 39년(1763) 1월 1일, 9월 10일.

46 『승정원일기』, 영조 40년(1764) 7월 26일.

이곳에 있으면 그 어미를 그리워하고 저곳으로 가면 그 조부를 생각하니 어찌 어렵지 않겠는가.[47]

세손이 경희궁에 머물면 혜빈과 분리되고 창경궁으로 가면 영조와 분리되는 상황을 적시한 것이다. 이것은 물론 혜빈 등을 모두 경희궁으로 불러오기 위한 포석으로 해석된다.

실제 영조의 언급에 따라 혜빈과 세손빈까지 경희궁으로 옮겨오는 문제가 논의되었다. 영조는 혜빈과 세손빈의 처소를 다음과 같이 지정했다.

다음 달 후에 혜빈과 동빈궁이 올 것이므로 그들의 처소를 정한다. 혜빈은 집희당에 묵고 동궁과 빈궁은 경선당에 묵도록 하고, 서연은 중서헌에서 행하도록 하라.[48]

위에서 혜빈과 세손빈 역시 경희궁으로 이어할 예정이며 이에 처소를 정한 것을 확인할 수 있다. 더하여 영조는 이들을 보좌하는 관서와 관속을 위한 전각도 지정했는데, 그 내역을 정리하면 〈표 4〉와 같다.

전자전(前慈殿)은 경종의 계비 선의왕후를 말하는 것으로, 그가 사용하던 전각을 세손 가족이 활용한 것이다. 혜빈궁의 승언색과 차비는 용비루(龍飛樓)의 상직방을 사용했는데, 『어제궁궐지(御製宮闕志)』에 따르면 용비루는 단명전(端明殿) 동남쪽에 있었다.[49] 단명전은 광명전(光明殿) 동쪽에 있었

47 『승정원일기』, 영조 39년(1763) 3월 4일, "昨日風氣不佳 世孫何以往下闕乎 幼兒在此則戀其母 往彼則思其祖 豈不難乎"

48 『승정원일기』, 영조 40년(1764) 6월 23일, "開月之後 惠嬪與東嬪宮其將來 故定其處所 惠嬪當處緝熙堂 東嬪宮當處慶善堂 而書筵當行於重書軒"

49 『어제궁궐지(御製宮闕志)』 慶德宮, "龍飛樓 在端明殿東南." 『어제궁궐지』와 『궁궐지(宮闕誌)』의 편찬과 판본에 대해서는 안장리, 「조선 숙종(肅宗) 『어제궁궐지(御製宮闕志)』 탐색」, 『장서각』 29, 2013; 홍순민, 「조선후기 동궐 궐내각사 배체 체제의 변동: 『어제궁궐지』 및 『궁궐지』의 분석을 중심으로」, 『서울학연구』 44, 2011 참조.

표 4 경희궁의 세손 가족과 관속의 처소

<table>
<tr><th></th><th>대상</th><th>소속 관속</th><th>장소</th></tr>
<tr><td rowspan="4">1</td><td rowspan="4">동궁
(東宮)</td><td>장번(長番)</td><td>전자전(前慈殿)의 장방(長房)</td></tr>
<tr><td>차비(差備)</td><td>전동궁(前東宮)의 차비가 거처한 곳</td></tr>
<tr><td>사약(司鑰) 이하 별감(別監)</td><td rowspan="2">경자년 이전 세자궁(世子宮)이 머물던 곳</td></tr>
<tr><td>수사간(水賜間)·정촉방(灯燭房)·
수라간(水刺間)</td></tr>
<tr><td rowspan="3">2</td><td rowspan="3">혜빈궁
(惠嬪宮)</td><td>승언색(承言色)과 차비</td><td>용비루(龍飛樓) 상직방(上直房)</td></tr>
<tr><td>사약 이하 별감</td><td>전자전의 별감이 머물던 곳</td></tr>
<tr><td>수라간</td><td>전자전의 수라간</td></tr>
<tr><td rowspan="2">3</td><td rowspan="2">빈궁
(嬪宮)</td><td>차비</td><td>광명전(光明殿)을 직숙(守直)하는 중궁(中宮) 처소</td></tr>
<tr><td>수라간 별감</td><td>광명전 서월랑(西月廊)</td></tr>
</table>

는데 영조가 장락전(長樂殿)으로 이름을 바꾸었다. 동궁 관속의 처소는 경자년 이전 세자궁이 머물던 곳으로 정했는데, 경자년은 1720년(숙종 46)이다. 즉 경종이 세자 시절 머물던 곳을 동궁의 관속이 사용하도록 한 것이다. 그리고 세손의 강관이 왕래할 때 연광문(延光門)을 사용하도록 했다.[50] 이러한 조치가 사도세자 탈상을 20여 일 앞두고 실행된 것은 애초에 사도세자 상례를 마치는 데 맞추어 혜빈과 세손 부부를 경희궁으로 데려올 계획이었음을 보여준다.

그런데 전술한 것처럼 영빈의 사망으로 영조가 창덕궁으로 이어하면서 세손 가족의 경희궁 이어는 늦춰졌다. 이들은 1764년 12월 말 영조가 경희궁으로 환어하면서 함께 이어했다.[51] 이로써 영조 부부와 혜빈, 세손 부부는 4년 만에 다시 한 궁궐에 거주하게 되었고, 경희궁이 명실상부한 중심 궁궐로 자리했다.

당시 영조가 항구적인 이어를 의도했음은 이어 직전 소실된 동궁 침전

50 『승정원일기』, 영조 40년(1764) 6월 23일.

51 『승정원일기』, 영조 40년(1764) 12월 22일.

의 중건을 거부한 것에서 유추된다. 이어를 10여 일 앞둔 시점에 이극문(貳極門)과 저승전(儲承殿)이 소실되자 신하들은 수리를 요청했다.[52] 하지만 영조는 이를 거부하며 다음과 같이 말했다.

> 경복궁에 불이 났을 때도 감히 중건하지 못했는데, 비록 이 전각이 없더라도 무슨 지장이 있겠는가. 조종의 검소한 덕을 본받아야 한다.[53]

저승전은 인조 말 창덕궁을 중건하며 새 세자(효종)를 위해 인경궁의 동궁을 옮겨와 중건했고, 이후 동궁의 침전으로 사용되었다. 따라서 세자나 세손이 창덕궁과 창경궁을 사용하기 위해서 필수적인 전각이었다. 이에 신하들은 당연히 중건해야 한다는 입장이었다. 그런데 영조는 경복궁을 중건하지 않은 것과 조종의 검소함을 내세워 받아들이지 않았다. 이는 앞으로 동궐의 동궁을 사용하지 않겠다는 의사의 표명이었다. 혜빈의 거처를 경희궁으로 옮긴 것도 이에 연동된 것이다.

궁궐 운영에 필요한 제반 물품을 경희궁으로 옮긴 것도 항구적인 이어를 뒷받침한다. 특히 주목되는 것이 춘추관에 있던 실록을 경덕궁 춘추관으로 옮기도록 한 것이다. 이송 일자는 처음 1765년(영조 41) 1월 9일로 정했으나, 며칠 미루어져 12일에 이송되었다.[54]

이상과 같이 1760년(영조 36)의 경희궁 이어는 사도세자를 제거하고 세손으로 후계 구도를 변경하기 위한 것이었고, 이후 경희궁이 궁궐 경영의 중심이 되었다. 사도세자 상례가 끝난 후 혜빈과 세손 부부가 경희궁으로 이어한 것은 이를 확정하는 조치였다.

52 저승전 소실 과정과 의미에 대해서는 이민아, 「영조대 이후 궁궐 내 세자 공간 운용과 변화의 정치적 의미」, 『조선시대사학보』 103, 2022 참조.

53 『영조실록』, 40년(1764) 12월 18일, "景福之災也 亦不敢重建 雖無此殿何傷 當法祖宗之儉德也"

54 『승정원일기』, 영조 40년(1764) 12월 25일, 영조 41년(1765) 1월 10일.

3. 세손의 위호 변경과 후계자 위상 정립

1752년(영조 28) 태어난 정조는 원손으로 정호되었을 뿐, 의소세손(懿昭世孫)과 달리 바로 세손으로 책봉되지는 않았다. 효장세자(孝章世子)에 이어 의소세손까지 공식적인 후계자가 요절한 것은 명분적으로도 부담이었던 까닭이었다.[55] 이에 1754년(영조 30) 의소세손의 대상이 끝난 후에는 원손으로서 공적인 후계자 교육을 받았다. 민우수(閔遇洙)·남유용(南有容)을 원손보양관으로 삼아 양정각(養正閣)에서 사부와 상견례를 행하고 보양관이 보양청에서 한 달에 세 번 진현하게 하는 등 체계를 갖추었다.[56]

정조는 8세가 되는 1759년(영조 35)에 창경궁 명정전에서 세손으로 책봉되었다.[57] 영조는 책봉과 함께 내린 반교문에서 세손이 국본(國本)임을 강조했다.[58] 영조가 이듬해 경희궁으로 이어하면서 세손과 관련된 의례는 경희궁에서 진행되었다.[59] 광명전에서 관례를 치렀고,[60] 혼례 역시 경희궁에서 설행되었다. 당시 영조는 혼례 일자를 정하고, 경현당을 처소로 삼도록 지시했다.[61] 세손빈은 1월 8일에 경현당에서 책례를 치렀고[62] 2월 2일에 광명전에서 초계례(醮戒禮)를 치렀다.[63] 사도세자 부부는 혼례 참석을

55 영조 대 후계자의 입학례·관례·가례·책봉에 대해서는 윤정, 「정조의 세자 책례(冊禮) 시행에 나타난 '군사(君師)' 이념」, 『인문논총』 57, 2007 참조.

56 『영조실록』, 30년(1754) 9월 2일, 10월 26일, 11월 21일.

57 『승정원일기』, 영조 35년(1759) 윤6월 22일, "己卯閏六月二十二日辰時 上御明政殿 王世孫冊封親臨入侍時"

58 『승정원일기』, 영조 35년(1759) 8월 5일.

59 윤정(2009), 앞의 글 참조.

60 『영조실록』, 37년(1761) 3월 18일.

61 『영조실록』, 37년(1761) 12월 17일, "世孫嘉禮 以正月十三日擇定 以景賢堂為處所"

62 『영조실록』, 38년(1762) 1월 8일.

위해 경희궁에 왔다가 조현례(朝見禮)를 마친 당일 창경궁으로 돌아갔으며, 가례를 마친 세손 부부도 창경궁의 세손궁으로 돌아갔다.[64]

이후 세손은 문안과 경연 시좌를 위해 창경궁에서 경희궁을 왕래했다. 앞서 영조는 세자 대리청정에 따라 중지되었던 법강(法講)을 1756년(영조 34) 주강을 필두로 조강과 석강까지 연이어 재개했다.[65] 영조는 세손의 시좌에 대해 그 의도를 아래와 같이 설명했다.

> 세손을 데리고 볼 때는 군신이 반드시 나의 허물을 바로 지적하여 세손이 임금 노릇이 어렵다는 것을 알게 하라. 군신이 만약 잠자코 있으면 세손은 반드시 임금 노릇이 쉽다고 여길 것이다. 흰머리의 노년에 나의 허물을 깊이 꾸짖어 손자가 알게 하는 것이 또한 어찌 부끄럽지 않겠는가. 실로 나라를 위하는 뜻이다.[66]

위에서 영조는 신하들의 국정 비판을 직접 보게 함으로써 임금 노릇의 어려움을 알게 하겠다는 뜻을 드러내었다. 재개된 경연을 새로 책봉된 세손의 후계자 수련의 장으로 삼고자 한 것이다. 이에 영조는 창경궁에 머물며 1760년(영조 36) 1월 11일 『소학』 입교편을 가지고 주강에 시좌하도록 했으며,[67] 3월 20일에는 『성학집요(聖學輯要)』를 진강하는 주강에 세손이 시좌했다.[68]

세손의 시좌는 경희궁에서도 그대로 이어졌다. 1764년(영조 40) 세손이

63 『영조실록』, 38년(1762) 2월 2일.

64 『영조실록』, 38년(1762) 2월 7일.

65 『승정원일기』, 영조 34년(1758) 6월 16일, 30일.

66 『영조실록』, 35년(1759) 윤6월 23일, "率世孫見之時 群下必也直斥予過 使世孫俾知爲君之難 群下若默默 則世孫必曰爲君易矣 白首暮年 深責予過 使孫知之 亦豈不愧 而實爲國之意也"

67 『승정원일기』, 영조 36년(1760) 1월 11일.

68 『승정원일기』, 영조 36년(1760) 3월 20일.

표 5 창경궁 거주 시기 세손의 경희궁 경연 시좌

	일시	경연	경연책자	장소
1	36.09.16	주강	중용	경현당(실)
2	37.01.05	주강		경현당(실)
3	37.09.16	주강	중용	경현당(실)
4	37.10.05	주강·석강		경현당(실)
5	38.03.29	회강	영조–대학, 세손–소학	경현당(실)
6	38.03.30		대학	경현당(실)
7	38.04.02	조강	대학	경현당(실)
8	38.08.27	주강	중용	경현당(실)
9	38.09.11	주강	맹자	경현당(실)
10	38.09.23		소학	경현당(실)
11	38.09.28	주강	대학	경현당(실)
12	38.09.30	주강	대학	경현당(실)
13	38.10.03	주강	대학	경현당(실)
14	39.06.09	주강	논어, 대학, 맹자 존현장	경현당(승)
15	39.07.06	주강		경현당(승)
16	39.09.22	주강	중용, 맹자	경현당(승)
17	39.09.24	소대	송감	경현당(승)
18	40.01.17	주강	맹자, 중용	경현당(승)

경희궁으로 완전히 옮기기 이전에도 세손의 시좌가 여러 차례 확인되는데, 이를 〈표 5〉로 정리했다.

세손이 시좌한 경연은 모두 경현당에서 실행되었다. 경현당은 경희궁 동궁의 정당(正堂)으로서 후계자의 위상을 표상하는데, 세손이 시좌하는 경연을 모두 이곳에서 설행한 것은 후계자로서 세손의 입지를 영조가 직접 보증한 것이었다.

영조가 경희궁으로 이어한 뒤 세손은 주로 주강에 시좌했는데, 사도세자가 사망하기 전까지 7회가 확인된다. 이 중 그 의미가 단적으로 드러나는 사례는 1761년(영조 37) 1월의 주강이다(표 5의 2). 당시 영조는 세손에게 여러 질문을 던졌는데, 세손의 답변에 "열 살 아이의 견해로는 참으로 어렵다"라고 감탄하면서 세손을 격려하는 한편, 강관을 직접 나오게 하여 아래와 같이 칭찬했다.

> 지금 세손을 보니 진실로 성취한 효과가 있다. 한없이 많은 일 가운데 이보다 나은 것은 없다. 3백 년의 명맥이 오직 세손에게 달려 있다.[69]

위의 언급은 세손이 자신의 후계자를 넘어 왕업의 명맥을 이어갈 존재임을 천명한 것이다. 세손의 위치를 이같이 각별하게 평가한 것은 대리청정을 수행하는 사도세자를 넘어서는 명분을 부여하려는 의도로 읽힌다. 즉 곧이어 단행되는 사도세자 사사를 염두에 두고 그 자리를 대신할 세손의 자질과 위상을 시사한 것이다.

한편 1762년(영조 38) 3월 29일의 회강(會講)에서는 영조가 『대학』, 세손이 『소학』을 강독했다(표 5의 5). 앞서 창경궁에서 『소학』을 진강할 때 세손이 시좌한 것과 대비할 때, 이번 시좌는 영조와 함께 세손이 진강의 주체로서 자리를 잡은 것이다. 이를 통해서도 당시 진강이 영조에 의해 세손이 후계자로서 확립되는 장이었음을 확인할 수 있다.

후계자로서 세손의 위상 강화는 사도세자 사사 후 본격화되었다. 이를 단적으로 보여주는 조치가 사도세자 발인 바로 다음 날 세손을 '동궁(東宮)'으로 정호한 것이다. 영조는 저사(儲嗣)의 소중함을 말한 뒤 명(明)의 고사에 따라 세손을 '동궁'으로 칭하도록 하고, 강서원을 춘방(春坊)이라 하고 위종사(衛從司)를 계방(桂坊)이라 칭하며 의식과 절차를 모두 전례에 따라 거행하도록 지시했다.[70] 춘방과 계방은 각각 세자의 보도와 보위를 담당하는 시강원과 익위사(翊衛司)를 가리키는 별칭이다. 세손은 책봉 후 세

69 『영조실록』, 37년(1761) 1월 5일, "今見世孫 誠有成就之效 悠悠萬事 莫過於此 三百年命脈 惟在世孫"

70 『영조실록』, 38년(1762) 7월 24일.

자와 격을 달리하여 각각 강서원과 위종사를 두었는데, 이를 세자의 관부와 같은 별칭으로 부르게 한 것이다.

이 조치는 세손이라는 공식 위호와 별개로 그 위상이 세자와 다름없음을 확인하는 것으로, 그동안 사도세자가 지녔던 위상을 그대로 세손이 가져가도록 한 것이다. 이를 통해 영조는 세자를 매개하지 않고 자신에서 세손으로 직접 이어지는 후계 구도를 표상했다. 이때 원용한 명의 전례란 홍무제의 손자인 건문제가 후계자가 되어 제위를 계승한 것을 말한다.

이와 같이 동궁으로 위호를 정한 후 영조는 건명문에 나아가 반교하고 백관의 진하를 받았다. 당시 내린 반교문에서 영조는 다음과 같이 언급했다.

> 아, 주창(主鬯)은 나라의 큰 근본이니, 삼종의 혈맥과 만세의 통서가 단지 세손에게 있도다. […] 홍무 때 전례를 조심스럽게 따라 우리 세손에게 동궁의 위호를 정했으니, 무릇 여러 의식과 절차는 한결같이 상례를 따르도록 하라. […] 아, 이극(貳極)이 다시 바르게 되었으니 지난달의 마음이 다소 위로가 되며, 동궁이 거듭 새로워졌으니 만년의 국운이 길이 굳건하다.[71]

위에서 영조가 말한 "삼종(三宗)의 혈맥(血脈)"은 효종-현종-숙종의 혈손을 말하는 것으로 경종 대 연잉군의 세제 책봉의 논거로서 영조의 즉위가 정당하다는 취지를 담고 있었다. 이 혈맥은 다시 영조의 후손에 의해 이어질 것인데, 기존에는 사도세자가 그 위치에 있었으나 그가 사망한 상황에서 세손이 그 역할을 담당하게 된다. 이것이 세손에게 동궁 위호를 부여하

71 『영조실록』, 38년(1762) 8월 1일, "於戲 主鬯國之大本 三宗血脈 萬世統緒 只有世孫 […] 敬遵洪武典禮 我世孫定號東宮 凡諸儀節 一從常例 […] 於戲 貳極復正 庶慰前月之心 离明重新 永鞏萬年之托"

는 핵심적인 명분이기에 이를 천명한 것이다.

한편 동궁 정호에 따라 세손에게 적용되는 의례도 조정이 있었다. 정호에 맞추어 휘지(徽旨)와 문안패(問安牌)를 개조해야 한다는 의견이 있었는데, 영조는 휘지만 개조하고 문안패는 그대로 사용하도록 했다. 이때 혜빈의 휘지와 문안패도 함께 개조하도록 했다.[72] 동궁의 의장은 영조가 세제 때 사용하던 것을 쓰도록 했다. 호조판서 김치인(金致仁)은 세손의 의장을 다시 만들 것을 요청했지만 영조는 다음과 같이 말했다.

> 의장이 비록 색깔은 변했어도 할아비의 물건이다. 그것을 다시 쓴다면 어찌 귀하지 않겠느냐.[73]

여기서 영조가 세손에 대해 동궁의 새로운 의례를 적용하면서도 자신과 관계성이 드러나는 부분에서는 기존의 것을 유지하도록 했음을 알 수 있다. 자신이 세제로 책봉되었을 당시의 의장을 사용하는 것은 세손이 자신의 왕통을 계승할 존재임을 명확히 하는 의미가 있다. 문안패를 그대로 쓰게 한 것도 같은 취지이다.

뒤이어 보첩(譜牒) 기록의 수정을 논의하는 과정에서도 같은 내용을 확인할 수 있다.

> 세손을 동궁으로 정위한 후에는 체면이 전과 다르다. [⋯] 어첩에서 주상전하를 적은 곳 아래에 일남·이남을 쓰고 한 칸을 띄어 사왕세손저하(嗣王世孫邸下)로 써서 승통의 뜻을 보이는 것이 좋겠다.[74]

72 『승정원일기』, 영조 38년(1762) 8월 2일.

73 『영조실록』, 38년(1762) 8월 2일, "儀仗雖色渝 乃祖之物 渠復用之 則豈不貴乎"

74 『승정원일기』, 영조 38년(1762) 8월 23일, "世孫定位東宮後 則体面与前自別 [⋯] 御牒張主上殿下下 列書一男二男 越一間 書嗣王世孫邸下 以示承統之意 可矣"

위 기사는 왕실가족을 기록하는 어첩 중 현 국왕을 적은 부분의 기재 사항을 바꾸는 내용이다. '주상전하'는 영조를 말하고 '일남'과 '이남'은 효장세자와 사도세자를 나타낸다. 그다음에 세손을 적으면서 칸을 띄고 "사왕세손저하"라고 적음으로써 그가 왕위 계승자임을 드러내도록 한 것이다. 이 또한 영조가 세손의 왕위 계승에 각별한 명분을 부여하고자 했음을 보여주는 것으로, 동궁 정호의 연장에서 이루어진 것이다.

세손의 동궁 정호에 따라 세손빈의 위호도 새로 정했다. 당시 영조는 후속 조치로 아래와 같은 전교를 내렸다.

> 정주와 요속의 사은에서는 '세손'으로 칭하고 내국과 기거의 의절과 경외의 문서는 모두 '동궁'으로 칭하며, 세손빈궁은 지금 이후에 '빈궁'으로 칭하라.[75]

위에서 영조는 '세손'으로 칭하는 경우와 '동궁'으로 칭하는 경우를 나누어 규정했는데, 대개 영조와 연계되는 부문에서는 혈연관계를 드러내는 '세손'이라는 칭호를 쓰고, 그의 독자적인 권위가 드러나는 부문에서는 '동궁'이라 불러 후계자로서의 위상을 드러내도록 했다.

그런데 주목되는 것은 그동안 '세손빈궁(世孫嬪宮)'으로 부르던 세손빈을 '빈궁'으로 부르도록 한 것이다. 이전의 빈궁은 당연히 사도세자빈을 말하는 것이기 때문에 세손빈은 '세손빈궁'으로 구별했다. 그런데 세손이 동궁으로 칭해지면서 사도세자와의 구분이 해소되었기 때문에 세손빈도 '빈궁'으로 부르게 한 것이다.

이는 기존 세자빈이 빈궁으로서 위상을 내려놓는다는 의미이기도 했

75 『승정원일기』, 영조 38년(1762) 8월 5일, "政注及凡僚屬謝恩 稱世孫 內局與凡起居之節 京外文書 皆稱東宮 世孫嬪宮 今後則只稱嬪宮"

다. 이보다 조금 앞서 세자빈이 '혜빈(惠嬪)' 칭호를 받은 것은 그 표현이었다.

> 이미 처분을 내렸으니 빈궁은 효순(孝純)과 마찬가지로 구인을 사용할 수 없다. 그 칭호를 '혜빈'으로 내리고 아울러 옥인을 내리며 조정은 정후한다.[76]

위에서 효순은 효장세자빈(효순빈)을 말한다. 그는 효장세자가 사망한 뒤에도 그대로 '빈궁'으로 불리다가 사도세자가 출생하면서 '현빈(賢嬪)'이라는 위호를 새로 받았다. 당시 영조는 원자가 탄생했으므로 효장세자빈을 '빈궁'으로 부르는 것이 마땅하지 않다며 실록을 상고하여 관련 사례를 조사하도록 했다. 이를 통해 순회세자빈(順懷世子嬪)이 덕빈(德嬪)으로, 세조대 의경세자빈인 소혜왕후(昭惠王后)가 수빈(粹嬪)으로 정호된 사례를 확인하고 효장세자빈에게 현빈 칭호를 내렸다.[77] 이러한 과정은 효장세자 사망 후에도 사용하던 빈궁의 위호를 사도세자가 태어나면서 그의 부인을 염두에 두고 빈궁의 위호를 조정한 것이다. 세자의 혼례가 멀리 있음에도 위호를 조정한 것에서 영조가 빈궁의 위호를 중시하는 태도를 확인할 수 있다. 이에 사도세자빈에 대해서도 동일한 규례를 적용한 것으로, 인신(印信)을 교체한 것 또한 이러한 위호 변경에 따른 것이다.

이처럼 세손과 세손빈의 위호를 동궁과 빈궁으로 설정한 것은 기존에 사도세자가 가지고 있던 위상을 해소하고 자신의 후계자인 세손의 위상을 드러내기 위한 것이다. 다만 오랜 기간 빈궁으로 불리던 혜빈이 있는 상황에서 곧바로 세손빈을 빈궁으로 칭하면 혼란이 있을 수 있었다. 이에

76 『영조실록』, 38년(1762) 윤5월 21일, "今旣處分 嬪宮與孝純一也 不可用舊印 賜其號曰惠嬪 一體賜玉印 朝廷庭候"

77 『영조실록』, 11년(1735) 3월 16일.

구별을 위해 세손빈이 '동빈궁(東嬪宮)'으로 지칭되기도 했는데, 『승정원일기』에서 동빈궁은 1764년(영조 40)까지 4회 확인된다.[78]

한편 사도세자 상례로 중단되었던 경연에서의 시좌도 재개되었다(앞의 표 5의 8). 이 자리에서 영조는 영의정 신만(申晩)에게 향후 동궁의 강습을 존현각(尊賢閣)에서 실행하도록 지시하며 다음과 같이 말했다.

> 존현각은 옛날 정유년 대리 때 강습하던 곳이니, 이제 수리하여 동궁으로 하여금 그곳에서 강습하도록 하라. 경은 모름지기 기문을 지어 벽에 걸도록 하라.[79]

위에서 정유년은 1717년(숙종 43)으로 경종이 대리청정한 것을 가리킨다. 영조는 경종이 존현각에서 강습했음을 준거로 동궁도 이곳에서 강습하도록 한 것이다. 숙종이 말년에 경희궁에서 지내면서 형성된 세자의 사적을 매개로 세손의 위상을 드러낸 것이다. 이후 혜빈과 빈궁이 경희궁으로 이주할 때까지 11회의 시좌가 확인되는데, 동궁은 경희궁과 창경궁을 왕래했다.

동궁 위호를 정립한 후에는 청에 책봉을 요청했다.[80] 당초 홍봉한을 사은겸주청사(謝恩兼奏請使)로 삼았지만 곧바로 장계군(長溪君) 이병(李棅)으로 교체했다.[81] 1763년(영조 39) 2월 세손이 시좌한 자리에서 주청사 일행을 소견했으며 이들은 7월에 돌아왔다.[82]

78 『승정원일기』, 영조 38년(1762) 9월 15일, 영조 39년(1763) 11월 11일, 12월 17일, 영조 40년(1764) 6월 23일.

79 『영조실록』, 38년(1762) 8월 27일, "尊賢閣 在昔丁酉代理時習講處 今爲修理 使東宮於斯設講 卿須作記文揭壁"

80 『승정원일기』, 영조 38년(1762) 12월 14일.

81 『영조실록』, 38년(1762) 12월 11일, 39년(1763) 1월 4일.

82 『영조실록』, 39년(1763) 2월 12일, 7월 7일.

이어 청의 봉전칙사가 조선으로 와서 고명과 면복을 내렸다. 영조는 모화관으로 나아가 칙사를 맞이했는데 세손도 수가(隨駕)했다. 돌아와서는 숭정전에 나아가 의식대로 향례를 설행하고,[83] 이어서 교서를 반포했다.

> 청궁(靑宮)의 호칭이 정해졌으니 해동에 태양이 거듭 밝은 빛을 발하고, 자고의 큰 은혜 베풀기 위해 상국의 사신이 멀리서 왔다. […] 아름다운 자태가 이극의 존위에 오르게 되었으니 큰 통서가 삼종의 맥을 잇게 되었다. […] 저위는 잠시도 비울 수 없지만, 봉호를 감히 마음대로 할 수 없었다. 대방에 청하는 것은 예에 있어 옳은 일이고, 이전을 헤아려보니 원하는 것은 반드시 들어주게 되어 있다. 다행히 황화가 빨리 임하여 비로소 총명을 크게 반강하게 되었다. 사륜을 반포함에 있어 경사를 고증하여 명호를 정했다. 고책을 환히 전하면서 비단 면복까지 풍성하게 내렸다.[84]

위에서 청궁(靑宮)은 동궁을 말하는 것으로 청색이 동쪽을 상징한 데 따른 표현이다. 당시 동궁으로 책봉할 것을 요청했고 이를 허가받았기 때문에 이러한 내용을 제시한 것이다. 그런데 직접 '동궁'으로 제시하지 않고 '청궁'으로 둘러 표현한 것은 실제 동궁 책봉이 거부되었기 때문이다. 청은 '동궁'이 아니라 '세손'의 책봉을 승인했다.

『청고종실록(淸高宗實錄)』의 같은 해 7월 17일자 기사에는 조선의 주문에 대한 건륭제의 결정 내용이 실려 있다.

83 『영조실록』, 39년(1763) 7월 7일, 9월 4일.

84 『영조실록』, 39년(1763) 9월 5일, "靑宮定號 左海之日輪重暉 紫誥疏恩 上國之星軺遠屆 […] 惟令姿升貳極之尊 緊弘緖續三宗之脈 […] 雖儲位不容暫曠 而封號未敢自專 控于大邦 以禮則可 揆諸彝典 有願必從 幸玆皇華之遄臨 聿覩寵命之誕降 絲綸渙發 攷經史而定名 誥冊昭垂 竝錦綵而侈賜"

짐의 뜻은 이산이 손자로서 조부를 잇는 것이니 그 칭명을 그대로 '세자'로 하는 것은 의리에 미안하다. 그래서 예부에 상세히 조사하도록 지시했다. 이에 주문을 보니 해국의 왕 이금이 본래 세자 이선의 아들 이산을 봉하여 적사로 삼았는데, 어디에도 손자를 세자로 책봉하기를 청하는 말은 없었다. 또한 사책을 상고하면 세손 명호가 있음을 분명히 확인할 수 있다. 지금 이산은 해국 왕의 손자에 해당하니 그에 맞는 규례에 따라 세손으로 삼는 것이 명분에 맞을 것이니 이에 전고를 자세히 살피지 않고 함부로 세자로 가봉하려고 하니 만약 짐의 지적을 거치지 않았다면 천조의 전제를 밝힐 수 있겠는가.[85]

위에서 건륭제는 동궁이 세자에 해당하는 점에 근거하여 영조의 요청을 거부하고 세손 책봉을 지시했다. 앞서 1736년(영조 14)에 사도세자가 청으로부터 세자 책봉을 받았기 때문에[86] 청은 세자의 존재를 명확히 인지하고 있었다. 따라서 다시 그 아들을 세자에 해당하는 동궁으로 책봉하지 않고 세손으로 책봉하도록 한 것이다. 앞서 "사은겸주청사(謝恩兼奏請使)"로 표기된 사신 직함이 귀국에 맞추어 "세손책봉주청사(世孫冊封奏請使)"로 수정된 것 또한 이러한 사정에 따른 것이다.[87] 반교문에서 '청궁'으로 표현한 부분 또한 당초 동궁을 염두에 둔 것이지만, 청이 동궁 책봉을 거부함에 따라 에둘러 표현한 것으로 이해된다.

1764년(영조 40) 세손을 효장세자의 후사로 삼은 것은 이러한 세손 위호 문제와 연동되어 있었다. 당시 영조는 선원전에 전배한 후 고유문을 신하

85 『청고종실록(淸高宗實錄)』 권691, 乾隆 28년 7월 17일, "朕意李祘以孫承祖 其稱名仍作世子 於義未安 是以傳諭禮部詳覈查覆 玆據奏該國王李昑 本請以世子李愃之子李祘封爲嫡嗣 並無請封伊孫爲世子之說 且考之史冊 現有世孫名號 昭然可據 今李祘旣係該國王之孫 自應援例封爲世孫 方爲名正言順 乃不詳覈典故 漫以世子加封 若非經朕指出 其何以昭天朝典制耶"

86 『청고종실록(淸高宗實錄)』 권61, 乾隆 3년 1월 24일.

87 『영조실록』, 39년(1763) 7월 7일.

들에게 공개했는데, 그중에 다음과 같은 내용이 들어 있다.

> 지금 동궁의 명칭은 바로 명 건문제의 고사를 따른 것이었으나, 그 후에 생각하니 성조 문황제가 승통한 뒤로는 소목이 바로잡히고 태조 고황제 이후 대대로 승계했습니다. 신은 지금 두 세자를 두었는데 효장이 아무리 형이라 하더라도 사도가 무고했더라면 효장은 순회와 소현이 됨에 지나지 않았을 것입니다. 이제는 사세가 이러하니 충자로 하여금 효장을 이어 장통을 순승하게 하는 것이 의리에 당연합니다.[88]

여기서 명종의 장자인 순회세자나 인조의 장자인 소현세자를 거론한 것은 세자로 책봉되었으나 이들의 후손이 왕위를 잇지 못한 것을 지적한 것이다. 사도세자가 왕위를 계승했다면 효장세자는 이들과 다를 바 없지만, 사도세자가 죽었기 때문에 장통(長統)으로 왕위가 이어지게 해야 한다는 취지를 말한 것이다. 다시 말해 효장세자와 사도세자가 모두 죽은 만큼 장자인 효장세자가 명분상 우위에 있으므로 세손을 그의 계승자로 만드는 것이 적절하다는 논리이다.

이 조치로 사도세자 제기 후 영조에서 직접 세손으로 이어지는 후계 구도가 중간에 효장세자를 매개로 연결되는 형태로 바뀌었다. '장통'의 원칙에서 세손에게 효장세자의 아들이라는 명분이 부여되었기에 영조는 동궁을 다시 '세손'으로 부르게 했다.[89]

이러한 변화는 청에서 동궁 책봉을 거부한 것이 결정적이었다. 당초 명 태조가 손자 건문제로 제위를 전한 사례를 들어 세손을 동궁으로 정호함

88 『영조실록』, 40년(1764) 2월 20일, "今者東宮之名 雖遵皇明建文故事 伊後思之 成祖文皇帝承統之後 昭穆正正 自高皇帝後 世世相承 臣今有二世子 孝章雖爲兄 思悼若無故 則孝章不過爲順懷昭顯 今則事勢如此 使沖子嗣孝章 順承長統 義理當然"

89 『영조실록』, 40년(1764) 2월 22일.

으로써 사도세자를 배제하는 후계 구도를 만들고자 했지만 청이 이를 거부함으로써 명분이 크게 약화되었다. 그런데 세손 위호를 그대로 유지하면 연결고리로서 사도세자의 위상이 분명해진다. 이는 사도세자를 제거한 영조의 정치적 선택과 충돌할 수밖에 없었다. 이에 세손을 효장세자에게 입후함으로써 청의 세손 책봉에도 불구하고 왕통에서 사도세자를 배제하고자 한 의도를 실현할 수 있었다. 이 명분이 실효성을 가짐에 따라 홍무제의 전례도 건문제를 제거하고 황제가 된 영락제를 이용하여 해소했다.

이러한 굴곡을 겪은 뒤 세손의 위상은 1765년(영조 41) 빈궁의 묘현례를 통해 다시 한번 확증되었다. 이 행사에 대해 영조는 신축년에 이건명(李健命)이 정한 것이며, 정성왕후부터 비로소 행해진 것임을 말했다.[90] 신축년은 경종 원년으로서 당시 영조가 세제로 책봉된 후 정성왕후도 함께 입궁했다.[91] 이어 인정전에서 세제와 세제빈의 책봉례를 실행했고, 이듬해 세제빈이 태묘에 알현하는 묘현례가 행해졌다.[92] 영조는 이 전례를 내세워 정성왕후와 세손빈을 연결함으로써 자신과 세손의 관계를 표상한 것이다. 특히 묘현례는 태묘에서 거행되는 행사로서 그 의미가 선조들에 의해 보증되는 만큼, 이 의례는 세손의 위상을 재확인하는 의미가 있었다.

이처럼 영조는 사도세자 사사 후 세손을 동궁으로 정호하여 사도세자의 아들이라는 명분을 지우고 자신으로부터 직접 내려가는 후계 구도를 수립하고자 했다. 여기에는 명 태조와 건문제의 사례가 원용되었다. 그러나 이러한 의도는 청에서 동궁 책봉을 거부하고 세손으로 책봉함으로써 차질을 빚었다. 이에 영조는 세손을 자신의 장자인 효장세자에게 입후함으로써 장통의 명분을 세우고 사도세자를 배제하는 효과를 유도했다. 이에 따라 세손의 명호도 동궁에서 다시 세손으로 환원되었다.

90 『영조실록』, 41년(1765) 8월 15일.

91 『경종실록』, 1년(1721) 9월 6일.

92 『경종실록』, 2년(1722) 9월 25일.

4. 세손 대리청정과 경현당 사적의 재구성

영조는 1775년(영조 51) 세손에게 대리청정을 명령했는데, 영조의 행장에 당시 조치의 의미가 명확히 제시되어 있다.

> 왕께서 세손에게 대리청정을 명했다. 조참에 법가를 사용하고 의장에 수정장과 금부월을 설치하며, 하례를 받을 때 백관이 조복으로 예를 행하고 아울러 헌가를 연주하도록 했다. [⋯] 세손이 세 번 상소하여 사양했으나 왕께서 누누이 타이르셨다. 8일이 지나서 고묘하고 반사했다. 왕이 부축을 받으며 경현당에 이르러 세손과 함께 진하를 받았는데, 세손을 돌아보며 매우 기뻐했다.[93]

위에서 세손의 대리청정에 따라 제반 의례가 규정된 것은 실질적인 권력 주체로서의 면모에 맞춘 것이다. 명분상 세손이 효장세자를 이은 상황에서 영조가 대리청정을 통해 그에게 직접 왕통을 전수하는 모습을 보여 준 것이다.

영조는 1775년(영조 51) 11월부터 세손 대리청정에 대한 의향을 드러냈다. 영조는 자신이 노쇠하여 정사를 보기 어렵다고 토로하면서 조종의 고사가 있음을 들어 대신들에게 의견을 물었다.[94] 당시 영조 나이가 82세에 이른 점을 생각할 때 세손의 대리청정은 권력 이양을 위해 불가피한 측면

93 『영조실록』, 「英祖大王行狀」, “王命世孫代聽庶政 朝參用法駕 儀仗設水晶杖金釜鉞 受賀時百官朝服行禮 幷奏軒架 [⋯] 世孫三上疏辭 王縷縷慰諭 越八日 告廟社頒赦 王扶至景賢堂 與世孫同受賀 顧世孫甚樂也”

94 『영조실록』, 51년(1775) 11월 20일.

이 있지만, 앞서 사도세자의 대리청정이 임오화변으로 이어진 경험이 있기에 세손의 대리청정 또한 정치적 부담이 있었다. 이에 홍인한(洪麟漢)이 나서서 세손이 국사를 알 필요가 없다며 반대 의사를 표하기도 했다.

하지만 영조가 워낙 고령이었기 때문에 반대 의견은 제한적이었다. 당시 홍인한 등의 논의에 대해 사관은 신민의 여망이 세손에게 있음을 지적하며 "조정을 우리 세손께서 알지 못하면 누가 알 것인가"라고 비판하고, 대리청정이 열성의 고사임을 환기하며 홍인한의 행위를 비난했다.[95]

이때 사관은 대리청정이 "간고(幹蠱)·비자(丕子)의 상직(常職)"임을 말했는데, 간고는 『주역』 간괘(幹卦)에 나오는 간부지고(幹父之蠱)의 줄임말로서 아들이 부친의 뜻을 계승하여 발전시키는 것을 말하며, 비자는 천자의 적자를 가리킨다. 세손이 영조의 사업을 계승하는 적통이라는 인식을 드러낸 것으로, 세손의 대리청정은 당연한 직무라는 취지를 밝힌 것이다. 이것은 정조 즉위에 따른 합리화의 측면이 있지만, 사관이 굳이 이렇게 밝힌 것은 당시 조정이 대리청정에 전반적으로 찬성하는 분위기였음을 시사한다.

동의를 얻은 영조는 먼저 긴요하지 않은 공사부터 세손이 처리하는 능력을 보아가며 점차 일을 늘려가도록 했다.[96] 그리고 대신 및 예관을 불러 절목을 마련하도록 했다.[97] 세손의 거듭된 사양에도 영조는 뜻을 굽히지 않으며 다음과 같이 말했다.

복정한 후 몇 년 동안 가슴이 답답했던 것은 그 사태의 이치로 인해서였

95 『영조실록』, 51년(1775) 11월 20일, "嗚呼 當聖上倦勤靜攝之時 宗社之所依 臣民之所望 惟我王世孫 國事朝政 我世孫不知 伊誰當知 又況幹蠱丕子之常職代聽 列聖之故事 苟有體國大臣 固當不命其承"

96 『영조실록』, 51년(1775) 11월 30일.

97 『영조실록』, 51년(1775) 12월 7일.

는데, 하룻저녁에 상쾌하게 풀렸다. 손자가 어찌 할아비를 이처럼 난처하게 하는가.[98]

위의 언급은 세손의 계승이 복정 이후 자신의 의지를 실현하는 것이며, 대리청정은 그것을 확정하는 조치임을 분명히 한 것이다. 여기서 영조가 사도세자 제거와 세손의 대리청정을 하나의 과정으로 이해하고 있음을 읽을 수 있다.

이러한 영조의 인식은 의정부에서 세손의 청정절목을 별단으로 올렸을 때 내린 글에서 좀 더 구체적으로 드러난다.

아, 복정 이후로 몇 년 동안 가슴이 답답함을 표현하기 어려웠는데, 이제 세손이 옛 복정을 씻어주니 효라고 할 수 있다. 능히 할아비를 대리하여 마음을 기쁘게 하니 이 막대한 효가 어찌 이뿐이랴. 아, 83세가 다 되어 청정하는 것이 예전에 있었는가. 하물며 이 복정은 실로 동국의 막대한 경사이다. […] 그날 경현당 앞에서 어찌 두려워하며 우물쭈물했겠는가. 정유년에 나 역시 우러러보았으니 어찌 관행대로 하겠는가. 다른 일과는 차이가 있으니 헌현하는 일을 의주에 첨가하고, 치사와 전문은 정유년의 예에 따라 그만두라.[99]

위에서 두 가지 사실에 주목할 수 있다. 하나는 '복정'이라는 점을 거듭 강조한 것이다. 영조의 복정은 대리 중이던 사도세자를 사사하고 정사에 복귀한 것이다. 그런데 영조는 이를 세손의 대리청정과 연결했다. 사도세

98 『영조실록』, 51년(1775) 12월 8일, "復政後幾年鬱結 因其勢理 而一夕快解 孫何困祖, 其果若此"

99 『영조실록』, 51년(1775) 12월 8일, "噫 復政幾年菀結難狀 今於世孫洗古復政 可謂孝矣 於祖能代理 以喜其心 此莫大之孝 豈特此也 嗚呼 八十三歲聽政 古豈有哉 況此復政乎 寔東國莫大之慶也 […] 其日景賢堂前 豈可伈伈泄泄 丁酉予亦仰覩 其何循例 與他有異 設軒懸事 添儀註 致詞箋文 依丁酉例置之"

자 사사라는 파행이 결국 세손의 왕위 계승을 위한 불가피한 선택이었음을 말한 것이다. 세손의 대리청정에 대해 복정을 그 기점으로 삼은 것은 앞서 인용한 기사에서도 확인된다.

다른 하나는 정유년의 행사를 언급한 것이다. 정유년은 1717년(숙종 43)으로서 당시 경종의 대리청정이 있었다. 세손 대리청정은 경종의 사례를 준거로 하고 있었다. 영조는 세손 대리청정을 시행할 의사를 밝힌 후 승지에게 명하여 절목을 쓰게 하고 자신이 직접 조문을 불렀다.[100] 그 1조에는 "청정절목은 전교에 의거하여 정유 사례에 따라 마련한다"라고 밝히고 있다.[101] 이를 포함하여 총 14조 가운데 7조가 정유년 사례에 의거했음을 적시했다.

세손의 대리청정은 1775년 12월 10일 시작되었다. 세손은 익선관과 곤룡포를 갖추고 경현당에 앉아 조참을 받는 것으로 업무를 시작했다.[102] 영조는 경현당 조참에 대해서 각별한 의미를 부여했는데, 이는 며칠 전 "만약 충자가 경현당에서 조참을 받는 것을 본다면 나에게 어찌 영광이 아니겠는가"[103]라고 한 것에서 잘 나타난다.

세손은 조참 당일부터 신하들과 만나 정사를 처리했는데 이는 1776년(영조 52) 3월 영조가 사망할 때까지 약 4개월간 이어졌다. 이 기간 세손의 대리청정 일시와 장소를 『영조실록』과 『승정원일기』를 통해 정리하면 〈표 6〉과 같다.

위에서 조참 등 의례는 주로 경현당에서 실행되었고, 정사는 대부분 존현각에서 진행되었음을 알 수 있다. 이는 영조의 결정에 따른 것이었다.

100 『영조실록』, 25년(1749) 1월 23일.

101 『영조실록』, 51년(1775) 12월 8일, "聽政節目 依傳教 以丁酉年事例磨鍊"

102 『승정원일기』, 영조 51년(1775) 12월 10일.

103 『영조실록』, 51년(1775) 12월 7일, "若見沖子受朝參於景賢堂 於予豈非榮光乎"

표 6 세손의 대리청정 일시와 장소

연	월	일(장소)
51	12	10(경·존)*, 11(존), 12(존), 13(존), 14(존), 15(존), 16(존), 17(존·흥), 18(존), 19(존·흥), 20(존), 21(존·흥), 22(존), 23(존), 24(존), 25(존), 26(존·흥), 27(흥), 28(존), 29(존)
52	01	01(경·존), 02(존), 03(존), 04(흥), 5(존), 06(존), 07(존·흥), 08(존·흥), 09(존), 10(존), 11(존, 흥), 12(존), 13(존), 14(존), 15(존·흥), 16(흥), 17(경·존·흥), 18(존, 흥), 19(존), 20(존), 21(존), 22(존), 23(존), 25(경·존), 26(존), 27(존), 28(존), 29(존), 30(존)
	02	2(경, 흥), 3(존), 04(존), 06(존), 07(존, 흥), 08(존), 09(존), 10(존), 11(존), 12(흥), 13(존), 15(존), 16(존), 17(존), 18(존), 19(존), 20(존, 흥), 21(존, 흥), 22(존), 23(존), 24(존), 25(존), 26(존), 27(경·존), 28(존·흥), 29(존)
	03	01(존), 03(존), 04(존)

* 존: 존현각(尊賢閣), 경: 경현당(景賢堂), 흥: 흥정당(興政堂)

> 이번 청정은 경현당에서 조참을 받고, 이후로 체모의 존중이 첫날과 다르므로 평상시의 차대는 존현각에서 하라.[104]

곧 영조는 의례와 정무의 공간을 경현당과 존현각으로 나눈 것이다. 이 역시 청정절목에 그대로 반영되었다.[105] 다만 흥정당에서 설행된 사례도 18회 확인되는데, 이는 당시 고령의 영조가 흥정당을 사용한 데 따른 것이다.

이제 세손의 대리청정을 그 전례가 된 경종의 대리청정 및 선행한 사도세자의 대리청정과 대비하여 그 특징을 찾아보고, 대리청정의 공간적 배경으로서 경현당이 가지는 의미를 알아보기로 한다.

전술한 것처럼 세손의 대리청정은 숙종 말 세자(경종)의 대리청정을 준거로 하고 있었다. 숙종은 1717년 세자의 대리청정을 명령했는데, 이는 세종 대 이후 처음 실행되는 것이었기에 그를 위한 절목을 새로 제정했다.

104 『영조실록』, 51년(1775) 12월 7일, "今番聽政 受朝參於景賢堂 自此以後 體貌尊重 與初日有異 常時次對 尊賢閣爲之"

105 『영조실록』, 51년(1775) 12월 8일, "聽政處所 以景賢堂爲之 常時引接 以尊賢閣爲之"

이를 위해 강화부로 가서 실록에서 청정과 관련된 내용을 조사한 뒤 절목을 논의했다.[106] 당시 이이명은 다음과 같이 문의했다.

> 본조에서는 건춘문 안에 따로 왕세자의 조당을 건립하고 '계조당'이라 명명했는데, 지금 시민당이 동궁의 외당입니다. 청정과 조참 등의 일을 이곳에서 하게 할 것입니까, 아니면 따로 다른 곳을 지명하시겠습니까.[107]

위에서 계조당과 시민당이 나오는데, 계조당은 경복궁의 전각으로 1443년(세종 25) 기존 동궁 밖에 새로운 외전으로 건립되었다.[108] 위에서는 세자의 조당으로 소개되었는데, 이는 세종 말 세자의 대리청정 때 이곳을 조당으로 사용한 데 따른 것이다.[109] 이이명의 질의에 숙종은 시민당을 사용하도록 했는데, 이는 동궁의 서연청인 시민당이 계조당의 전례에 부합한다고 판단했기 때문이다.

이에 따라 1717년(숙종 43) 8월 1일 시민당에서 조참을 받는 것으로 경종의 대리청정이 시작되었다.[110] 그런데 1718년(숙종 44) 2월 세자빈 단의빈(端懿嬪)이 사망하고[111] 숙종과 인원왕후, 세자가 경덕궁으로 이어하면서[112] 대리청정의 장소도 옮겨졌다. 이후 숙종이 경덕궁에서 사망함으로써 경종은 이곳에서 즉위했다. 따라서 경희궁은 경종의 대리청정과 즉위가 하나

106 『숙종실록』, 43년(1717) 7월 24일, 25일.

107 『숙종실록』, 43년(1717) 7월 25일, "本朝則建春門內 別建王世子朝堂 名曰繼照 今時敏堂爲東宮外堂 聽政朝參等事 於此處爲之乎 或別命他所乎"

108 『세종실록』, 25년(1443) 5월 12일.

109 세종 대의 경복궁 운영과 계조당 건립의 의미에 대해서는 윤정, 「세종의 경복궁 경영과 적장자 계승의 후계 구도 확립」, 『한국사연구』 202, 2023 참조.

110 『숙종실록』, 43년(1717) 8월 1일.

111 『숙종실록』, 44년(1718) 2월 7일.

112 숙종이 인원왕후와 함께 먼저 이어했고[『숙종실록』, 44년(1718) 2월 20일], 이튿날 세자가 이어했다[『숙종실록』, 44년(1718) 2월 21일].

의 과정으로 연결된 공간이었다.

한편 사도세자의 대리청정은 숙종 때 절목을 채용하여 시민당에서 이루어졌다. 정유년, 즉 경종 대리청정 사례에 따라 처소를 시민당에 정하고 조하와 인접 등도 모두 이곳에서 실행하도록 했다.[113] 이에 1749년(영조 25) 1월 27일 시민당에서 조참을 시작으로 대리청정이 시작되었다.[114] 1762년(영조 38) 나경언의 고변이 발생하자 세자가 시민당 뜰에서 대명했는데,[115] 그 기간에도 시민당 월랑에서 신하들을 인접했다. 즉 사도세자의 대리청정은 시종 시민당에서 이루어진 것이다. 다만 일부 일상 활동은 다른 장소를 사용하는 사례도 종종 보이는데, 인접·입대와 약방의 입진 등은 덕성합(德成閤)에서 다수 배설되었다. 10여 년이 넘는 대리청정은 임오화변으로 귀결됨으로써 왕위전수로 이어지지는 못했다. 이처럼 사도세자의 대리청정은 숙종 대 경종의 대리청정의 절목을 준거로 이루어졌기 때문에 실제 운영에서는 차이가 있었다.

이처럼 경종의 대리청정은 숙종의 왕위를 직접 계승받는 과정이었다. 세자는 와병 중인 숙종을 대신하여 점점 많은 업무를 처리했는데, 이는 숙종에서 세자로 왕위가 넘어가는 과정을 그대로 반영했다. 당초 절목에서는 용인(用人)·용형(用刑)·용병(用兵)이 세 가지는 모두 고례에 따르도록 규정했는데, 이는 세종 대처럼 국왕이 처결하도록 정한 것이었다. 그런데 숙종의 병세가 악화되자 1718년(숙종 44) 5월 9일 형벌과 관련되는 업무를 모두 동궁에게 계달하도록 했다.[116] 이는 신하와의 공식적인 만남이 줄어든 기간에도 많은 정무가 세자에 의해 처리되었음을 보여준다. 1719년(숙종 45) 11월에는 용인에 속하는 경외관의 포폄도 세자에게 보고하도록 했

113 『영조실록』, 25년(1749) 1월 23일, "處所依丁酉例定以時敏堂 朝賀及引接等事 皆行於此堂"

114 『영조실록』, 25년(1749) 1월 27일.

115 『영조실록』, 38년(1762) 5월 24~29일.

116 『숙종실록』, 44년(1718) 5월 9일.

다.[117] 1720년(숙종 46) 4월 숙종의 병세가 악화되어 시약청이 설치되면서[118] 차도가 있을 때까지 공사를 가지고 입대하는 것을 정지했다.[119] 이는 세자가 숙종의 병간호를 전담하도록 하기 위한 것으로서 실제 숙종 사후 경종의 즉위가 무난히 이루어졌다.

이에 대해 사도세자의 대리청정 또한 후계자 위상을 확인하는 것이었지만, 영조에게 병환이 있었던 것이 아니며 세자 나이도 어렸다는 점에서 경종 사례와는 차이가 있었다. 사도세자의 대리청정은 왕위계승을 위한 과정이라기보다는 그를 매개로 영조의 즉위를 합리화하는 성격이 강했다.

따라서 세손의 대리청정에서 두 사례는 뚜렷이 대비되는 것이었다. 이러한 차이를 단적으로 보여주는 것이 바로 청정 장소였다. 경종의 대리청정은 본래 시민당에서 시작됐지만 숙종의 경덕궁 이어에 따라 경현당과 존현각에서 진행되었다. 반면 사도세자의 대리청정은 경종 때의 절목을 따르면서 시민당과 덕성합에서 진행되었다. 결과적으로 시민당에서의 대리청정은 사도세자의 사사로 이어진 반면 경종의 대리청정이 이루어진 경덕궁의 경현당은 숙종이 대리청정을 통해 경종에게 왕위를 전수한 사적을 형성했다. 세손의 대리청정이 경현당에서 진행된 것은 사도세자의 사적과 차별화하려는 의도를 담고 있다.

이와 관련하여 추가로 주목할 사실은 영조가 경현당을 통해 숙종과 자신의 연고를 적극적으로 표방했다는 점이다. 이는 영조가 경희궁으로 이어한 지 20일 후인 1760년(영조 36) 7월 28일 경현당에서의 감회를 적은 어제에 드러난다.

이 궁궐의 정전 다음으로 이 당은 가장 넓고 환하다. 그러므로 옛날에 이

117 『숙종실록』, 45년(1719) 11월 22일.

118 『숙종실록』, 46년(1720) 4월 24일.

119 『숙종실록』, 46년(1720) 4월 25일.

> 당에 머무는 때가 많았으며 나도 또한 때때로 머물렀다. 계사년 여름을 추억하니 어진을 도사할 때 이 당에 머물렀다. 나도 도감의 도제조로 아뢰는 바에 입시했는데 지금 생각해도 어제와 같다.[120]

위에서 영조는 경현당의 위상을 경희궁의 정전인 숭정전 다음으로 평가하고, 숙종이 자주 임어한 곳으로서 자신이 부친을 모신 전례를 들어 '임어'를 통해 숙종과 자신을 연결했다.

더하여 영조는 숙종과 자신을 연결하는 구체적인 사적으로 계사년, 곧 1713년(숙종 39)의 어진 모사를 언급했다. 이해 4월 21일 영조는 모사도감의 도제조로서 동생인 연령군과 함께 경현당에서 어진 재초본을 봉심한 바 있다.[121] 출합 후 숙종과 만나는 일이 드물었던 영조에게 이 일은 각별한 추억으로 자리했던 것인데 경현당은 그 추억을 제공하는 공간으로서 특별한 의미가 부여된 것이다.[122]

세손 가족이 경희궁으로 옮겨온 직후 지은 어제에서도 경현당 사적이 중요하게 언급되는 것을 볼 수 있다.

> 임오년 겨울에 시현합에서 친정을 행하고 감회가 일었는데, 하물며 올해에는 경현당에서 친정을 행하니 어찌 글로 표현하지 않을 수 있겠는가. […] 이 당은 옛날에 어진을 도사하는 도감과 입시했고 연회를 내려주어 진연할 때 당시 심제로 인하여 안에서 모시고 본 것이 어제처럼 뚜렷하다.[123]

120 『궁궐지(宮闕誌)』 권4, 慶熙宮志, 景賢堂, 景賢堂起懷, "此闕正殿之次 此堂最爲寬敞 故昔年御此堂時多而予亦時臨 追憶癸巳夏御眞圖寫時御此堂 予亦因都監都提擧所奏入侍 于今思之 怳若昨日"

121 『승정원일기』, 숙종 39년(1713) 4월 21일.

122 숙종 대의 어진 모사에 대해서는 김지영, 「숙종(肅宗)·영조대(英祖代) 어진도사(御眞圖寫)와 봉안처소(奉安處所) 확대에 대한 고찰」, 『규장각』 27, 2004 참조.

위 어제는 1765년(영조 41) 6월 12일에 작성하여 경현당에 현판으로 건 것으로 영조는 22일 경현당에서 이루어질 친정을 앞두고 그 소회를 저술했다.[124] 1762년(영조 38) 겨울 친정은 12월 21일 사현합(思賢閤)에서 도목정사가 있었는데[125] 사현합은 회상전 북쪽, 흥정당 남쪽에 있는 전각으로서 이곳에서 대규모의 도목정사를 실행함으로써 복정에 따른 인사의 전면에 나섰다. 이에 1765년 경현당에서 이루어질 친정을 앞두고 복정 후 이루어진 친정의 의미를 강조한 것이다. 여기서 경현당이 복정과 밀접히 연계되어 있음을 알 수 있다.

이 어제에서 영조는 두 가지 사적을 언급했는데, 그 하나는 위의 어제에서도 언급된 1713년(숙종 39)의 어진 모사로서 부친인 숙종과 연계된 사적이었다. 다른 하나는 경현당의 연회인데, 이는 1719년(숙종 45)에 새 세자빈의 책봉에 따른 진연으로 경현당에서 열렸다.[126] 이 진연에서 영조는 배제되었다. 이전까지 진연에서 숙종에게 술을 올리는 의례는 9작이 실행되었는데, 제일 처음 세자가 1작을 올리면 연잉군과 연령군이 2작과 3작을 올렸다. 이에 대해 당시 진연에서는 연잉군과 연령군이 빠지고 7작만 실행되었다. 하지만 연잉군과 달리 연령군은 진연 도제조를 맡았고, 그에 따른 포상도 받았다. 이에 당시 진연은 1717년(숙종 43) 연잉군이 배제되고 연령군만이 수가한 온행과 함께 그를 매개로 하는 경종의 후계 구도를 모색하는 과정에서 실행된 것이었다.[127]

123 『궁궐지』 권4, 慶熙宮, 景賢堂, 暮年親政後識, "壬午冬親政賢閤 已有起焉 其況此歲親政賢堂 豈可無識 [···] 此堂昔年圖寫都監入侍 而錫宴進宴 方在心制 故內侍見 怳若昨日"

124 『승정원일기』, 영조 41년(1765) 6월 22일.

125 『승정원일기』, 영조 38년(1762) 12월 21일.

126 『숙종실록』, 45년(1719) 9월 28일.

127 당시 진연의 의미와 숙종 대 후반 경종의 후계 구도 모색에 대해서는 윤정, 「숙종 후반 연령군(延齡君)의 위상과 후계구도 모색: 경종대 연잉군(延礽君)[영조(英祖)] 세제(世弟) 책봉논의의 배경」, 『사학연구』 149, 2023; 윤정, 「1717년(숙종 43) 온행(溫幸)과 후계구도 정립: 세자[경종(景宗)] 감국(監國)과 연령군 수가(隨駕)의 정치적 함의」, 『장서각』 49, 2023 참조.

이 사적은 숙종을 위한 행사에서 영조가 공식적으로 배제된 사례이기에 그 의미가 각별했는데, 영조는 연회에 자신이 참여하지 못한 것이 모친 숙빈(淑嬪)의 사망에 따른 심제(心制)로 인한 것이었다고 설명했다. 이어 경현당 안에서 숙종을 시좌하고 있었음을 밝힘으로써 숙종이 자신을 진연에서 배제한 것이 아님을 강조했다.

영조의 이러한 주장은 앞서 사도세자를 사사함으로써 후계자를 교체한 것과 무관하지 않았다. 영조는 즉위 초 경종에게 후사가 없어 자신이 부득이 왕위에 오른 것이라는 입장을 표방했지만 경종의 계비인 선의왕후(宣懿王后)의 사망 이후에는 자신이 숙종의 살아 있는 유일한 후사라는 혈연적 정통성을 내세우기 시작했다.[128] 그리고 사도세자가 숙종이 즉위한 나이가 되자 대리청정을 실행함으로써 숙종의 혈손이 왕위를 이어간다는 맥락에서 자신의 즉위를 합리화했다.

숙종의 왕위를 전수한다는 영조의 인식은 사도세자를 사사한 후 더욱 강화되었는데, 사도세자를 배제하고 자신과 세손을 연결하려는 지향은 자신을 숙종과 직접 연결하는 것으로 나타났다. 이는 영조가 경희궁 이어 후 주로 경현당에서 경연을 배설한 것을 통해서도 뒷받침된다. 1760년(영조 36) 경희궁으로 이어한 후 영빈 상례로 인해 창덕궁으로 이어하는 1764년(영조 40) 8월 6일까지 경희궁에서 경연이 열린 사례를 찾아보면,[129] 이어 다음 날인 7월 9일에는 흥정당에서 경연을 열었지만[130] 같은 달 19일 소대를 동궁의 경현당에서 연 것을 시작으로[131] 이곳에서 지속적으로 경연을 열었다. 그사이 흥정당과 자정전(資政殿)과 숭정전 등 국왕의 편전 등에

128 영조의 즉위 논리 변화에 대해서는 윤정(2007), 앞의 글 참조.

129 세손 가족이 경희궁으로 이주한 1765년(영조 41)부터의 경연은 공간 재배치에 따라 융무당, 자정전, 흥정당, 경현당, 덕유당, 집경당, 숭정전 등 다양한 전각에서 배설되는 양상을 보였다. 이에 대해서는 별고에서 자세히 논할 것이다.

130 『영조실록』, 36년(1760) 7월 9일.

131 『영조실록』, 36년(1760) 7월 19일.

서 경연을 연 사례도 간헐적으로 보이지만, 절대 다수의 경연은 경현당에서 열렸다. 이는 앞서 경덕궁에 잠시 이어했을 때 주로 자정전과 흥정당에서 경연을 열었던 것과 대비된다.

영조가 경현당을 주된 경연 장소로 사용하면서 경종의 세자 시절 사적들은 점차 약화되었는데, 이러한 지향은 자신의 후계자를 통해 더욱 강화될 여지가 있었다. 사실 사도세자와 관련해서도 이미 그러한 단서를 보인 바 있다. 사도세자가 세자로 책봉되었을 때 영조가 지은 어제에 다음 내용이 보인다.

> 창덕궁에는 시민당이 있고 경덕궁에는 경현당이 있는데 모두 세자가 경서를 강독하고 하례를 받는 정실이다. 시민당에는 임금이 지은 글이 있지만 오직 경현당에는 당(堂)의 이름만 있을 뿐이다. 오늘 병진년(1736) 4월 12일에 이 궁궐에 오니 바로 세자가 책봉된 지 한 달이 되었다. 요즈음 나라의 경사가 적은데 마침 세자가 책봉된 지 한 달 만에 이 궁궐에 드니 이것 또한 드문 일이다. 마땅히 기쁨을 나타내고 후세에 전해야 하므로 그 대강을 서술하고 명문을 덧붙였다.[132]

위에서 병진년은 1736년(영조 12)으로 전년에 태어난 사도세자는 한 살에 세자로 책봉되었다. 효장세자 사후 수년 만에 얻은 아들이라 서둘러 후계 구도를 확정하고자 한 것이다. 뒤이어 경덕궁에 이어한 영조는 시민당에 상응하는 경현당의 의미를 새겼는데, 이는 물론 앞서 숙종 당시의 사적을 염두에 둔 것이다. 시민당에 어제가 있음을 명분으로 경현당에도 자신

132 『궁궐지』 권4, 慶熙宮, 景賢堂, 景賢堂銘並小序, "昌德之闕有時敏 慶德之闕 有景賢 皆世子會講受賀之正堂也 於時敏則有御製 而惟於景賢只有堂號矣 今丙辰初夏上旬後二日 來御此闕 卽元良定策後一月也 今者左邦慶實罕前牒者 而適於冊封 翌月乃御是闕 是亦稀有者也 宜示志喜垂勉之事 故特敍其概 而仍附銘焉 咨爾元良 體予忻悅之心 眷眷之意 勖哉勉哉勖哉勉哉 邦國其庶幾生民其庶幾也"

의 어제를 걸게 함으로써 숙종의 계승자인 자신의 존재를 부각시킨 것이다.

그러나 이후 경희궁의 활용이 제한적이었던 만큼 경현당과 사도세자의 연계는 미약했다. 이에 영조는 사도세자를 사사한 후 경현당에서 경연을 집중적으로 열어 자신과 신하들의 사적을 강화했을 뿐만 아니라 세손의 대리청정을 실행함으로써 자신이 세손에게 직접 왕위를 전수하는 사적을 전면화한 것이다.

이처럼 영조는 세손의 대리청정을 통해 그에게 왕위를 직접 전수하고자 했는데, 경현당이 그 공간적 배경이 되었다. 세손의 대리청정을 경현당에서 실행한 것은 숙종 대 경종의 대리청정이 이곳에서 실행된 사적을 재현한 것이다. 즉 숙종과 경종의 관계를 영조와 정조에게로 투영한 것이었다.

5. 맺음말

본고는 영조 후반기 궁궐 경영에 담긴 정치적 지향을 세손 대리청정 및 그 공간적 배경이 된 경현당 사적을 매개로 살펴본 것이다.

영조의 임어 형태는 1760년(영조 36) 7월 경희궁 이어를 기점으로 바뀌었다. 재위 전반기에 영조는 창덕궁에 상주하며 간헐적으로 창경궁과 경덕궁을 이궁으로 활용했다. 이에 반해 1760년 이후의 경희궁 임어는 후계자를 교체한다는 명확한 정치적 목적 아래 시작되었으며 사망할 때까지 상주하여 후계자인 정조의 즉위가 이곳에서 이루어졌다는 점에서 차이를 보인다.

영조가 1760년에 세자 가족과 거처를 분리한 것은 이례적이었다. 이전까지는 길일을 맞추기 위해 이어 일자를 조정하곤 했지만 같은 궁궐에 머물렀다. 영조는 경희궁 이어 후 세자빈과 세손에 대해서는 애정을 드러내며 왕래하도록 했지만 세자는 철저히 배제했고, 세자의 고립은 임오화변으로 귀결되었다.

사도세자의 사사 후 혜빈과 세손 부부는 창경궁에 머물며 세자의 삼년상을 치렀는데, 이 기간에도 경희궁을 왕래했다. 영조와 거처를 분리한 거주 형태는 1764년(영조 40)까지 이어졌는데, 이는 1759년(영조 35) 11회였던 세손의 문안이 1760년(영조 36)에는 75회, 1761년(영조 37) 8월까지 93회로 급격히 늘었다가 1765년(영조 41) 이후 10여 회로 줄어든 것에서 확인된다.

영조는 사도세자 탈상을 20여 일 앞두고 세자 가족과 합치기 위해 이들이 경희궁에서 사용할 전각과 관속의 전각을 지정했다. 그리고 영조와 함께 혜빈과 세손 부부가 경희궁으로 이어함으로써 4년간의 거주지 분리는 종료되었다. 이처럼 영조의 경희궁 이어는 후계 구도를 변경하기 위한 것으로서 여기에는 새로운 후계자인 세손이 주요한 매개가 되었다.

정조는 8세가 되는 1759년(영조 35) 창경궁 명정전에서 세손으로 책봉되었고, 대리청정으로 중단되었다가 재개한 경연에 시좌하며 공식적인 후계자 수련 과정을 밟았다. 창경궁에 머물던 세손이 영조가 머무는 경희궁에서 경연을 시좌한 사례는 18회 확인되는데 모두 경현당에서 이루어졌다. 영조는 이 자리에서 세손이 열성조의 계승자임을 분명히 했다. 세손의 위상은 사도세자 발인 바로 다음 날 세손을 '동궁'으로 삼고 세손빈을 '빈궁'으로 삼은 것에서 단적으로 드러난다. 여기에 동궁의 의장을 세제 당시 자신의 것을 사용하도록 하여 자신의 후계자라는 것을 강조했다.

하지만 동궁의 위상은 청이 손자가 조부를 계승했다는 명분을 들어 동궁 책봉을 거부하고 세손으로 책봉하면서 굴곡을 겪었다. 이에 영조는 장통(長統)의 명분을 내세워 동궁을 효장세자의 아들로 삼고 세손으로 위호를 환원했다. 이어 1765년(영조 41) 정성왕후가 세제빈으로 실행한 묘현례를 빈궁이 실행함으로써 후계자로서의 위상을 재확인했다.

사도세자를 배제하고 영조로부터 직접 내려가는 계승 구도는 세손의 대리청정으로 확고해졌다. 세손의 대리청정은 1775년(영조 51) 12월 10일 경현당에서 조참을 받는 것으로 시작되었으며, 1776년(영조 52) 3월 영조가 사망할 때까지 4개월간 이어졌다. 영조는 사도세자 사사가 세손의 왕위 계승을 위한 불가피한 선택이었음을 내세우며 대리청정을 실행했다. 이 기간 조참 등 제반 의례는 주로 경현당에서 실행되었고, 정사는 대부분 존현각에서 진행되었다.

세손의 대리청정은 1717년(숙종 43) 경종의 대리청정을 준거로 영조가 직접 결정한 것이었다. 청정절목의 1조는 "청정절목은 전교에 의거하여 정유 사례에 따라 마련한다"라고 명시했고 총 14조 가운데 7조가 이에 따른 것임을 적시했다.

정유절목은 1717년 마련된 것으로 경종은 그해 8월 1일 시민당에서 조참을 받는 것으로 대리청정을 시작했다. 하지만 1718년(숙종 44) 2월, 세자빈[端懿嬪]이 사망하고 숙종이 경희궁으로 이어하면서 존현각과 경현당에서 대리청정이 실행되었다. 경종은 와병 중인 숙종을 대신하여 국정 전반을 관장했고 이에 따라 경현당은 숙종이 후계자에게 왕통을 직접 전수한 사적을 형성했다.

이에 비해 사도세자의 대리청정은 시종 시민당에서 실행되었다. 이에 경희궁의 동궁에서 실행된 세손의 대리청정은 사도세자의 대리청정과는 공간적으로 차이가 있었다. 영조는 경희궁으로 이어한 직후부터 세자의 정당인 경현당에서 경연을 배설했고 이곳에서 이루어진 숙종과 자신과의 사적을 강조했다. 이는 영조가 대리청정을 매개로 숙종과 경종의 관계를 자신과 정조에게 투영한 것이다.

이처럼 영조 후반의 경희궁 운영은 숙종 후반 경종에게 왕위를 전수한 사적을 매개로 임오화변에 따른 후계자 교체를 완성하는 것이었다. 이러한 의미에서 영조 후반의 궁궐 경영은 경종 대 세제의 대리청정과 영조 전반 사도세자의 대리청정을 매개로 벌어진 정치적 파장에 대한 대응이라는 성격을 강하게 내포하고 있었다.

참고문헌

1. 자료

『숙종실록』, 『경종실록』, 『영조실록』, 『승정원일기(承政院日記)』.

『어제궁궐지(御製宮闕志)』, 『궁궐지(宮闕誌)』, 『한중록(閑中錄)』.

『청고종실록(淸高宗實錄)』.

2. 논저

김백철, 「영조 만년의 초월적 권위와 '대탕평(大蕩平)': 영조 48년(1772) 김치인사건을 중심으로」, 『역사학보』 214, 2012.

김지영, 「숙종(肅宗)·영조대(英祖代) 어진도사(御眞圖寫)와 봉안처소(奉安處所) 확대에 대한 고찰」, 『규장각』 27, 2004.

안장리, 「조선 숙종(肅宗) 『어제궁궐지(御製宮闕志)』 탐색」, 『장서각』 29, 2013.

윤정, 「정조의 세자 책례(冊禮) 시행에 나타난 '군사(君師)' 이념」, 『인문논총(人文論叢)』(서울대학교) 57, 2007.

윤정, 「재위 전반기(1725~1746) 영조(英祖)의 군신관계 이해: '군신분의(君臣分義)'론(論)의 적용과 지향을 중심으로」, 『한국사학보』 29, 2007.

윤정, 「영조의 경희궁(慶熙宮) 개호(改號)와 이어(移御)의 정치사적 의미: 사도세자(思悼世子) 사사(賜死)와의 상관성에 대한 분석」, 『서울학연구』 34, 2009.

윤정, 「인조(仁祖) 전반기의 구궐(舊闕)[창경궁(昌慶宮)]의 중건과 궁궐 경영: 『승정원일기(承政院日記)』 인조 임어 기사의 분석」, 『한국문화』 55, 2011.

윤정, 「영조의 의열묘(義烈廟) 건립의 정치사적 의미: 사도세자 사사(賜死)와 후계구도의 의리 정립」, 『역사와 실학』 69, 2019.

윤정, 「인조대 후반 장렬왕후(莊烈王后) 경덕궁(慶德宮) 이어(移御)의 정치적 의미: 후계구도 변경 및 강빈(姜嬪) 옥사와의 관련성을 중심으로」, 『서울과 역사』 112, 2022.

윤정, 「숙종 후반 연령군(延齡君)의 위상과 후계구도 모색: 경종대 연잉군(延礽君)[영조(英祖)] 세제(世弟) 책봉논의의 배경」, 『사학연구』 149, 2023.

윤정, 「1717년(숙종 43) 온행(溫幸)과 후계구도 정립: 세자[경종(景宗)] 감국(監國)

과 연령군 수가(隨駕)의 정치적 함의」, 『장서각』 49, 2023.
윤정, 「세종의 경복궁 경영과 적장자 계승의 후계 구도 확립」, 『한국사연구』 202, 2023.
윤정, 「효종대 궁궐경영과 창덕궁 대비전 건립: 『만수전수리도감의궤(萬壽殿修理都監儀軌)』의 분석」, 『서울과 역사』 118, 2024.
이민아, 「영조대 이후 궁궐 내 세자 공간 운용과 변화의 정치적 의미」, 『조선시대사학보』 103, 2022.
임혜련, 「경종 대 인원왕후와 선의왕후의 정치적 역할과 위상」, 김은정 외, 『경종 대 정치적 길항과 그 유산』, 한국학중앙연구원 출판부, 2023.
최성환, 「정조대 초반의 탕평(蕩平) 의리(義理)와 충역론(忠逆論)」, 『태동고전연구(泰東古典硏究)』 25, 2009.
홍순민, 『조선왕조(朝鮮王朝) 궁궐(宮闕) 경영(經營)과 '양궐체제(兩闕體制)'의 변천』, 서울대학교 박사학위논문, 1996.
홍순민, 「조선후기 동궐 궐내각사 배체 체제의 변동: 『어제궁궐지』 및 『궁궐지』의 분석을 중심으로」, 『서울학연구』 44, 2011.

2부

숭조 공간

3장

영조 연간 함경도 왕실 능전 사적 정비

『북도능전지』와 《북도능전도형》을 중심으로

정은주

1. 머리말

북방 변경지대인 함경도는 태조 이성계가 태어난 곳이자 그 선조들의 유적이 있는 풍패지향(豊沛之鄕)으로 지칭되었다. 태조는 1392년 건국 직후부터 그의 4대 선조, 즉 목조·도조·익조·환조를 추존하고 북도 팔릉(八陵)을 정비했다. 태종 연간에는 1412년 팔릉에 사표(四標)를 세웠고, 1413년에는 함경도 도순문사(都巡問使)와 근경의 3품 이상 수령에게 준원전과 팔릉에 제사 지내게 했다.[1]

세종 대에는 수차례 두만강 일대를 공략하여 여진족을 몰아내고 6진을

* 이 글은 정은주, 「『북도능전지(北道陵殿誌)』와 《북도(각)능전도형[北道(各)陵殿圖形]》 연구」, 『한국문화』 67, 2014를 수정·보완한 것이다.

1 『태종실록』, 12년(1412) 5월 26일, 13년(1413) 12월 22일.

세워 강역을 확보했다. 이후 함경도의 방비를 위해 하삼도(下三道)의 사민정책(徙民政策)을 추진하는 동시에 이 지역의 유력한 세력을 회유하고 행정체계에 편입시키는 토관제(土官制)를 시행했다. 15세기 중엽 이후 국경이 확보되고 사회가 안정되면서 함경도에 대한 관심은 점차 줄었다.[2] 이후 함경도 북부 각 군의 읍지를 개괄하여 이식(1584~1647)과 이단하(1625~1689) 부자가 편찬한 『북관지(北關志)』를 1693년 신여철(1634~1701)이 증수하여 간행했고, 1712년 조선과 청 사이의 백두산 정계(定界)는 함경도를 비롯한 북방 지역에 대한 관심과 인식을 고조하는 계기가 되었다.[3] 숙종은 함경도가 왕업의 터전을 닦은 땅이고 안변에서 함흥까지 능전과 사묘가 있음을 밝히며 자손으로서 왕실 사적에 대한 심정을 어제 시문으로 읊었다. 함흥의 경흥전, 함흥본궁과 영흥본궁의 제문, 함흥본궁에 소장된 태조의 어궁(御弓), 준원전에 태조가 심은 소나무, 석왕사 소장 태조 친필 인본과 관련한 시문을 지어 북도의 왕실 사적에 대한 깊은 관심과 경외심을 표하며 조종조(祖宗祖)의 유업을 계승하고자 하는 의지를 피력했다.[4]

영조 대에는 북도의 재난을 극복하고 민심을 위무하기 위해 1729년부터 1755년까지 함경도 도과(道科)를 5회 실시하여 이 지역의 인재 등용에 힘썼다. 또한 숙종의 뜻을 계술하여 국왕 중심의 정치체제를 중시하면서 왕실의 권위를 높이려는 정책의 일환으로 왕실 사적 현창사업을 추진하였고,[5]

2 오종록, 「조선초기 국방관」, 『진단학회』 86, 1998, 137~155쪽; 이상협, 「조선 초기 북방사민과 토관제의 확대」, 『내일을 여는 역사』 21, 2005, 302~309쪽; 배우성, 「17·18세기 청에 대한 인식과 북방영토의식의 변화」, 『한국사연구』 99·100, 1997, 310~313쪽.

3 정은주, 「지도를 통해 본 조선과 청의 정계와 변경 인식의 변화」, 『한국고지도연구』 13-1, 2021, 5~37쪽.

4 『열성어제』 권9, 肅宗大王, 詩, 「咸興慶興殿」; 권11, 肅宗大王, 詩, 「北道乃王迹肇基之地, 而自安至咸, 陵殿兩廟在焉, 爲子孫者, 烏得無一者省拜之誠乎, 遂吟一律, 用示予意, 而萬歲是咸興橋名, 故以橋起頭」; 권13, 肅宗大王, 文, 「神德王后位版追祔咸興本宮後, 禮成祭文」; 「永興本宮追祔禮成祭文」; 권15, 肅宗大王, 文, 「釋王寺所藏鏤板刊印小軸識」; 「咸興本宮, 奉安太祖大王所御弓銘」; 권16, 肅宗大王, 文, 「濬源殿太祖大王手種松贊」.

5 강석화, 『조선후기 함경도와 북방영토의식』, 경세원, 2000, 107~117쪽. 1771년 10월 전주 경기

함경도 왕실 사적의 정비에 힘써 관련 사료 수집과 편찬에 힘을 기울였다. 1736년(영조 12) 흑석리에 태조 탄생 기적비(紀蹟碑)를 세우자는 영흥 유생들의 발의를 시작으로 1747년 함흥 출신 위창조(魏昌祖, 1703~1759)가 함경도 왕실 사적을 모아 『북로능전지(北路陵殿志)』를 편찬하여 올렸고,[6] 영조의 명령으로 이를 증보하여 1758년 함경감영에서 『북도능전지(北道陵殿誌)』가 간행되었다.

《북도능전도형(北道陵殿圖形)》 역시 함경도의 함흥·영흥·안변·문천 등에 소재한 태조 4대 조상의 능과 사적의 위치 및 그 구조를 그린 일종의 도형이다.[7] 서울대학교 규장각한국학연구원(이하 규장각) 소장본은 '북도능전도형', 한국학중앙연구원 장서각(이하 장서각)과 국립고궁박물관에는 '북도각릉전도형(北道各陵殿圖形)'이란 명칭으로 각각 한 첩씩 소장되어 총 3첩이 전한다. 이 자료는 태조 즉위 이후 왕으로 추존된 4대 조상의 능묘와 사적을 정리하여 조선왕조의 정통성 확립의 의지를 보여주고, 이후 조선 왕실 능묘 조성에도 지속적인 영향을 미쳤던 점에서 연구 가치가 높다.

이 글에서는 영조 연간 함경도 지역의 조선 왕실 능전 사적 정비 과정을 고찰하기 위해, 1747년(영조 23)에 필사된 『북로능전지』와 이를 1758년(영조 34)에 수정 보완하여 목판본으로 간행한 『북도능전지』의 내용을 비교·분석할 것이다. 이를 통해 《북도능전도형》에 묘사된 각 능전 사적의

전 옆에 전주이씨 시조인 사공공 이한의 조경묘를 설치한 것도 왕실의 위엄을 높이기 위한 사업의 일환이었다. 『영조실록』, 47년(1771) 10월 7일.

6 영조 전반기 북도 사적의 정비와 『북로능전지』 편찬 경위와 의의에 대해서는 윤정, 「영조 전반기 북도사적(北道事蹟) 정비와 『북로능전지(北路陵殿志)』 편찬」, 『사림』 46, 2013, 195~231쪽 참조.

7 관련 연구는 천혜봉, 「북도각능전도(北道各陵全圖)」 上下, 『국학자료(國學資料)』 5·6, 문화재관리국 藏書閣, 1972; 장진아, 『조선을 일으킨 땅 함흥』, 국립중앙박물관, 2012, 52~59쪽; 이예성, 「19세기 특정한 지역을 그린 고지도와 회화: 장서각 소장 고지도를 중심으로」, 『조선왕실의 행사그림과 옛지도』, 민속원, 2005, 58~60쪽; 이예성, 「조선후기의 왕릉도」, 『조선왕실의 미술문화』, 대원사, 2005, 218~223쪽; 박정애, 「18~19세기 함경도(咸鏡道) 왕실사적(王室史蹟)의 시각화 양상과 의의」, 『정신문화연구』 126, 2012.

연혁을 밝히고, 정비 과정의 구체적인 경위 및 시기를 유추하고자 한다. 또한《북도능전도형》에 수록된 주기(註記)와 화면 구성상의 내용적 특징을 분석함으로써, 조선 후기 함경도 소재 왕실 산릉의 도형 형식과 그 전형을 파악하는 데에도 의의를 두고자 한다.

2. 영조 연간 『북도능전지』의 편찬 경위

1) 위창조가 편찬한 『북로능전지』

1748년 8월 23일 부교리 이이장(李彛章, 1703~1764)이 전 병조정랑 위창조가[8] 1747년 수집 편찬한 『북로능전지』를 영조에게 올리면서 북로는 조선의 왕업을 일으킨 땅으로, 팔릉을 봉사(奉祀)하는 북도 능전이 있으나 그 내력을 전혀 알지 못해 전고(典攷)를 수집하고 탐문할 필요성을 느끼던 차에 이 책을 보니 매우 귀한 것으로 여겨진다며 그 중요성을 강조했다. 이에 영조는 위창조의 노력과 공을 치하하며 홍문관에 『북로능전지』를 보내 교정하고 정서하여 대내에 들이게 했다.[9] 이렇게 편찬된 『북로능전지』는

8 위창조 조상의 본관은 전라도 장흥이었으나, 하삼도의 북도 사민정책으로 함흥에 거주한 것으로 보인다. 증조부 위정상(魏定相, 1634~1689)은 1664년 함경도 별시에 급제하여 예조정랑을 역임했고, 위창조도 1731년 함경도 별시에 급제하여 1733년 승정원 가주서, 1734년 봉상부봉사, 1735년 보안찰방, 1738년 성균관 전적, 1739년 예조정랑, 춘추관의 기주관과 기사관, 병조좌랑에 제수되었고, 1742년 부사과, 1743년 개성경력, 1744년 호조정랑과 좌통례, 1750년 특지로 동부승지에 제수되었고, 1757년 좌우부승지, 1758년 호조참의, 병조정랑를 역임하는 등 영조의 총애를 받았다. 그의 동생 위흥조(魏興祖, 1719~1779)도 1746년 함경도 별시에 급제하여 직강, 고원군수, 전적, 남포현감, 승정원 주서 등을 역임했다.

9 『북로능전지』는 위창조의 동생인 승정원 주서 위흥조가 근무지에 두었던 것을 부교리 윤동도가

함경도의 함흥·영흥·안변·문천·경흥 등에 산재해 있는 태조 4대 조상의 능과 태조와 태종의 탄생지와 관련한 사적에 대해 2권 1책으로 구성된 필사본이다. 위창조가 서문에서 밝힌 이 책의 편찬 이유는 다음과 같다. 함경도는 성조(聖朝)의 빈풍(豳豐)과 능전이 갖춰진 곳으로, 능의 의물(儀物)에 대한 의례를 봉수(奉守)하는 의절이 의당 고징(攷徵)되어야 하나, 연대가 이미 멀어 전하는 문헌이 없고 태조와 태종 잠저의 구적(舊蹟)에 대한 자료도 점차 산락, 유실되어 이에 대해 상고할 수 있는 전거가 없어질 것을 염려했다. 이에 목조 이안사(李安社)가 전주에서 북도로 이주해 처음 터를 닦은 조기(肇基), 익조 이행리(李行里)와 도조 이춘(李椿)이 옮겨 정착한 곳, 환조 이자춘(李子春)이 터를 잡은 흑석리 운전사(雲田寺)의 태조 탄생지, 정종과 태종 탄생지인 함흥 경흥전, 태조 잠저로 4대조 신주를 모신 본궁, 태조 어진을 봉안한 준원전 등 4대 추존왕(追尊王)의 팔릉 및 능전고실(陵殿故實)과 유적 관련 사료를 편찬하는 것을 목적으로 했다(그림 1).

위창조는 『북로능전지』의 작성 원칙을 다음 8조의 범례로 밝혔다. 첫째, 능전의 고증을 중심으로 작성했으므로 '능전지(陵殿志)'라 명했다. 둘째, '북로(北路)'로 시작한 숙종의 어제시 한 편을 편수(編首)로 게재하여 강령(綱領)으로 삼았다.[10] 셋째, 능지 사적에 대해 『여지승람』의 예(例)로써 제목을 분류했다. 넷째, 고실(故實)은 『선원보략』, 『용비어천가』, 『여지승람』 등을 전거로 도리(道里)와 지명을 살펴 세주로 보충했다. 다섯째, 채록 및 유전된 것은 반드시 문헌 전거를 찾은 후 기록했다. 여섯째, 어제는 『완산

우연히 보게 되었고, 이를 귀히 여겨 부교리 이이장에게 보여준 것을 다시 영조에게 보고한 것이다. 이 무렵 위창조는 고향인 함흥에 있었는데, 영조는 그가 함흥 출신이라는 이유로 평가절하되어 변변한 벼슬을 얻지 못하는 상황을 탄식했다. 『영조실록』, 24년(1748) 8월 23일; 『승정원일기』, 영조 24년(1748) 8월 23일.

10 『북로능전지(北路陵殿志)』 권1, 「肅廟御製詩幷書」, "北路乃王迹肇基之地, 而自安至咸, 陵殿兩廟在焉, 爲子孫者, 烏得無一者省拜之誠乎, 遂吟一律, 用示予意, 而萬歲是咸興橋名, 故以橋起頭."

그림 1 함경도 소재 왕실 사적

지(完山誌)』 등본류에서 논할 가치가 있는 것을 별도로 덧붙였다. 일곱째, 덕릉(德陵)과 안릉(安陵) 양릉 아래에는 옛 능을 붙였고, 궁전 아래도 옛터를 덧붙였다. 여덟째, 자행(字行)의 높이는 모두 『열성지장(列聖誌狀)』 인본(印本)에 따르고, 영조의 어필별유비(御筆別諭碑)는 별도 논했다.

내용은 권1에 1704년(숙종 30) 숙묘어제시(肅廟御製詩)와 서문, 함흥에 소재한 덕릉·안릉과 경흥에 있던 옛 덕릉과 안릉, 안변의 지릉(智陵), 문천(文川)의 숙릉(淑陵), 함흥에 소재한 의릉(義陵)과 순릉(純陵), 정릉(定陵)과 화릉(和陵) 그리고 신도비(神道碑), 사지기비(四至記碑)와 옛 비문을 덧붙여 실었다. 여기서 각 능에 대한 기록에서는 대왕릉의 경우 능명(陵名)을 밝힌 다음 소재지와 추존된 대왕작위(大王爵位)를 밝히고, 대왕의 휘(諱)와 사력(仕歷), 승하연월, 추존위왕(追尊爲王), 가상존호 등을 우선적으로 기재하고 하단에는 반드시 출전 문헌을 주서(注書)했다. 대왕비(大王妃)의 경우도 위와 같은 방법으로 먼저 서술한 다음, 양릉에 대한 기록에서는 우선 두 능이

쌍봉일 때에는 '양릉동원이영(兩陵同原異塋)'이라 밝히고 고실(故實), 상설석물(象設石物), 정자각, 홍살문, 비석, 사전(祀典), 재실, 능관(陵官), 제기, 제복(祭服), 수호군, 옥책문, 종묘춘향대제축문 등을 차례로 서술하고 설명이 필요한 부분에는 주서로 처리했으며, 보충 설명이 요구되는 대목에는 편집자 설명을 기재했다. 권1에 기재되어 있는 팔릉은 대개 이상과 같은 방법으로 서술되었고, 권2의 준원전 및 경흥전의 기술 방법도 유사하다.

권2에는 영흥의 준원전과 그 유적, 함흥의 경흥전과 유적, 함흥본궁과 유적, 영흥본궁과 그 옛터, 경원에 소재한 용당(龍堂)과 경흥의 적도(赤島)를 덧붙였고, 영조의 당저어필별유비(當宁御筆別諭碑)를 마지막에 실었다. 준원전·경흥전·함흥본궁·영흥본궁에는 그 위치·내력과 정전, 이안실, 고실, 홍살문, 전사청, 사전, 재실, 전관(殿官), 제기, 제복, 궁속(宮屬) 등을 기록했다. 유적으로는 준원전의 탄생터, 왕생도(王生島), 저정(樗亭), 덕치(德峙), 운령(雲嶺), 도창사(道昌寺), 안양사(安養寺), 석왕사(釋王寺), 경흥전의 독서당(讀書堂), 토우기(土宇基), 치마대, 함흥본궁의 제성단(祭星壇), 격구정(擊毬亭)이 있다. 영흥본궁에는 옛터, 용당, 적도와 1734년 영조 어필별유비를 차례로 실었다. 별유비에 의하면, 1729년 7월 20일 북도의 7군이 큰 홍수가 나서 하룻밤 사이 가주자 표몰자(漂沒者)가 1,300여 호에 이르렀다. 함흥이 피해도 매우 심해 관찰사 송진명이 치계하자 영조가 홍문관 응교 이종성을 어사로 삼아 백성을 위무하게 하고 특별히 내린 어필별유(御筆別諭)를 비석에 새긴 것이다.

2) 1758년 명찬(命撰)된 『북도능전지』

『북도능전지』는 1758년(영조 23) 4월 호조참의 위창조가 왕명에 따라 함경도에 산재한 조선왕조 선계(先系)의 각 능전과 본궁의 연혁을 수정, 보완하여 8권 2책으로 구성한 필사본과 이를 3책으로 간행한 목판본이 있다

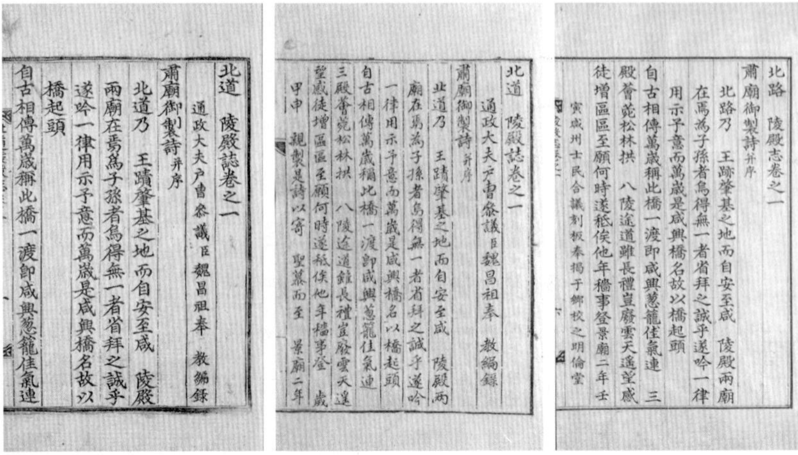

그림 2 오른쪽부터 『북로능전지』 권1 1747년 필사본, 『북도능전지』 권1, 1758년 필사본과 목판본, 한국학중앙연구원 장서각

(그림 2).

서두에 1758년 4월 영조의 「어제북도능전지서(御製北道陵殿誌序)」가 게재되었다. 범례 17조는 『북로능전지』의 범례를 보충한 것이다. 첫째, 능전의 고증을 중심으로 작성했으므로 '능전지(陵殿志)'라 명했다. 둘째, 숙종어제문에서 '북도(北道)'[1747년 필사본에서는 '북로(北路)'로 기록]로 시작한 것을 살펴 각 조로 나누되 숙종 어제 1편을 권수에 게재하여 강령으로 삼았다. 셋째, 능지 사적을 『여지승람』의 예로써 제목을 분류하되 권(圈)으로 표시했다. 넷째, 고실은 『선원보략』, 『용비어천가』, 『여지승람』 등을 전거로 도리(道里)와 지명을 살펴 세주로 보충했다. 다섯째, 모든 사항에서 채록, 유전된 것이 비록 간행된 책자가 아니면 반드시 문적의 전거를 찾은 후 기록했고 어제 윤음(綸音)을 붙이고 소주(小註)를 적었다. 여섯째, 자행(字行)의 높이는 모두 『열성지장』, 『용비어천가』 인본에 따르되 권 아래와 대소행(大小行)의 첫머리에서는 대두(擡頭)를 없앴다. 일곱째, 능전의 시작은 비록 흥왕(興王)의 사적에서 비롯되었지만, 봉수(奉守)의 방법은 실로 보민(保民)하는 데 있으니 영조가 1729년과 1741년 유시한 어필을 모각하

여 이미 1747년 필사본에 기록했다. 이후 『북도능전지』에 추가된 범례에는 본서가 제작된 경위, 증보 원칙 등이 밝혀져 있다. 여덟째, 이 책은 1747년 처음 완성되어 1748년 겨울 영조가 열람하고, 홍문관 윤동도(尹東度, 1707~1768)와 이이장을 불러 유신(儒臣)에게 교정하게 했다. 아홉째, 1757년 봄 약방제조 김한철(金漢喆, 1701~1759)을 입시하게 하여 속록(續錄)을 8권으로 나눠 총 3책으로 간행하여 올릴 것을 명했다. 열째, 1747년 이후 능전의 일을 추록하되 1747년 이전 기록 중 누락된 것도 보충하게 하고, 1757년 5월 7일 위창조가 승지로 입시했을 때 속록을 첨삭하고 교정하게 했다. 열한째, 영조의 어제에서 사전(祀典)에 관계된 것과 칙유문의 대략을 기록하되 동일한 두사(頭辭) 및 자구(字句)는 전서(全書)하지 않았다. 열둘째, 1758년 4월 17일 호조참의 위창조가 입시했을 때 본서의 어제 서문 및 수록(首錄)과 추기(追記)를 다시 가편하고, 그 사실을 선사(繕寫)하여 서문 아래 주서를 붙였다. 열셋째, 봉심·수개(修改) 등으로 팔릉을 통행한 것은 덕안릉에 모두 적고, 각 능 중 동시에 있었던 일은 능 위차에 따라 기록하고 각 능의 정계(定界) 전후 사적은 정릉사지기비(定陵四至記碑) 아래 부기했다. 열넷째, 태조 영정을 이미 준원전에 봉안했고 신의왕후와 신덕왕후의 위판 또한 모두 함흥본궁과 영흥본궁에 봉안한 사실을 팔릉의 예에 따라 부록했다. 열다섯째, 경흥전은 열성(列聖)이 세거한 구택(舊宅)이자 잠저이며 정종, 태종의 탄강지이므로 사적을 표시하고 관련 기록을 붙였다. 열여섯째, 본서의 명칭이 비록 '북도능전지'이나 새 나라를 세우고 왕이 되어 능전을 이룬 것은 실로 성조(聖朝)의 훈덕(勳德)으로, 북도 사적뿐만 아니라 소재(所在) 관련 사실도 채록했다. 열일곱째, 본서의 편차는 모두 휘집(彙集)으로 나누었으나 신사(神射)는 다른 사적이므로 유궁명(遺弓銘) 아래 붙이고 마상기공(馬上奇功)은 팔준마의 찬문 아래 붙였고, 독서당조에 성신근학(聖神勤學), 숭유(崇儒)의 사실을 모두 함께 기록했다. 능전의 예관, 도신(道臣)과 재랑(齋郎), 전사(殿司)의 성명 또한 모두 부록으로 상술했다.

영조의 서문과 위 범례를 통해 본서의 편찬 경위를 보면, 위창조가 1747년에 편찬한 『북로능전지』를 1748년 영조가 열람한 후 홍문관 윤동도와 이이장을 불러 유신들에게 교정하게 하고, 1757년 봄 김한철에게 8권 3책으로 속록을 간행하여 올릴 것을 명했다. 따라서 이 책은 『북로능전지』의 속록으로 간주되었음을 알 수 있다. 이 책의 명칭을 '북로능전지'가 아닌 '북도능전지'로 정한 이유는 권수의 숙종 어제의 첫 구절이 1747년 필사본에서 '북로(北路)'인 것과 달리 '북도(北道)'로 바뀌었기 때문이다. 또한 1757년 5월 7일 승지 위창조에게 새로운 사실을 증산(增刪), 이정(釐正)하여 1758년 4월 17일 어제 서문과 수록, 추기 등을 가편하여 서문 아래 주서를 붙이게 했다. 이를 통해 『북도능전지』가 편찬되었음을 알 수 있다.

건책(乾冊)과 곤책(坤冊)의 수록 내용 중 건책은 권1부터 권4까지로 주로 팔릉에 관한 기록이다. 권1에는 1704년 숙묘어제(肅廟御製)와 영조가 숙종의 어제에 차운한 영조의 어제 명문과 서문이 있고, 이어 덕릉·안릉에 옛 덕릉과 안릉의 내용을 덧붙였다. 1758년 『북도능전지』 권수에 의하면, 1758년 영조가 능전지 속편을 열람하고 이를 함경감영에서 간행한 내력을 적었다. 1747년 능전지를 찬집한 위창조에게 어제 서문의 편차를 다시 명하여 어제 서문을 옮기게 하고 유신(儒臣)에게 교정을 명하고 이를 사자관에게 정서하게 해 함경감영으로 보내 간행하게 했다. 영조는 능전지 속편을 인쇄하여 5곳의 사고(史庫)에 나눠 장서하고 승정원, 홍문관, 예문관, 시강원, 교서관에 나눠주도록 명했다. 또한 석왕사추기(釋王寺追記)를 내려 후에 도신에게 비석의 모양에 힘쓰지 말고 각석하여 좌측에 세우고 구비(舊碑) 아래 여백에 이어 새기게 했다.[11]

권2에 지릉(智陵)·숙릉(淑陵), 권3에 의릉(義陵)·순릉(純陵), 권4에 정릉(定

11 『영조실록』, 34년(1758) 4월 17일.

陵)·화릉(和陵)과 신도비·옛 비문을 덧붙이고 화릉 앞에 있는 사지기비(四至記碑)에 대한 내용도 수록했다. 권1~4에는 주로 각 능별로 그 위치와 묘주에 대한 사항을 기재한 뒤, 고실·상설·정자각·홍살문·비석·사전·재실·능관·제기·수호군·축책·비문 등 항목별로 해당 내용을 기록했다. 그중 중심을 이루는 것은 고실로서, 사적·연혁·사초(史草)·수개·중건 등의 담당자 및 필요한 물품의 조달·제사·봉심의 규정과 그 변화 등을 기록했다.

곤책은 권5부터 권8까지로 전(殿)과 본궁에 대한 기록이다. 권5에 영흥의 준원전과 그 유적을 적었다. 권6에 함흥 경흥전과 그 유적, 그리고 영흥 흑석리가 포함되었다. 권7은 함흥본궁, 권8은 영흥본궁으로 구성되었다. 각 전이나 궁별로 위치와 연혁을 밝힌 뒤 정전 또는 전우(殿宇)·고실·영정봉안·의장·이안실·홍살문·전사청·사전·재실·전관·제기복·수호군·옥책문·궁속(宮屬) 등의 항목 순서로 적고 유적을 기록했다. 이어 1734년(영조 10) 영조 어필별유비와 1741년(영조 17) 겨울 북민(北民)에 반시(頒示)한 어제별유가 실렸고, 권말에는 1747년 『북로능전지』의 권수에 실렸던 위창조의 지문이 붙어 있다.

『북도능전지』는 『북로능전지』보다 세밀한 내용이 보충된 조목과 목록이 수록되어 있으며, 같은 조목에서도 더 많은 주서가 기재되었다. 예를 들어 권1의 덕릉에 대한 기록에서 고실조(故實條)를 살펴보면 『북로능전지』에는 『용비어천가』에서 발췌한 4행의 글과 차천로의 『오산설림(五山說林)』에서 발췌한 1행만 게재되었으나, 본서에는 『여지승람』과 『춘관지』에서 발췌한 3행, 『용비어천가』에서 발췌한 5행이 추가되었다. 그 밖에도 『북도능전지』에는 조개의식(條改儀式), 봉심정식(奉審定式), 개사초(改莎草) 등에 관계된 50여 행이 추가되고, 1392년(태조 1) 추숭 시의 옥책문이 기재되었으며, 부기(附記)에도 종묘악장 등이 추기되었다.

『북도능전지』에는 필사 과정에서 잘못된 부분을 도할하여 메우거나 세초한 흔적이 있고 능전의 홍살문, 비석, 사전(祀典), 제기와 제복, 수호군,

죽책문과 같은 주요 조항을 권(圈)으로 따로 구분하지 않고 본문과 같이 필사했다. 반면, 이를 8권 3책의 목판본으로 간행한 『북도능전지』에는 필사본의 수정 부분을 모두 반영했고, 주요 조항을 본문과 구분하여 권으로 윤곽을 양각하고 제목을 음각했으며, 그 세부 조항은 음각한 권을 두르고 제목을 양각했다. 따라서 본서는 목판본 제작에 앞서 영조의 어람을 대비하여 만든 필사본으로 추정된다.

목판으로 간행된 『북도능전지』는 1758년(영조 34) 수정 증보하여 필사한 『북도능전지』를 원본으로 삼아 호조참의 위창조가 영조의 명에 따라 간행한 것이다. 목판본의 맨 마지막 면에 1758년 11월 함경감영에서 간행했음을 보여주는 '戊寅中冬咸營開刊'이라는 간기(刊記)가 있다. 즉 위창조가 편찬한 것을 바탕으로 영조의 명에 의해 홍문관에서 교정하여 함경감영에서 간행한 것이다.[12]

8권 2책으로 구성된 필사본 『북도능전지』와 비교할 때, 8권 3책으로 제작된 목판본은 편차만 다를 뿐 모든 내용이 일치한다. 책별 수록 내용 중 대개 권4까지는 능에 관한 기록이며, 그 이후는 전과 궁에 대한 기록이다. 목판본의 제1책은 권1~3까지로 권1은 숙묘어제, 영조어제, 덕릉·부(附) 옛 덕릉·안릉·신도비, 권2는 지릉·숙릉 신도비, 권3은 의릉·순릉 신도비에 대한 기록이다. 제2책은 권4~5까지로 권4에 정릉·화릉 신도비(附 옛 비문), 사지기비(四至記碑)가 수록되었고, 권5에 준원전에 대한 내용이 수록되었다. 제3책은 권6~8까지로 권6은 경흥전, 권7은 함흥본궁, 권8은 영흥본궁으로 구성되었다. 이어 함경도 수해로 인한 1734년 영조 어필별유비와 1741년 북도민에 반시한 어제별유가 실려 있고, 권미에는 위창조가 1747년 『북로능전지』의 권수에 실었던 지문이 붙어 있다.

1758년 목판본 『북도능전지』 간행은 1748년 영조가 위창조의 『북로능

12 『영조실록』, 34년(1758) 4월 17일; 『승정원일기』, 영조 34년(1758) 4월 17일.

전지』를 열람한 이래 조선왕조 창업자인 태조의 조상 및 왕실 사적에 대한 본격적인 채록을 명령한 지 10년 만에 성사된 것이다. 1758년 필사본과 목판본의 편차 구성을 정리하면 〈표 1〉과 같다.

표 1 『북도능전지』의 체재 및 편차

<table>
<tr><th>권차</th><th>北路陵殿志(1책 필사본)</th><th>권차</th><th>北道陵殿誌</th><th>2책
필사본</th><th>3책
목판본</th></tr>
<tr><td colspan="2">北路陵殿志序 (魏昌祖 識)</td><td colspan="2">御製 北道陵殿誌序 (魏昌祖 奉敎書)</td><td rowspan="7">乾冊</td><td rowspan="6">1책</td></tr>
<tr><td colspan="2">北路陵殿志 凡例 8條</td><td colspan="2">北道陵殿誌 凡例 17條</td></tr>
<tr><td colspan="2">北路陵殿志 目錄</td><td colspan="2">北道陵殿誌 目錄</td></tr>
<tr><td rowspan="4">1권</td><td rowspan="4">肅廟御製詩(幷序), 德陵(咸興), 安陵
附 舊德陵(慶興), 舊安陵,
智陵(安邊), 淑陵(文川),
義陵(咸興), 純陵,
定陵(咸興), 和陵, 神道碑, 四至記碑
(附舊碑文)</td><td>1권</td><td>肅廟御製詩(幷小序),
北道陵殿誌 首錄 (英祖御製作銘幷序),
德陵(咸興), 安陵
附 舊德陵(慶興 斡東) 舊安陵</td></tr>
<tr><td>2권</td><td>智陵(安邊), 淑陵(文川)</td></tr>
<tr><td>3권</td><td>義陵(咸興), 純陵</td></tr>
<tr><td>4권</td><td>定陵(咸興), 和陵, 神道碑(附舊碑文),
四至記碑</td><td rowspan="2">2책</td></tr>
<tr><td rowspan="4">2권</td><td rowspan="4">濬源殿(永興)
遺蹟: 誕生基, 王生島, 櫻亭, 德峙, 雲嶺, 道昌寺, 安養寺, 釋王寺

慶興殿(咸興)
遺蹟: 讀書堂, 土宇基, 馳馬臺

咸興本宮
遺蹟: 祭星壇, 擊毬亭

永興本宮
遺蹟: 附舊基, 龍堂(慶源), 亦島(慶興)
當宁御筆別諭碑</td><td>5권</td><td>濬源殿(永興)
遺蹟: 誕生基(附舊里碑), 櫻亭, 龍興江
(並本府)</td><td rowspan="4">坤冊</td></tr>
<tr><td>6권</td><td>慶興殿(咸興)
遺蹟: 讀書堂(附記蹟碑), 土宇基, 馳馬臺(附八駿馬), 德山洞, 咸關嶺, 兎兒洞
(並本府)
附: 舊基, 龍堂(慶源), 斡東(在慶興府北今爲異域), 亦田(德源), 亦島(慶興), 松頭里(咸興), 黑石里(永興)</td><td rowspan="3">3책</td></tr>
<tr><td>7권</td><td>本宮(咸興)
遺蹟: 手植松, 咸興坪, 祭星壇, 擊毬亭
(並本府, 附九逵擅藝)</td></tr>
<tr><td>8권</td><td>本宮(永興)
遺蹟: 王生島(本府), 湧珠里, 安養寺(並德源), 鶴浦橋, 釋王寺(幷安邊, 附事蹟碑), 留王峯(亦在德源)
當宁御筆別諭碑
辛酉冬 頒示北民御製別諭
附丁卯(魏昌祖)舊識</td></tr>
</table>

3. 《북도능전도형》의 팔릉과 주요 사적

1) 북도의 능전도 제작 경위

규장각 소장《북도능전도형》은 함경도 각지에 있는 태조 4대 조상의 각 능과 준원전·경흥전·함흥본궁·영흥본궁·흑석리·독서당을 채색으로 그린 총 12폭 도형이다. 또한 장서각과 국립고궁박물관에는 '북도각릉전도형'이라는 표제로 같은 내용을 그린 작품이 한 첩씩 소장되어 있다. 이 중 한국학중앙연구원 장서각 소장본의 표제와 편차 묵서는 국립고궁박물관 소장본과 일치하지만, 제7폭 준원전 이하 여섯 폭이 누락되었다(그림 3).

세 첩 모두 각 능원의 주산과 산세를 배경으로 능원을 그리고 문석인(文石人), 무석인(武石人), 마석(馬石), 양석(羊石) 등의 석물과 정자각, 재실, 홍살문, 수라청, 비각 등의 주요 제향 공간을 그린 것은 거의 유사하다. 그러나 화제 아래 적은 세부 주기에서 다소 차이를 보인다.

함경도에 있는 태조의 4대조 능전에 대한 도형을 그린 최초의 기록은 1392년 8월 태종을 동북면에 보내 4대 선조의 능실에 제사를 지내 태조의 등극을 고하고 능호를 올린 후,[13] 1392년 10월 태종이 함경도에 가서 함흥의 정릉·화릉·의릉·순릉과 안변의 지릉, 문천의 숙릉, 경흥의 덕릉, 안릉 등의 산세를 그린 화본(畵本)을 바쳤다는 기사에서 볼 수 있다.[14]

태조는 1392년 즉위하면서 자신의 4대 선조를 왕으로 추존하고, 1402년(태종 2)에 존호를 가상했다. 목판본『북도능전지』권4에 의하면, 1677년(숙

13 『태조실록』, 1년(1392) 8월 8일.

14 『태조실록』, 1년(1392) 10월 28일.

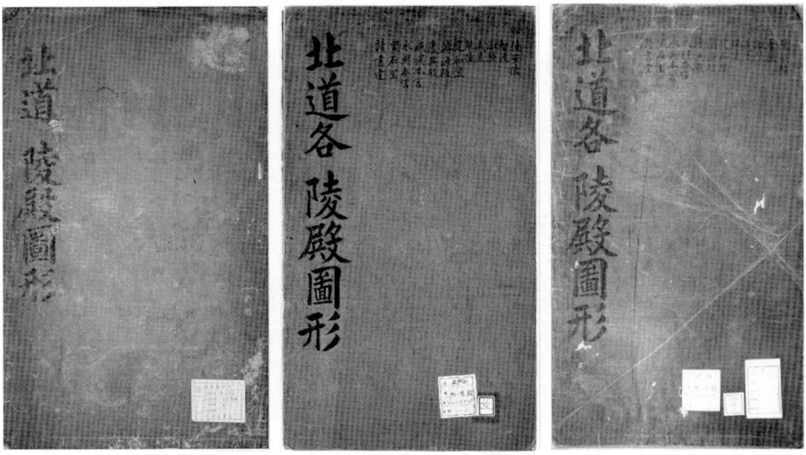

그림 3 《북도(각)능전도형》, 서울대학교 규장각한국학연구원, 국립고궁박물관, 한국학중앙연구원 장서각

종 3) 지릉에 화재가 난 후 1678년(숙종 4) 12월 숙종이 각 능의 사방 경계를 살피게 했다. 1679년(숙종 5) 정월 함경감사가 4왕릉의 금표에 대한 장계를 올려 각 능의 사방 경계가 너무 넓은 곳이 있어 민가의 논밭을 잃거나 집이 헐리는 폐단을 알리자[15] 1679년 2월 특별히 견례관 권대재(權大載, 1620~1689)와 함경감사 이원록(李元祿, 1629~1688)에게 북도의 능을 봉심하여 각 능의 사방 경계를 다시 정하고 이를 도형으로 바치게 했다. 이는 당초 금화(禁火)의 경계를 중심으로 주산(主山)과 용호(龍虎)의 경계 등을 그린 정계형지도(定界形止圖)로, 3건씩 그려 1건은 내입하여 어람에 대비하고 본릉(本陵)과 예조에 각 1건씩 보관하게 했다.[16] 숙종 연간 각 능 도형을 3건씩 그려 올리게 했던 사례를 통해 현재 유사한 북도의 능전도형이 3건 남

15 『숙종실록』, 5년(1679) 1월 3일.

16 『북도능전지』 권4, 「四至碑記」, "肅宗丁巳, 智陵火巢有限定之擧. 戊午十一月, 又申明舊禁各陵四至, 一衣壬辰定標施行, 以四至內公私田畓及民人作家埋葬處甚多, 觀察使李元祿啓請禁斷, 故收議大臣而有是命, 己未二月 特遣禮堂參判權大載 與道臣李元祿 奉審諸陵, 改定界限, 仍圖形以進. 以當初禁火之限, 或有過闊處一從, 主山及龍虎爲界 龍虎單弱, 則以外龍虎爲界, 而定界形止圖畵三件, 一則內入以備睿覽, 本陵及本曺 各藏置一件云."

아 있는 이유를 추정할 수 있다. 따라서 함경도에 소재한 팔릉의 도본은 1392년 10월과 1679년 2월까지 적어도 두 차례 이상 제작되었고, 그 도형은 3본으로 제작되어 국왕이 어람하고 예조 및 해당 능원에서 참고할 수 있도록 보관했음을 알 수 있다. 비슷한 사례는 영조 연간 〈명릉도형(明陵圖形)〉의 제작에서도 보인다. 김한신(金漢藎)이 1721년에 그려 바쳐 대내에 소장했던 〈명릉도형〉과 1754년(영조 30) 8월 다시 그린 도본(圖本)을 들여와 비교하며 의논했는데, 이때 영조는 도본을 3건 제작하여 승정원, 예조, 관상감에 각각 두고 고증에 대비하게 했다.[17]

특히 어람용은 왕릉에 중요한 수축이 있을 때 왕에게 보고하기 위한 용도였다. 능의 개봉축(改封築) 때 대신과 예조당상, 낭청과 상지관 각 1명과 도신, 봉수관(逢授官)과 각무 차사원이 함께 감동(監董)했다. 능의 사초(莎草) 수개와 정자각 중건 시에는 예조당상과 낭청, 능관과 봉수관이 함께 살펴 거행했다. 정자각 수리, 홍살문 개수와 곡장(曲墻) 내외면 수축과 석물 훼손 시에는 능관과 봉수관이 함께 살펴 거행했다.[18]

현존 규장각 소장 《북도능전도형》의 제작 시기와 관련하여 주목되는 점은 제11폭 흑석리의 세주에 기록된 "흑석리는 태조가 탄생한 옛 고을로 당저 을해년(當宁 乙亥年)에 영흥 준원전의 동쪽 220여 보 거리에 비를 세웠다(太祖誕生 舊里洞, 當宁乙亥竪碑, 在濬源殿, 東二百二十餘步)"라는 내용이다(그림 4). 여기서 을해년은 1755년(영조 31)으로, 이와 관련해 영조가 영흥 흑석리의 비각이 완성되자 역사(役事)를 감독한 지방 관원을 포상하고, 비음(碑陰)을 베껴 쓴 조명리(趙明履, 1697~1756)에게 가자했다는 『영조실록』의 기록을 확인할 수 있다.[19] 영조를 '당저(當宁)'라고 표현했으므로 첩의 제작 시기는

17 명릉은 숙종과 인현왕후, 인원왕후의 능원이다. 『영조실록』, 30년(1754) 8월 17일.

18 각 능의 수목을 정리할 때 위안고유 절차는 도신 또는 봉수관, 본능관이 수행 시 간검(看檢)했다. 각 능의 위안고유제 시 향축(香祝)은 함경도에서 계문하여 한성에서 미리 보냈다. 『북도능전지』 권1, 德安陵 故實, 修築儀節.

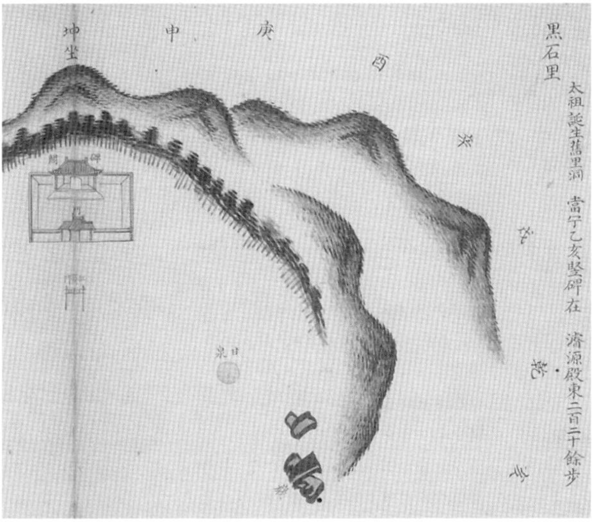

그림 4 《북도능전도형》, 〈흑석리〉 부분, 1755년경, 서울대학교 규장각한국학연구원

영조 연간인 1755년 이후부터 1776년까지로 좁혀진다.

한편 『북도능전지』 권5에 의하면, 1635년(인조 13) 겸례관 김상헌(金尙憲, 1570~1652)과 정뇌경(鄭雷卿, 1608~1639)이 화공을 이끌고 준원전에 와서 어진(御眞)을 모사했고, 화재를 입은 경주 집경전(集慶殿)의 중건 시에 통천군수 유시모(柳時模)를 보내 준원전의 제도를 그려 갔다. 또한 태조 탄강 7주갑인 1755년 2월 12일 도과시관(道科試官) 조영국(趙榮國, 1698~1760)이 사폐할 때 영조가 영흥 준원전과 그 옛터, 흑석리에 비를 세운 곳과 비각, 함흥본궁과 수식송(手植松), 독서당을 그려 올 것을 특명했다. 『승정원일기』에도 이와 같은 내용이 있다.[20] 이는 《북도능전도형》 중 제7폭 준원전, 제9폭

19 『영조실록』, 31년(1755) 4월 18일.

20 『북도능전지』 권5, 「黑石里」; 『승정원일기』, 영조 31년(1755) 2월 12일, "上曰, 今日終日殿坐, 明日又爲殿坐似難, 其以早早設場之意及濬源殿奉審後, 濬源殿基址與咸興本宮及讀書堂手植松, 黑石里竪碑處碑閣, 皆模寫以來之意, 承旨分付于重臣, 而設場時刻, 雖不下敎, 自當知之矣." 『승정원일기』, 영조 31년(1755) 4월 24일조에 조영국이 영조에게 봉심한 것을 보고한 내용이 있어 이때 그림도 바쳐진 것으로 보인다.

표 2 현존《북도능전도형》의 구성 및 내용

표지	표제 및 편차	규장각	北道陵殿圖形
		국립고궁박물관	北道各陵殿圖形 (德安陵, 智陵, 淑陵, 義陵, 純陵, 定和陵, 濬源殿, 慶興殿, 咸興本宮, 永興本宮, 黑石里, 讀書堂)
		장서각	北道各陵殿圖形 (德安陵, 智陵, 淑陵, 義陵, 純陵, 定和陵, 濬源殿, 慶興殿, 咸興本宮, 永興本宮, 黑石里, 讀書堂)

순서	陵殿名	소장처	題跋 및 세주	좌향 殿閣 및 象設	관련 인물	소재
1	덕릉 안릉	규장각	德安陵 穆祖德陵在右, 王后李氏安陵在左, 在咸興府 西北六十里 加平社	癸坐丁向 羊石(2), 文石人(2) 馬石(2), 武石人(2) 丁字閣, 水剌間, 紅箭門, 碑石, 齋室	태조의 고조 덕릉: 목조 안릉:효공왕후 이씨	함흥
		국립고궁박물관	德安陵 咸興西北 加平社 穆祖大王 孝恭王后李氏 誕六男			
		장서각	德安陵 咸興西北 加平社 穆祖大王 孝恭王后李氏 誕六男			
2	지릉	규장각	智陵 翼祖寢園在安邊府 西三十八里 瑞谷縣 奉龍驛北	壬坐丙向 羊石(2/無) 馬石(2/無)* 文石人(2), 武石人(2) 丁字閣, 水剌間, 紅箭門, 碑石, 齋室	태조의 증조부 익조	안변
		국립고궁박물관	智陵 安邊西 瑞谷社 翼祖大王			
		장서각	智陵 安邊西 瑞谷社 翼祖大王			
3	숙릉	규장각	淑陵 翼祖王后崔氏寢園 在文川郡 東十五里 草閑社	甲坐庚向 馬石(2), 文石人(2) 羊石(2), 武石人(2) 長明臺, 丁字閣, 水剌間, 紅箭門, 碑石, 齋室, 井泉, 流成三塘	태조의 증조모 정숙왕후 최씨	문천
		국립고궁박물관	淑陵 文川洞 草閑社 貞淑王后崔氏 誕八男			
		장서각	淑陵 文川洞 草閑社 貞淑王后崔氏 誕八男			
4	의릉	규장각	義陵 度祖寢園 在咸興府 東二十里 雲田社	壬坐丙向 馬石(2), 文石人(2) 羊石(2), 武石人(2) (長明臺), 丁字閣, 水剌間, 紅箭門, 泉水, 碑石, 齋室	태조의 조부 도조	함흥
		국립고궁박물관	義陵 咸興雲田社 度祖大王			
		장서각	義陵 咸興雲田社 度祖大王			
5	순릉	규장각	純陵 度祖王后朴氏寢園 在咸興府 東三十七里 東溟社 大厚叱只	壬坐丙向 長明燈, 羊石(2) 文石人(2), 馬石(2) 武石人(2), 丁字閣, 水剌間, 碑石, 齋室 紅箭門	태조의 조모 경순왕후 박씨	함흥
		국립고궁박물관	純陵 咸興 東溟社 敬順王后朴氏 誕四男			
		장서각	純陵 咸興 東溟社 敬順王后朴氏 誕四男			

순서	陵殿名	소장처	題跋 및 세주	좌향 殿閣 및 象設	관련 인물	소재
6	정화릉	규장각	定和陵 桓祖定陵在上, 王后崔氏和陵在下, 在咸興府東十三里, 歸州洞	乙坐辛向 長明燈, 馬石(2/4) 羊石(2/4) 文石人(2), 武石人(2), 丁字閣, 水剌間, 紅箭門, 碑石, 碑閣, 齋室	태조의 부모 정릉: 환조 화릉:의혜왕후 최씨	함흥
		국립고궁박물관	定和陵 咸興東 歸州東 懿惠王后崔氏 誕二男			
		장서각	定和陵 咸興東 歸州東 懿惠王后崔氏 誕二男			
7	준원전	규장각	濬源殿 桓祖舊邸 奉安太祖影幀在永興府 東南十三里 順晏社黑石里	癸坐丁向 移安廳, 正殿神, 三門, 外神門, 池, 典祀廳, 齋室, 紅箭門	태조 탄강지 (태조 영정 봉안)	영흥
		국립고궁박물관	濬源殿			
		장서각	화면 없음			
8	경흥전	규장각	慶興殿 太祖舊邸 在咸興府 東十五里 州東社 歸州洞	寅坐申向 正殿, 三門(門), 甘泉	태조 구저(舊邸) 정종, 태종 탄 강지	함흥
		국립고궁박물관	慶興殿			
		장서각	화면 없음			
9	함흥 본궁	규장각	咸興本宮 奉安 四王四妃 及太祖大王 神懿神德 兩王后位版 在咸興府 南十五里 雲田社	壬坐丙向 碑閣, 紅箭門, 擊毬亭, 手植松, 移安室, 祭井 門, 正殿, 典祀廳, 池, 內三門, 別差所居, 行 閣, 豊沛樓, 外三門	태조 잠저 시절 서우(胥宇) 4왕 및 4왕후 위판 봉안	함흥
		국립고궁박물관	咸興本宮			
		장서각	화면 없음			
10	영흥 본궁	규장각	永興本宮 奉安 太祖大王 神懿神德 兩王后位版 在永興府 濬源殿東北五里許亦黑石里	酉坐卯向 正殿, 移安室, 典祀廳, 內三門, 外三門	태조 잠저 시절 제성단(祭星壇) 태조대왕 신의왕후 신덕왕후 위판	영흥
		국립고궁박물관	永興本宮			
		장서각	화면 없음			
11	흑석리	규장각	黑石里 太祖誕生舊里洞 當宁乙亥竪碑 在濬源殿 東二百二十餘步	坤坐艮向 巖, 碑閣, 紅箭門, 甘泉	태조 탄생 구리(舊里)	영흥
		국립고궁박물관	黑石里			
		장서각	화면 없음			
12	독서당	규장각	讀書堂 太祖潛邸時 搆草堂讀書其中在慶興殿 東北三里許 歸州洞中 石茸峯下	艮坐坤向 讀書堂, 碑閣, 淨水寺	태조 잠저 유적	함흥
		국립고궁박물관	讀書堂			
		장서각	화면 없음			

* 밑줄 부분의 괄호 안 숫자 중 앞은 규장각 소장본, 뒤는 장서각과 국립고궁박물관 소장본의 석물 숫자임.

함흥본궁, 제11폭 흑석리, 제12폭 독서당에 해당하는 도형이다. 따라서 1755년 당시 함경도의 주요 전각과 유적을 그렸던 일은 규장각 소장《북도능전도형》의 제작과 매우 밀접한 관련이 있다.

이와 함께 주목할 부분은 1759년(영조 35) 9월 11일 북도를 순찰했던 홍상한이 각릉도형을 영조에게 그려 바치고, 1679년의 사례에 따라 2건을 더 그려 예조와 본릉(本陵)에 보내도록 제안한 내용이다.[21] 국립중앙박물관 소장 유리건판 사진 중에는 〈경흥전〉과 〈함흥본궁〉의 도판 사진이 있다. 그림 우측 하단에 "1759년 9월 임금께 아뢰며 도형을 올립니다(乙卯九月 筵稟圖送)"라고 하여 영조가 어람한 각릉도형 중 일부로 추정된다. 원본은 현전하지 않지만, 좌측 하단의 세주를 제외하면 화제만 적은 국립고궁박물관 소장본과 일치한다(그림 5, 6). 따라서 장서각과 국립고궁박물관 소장《북도각릉전도형》은 1759년 홍상한이 그려 바친 도형과 밀접한 관련이 있음을 알 수 있다. 또한 1787년(정조 11) 11월에 정조는 1755년 흑석리에 영조가 어제비를 세운 것을 계술하여 태종 탄강 7주갑을 기념하기 위해 경흥전에 어제비를 세웠으나,[22] 제8폭 〈경흥전〉 화면에서는 나타나지 않는 점에서《북도각릉전도형》이 적어도 1787년 이전 상황을 반영했음을 알 수 있다(그림 7).

장서각 및 국립고궁박물관 소장본의 화풍과 채색이 규장각 소장본보다 늦은 시기인 것은 사실이지만, 1797년(정조 21)에 독서당과 치마대 옛터에 각각 세운 정조어제 기적비 역시 도형에는 포함되지 않았다.[23] 따라서 함경도 소재 능전을 지속적으로 봉심하고 도형 제작 목적이 봉심 이후 현장 사적의 형지(形止)를 보여주기 위한 것임을 전제로 할 때, 도형에서 정조의 어제 기적비가 누락되었을 가능성이 희박하다. 또한 규장각 소장 19세기

21 『승정원일기』, 영조 35년(1759) 9월 11일.

22 『정조실록』, 11년(1787) 7월 26일; 홍경모(洪敬謨), 『관암전서(冠巖全書)』 22책, 記, 豐沛聖蹟記(下).

23 『정조실록』, 21년(1797) 12월 30일.

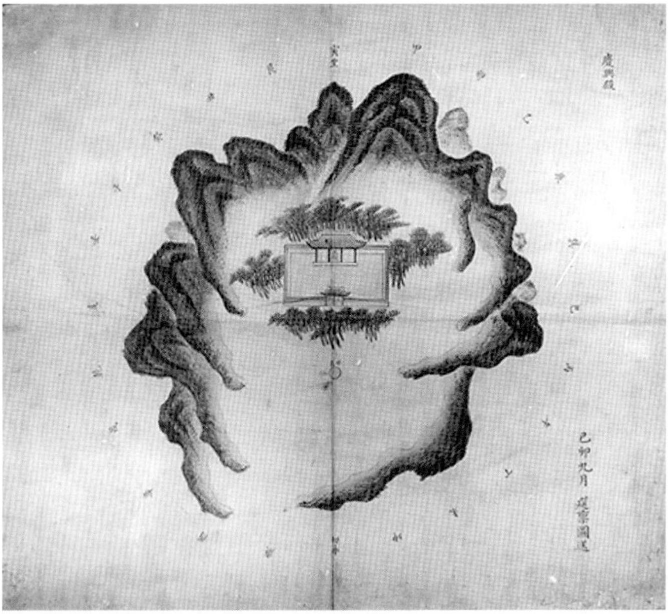

그림 5 〈경흥전〉, 1759년, 유리건판, 국립중앙박물관

그림 6 《북도능전도형》, 〈경흥전〉, 1787년 이전, 국립고궁박물관

그림 7 함흥 경흥전과 1787년 정조의 어제비각, 유리건판, 국립중앙박물관

《왕릉산도(王陵山圖)》의 산릉도와 비교할 때 화풍에서 큰 차이가 있는 점도 18세기 제작설이 더욱 설득력을 얻는 이유이다.

2) 태조 조상의 북도팔릉(北道八陵)

(1) 덕릉과 안릉

《북도능전도형》 제1폭 덕릉과 안릉은 태조 이성계의 고조부모인 목조(穆祖) 이안사(?~1274)의 덕릉과 효공왕후(孝恭王后) 이씨의 안릉 및 주요 전각을 그린 것이다. 덕릉과 안릉은 함흥부 서북쪽 60리 거리의 가평사(加平社)에 위치했다. 목조는 원대 남경 5,000호소(戶所)의 다루가치였고, 경원부 용당과 간동(幹東), 덕원 적전(赤田) 등에 터를 잡았으며, 1274년 3월 10일 승하했다. 태조 즉위 후 목왕(穆王)으로 추존되었고, 태종이 인문성목(仁文聖穆)이라는 존호를 가상했다. 왕후는 천우위장사(千牛衛長史) 이공숙(李公肅)의 딸로 모년 5월 15일 승하했다. 태조 즉위 후 효비(孝妃)로 추존되었고, 태종이 효공(孝恭)이라는 존호를 가상했다.

화면에서 능원을 감싼 곡장 내에 덕릉은 우측에 있고 안릉이 좌측에 있다. 전체적으로 능침의 지세가 높고, 상설(象設)은 능묘 앞에 혼유석, 문석인 및 무석인 각 2좌, 양석과 마석 각 2좌가 있다. 그러나 『북도능전지』 권1 「덕릉」의 상설조에 의하면, 곡장, 혼유석 1좌, 장명대 1좌, 문무석 각 2좌, 양석, 호석, 마석 각 4좌로 팔릉이 모두 일치한다고 했다. 또한 대왕릉은 장명대 우측에 소상석(小床石)이 있는데 속칭 안보석(安寶石)이 있다.[24] 따라서 그림 속 석물의 경우 좁은 공간에 모두 그려 넣을 수 없는 한계로 인해 일부 석물을 생략했음을 알 수 있다. 정자각은 능 아래 70보 거리에 있으며 정자각 내에는 양위(兩位)의 위패를 모셨다. 정자각 우측 약간 남쪽으로 수라청이 있고, 정자각 동쪽 170보 거리에 홍살문이 있다. 재실은 제기와 제복, 제물을 두는 곳으로 홍살문 동쪽으로 210보 거리에 남면했다. 『북도능전지』에 의하면 정자각 동쪽으로 160보 정도에 남면한 비석 2기가 있는데, 전면에 각각 '목왕덕릉(穆王德陵)'과 '효비안릉(孝妃安陵)'이라 새겼고 후면에 1395년(태종 10) 10월 세웠다고 밝혔다.[25] 그러나 화면에는 비석이 1기만 서 있으며, 비석에 담장은 있으나 비각은 없다. 1733년(영조 9) 장릉비(莊陵碑) 설치 시에 북도 각 능 비석의 모양과 비각의 제도를 도신에게 봉심하여 예조에 보내게 했다.[26] 이를 통해 북도의 팔릉이 후대 조선 왕릉의 비석이나 비각의 제작에도 적지 않은 영향을 미친 것을 알 수 있다.

본래 덕릉과 안릉은 함흥으로 천릉하기 이전 함경도 경흥부에 있었다. 옛 덕릉은 경흥부 남쪽 12리 지평(池坪) 가운데 원봉(圓峰) 위에 있었고, 옛 안릉은 덕릉의 북쪽 4리쯤에 있었다. 이후 1410년(태종 10) 여진족의 난으로 인해 양릉을 함흥부로 천릉했던 것이다.[27] 읍지를 살펴보면 1395년 2월에 세운 옛 덕안릉은 처음 경흥부 북쪽 두만강 밖 알동(斡東) 땅에 있었

24 『북도능전지』 권1, 「德陵」, 象設.

25 『북도능전지』 권1, 「德陵」, 碑石.

26 『북도능전지』 권1, 「德陵」; 「安陵」.

27 『태종실록』, 10년(1410) 8월 1일.

다. 양릉을 함흥으로 천릉한 후 경흥에 있는 구덕릉비와 안릉비가 훼손되자 1735년(영조 11)에 관찰사 이기진(李箕鎭, 1677~1755)이 신석(新石)을 세울 것을 계청했으나, 영조는 사치를 막고 고적을 보존하기 위해 옛 비를 그냥 두도록 했다.[28] 이후 1749년(영조 25) 도신 이정보의 계청으로 옛 덕릉비에 비로소 비각을 설치했다. 안릉 구비는 매몰되어 찾을 수 없었으나, 그해 7월 옛 덕릉 비각을 세울 때 밭에서 찾아 도신 정익하(鄭益河)의 계청으로 옛 안릉 비각도 영건했다.[29]

(2) 지릉과 숙릉

제2폭 지릉은 안변부 서쪽 38리 서곡현(瑞谷縣) 봉룡역(奉龍驛) 북쪽에 위치한 태조 이성계의 증조인 익조 이행리(1243~?)의 능이다. 익조는 덕원 적전사(赤田社)에서 탄강하여 경흥부 적도(赤島)에서 오랑캐를 피해 터를 잡았으며 모년 9월 10일 승하했다. 태조 즉위 후 익왕으로 추존되었고, 태종이 '강혜성익(康惠聖翼)'이라는 존호를 가상했다. 지릉의 위쪽 지세는 매우 고준하다. 석물은 규장각본에서 곡장, 혼유석, 장명대 1좌, 문인석과 무인석 각 2좌, 양석과 마석이 각 2좌씩 배치되었으나 장서각 및 국립고궁박물관 소장본에서는 양석과 마석이 모두 누락되었다. 곡장은 1669년(현종 10)에 개축했다. 정자각은 능 아래 70보 거리에 위치했는데, 1604년(선조 37) 개건, 1668년(현종 9)과 1732년(영조 8)에 중건했다. 그 바로 아래 수라간이 있다. 홍살문은 정자각 아래 50보 정도에 있다. 비석은 홍살문 동쪽 220보 거리에 남면했는데, 전면에 '익왕지릉(翼王智陵)'이라 각자했고 1393년(태조 2) 10월 세운 것이다. 비각은 없으며 담장을 둘러 전면에 문을 두었다. 지릉에 비석만 남아 있는 형태는 19세기 말 제작된 규장각 소장 《지릉전도》

28 『영조실록』, 25년(1749) 3월 7일.

29 『북도능전지』 권1, 「舊德陵」; 「舊安陵」.

에서도 확인된다. 그러나 『북도능전지』 권2에 의하면 지릉의 비석에는 담장과 비각이 있었다. 재실은 홍살문 동쪽으로 300보 거리에 남면했으며, 1686년(숙종 12) 6월에 향청(香廳)과 숙설청(熟設廳)을 세웠다.[30]

제3폭 숙릉은 문천군 동쪽 15리 초한사(草閑社)에 있는 태조 이성계의 증조모인 정숙왕후(貞淑王后) 최씨의 능이다. 왕후는 모년 9월 20일 승하하여 태조 즉위 후 정비(貞妃)로 추존되었고, 태종이 정숙(貞淑)이란 존호를 가상했다. 능침 위는 매우 고준하고 안릉과 동일한 석물이 배치되었다. 정자각은 능 아래 150보 거리에 있는데, 1669년(현종 10) 10월에 중건했다. 홍살문은 정자각에서 서쪽으로 8보 정도 거리에 있고, 비석은 홍살문의 서남쪽 300보 거리에 있다. 1393년(태조 2) 세워진 비석의 전면에는 '정비숙릉(貞妃淑陵)'이라 새겼다. 재실은 홍살문 서쪽 340보 거리에 서향했다. 그 앞에는 사철 마르지 않는 샘이 흘러 삼당(三塘)을 이루었다.[31] 1763년(영조 39) 2월 영조는 숙릉과 지릉을 수개하는 일로 영의정 신만(申晩)을 보내면서 자신이 친림할 수 없어 중대한 일을 맡기니 그 뜻을 유념하여 역사(役事)를 감독하게 했다.[32]

숙릉의 산 묘사는 미점준을 주로 사용했고, 산록 아래 지면과의 경계를 실신 없이 담채로만 묘시했다(그림 8). 또한 능원의 석물과 정자각 사이, 수라간과 홍살문 사이에 가는 선으로 지형의 굴곡을 묘사하여 지면이 평탄하지 않음을 표현했다. 재실이나 정자각과 같은 전각은 정면 시점에서 묘사되었으나 수라간은 측면으로 묘사되었다. 『북도능전지』에는 비석에 담장만 있고 비각은 없다고 했으나,[33] 그림에서는 비각이 선명하게 묘사되었다. 특히 규장각 소장본에는 비각이 정면 시점으로 묘사되었으나, 장서각

30 『북도능전지』 권2; 홍경모, 『관암전서』 22책, 記, 豐沛聖蹟記(上).

31 『북도능전지』 권2, 「淑陵」.

32 『영조실록』, 39년(1763) 2월 11일.

33 『북도능전지』 권2, 「淑陵」, 碑石.

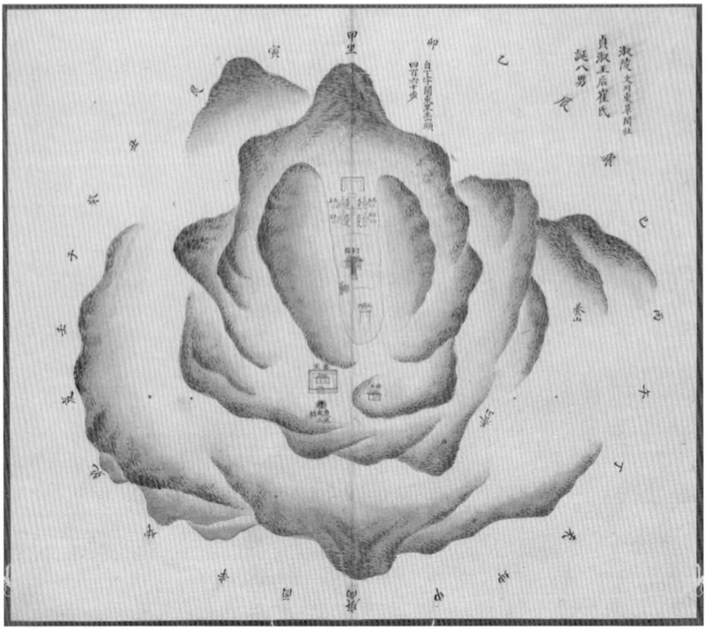

그림 8 《북도능전도형》, 〈숙릉〉, 1787년 이전, 한국학중앙연구원 장서각

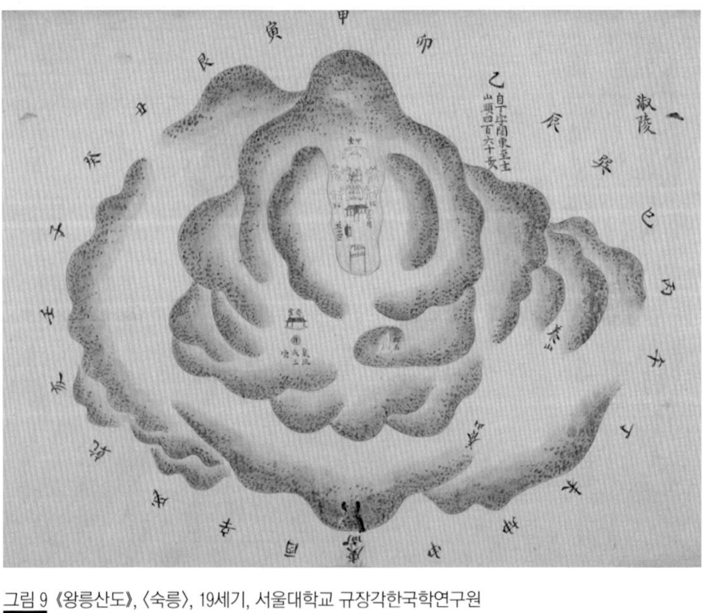

그림 9 《왕릉산도》, 〈숙릉〉, 19세기, 서울대학교 규장각한국학연구원

및 국립고궁박물관 소장본은 비각이 측면의 평행투시도법으로 묘사되어 차이를 보인다. 규장각 소장 19세기 《왕릉산도(王陵山圖)》의 산릉도는 《북도각릉전도형》의 팔릉도를 참조하여 그린 것이다(그림 9).

(3) 의릉과 순릉

제4폭 의릉은 함흥부 동쪽 20리 운전사(雲田社)에 있는 태조 이성계의 조부인 도조 이춘(?~1342)의 능이다. 도조는 함흥 송두리에서 탄강하여 경흥부 적지(赤池)에서 왕업을 일으켰고, 1342년 7월 24일 승하했다. 태조 즉위 후 도왕(度王)으로 추존되었으며 태종이 '공의성도(恭懿聖度)'라는 존호를 가상했다. 의릉의 지세는 약간 낮고 석물은 숙릉과 동일하다. 곡장은 1746년(영조 22)에 개축했다. 정자각은 능 아래 15보 거리에 있고, 홍살문은 정자각 남쪽으로 110보 거리에 있다. 1393년 10월 세운 도왕의릉비(度王義陵碑)는 홍살문 밖에 있으며, 담장은 있으나 비각은 없다. 재실은 홍살문 서쪽 20보 거리에 남향했다.[34]

제5폭 순릉은 함흥부 동쪽 37리 동명사(東溟社)에 있는 태조 이성계의 조모인 경순왕후(敬順王后) 박씨의 능이다. 왕후는 원대 선수천호(宣授千戶)이자 조선의 증문하시중(贈門下侍中) 안변부원군 박광(朴光)의 딸로 모년 7월 23일 승하했다. 태조 즉위 후 경비(敬妃)라 추존했고, 태종이 경순(敬順)이란 존호를 가상했다. 순릉은 주산과 의릉 주봉(主峰)이 30여 리 거리이다. 석물은 숙릉과 동일하다. 정자각은 능 아래 30보 거리에 있으며 1659년(효종 10)에 계단 아래 훼손된 부분을 개축했고, 1695년(숙종 21) 3월에 중건했다. 홍살문은 정자각 남쪽 1백 보 정도 거리에 있고, 정자각 아래 20보 거리에 남면한 비석은 1393년 10월 세운 경비순릉비(敬妃純陵碑)로 담장은 있으나 비각은 없다. 재실은 홍살문 남쪽으로 25보 거리에 서

34 『북도능전지』 권3, 「義陵」.

향했다.

순릉의 산 묘사는 미점준을 사용했으나 미점이 정상으로 갈수록 짙고 거칠며, 산록 아래 지면과는 경계를 실선 없이 담채로만 묘사했다. 이는 제2폭 지릉의 산 묘사와 유사하다. 규장각본에서는 정자각 아래 기단이 선명하고 곡장의 옥우도 사실적으로 묘사했으나, 장서각 및 국립고궁박물관본에서는 곡장 옥우가 생략되고 정자각 기단은 표현되지 않았다.

(4) 정릉과 화릉

제6폭 정화릉은 함흥부 동쪽 13리 거리의 귀주동(歸州洞)에 있는 태조 이성계의 부친 환조 이자춘(1315~1360)의 정릉과 의혜왕후(懿惠王后) 최씨의 화릉이다. 정릉은 화릉의 위쪽에 조성되었다. 환조는 1315년 탄강하여 영흥부 흑석리에서 터를 잡아 태조를 낳았고, 이후 함흥 귀주동에서 세거했다. 1360년 4월 30일 승하했고 8월 이곳에 묻혔다. 태조 즉위 후 환왕(桓王)으로 추존되고 태종이 '연무성환(淵武聖桓)'이란 존호를 가상했다. 왕후는 원대 선수천호(宣授千戶)이자 조선의 증판문하영흥백(贈判門下永興伯) 정효공(靖孝公) 한기(閑奇)의 딸로, 삼한국 대부인(三韓國 大夫人)에 봉해졌고 모년 2월 24일 승하했다. 태조 즉위 후 의비(懿妃)로 추존되고 태종이 의혜(懿惠)라는 존호를 가상했다. 곡장이 둘러싼 정릉이 뒤에 있고, 그 앞으로 화릉이 위치했다.

1748년(영조 24) 윤7월 2일 석물이 훼손된 곳에 대해 구례(舊例)에 의거해 대신들이 의논하여 정탈하도록 했다. 석물은 규장각본에서는 혼유석 2좌, 장명대 2좌, 문석인과 무석인 각 2좌, 마석과 양석이 각각 2좌씩 있으나, 장서각 및 국립고궁박물관 소장본에서는 마석과 양석이 각각 4좌씩 배치되어 차이를 보인다. 정자각은 능 아래 80보 거리로 1667년(현종 8)에 개건했고, 이후 정자각 1칸이 불에 타자 1673년(현종 14) 중건했다. 홍살문은 정자각 남쪽으로 1백 보 거리에 있고, 홍살문 내에 서면한 사지기비(四

至記碑)는 담장만 있고 비각은 없으며, 영흥부윤 연사종(延嗣宗)이 비석 전면에 행서로 '조선국동북면제릉영사지기비(朝鮮國東北面諸陵塋四至記碑)'라 새겨 1412년(태종 12) 5월에 세운 것이다. 재실은 정자각 서쪽 230보 거리에 남면했는데, 재실의 서남쪽 20보 정도에 신도비가 있다. 비각이 있는 환왕정릉신도비(桓王定陵神道碑)는 정자각 서쪽 250보 거리에 서면했고, 비석은 가첨석이 없으며 해서로 '명조선국환조연무성환대왕정릉신도비명(明朝鮮國桓祖淵武聖桓大王定陵神道碑銘)'이라 새겼다. 개국공신 서원군(西原君) 정총(鄭摠)이 찬했고, 문하시랑 성석린(成石璘, 1388~1423)이 쓰고 권중화(權仲和, 1322~1408)가 전각(篆刻)했다. 1393년(태조 2)에 처음 세웠으나 임진왜란 때 왜적에 의해 파손되어 1611년(광해 3)에 관찰사 한준겸이 신석(新石)으로 바꿀 것을 청하여, 과거의 찬을 그대로 사용하고 홍문관 교리 오익(吳翊, 1574~1618)이 돌에 새기고 한성판윤 김상용(1561~1637)이 비액(碑額)에 전각했다. 대제학 이정귀(1564~1635)가 음기를 썼다.[35] 1393년 옛 신도비는 전면에 '高麗國贈純誠勁節同德輔祚翊贊功臣壁上三韓三重大匡門下侍中判典理司事完山府院君朔方道萬戶兼兵馬使榮祿大夫判將作監事 李公神道碑銘'이라 했고, 비음은 이색(1328~1396)이 찬했다.[36] 능묘 사방의 정계비인 사지비와 신도비는 함경도 팔릉 중 정화릉에만 있었다.[37]

능 앞으로 400보쯤에 조산(造山)이 있는데, 수구(水口) 관문이 좁아 봉릉(奉陵) 시에 흙을 옮겨 쌓고 소나무를 심은 것이다. 산형은 전체적으로 미점준으로 표현했고, 산록 아래 지면과는 경계를 실선으로 나타냈다. 규장각본에서는 석물과 정자각 사이에 가는 선으로 지형의 굴곡을 묘사해 지면이 평탄하지 않음을 표현했고, 조산도 일반 산세의 묘사처럼 미점준으

35 홍경모, 『관암전서』 22책, 記, 豐沛聖蹟記(下).

36 『북도능전지』 권4, 「定陵」.

37 정릉신도비는 1393년 세웠으나 임란 때 파괴되고, 1612년 다시 중각(重刻)하여 세웠다. 한국학중앙연구원 장서각 소장 「桓祖大王定陵神道碑銘」 참조.

로 표현하고 소나무를 사실적으로 묘사했다. 그러나 장서각 및 국립고궁박물관 소장본에서는 지면 굴곡을 묘사하는 선은 생략되고, 조산의 괴토(塊土) 위에 잡목처럼 수지법이 거칠다.

3) 태조의 북도 사적

(1) 영흥의 주요 사적과 본궁

제11폭 흑석리는 태조가 탄강한 옛 고을로, 지명은 이곳에 있는 흑석(黑石)에서 유래되었다. 화면에서도 높이 솟은 흑색 암석이 여러 곳에 분포되어 있다(그림 4). 흑석리는 준원전 동쪽 220여 보 떨어진 곳으로, 이는 『영흥지』에서 태조의 옛터가 준원전 동북 2백 수십 보 거리에 있다는 내용과 일치한다. 흑석리는 소위 호랑이가 돌 위에 준거(蹲踞)하는 것 같은 터로, 황폐해져 민전(民田)이던 것을 1612년(광해 4) 관찰사 한준겸이 간심하여 태조의 탄생 구리(舊里)가 되었다.[38] 1717년에는 이곳에 단을 쌓고 비석을 세우게 하여 표지했다.[39] 화면의 중심을 이루는 비각은 1755년(영조 31) 태조 탄강 7주갑을 기념하여 세운 태조 탄생구리비(誕生舊里碑)이다. 영조의 어필로 '태조대왕탄강구리(太祖大王誕降舊里)'라 쓰고, 어제 음기(陰記)는 제학 조명리에게 명하여 쓰게 했다. 비각을 세울 때 그 터에서 돌연 튀어나온 부분이 있어 보니 비각터 아래 옹기가 있었다고 전한다.[40] 비각은 1칸으로 담장을 둘렀고, 앞에 삼문을 세웠다. 그 앞으로 홍살문이 있으며, 서남쪽으로 수십 보 떨어진 자리에 감천이 있다. 비각 주위에는 소나무가 반원형으로 빙 둘러 있다. 주변 산세는 지면 경계선을 그리지 않고 미점준과 선염으로 묘사했다.

38 『북도능전지』 권5, 「遺蹟: 誕生基」.

39 『숙종실록』, 43년(1717) 5월 21일.

40 홍경모, 『관암전서』 22책, 記, 豐沛聖蹟記(下).

《북도능전도형》 제7폭 준원전(濬源殿)은 환조 이자춘의 구저(舊邸)이자 태조의 태를 묻은 곳으로, 영흥부 동남 13리 순안사(順晏社)에 있다. 태조는 이곳에서 1335년(고려 충숙왕 4) 10월 11일에 탄강하여 1392년 7월 16일 개성 수창궁(壽昌宮)에서 58세로 보위에 올랐다. 1394년(태조 3) 기로소에 입소했고, 그해 11월 한양을 도성으로 정하고 종묘를 건설했다. 준원전은 1396년(태조 5) 용연(龍淵)을 메운 터에 전우를 건립해 1398년 태조의 진영을 봉안했다.[41] 태조는 1398년(태조 7) 9월 정종에게 양위하고 1400년(정종 2) '계운신무(啓運神武)'라는 존호를 받았다. 1408년(태종 8) 5월 24일 창덕궁의 광연루(廣延樓) 아래 별전에서 승하하여 9월 '태조지인계운성문신무대왕(太祖至仁啓運聖文神武大王)'이라는 존호가 가상되었고, 9월 9일 건원릉에 안장되었다. 명에서 강헌(康獻)이란 시호를 받았다. 이후 1443년(세종 25) 정인지에게 명하여 태조 어진을 정전에 봉안하게 했다. 정전의 제도는 각 능의 정자각과 동일하지만, 좌우 3면을 설치 분각(分閣)하여 개폐의 편의를 도모했다. 1657년(효종 8) 중건하고, 1666년(현종 7) 개수했으며, 1742년(영조 18) 중수하여 전내에 감실을 설치하고 감실 내에 탑상(榻床)을 설치해 영정을 봉안했다(그림 10, 11). 홍개 1쌍, 흑개 1쌍, 봉작선(鳳雀扇) 1쌍 등 의장을 감실 동서로 나누어 진열했다. 계단 아래 3면의 낭무(廊廡)가 있고 그 가운데 정문을 두어 어로(御路)가 있다. 전의 약간 남쪽으로 수라청이 있는데 서랑(西廊) 1칸이다. 낭무 밖 사면에는 담장을 둘러 정면에 신삼문(神三門)이 있고 동서북면에 3문이 있다.

이안청은 정전 동랑 밖 수십 보 거리에 서향했고, 1734년(영조 11)에 개건했다. 실내에는 용정(龍亭)과 유사시 어진을 보관하는 흑장통(黑長筒)이 있다. 이안청 앞 10보 거리에 있는 어정(御井)은 목판으로 덮어놓았다. 화면에 '지(池)'로 표시된 용연(龍淵)은 태조가 탄강한 곳으로 연못 안에 태조

41 『태조실록』, 7년(1398) 2월 26일.

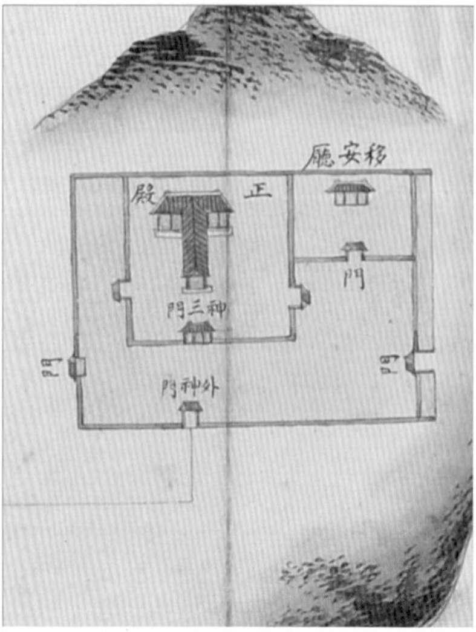

그림 10 《북도각릉전도형》, 〈준원전〉 부분, 1787년 이전, 국립고궁박물관

그림 11 준원전 정전 내 태조 어진

의 어태(御胎)를 보관했으나, 준원전을 세울 때 태조의 이모 경창옹주(慶昌翁主) 최씨에 의해 전라도 진산군 만인산(萬仞山)으로 이봉(移封)되었다.[42] 홍살문은 정전 서쪽 80보쯤에 있는데, 전사청은 정전 서쪽으로 90보쯤에 동면했다. 재실은 홍살문 서쪽 40보 거리에 서면했는데, 좌우에 전관(殿官)이 숙직하는 방이 있고, 문 동쪽에는 제관의 숙직처가 있다.

제10폭 영흥본궁은 태조 잠저 시절 제성처(祭星處)로, 준원전에서 동북쪽 5리 정도 거리이며 역시 영흥부 흑석리에 있다. 광해 연간 신청(神廳)을 두고 태조대왕과 신의왕후 위판(位版)을 봉안했고 월제(月祭)와 삭망제를 행했으며, 매년 4월과 10월 상궁[內人]을 보내 '제감(祭監)'이란 이름으로 무격(巫覡)을 모아 격부(擊缶) 행사를 했으나 인조반정 이후 신청(神廳)을 폐지했다.[43] 1666년(현종 7)에 관찰사 민정중이 전우로 고쳐 짓고 '본궁(本宮)'

42 홍경모, 『관암전서』 22책, 記, 豐沛聖蹟記(上).

이라 칭했고, 1678년 이후에는 사릉참봉(四陵參奉)에게 향사하게 했다.[44] 그러나 신청을 폐지한 이후에도 1678년 1월 3일부터 12일까지 매일 사간원에서 영흥본궁의 비례(非禮)를 들어 폐지 상소가 지속되자 1679년(숙종 5)에 관찰사 이당규(1625~1684)가 지방(紙榜)을 없애고 함흥본궁의 예에 따라 위판을 모셨다. 1696년(숙종 22) 신덕왕후의 위판을 추가 봉안했다.

1700년(숙종 26)에 정전 북쪽으로 10보가량 거리에 이안실을 영건했다. 정전과 이안실에는 내삼문이 있고 궁장을 둘렀다. 전내에 의장은 따로 두지 않았다. 전사청은 정전의 북쪽 20보 거리에 동면했는데, 낭무(廊廡)는 모두 함흥본궁의 제도에 따랐다. 홍살문은 정전 동쪽 50보 거리에 있다.[45] 본궁 뒤의 주산에는 송림이 우거졌고, 본궁 앞에는 버드나무 군락이 있다. 산은 미점준으로 묘사하되 산록과 지면의 경계를 선으로 그리지 않았다. 한편 규장각 소장 〈영흥본궁전도〉는 『영흥본궁』에 삽입된 채색도형으로, 《북도각릉전도형》에는 없는 태백단(太白壇), 별차소거(別差所居), 행각, 장청(長廳), 어정(御井) 등이 추가로 그려졌다. 『영흥본궁』은 내용상 1795년 정리된 영흥본궁의 제향의식을 수록한 『영흥본궁의식』과 비슷한 시기에 제작된 것으로 보인다.

(2) 함흥의 주요 사적과 본궁

《북도능전도형》 제8폭 경흥전(慶興殿)은 태조의 잠저로, 함흥부 동쪽 15리에 있는 주동사 귀주동에 있다. 목조가 덕원에서 경흥 알동으로 옮겼고, 익조가 오랑캐의 난으로 적도(赤島)로 피신했다가 다시 함흥 송두리로 옮겨 정착터를 잡았기 때문에 경흥댁(慶興宅)이라 불렸다.[46] 이후 도조가

43 이는 북쪽 여진족의 샤먼제사에서 유래된 것으로 보이며, 결국 신청을 폐지하게 되었다. 홍경모, 『관암전서』 22책, 記, 豐沛聖蹟記(下); 『숙종실록』, 4년(1678) 12월 23일.

44 『숙종실록』, 4년(1678) 10월 3일.

45 『북도능전지』 권8, 「本宮(永興)」.

함흥 적전(赤田)에 거주했고, 환조가 귀주동 잠저에서 생을 마쳤으며, 태조가 거주하여 여기서 정종과 태종이 탄강했다.[47]

국초에 태조 영정은 개성부 목청전(穆淸殿), 평양 영숭전(永崇殿), 경주 집경전(集慶殿), 전주 경기전(慶基殿)과 함흥의 경흥전에 봉안했다. 1443년(세종 5)에 경흥전 정전에 태조 어진을 봉안했을 때, 영정 배면에 "청룡과 백호가 좌우에 있고, 호랑이가 바위 위에서 웅크리고 앉은 듯하다. 이 터의 주인은 부귀와 영화를 누리고, 대대로 대장군을 거느린다. 천둥소리처럼 명성이 온 천하에 퍼지고, 사방 바다도 막힘없이 사신과 문서가 오간다. 삼척검의 끝은 조정과 사직을 지키고, 채찍 하나로 천하를 평정한다(靑龍白虎左右邊, 山虎石上如蹲踞. 公侯富貴榮華出, 世世統領大將軍. 雷振名譽天下遍, 四海無防車書通. 三尺劍頭案社稷, 一條鞭末定乾坤)"라는 찬문이 적혀 있었다.

임진왜란 이후 목청전과 경기전 어진을 묘향산에 봉안하고 1619년(광해 11)에 영숭전 영정을 남별궁으로 이봉(移奉)한 후 평양과 개성부의 영숭전과 목청전을 폐하고 경주 집경전의 어진을 강릉으로 옮겼다. 1631년(인조 9) 화재로 강릉 집경전 어진이 불에 타자 1635년(인조 13)에 견례관 김상헌과 정뇌경이 화원을 이끌고 경흥전 어진을 모사했고, 집경전 중건을 위해 차원을 보내 경흥전의 제도를 그려 갔으나 호란으로 중건이 중단되었다. 이후 집경전 어진을 평양에 봉안하려 했으나 서쪽 변방의 불안으로 결국 강화부에 봉안했다.[48] 1683년(숙종 9) 정의광덕(正義光德)이라는 시호를 가상하고 어진 2본을 전주 경기전과 경흥전에 봉안했다. 1688년(숙종 14) 또

46 전라도 전주의 옛터는 건지산 아래로 시조 사공(司空) 이한(李翰) 이하가 이곳에서 거주했다. 목조의 옛터는 경원부 용당(龍堂), 경흥의 알동(斡東), 덕원(德源)의 적전(赤田)에 있었다. 익조의 옛터는 경흥부 적도(赤島)로 섬 사면 암석이 모두 붉은색이어서 적도라 했다. 도조는 함흥의 송두리(松頭里)에서 탄강했고, 경원의 적전이 실제 세거지이다. 환조의 옛터는 영흥부 흑석리로 1755년 비석을 세웠다. 함흥 귀주동 또한 세거지였다. 태조의 옛터는 함흥과 개경 풍양(豊壤) 등으로 궁전과 기적비가 세워졌다. 『북도능전지』 권6, 「附 舊基」.

47 『북도능전지』 권6, 「慶興殿」.

48 『연려실기술(燃藜室記述) 별집(別集)』 권1, 祀典典故, 影殿.

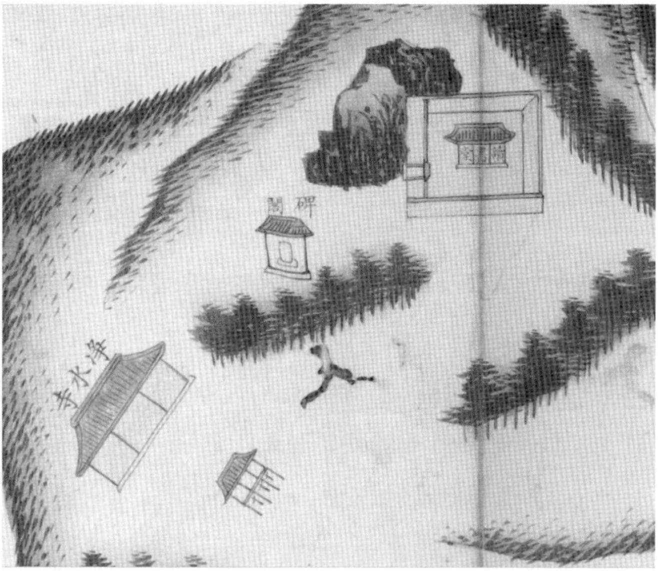

그림 12 《북도능전도형》, 〈독서당〉 부분, 1755년경, 서울대학교 규장각한국학연구원

한 본을 모사하여 한양 영희전에 봉안했다. 1755년(영조 31) 4월 경흥전 영정의 회장(回裝)과 그림의 결락 부분을 보수했다. 1757년(영조 33) 10월 영조는 윤음을 내려 조조례(朝祖禮)에서 망예(望瘞)를 망료례(望燎禮)로 고쳐 정했다.[49]

1396년(태조 5) 경흥전 전우를 3칸으로 시건하여 담장을 두르고 앞에 문을 두었다. 병화로 전우가 불타 1658년(효종 9)에 관찰사 정지화(1613~1688)가 중건했다. 1710년(숙종 36)에 관찰사 조태동(趙泰東, 1649~1712)이 다시 개수하고 편액을 걸었다. 1661년(현종 2)에 관찰사 권우(權堣, 1610~1685)가 담장 밖으로 소나무를 심어 송림이 우거졌다.[50] 전문 정남에는 감천(甘泉)이 있다. 경흥전 뒤로 산곡 사이에 길이 나 있다. 함흥지도에 의하면 이곳은

49 『북도능전지』 권5, 「濬源殿」.

50 홍경모, 『관암전서』 22책, 記, 豐沛聖蹟記(下).

경흥전에서 독서당으로 이어지는 길임을 알 수 있다. 화면의 산세 묘사는 미점준으로 표현했고 지면과 산록의 경계를 선으로 표현했다. 규장각본은 전문에 '삼문(三門)'이라 표기하고 원산 역시 청녹의 미점으로 묘사했다. 한편 국립고궁박물관본은 전문에 '문(門)'이라 표기하고 원산을 청색 담채로 선염했다.

제12폭 독서당은 태조가 잠저 시절 간변(澗邊)의 반석 위에 초당을 만들어 글을 읽던 곳으로, 경흥전 동북쪽 3리가량 거리에 있으며 귀주동의 석이봉(石茸峯) 아래에 있다. 병화로 당이 무너져 초석만 남았으나 승려 덕순(德淳)이 소재(小齋)를 만들어 유허(遺墟)를 표시했다. 1716년(숙종 42) 관찰사 김연(金演, 1655~1725)이 3칸의 당을 중건하여 단청하고 '독서성지(讀書聖址)'라는 편액을 달았다. 이때 세운 독서당 기적비는 당의 서쪽 담장 밖에 있는 암석 위에 소각(小閣)을 씌웠다(그림 12). 김연이 찬하고 판관 김종연(金宗衍)이 썼다. 정수사(淨水寺)는 함흥본궁에 속한 원당(願堂)이다. 1749년(영조 25) 관찰사 이정보가 독서당 중수 기적비의 내용을 옮겨 첩으로 만들어 성조(聖祖)의 흥학(興學)의 뜻을 계술하도록 사도세자에게 올렸다.[51] 토우(土宇)의 터는 독서당 북쪽 7리쯤의 심곡(深谷)에 있는데, 태조가 유년 시절 도혈(陶穴)을 만들어 독서했기에 유래한 명칭이다.[52]

제9폭 함흥본궁은 함흥부 남쪽 15리 거리의 운전사(雲田社)에 있다. 태조 잠저 시절 귀주동 구저(舊邸)로 여기서 잠시 머물렀고 임금으로 등극한 후 비로소 궁전을 세웠다. 임진왜란 이후 구궁(舊宮)이 훼손되어 1610년(광해 2)에 관찰사 한준겸(1557~1627)이 중건했다. 정전 내에는 목조와 효공왕후, 익조와 정숙왕후, 도조와 경순왕후, 환조와 의혜왕후의 위판을 모셨고, 1695년(숙종 22)에 신덕왕후의 위판을 추부(追祔)했다.[53] 함흥본궁의 향

51 『북도능전지』 권6, 「慶興殿(讀書堂)」.

52 홍경모, 『관암전서』 22책, 記, 豐沛聖蹟記(下).

53 『승정원일기』, 숙종 1년(1675) 4월 22일.

사는 내수사 별좌를 보내 헌작했으나 1678년 이후에는 사릉참봉(四陵參奉)에게 향사하게 했다.[54] 또한 태조의 궁전(弓箭), 관식(冠飾) 등을 보관했고 좌우로 홍양산, 용대기(龍大旗), 대독(大纛), 홍개(紅蓋), 흑개(黑蓋), 청대기(青大旗), 홍대기(紅大旗) 등 의장이 각 1쌍씩 좌우로 진열되었다. 홍살문은 외삼문 남쪽에 있으며, 홍살문 내 동북 20보쯤에 비각이 있는 하마비가 있다. 하마비의 전면에 '성조잠저하마지비(聖祖潛邸下馬之碑)'라 적혀 있고, 비음은 이경탁이 쓴 것이다.[55] 정전 앞에 내삼문이 있고, 그 앞에 외삼문이 있다. 양문 사이에는 풍패루(豊沛樓)가 있으며 그 앞에는 연지가 있다. 전사청은 정전 동쪽 25보 거리에 남면했고, 좌우 익랑이 있어 제기와 제물을 두었다. 이안청(移安廳)은 정전 동북쪽 50보 정도에 있는데 이곳이 정전의 옛터라는 설도 있다. 그 앞으로 이안청의 문이 있다. 매월 삭망에 제를 올렸는데, 정월 야백제(夜白祭), 3월 춘절제(春節祭), 4월 별대제(別大祭), 5월 태백제(太白祭), 6월 반행제(半行祭), 7월 추절제(秋節祭), 8월 산제, 9월 야백제, 10월 별대제, 11월 동절제, 12월 야흑제(夜黑祭)라 했다. 5월 태백제는 제성단(祭星壇)에서 제를 올렸고 나머지는 궁중에서 제를 올렸다. 정전 서쪽으로 문을 하나 두고 조정에서 보낸 별차(別差)가 숙직하는 곳과 행각(行閣)이 있다.

정전 동쪽으로 태조가 만든 제정(祭井)이 있고 제정 서쪽으로 제단이 있다. 제단 옆으로 태조가 잠저 시절에 직접 심은 수식송(手植松)이 있는데, '송헌(松軒)'이란 태조의 호도 여기서 비롯되었다. 태조가 매번 소나무에 활을 걸어두었기 때문에 괘궁송(掛弓松)이라고도 했다. 본래 소나무 여섯 그루가 무성했으나 1624년(인조 2)에 네 그루가 고사했고 두 그루만 남았는데, 그중 한 그루는 크기가 16위(圍) 정도였고 나머지 한 그루는 크기가

54 『숙종실록』, 4년(1678) 10월 3일.

55 『북도능전지』 권7, 「本宮(咸興)」.

그림 13 《함흥내외십경도》, 〈본궁〉, 18세기 모사, 국립중앙박물관

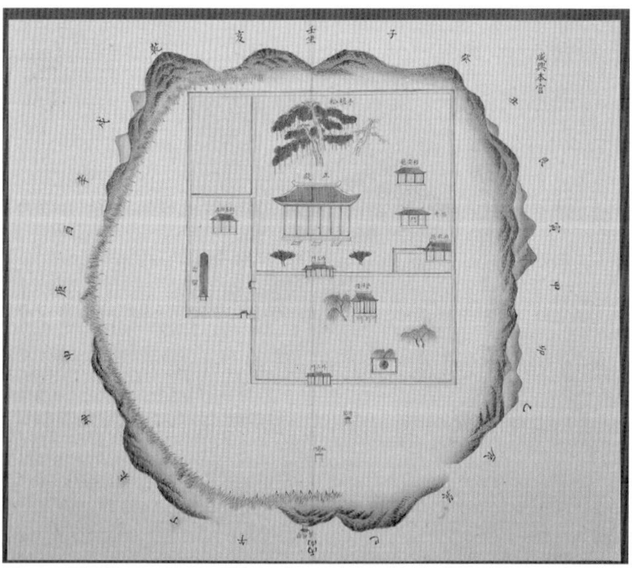

그림 14 《북도각릉전도형》, 〈함흥본궁〉, 국립고궁박물관

11위 정도였다. 서로 얽히고 감아 용이 약동하는 형상으로 가로로 뻗은 것이 10무 정도이며 장목(長木)으로 지탱해놓았다. 일찍이 임란 때 왜구의 칼자국 때문에 나무의 중심 줄기에 편철갑(片鐵匣)을 둘렀다.[56] 화면에서는 두 그루의 소나무가 무성하고 그 옆으로 고사한 소나무 한 그루가 앙상하게 서 있다. 실제로 1673년 이후 모사한《함흥십경내외도》의 〈본궁〉을 보면 큰 소나무 두 그루 옆에 왜소하고 약한 소나무 한 그루가 더 보이는데《북도각능전도형》이 실제 상황을 반영하고 있음을 알 수 있다(그림 13, 14). 풍패루 앞의 연못 중앙에는 나무 한 그루가 심어졌는데 19세기 말 조중묵의 〈함흥본궁도〉에도 연못 가운데 소나무를 그렸다.

격구정(擊毬亭)은 함흥본궁 남쪽 10여 리쯤에 있다. 야산의 높이가 완만하여 이곳에 3칸의 정자를 두었다. 좌로 넓은 들판이 임했고 우로는 창해를 볼 수 있으며, 동남으로는 장애가 없어 일출을 볼 수 있는 북관의 명승이었다. 태조 잠저 시절에 이곳에서 목구(木毬)를 만들어 격구를 하며 말 달리던 곳이다. 1674년(현종 15)에 관찰사 남구만(1629~1711)이 정자를 만들었고, 1716년(숙종 42)에 판관 김종연이 편액을 걸었다.[57]

화면에서 함흥본궁은 매우 넓게 조성되었다. 다른 화폭이 모두 산도(山圖)의 구도인 것과 달리 여기서는 함흥본궁의 도면 구조를 한눈에 볼 수 있도록 묘사한 것이 특징이다. 능원이 아니라 평지에 조성되었기 때문으로 주변 산세는 거의 완만하며 산세가 없는 곳에는 목책을 둘러 성역을 구분했다. 원산은 청색 담채의 선염법으로 묘사했다.

그 밖에 영조는 함경도에 그치지 않고, 한양과 경기 일대의 태조와 태종의 사적 정비에 나섰다. 태종이 양위 후 머물던 행궁인 풍양궁(豊壤宮)이 있던 양주에 1755년 '태종대왕재상왕시구궐유지(太宗大王在上王時舊闕遺址)'라고 새긴 비를 세워 기념했다. 이후 1772년 태조와 신의왕후 한씨의 묘

56 홍경모, 『관암전서』 22책, 記, 豐沛聖蹟記(上).

전(廟殿)이던 경복궁의 문소전 옛터에 비석을 세우게 하고, 승지와 신하들을 대동하고 문소전 계단 위 판위에 나아가 사배례를 행했다.[58] 또한 1775년에는 왕세손을 대동하여 문소전 구기비 비각 앞 판위에 부복하고 왕세손에게 봉심하게 했고, 이곳에서 정시(庭試)를 보이게 했다.[59]

4. 맺음말

이 글은 『북도능전지』와 규장각을 비롯한 장서각, 국립고궁박물관에 현존하는 《북도능전도형》 3점을 비교 검토하여 영조 연간 조선 왕실의 함경도 사적을 연구하는 데 목적을 두었다. 이를 위해 북도 능전 및 사적에 대한 연혁을 정리한 사료로서 1747년 필사된 『북로능전지』와 이를 1758년 수정, 보완하여 목판본으로 간행한 『북도능전지』의 제작 경위를 파악했다.

『북로능전지』는 함흥 출신의 위창조가 함경도에 산재한 태조와 선조들의 능원과 궁전을 봉수(奉守)하기 위해 전거가 있어야 하지만 상고할 문헌이 없고 관련 사적들도 점차 유실되고 있음을 안타깝게 여겨, 조선 왕조의 뿌리와 직결되는 사적들의 위치와 연혁, 전승의 기록을 먼 후세까지 남기기 위해 2권으로 편찬한 것이다. 이후 1748년 8월 영조가 『북로능전지』를 어람하게 되면서 조선의 왕업을 일으킨 북도 능전에 대한 역사적·정치적 의미가 재조명되었고, 이에 따라 그 지역의 왕실 사료를 체계적으로 수집하고 정리하는 일이 영조의 통치 정당성을 강화하는 중요한 과제로

57 홍경모, 『관암전서』 22책, 記, 豐沛聖蹟記(上).

58 『승정원일기』, 영조 48년(1772) 5월 24일, 영조 49년(1773) 7월 18일.

59 『승정원일기』, 영조 51년(1775) 8월 16일.

인식하게 되었다. 나아가 영조는 북도의 능전이 단순한 선왕의 묘역을 넘어 조선 왕실의 정통성과 정체성을 상징하는 공간임을 자각했다. 이후 홍문관 윤동도와 이이장을 불러 유신들에게 교정하게 하고, 1757년 봄 김한철에게 8권 3책으로 속록을 간행하여 올릴 것을 명했다. 이에 1757년 5월 7일 승지로 발탁된 위창조에게 새로운 사실을 수정·보완하게 하고, 1758년 4월 17일 어제 서문과 수록, 추기 등을 추가 편집하여 선사(繕寫)하고 서문 아래 주서를 붙이게 하여 필사본 『북도능전지』가 8권으로 편찬되었다. 이 자료들은 당시까지 북도 능전 연혁에 대한 전거를 모두 활용하여 어명으로 편찬된 점에서 매우 의미 있는 사료라 할 수 있다. 이후 영조는 어명으로 함경감영에서 필사본 『북도능전지』를 전거로 음력 11월에 목판본을 간행하여 5대 사고와 승정원, 홍문관, 예문관, 시강원, 교서관에 보내게 했다. 이 편찬사업은 숙종의 뜻을 계술하여 왕실의 권위를 높이고 왕통을 강화하기 위한 기초 작업이기도 했다.

함경도 소재 팔릉을 그린 사례는 1392년 태조 즉위 이후 태조 위로 4대를 왕으로 추존하고 그해 10월 태종이 함경도 제릉(諸陵)의 산세를 그린 화본을 바친 기록에서 비롯된다. 또한 1679년(숙종 5)에도 함경관찰사가 각 능의 사방 경계를 다시 정하고 그 정계형지도 3본을 제작하여 1건은 국왕의 어람용으로 두고 2건은 예조, 본릉(本陵)에 각각 소장하게 했다. 이후 영조 연간에는 1755년 조국영에 이어, 1759년(영조 35) 홍상한이 각 릉전도를 1679년 숙종 연간 선례에 따라 어람용 외에도 예조와 본릉에 보낼 2건을 더 제작했다. 이를 통해 동일한 《북도능전도형》이 전하는 이유를 추론할 수 있다. 《북도능전도형》이라는 명칭으로 함경도 각지에 있는 태조의 4대 조상의 능원과 사적을 그린 작품은 총 3점이 전한다. 그중 규장각 소장 《북도능전도형》 제11폭 흑석리의 세주에서 흑석리는 태조가 탄생한 옛 고을로 '당저 을해년(當宁 乙亥年)', 즉 1755년(영조 31)에 영흥 준원전의 동쪽 220여 보 거리에 비를 세웠다는 내용이 주목된다. 이는 이 작품이 적어도 1755년 이후부터 영조의 재위 하한인 1776년 이전에 제작되었음을 확인할 수 있는 근거가 되기 때문이다. 또한 『북도능전지』 권5와 『승정원일기』에 1755년 영조가 태조 이성계의 탄강 7회갑을 맞아 도과시관 조영국에게 영흥 준원전과 그 옛터, 흑석리에 비를 세운 곳과 비각, 함흥본궁과 수식송, 독서당을 그려 올 것을 특명한 기록은 규장각 소장 《북도능전도형》의 제작 배경과 밀접한 관련이 있을 것으로 추정된다.

한편 국립중앙박물관 소장 〈경흥전〉과 〈함흥본궁〉은 유리건판 사진으로 전하는데, 우측 하단 세주를 통해 홍상한이 1759년 북도를 순찰하고 돌아와 영조에게 보고하며 올린 각릉도형과 관련이 있음을 알 수 있다. 유리건판 사진본은 위 세주를 제외하고 화제만 적은 국립고궁박물관 소장본과 동일한 형식으로 《북도능전도형》의 제작 배경과 밀접한 관련이 있을 것으로 보인다. 또한 1787년 11월에 태종 탄강 7회갑을 기념하여 경흥전에 정조의 어제비를 사적 각지에 세웠으나, 장서각과 국립고궁박물관 소장 《북도각릉전도형》 제8폭 〈경흥전〉 화면에는 나타나지 않는다. 후에 모사했을 개연성을 염두에 두더라도 영조에 이어 함경도 사적에 대한 지속적 기적사업을 추진하던 정조의 어제비를 도형에서 누락시킬 가능성은 희박하여, 적어도 1787년 이전 상황을 반영했다고 볼 수 있다. 따라서 규장각 소장 《북도능전도형》은 1755년경 영조 연간에 제작되었고, 장서각과 국립고궁박물관 소장 《북도각릉전도형》은 후에 모사된 것으로 보이지만, 적어도 1787년 이전 상황을 반영한 것으로 파악할 수 있다. 19세기에 제작된 규장각 소장 다른 왕릉도형과 화풍에서 확연한 차이를 보이는 점도 18세기 제작설을 뒷받침한다.

1748년 위창조의 『북로능전지』 편찬을 계기로 1758년 함경도 왕실 사적에 대한 사료를 집대성한 『북도능전지』 편찬을 명령한 것과 영조 연간 《북도능전도형》 제작은 함경도 능전을 조선왕조의 풍패(豊沛)로 현창함으로써 왕조의 권위를 높이려는 영조의 정책이 반영된 결과라 할 수 있다.

이러한 영조의 왕업은 정조에게 계승되어, 1787년 경흥전 어제비에 이어 1797년 독서당과 치마대 옛터에 태조의 치적을 기리는 어제 기적비가 세워졌고 함흥과 영흥의 본궁의식이 체계적으로 정비되었다.

도형의 화풍에서 미점준의 산세 묘사는 3점 모두 일치하고 지면과는 경계에 실선이 있는 것과 없는 것으로 구분되며, 팔릉의 경우는 능묘와 석물, 정자각, 전사청, 재실, 홍살문 등 주요 건물을 그렸다. 한편 정화릉에만 신도비와 사지비(四至碑)가 나타나며 나머지에는 각 능비를 세웠는데, 이 중 제2폭 지릉과 제3폭 숙릉의 경우 비석을 둘러싼 담장과 비각의 유무가 『북도능전지』의 내용과 서로 뒤바뀌어 묘사되었다. 석물의 경우는 병풍석을 둘러싼 양석, 호석이 각 4좌, 장명대 1좌, 안보석 1좌, 혼유석 1좌, 문인석과 무인석이 각각 2좌, 문마석 2좌, 무마석 2좌 등이 있었지만, 《북도능전도형》 화면에서는 소략하여 규장각 소장 《지릉전도》와 〈숙릉도〉를 통해 정확한 석물의 위치와 수를 파악할 수 있다.

규장각 소장 《왕릉산도》는 19세기 함경도 8릉을 그린 도형으로, 제7폭 준원전 이하는 그리지 않았다. 《북도능전도형》을 모사한 것으로 보이지만, 19세기까지도 북도 능전 관리에서 산릉도가 꾸준히 제작되어 활용되었음을 시사한다

이상에서 살펴본 『북도능전지』와 《북도능전도형》은 태조 이성계와 그 조상의 함경도 내 사적을 포괄적으로 기록한 사료로, 조선왕조의 정통성을 부각시키고 이후 왕실 능묘 조성에 적지 않은 영향을 미쳤다는 점에서 주목할 만하다. 비록 지리적 제약과 사적 유실로 인해 조선왕조의 능묘에 대한 관심이 희미해졌으나, 이 글은 함경도 팔릉 및 관련 사적에 대한 향후 조사의 방향을 제시하고 역사적 복원과 그 의미를 새롭게 조명하는 데 중요한 토대를 마련할 수 있을 것이다.

참고문헌

1. 자료

조선왕조실록.

『승정원일기』.

『열성어제』.

위창조, 『북로능전지(北路陵殿志)』.

위창조, 『북도능전지(北道陵殿誌)』.

이긍익, 『연려실기술별집(燃藜室記述別集)』.

홍경모, 『관암전서(冠巖全書)』.

「桓祖大王定陵神道碑銘」(한국학중앙연구원 장서각 소장).

2. 논저

강석화, 『조선후기 함경도와 북방영토의식』, 경세원, 2000.

김지영, 「영조대(英祖代) 『북로능전지(北路陵殿志)』와 『북도능전지(北道陵殿誌)』의 편찬과 그 의의」, 『한국문화』 107, 2024.

박정애, 「18~19세기 함경도(咸鏡道) 왕실사적(王室史蹟)의 시각화 양상과 의의」, 『정신문화연구』 126, 2012.

배우성, 「17·18세기 청에 대한 인식과 북방영토의식의 변화」, 『한국사연구』 99·100, 1997.

오종록, 「조선초기 국방관」, 『진단학회』 86, 1998.

윤정, 「영조 전반기 북도사적(北道事蹟) 정비와 『북로능전지(北路陵殿志)』 편찬」, 『사림』 46, 2013.

이상협, 「조선 초기 북방사민과 토관제의 확대」, 『내일을 여는 역사』 21, 2005.

이예성, 「19세기 특정한 지역을 그린 고지도와 회화: 장서각 소장 고지도를 중심으로」, 『조선왕실의 행사그림과 옛지도』, 민속원, 2005.

이예성, 「조선후기의 왕릉도」, 『조선왕실의 미술문화』, 대원사, 2005.

장진아, 『조선을 일으킨 땅 함흥』, 국립중앙박물관, 2012.

정은주, 「『북도능전지(北道陵殿誌)』와 《북도(北道)[각(各)]능전도형(陵殿圖形)》 연구」, 『한국문화』 67, 2014.
정은주, 「지도를 통해 본 조선과 청의 정계와 변경 인식의 변화」, 『한국고지도연구』 13-1, 2021.
천혜봉, 「북도강능전도(北道各陵全圖)」 上下, 『국학자료(國學資料)』 5·6, 문화재관리국 藏書閣, 1972.

4장

영조의 효제 논리와 사친 궁원 조성

임민혁

1. 머리말

영조 연간에 사친 추숭과 궁원 조성이 단행되었다. 영조는 어제(御製)에서 늘 효제(孝悌)와 충(忠)을 강조했다. 어제의 공통 주제가 효제였다고 해도 과언이 아니다.[1] 영조의 효제 실천은 그의 정치적 목적 달성에 매우 효과적인 수단이었다. 그 과정에서 특히 주목되는 점이 그에 따른 사친 추숭과 궁원 조성이었다.

1 '孝'와 '悌' 및 '孝悌'는 물론이고 '孝耶悌耶' '嗟孝悌' '何孝何悌' '是曰孝亦云悌' 등 그 표현도 다양하다. "人子之道 孝悌而已"[『어제집경당편집(御製集慶堂編輯)』「噫字命題」], "何事謂孝何事謂悌"(『어제집경당편집』「復見丁亥予懷彌深今於報春吟成紀懷」), 「御製光明殿中記懷」[한국학중앙연구원 장서각 소장본(이하 장서각), K4-1182], 「御製舊殿興懷萬倍」(장서각, K4-1208) 등이 있는데, 이 영조어제류는 자그마치 5,300여 건을 상회한다. 그중에서 시문이 거의 다수를 차지하는데, 산문과 아울러서 영조어제의 공통 주제는 글자 孝와 悌가 사용되지 않았더라도 효제인 경우가 대다수이다.

영조의 효제 실천으로 나타난 추모와 신례(伸禮)는 변사(辨祀)에서의 정기, 비정기 사일(祀日)은 물론이려니와, 이들에 얽힌 많은 추억 속의 날들과 장소 및 역사적 사건 등으로 인하여 끊임없이 반복되었다. 심지어 해당 추억의 간지와 같은 해나 달 혹은 날을 만나도 그에 대한 회포를 못 이겨 시 혹은 산문을 호사(呼寫)했다. 이 글들은 감정에 호소하는 것만이 아니었다. 효제의 유교윤리에 충실치 못한 자신의 구차한 삶을 한탄하면서, 한편으로는 시체와 골동 같은 당시의 세상에 내리는 정치적 경고와 함께 정치적 목표를 구체적으로 드러낸 것이었다.

영조가 평생토록 지키고자 했던 것은 효제와 탕평이었다. 이 효제는 영조가 즉위하면서 탕평정치를 표방하며 내세운 군부일체(君父一體)의 정국 운영 논리였다.[2] 영조는 효제의 논리를 극대화하여 가법의 계승을 실현함으로써, 왕권의 정통성 확립과 왕실의 안정된 기반 구축 및 계승을 바탕으로 한 유교국가의 정체성을 회복하고자 했다. 이것은 종법적 왕통의식에서 비롯된 것이라기보다는 효제를 실천함으로써 얻게 되는 정치적 실리를 충분히 고려한 조치였다. 영조가 사친추숭을 단행한 정치적 배경과 의미는 바로 여기에 있었다.[3]

사친추숭은 국왕이 후궁이었던 생모의 사적 지위를 그의 사후에 공적 지위로 격상시켜주는 국가전례 중의 하나라고 할 수 있다. 그 결과 육상궁이 더 이상 사묘(私廟)라 칭해지지 않았고, 인빈과 효장세자의 생모, 조사(早死)한 세자의 묘묘(廟墓)는 궁원으로 승격되었다. 동시에 이에 따른 식례를 편찬하여[4] 국가의례로 정비되고 『춘관통고』에 수록됨으로써, 왕실의

2 영조 대는 탕평정책이라는 정국운영론 외에 15~16세기 국초 전통으로의 회귀라는 '새로운 인식틀'로 요순지치(堯舜之治)와 그 매개물인 주례를 고찰한 연구가 있어 주목된다. 김백철, 「조선후기(朝鮮後期) 영조대(英祖代) 탕평정치(蕩平政治)의 이념과 《주례(周禮)》」, 『한국사론』 51, 2005.

3 정경희, 「조선후기 궁원제의 성립과 변천」, 『서울학연구』 23, 2004; 이왕무, 「영조의 사친궁(私親宮)·원(園) 조성과 행행(幸行)」, 『장서각』 15, 2006.

지위가 격상되고 왕실의례가 확대되는 결과를 낳았던 것이다.

영조의 사친에 대한 효제는 재위 19년 무렵부터 더욱 적극적인 모습을 보였다. 종국의 안정을 배경으로 자신감을 얻은 영조는 경복궁 서쪽 담장 밖의 북쪽에 위치한 육상궁을 수시로 참배하고 추모했으며, 80여 리 떨어진 파주의 소령원에도 여러 차례 행행했다. 이러한 효제의 실천은 국왕으로서 모범을 보이고자 한 것이었지만, 효제가 갖는 정치적 치밀성과 엄격성은 장차 종국의 완성에 끼치는 정치적 효과를 암묵적으로 지탱해주었다. 사친의 숭배 체제 안으로 세력들을 끌어들여 문화적 일체감과 동질감을 이루도록 함으로써, 정치적 운명의 공동체 형성에 밀접한 관계를 갖도록 유인했던 것이다. 이 글에서는 영조의 효제의 정치 논리에 근거한 사친 추숭의 과정을 살펴보고, 그 결과에 따라 이루어진 식례의 편찬과 행행 등을 검토해보고자 한다.

2. 효제의 정치 논리와 왕권

영조의 효제에 대한 인식은 조원명(趙遠命)에게 내린 비망기에서 엿볼 수 있다. "아! 우리 조종조로부터 전수(傳授)한 심법(心法)은 곧 요순의 효제

4 한국학중앙연구원 장서각에는 여러 종의 궁원식례가 소장되어 있다. 그 종류를 살펴보면, 『궁원식례(宮園式例)』(장서각, 2-2425)와 『궁원식례보편(宮園式例補編)』(장서각, 2-2426-7) 2종, 『육상궁소령원식례(毓祥宮昭寧園式例)』(장석각, 2-2474-7) 4종, 『저경궁순강원식례(儲慶宮順康園式例)』(장서각, 2-2484) 등 4건 7종이 있다. 『궁원식례』는 저경궁순강원식례로서, 『저경궁순강원식례』 등 4건 7종과 동일한 판본이다. 『저경궁순강원식례』도 그 표지에는 '궁원식례(宮園式例)'라 되어 있다. 『육상궁소령원식례』 4종은 역시 동일 판본이며, 그 표지에는 '어제궁원식례(御製宮園式例)'라 되어 있다. 『궁원식례보편』도 역시 동일한 판본으로 『육상궁소령원식례』의 보편이다.

의 도이다"[5]라고 한 것이다. 조종조로부터 전수된 심법인 요순의 효제의 도가 영조에게 전해짐으로써 유학의 연원과 조종의 종통을 계승한 자임을 자인한 것이며, 영조 또한 효제를 다하여 조상의 뜻을 계술(繼述)함으로써 왕권의 정통성을 확립하고 이를 자손에게 전수할 수 있다고 생각했을 것이다.

이러한 영조의 '효제의 도'는 신하들의 적극적인 지지를 받았다. 장령 조상경이 '효제의 도'는 곧 선왕의 유열(遺烈)을 준수하고 잘 계술하는 것이라고 했고,[6] 전도사 유응환 역시 '효제의 도리로써 새로 교화시키는 근본을 삼고 있다'고 했다.[7] 또 교리 이기진이 "성상께서 출척하시는 법은 숙종의 뜻하신 일을 계술하는 것이요, 경종의 효사(孝思)를 발명하는 것입니다"[8]라 한 것이나, 지사 민진원이 수차(袖箚)를 올려 "전하께서 [···] 먼저 힘써야 할 바는 하나는 효제를 돈독히 하는 것이요, 둘째는 탕평을 넓히는 것입니다"[9]라 한 것도 마찬가지였다.

따라서 영조의 효제의 도는 교화의 근본이며 선왕의 유열을 계승하는 일이고 또한 자손을 보존하는 길이기도 했다. 특히 자손 보존의 측면에서 이 도는 누구보다도 왕세자에게 주지되어야 했다. 1727년(영조 3)에 왕세자 관례 때 내린 교서에서, "성인의 도리는 효제와 충순이다"라고 하면서, 항상 나 자신을 사랑하고 공경하며 동기를 사랑하고 노인과 어른을 공경하라고 훈유했다. 성인(成人)으로서의 책임을 강조함과 동시에 요순의 효

5 『영조실록』, 즉위년(1724) 11월 11일. 이 하교는 『승정원일기』에는 조원명에게 내린 비망기로 되어 있다.

6 『영조실록』, 즉위년(1724) 12월 27일.

7 『영조실록』, 1년(1725) 1월 2일.

8 『영조실록』, 1년(1725) 1월 21일.

9 『영조실록』, 1년(1725) 2월 29일. 이외에도 전장령 채응복이 "효제를 으뜸으로 나라를 다스리는 근본으로 삼았다(首以孝悌 爲出治之本)"[『승정원일기』, 영조 즉위년(1724) 11월 25일]라 하고, 충주생원 이덕창이 "우리 전하께서는 효를 나라를 다스리는 성덕으로 삼았다(我殿下以孝爲治之盛德)"[『승정원일기』, 영조 1년(1725) 1월 3일]라 했다.

제의 도가 그 근본임을 인식시키고자 했다. 그러나 학문이 아니면 이 도를 밝혀서 의심 없이 실행할 수가 없다고 하면서 학문에 정진할 것을 당부했다.

이러한 효제에 의한 정국 운영의 효과는 일찍이 1728년(영조 4)의 한 조치에 대한 사신의 평에 잘 나타나 있다. 옥당 제신들의 성소(省掃)를 위해 휴가를 청하는 것을 금하지 말라는 영조의 전교에 대해 사신은 "비와 이슬이 이미 젖었다는 하교에서 한 나라를 효(孝)로 다스리는 성대한 뜻을 볼 수 있어 뭇 사람들을 감동시키기에 족하니, 아! 아름답도다"라 했던 것이다.[10]

탕평은 이러한 효제의 도와 밀접히 결합하여 추진된 정책이었다. 영조가 군무(君誣)의 혐의와 왕권의 정통성에 대한 의심에서 벗어나기 위한 정치 논리로 기능한 효제의 도는 동시에 군부일체(君父一體)의 논리이기도 했다. 신하는 당파의 이해관계를 초월하여 국군(國君)을 아비처럼 받들어 충성스러운 공복으로 수렴되도록 하는 탕평의 근거 논리였던 것이다. "제왕과 일반 백성은 명분이 비록 다르지만 효제의 도리는 본래 둘이 아니다"라 하고,[11] 군신은 부자이므로 아들이 싸우면 아비는 누구의 편도 들 수 없다[12]는 설명은 모두 같은 맥락 속에서 파악된다.

영조가 효제에 바탕을 둔 군신관계와 탕평의 공적 영역을 강조하면서 신임옥(辛壬獄)을 무옥(誣獄)으로 판정하고, 피죄(被罪) 및 피화자(被禍者)를 일체 신원하는 이른바 을사처분을 단행했다. 정미환국을 거친 끝에 기유처분이 내려진 가운데 영조는 정국을 적극적으로 주도하기 시작했다. 영조는 선왕 경종의 위엄을 지키고 자신에게 드리운 혐의를 풀고자 했다.[13]

10 『영조실록』, 4년(1728) 2월 21일.

11 『영조실록』, 즉위년(1724) 12월 4일.

12 『영조실록』, 1년(1725) 1월 3일.

13 이경구, 「1740년(영조 16) 이후 영조의 정치 운영」, 『역사와 현실』 53, 2004, 26쪽; 우경섭, 「영조

자신에게 씌워진 경종의 독살 혐의에서 완전히 벗어나는 한편, 유일한 삼종혈맥으로서 왕실의 특수성에 기인하여 선왕 경종의 처분에 따라 왕위를 계승했다는 왕위계승의 정통성을 인정받고자 노력했다. 이를 위해서는 경종과 자신은 일체라는 점을 강조하지 않을 수 없어, 경종에 대한 공경과 추모를 끊임없이 표현했다. 이광좌와 민진원을 입시케 하여 임인사를 하교하는 자리에서도, "선왕의 혈맥은 황형과 나뿐"[14]이라 한 것은 종법에는 위배되더라도 형제간의 왕통계승이 왕실의 특수성에 비추어 정당함을 인식시키고자 한 것이다. 그 뒤 인종을 조선의 요순으로 칭하면서 명종과의 관계를 강조하여, 형제상속의 정당성을 주장하기도 했다.[15]

이러한 노력으로 왕권이 점차 안정을 찾아가던 1739년(영조 15) 8월에 영조의 사친인 숙빈 최씨에 대한 부존봉(不尊奉) 사건이 발생했다.[16] 자신에게 올라온 사묘배알의주(私廟拜謁儀註)를 본 영조는 능묘의 예에 경중의 차이는 있더라도 정은 마찬가지인데 복색에 순회묘의 예를 쓰도록 한 사실에 분노하고 예관과 해방승지를 종중추고했다. 이 당시에 영조 자신은 사친을 높여 받드는데 뭇 신하들이 그 뜻을 받들려 하지 않는 것으로 의심하여, 일마다 문득 격노하여 반드시 미안(未安)한 하교가 있었다는 것이다.[17] 의주 가운데 극행(極行)을 쓰지 않아 이를 꾸짖고 예판 윤순을 체직한 것도 그렇고,[18] 열흘 뒤 사묘 전배례에 순회묘 전례를 적용한 것에 대한 불만을 다시금 나타낸 것도 그렇다.[19] 영조는 사친에 대해 효제의 도리를 극

전반기(1724~1744)의 서적정책」, 『규장각』 24, 2001 참조.

14 『영조실록』, 9년(1733) 1월 19일.

15 『영조실록』, 14년(1738) 7월 4일.

16 『영조실록』, 15년(1739) 8월 17일 등.

17 『영조실록』, 15년(1739) 8월 17일.

18 『영조실록』, 15년(1739) 8월 20일.

19 『영조실록』, 15년(1739) 8월 30일에 영조는 "우리나라는 가법이 엄정하기가 천고에 뛰어나므로 사친이라는 칭호가 있다. 내가 지나치게 높이는 일이 있으면 신하가 반드시 쟁론하여 영화(榮華)가 되지 않고 도리어 모욕이 될 것이므로 내가 하려 하지 않는다" 하자, 판부사 서명균은 "예

진히 하는 자신에게 신자로서 군신일체의 도리를 다하지 않는 정치세력을 일정하게 제재함으로써, 자신의 정치적 목적을 관철시킬 정치세력을 전진배치하는 정치적 부수효과를 얻고자 한 것이다.

그 후 1740년(영조 16) 정월에 이이명과 김창집의 복관(復官)을 허락했다.[20] 이때 왕이 전제한 논리도 역시 효제의 군부일체론이었다. 자신을 임금으로 섬기는 효자라면, 감히 신임사와 연차대리의 의리에 대한 시비를 할 수 없다는 것이다. 이제 남은 당면 과제는 임인사의 해결이었다. 삼수설과 관련된 자신의 혐의를 벗기를 원하던 영조는 노론 측의 자세에 불만이 있었지만, 소론의 존재도 크게 의식하지 않을 수 없었다.[21] 번안에 대한 노소의 강경론을 조절하던 영조는 약 1년 만에 임인옥이 무옥이며 왕피자(枉被者)에 대한 신원책을 강정하도록 하는 경신처분을 내렸다. 그러나 이것은 불완전했다. 탕평책을 다시 추진하기 위해서라도 번안 문제를 반드시 확정 지어야 했다. 또다시 1년여의 절충 기간을 거쳤다. 1741년(영조 17) 9월에 형조참판 오광운이 삼수옥안(三手獄案)의 훼거(毁去)와 대고(大誥) 및 의리의 동유(洞諭)를 청하는 상소를 올렸다. 왕은 이에 대한 삼상(三相)의 의견을 묻고, 이틀 후에 자신을 무욕(誣辱)한 흉안(凶案)을 소각해야 마땅하되, 다만 김용택과 이천기 등 5인은 별안을 두어 그 죄를 밝히고자 한다는 자신의 해결 방안을 제시했다. 제신들은 왕의 이 제안에 대체적으로 찬성했고 다음 날 대고를 확정함으로써 영조의 왕권 정통성이 확립되고 노론 측의 의리와 명분이 인정되었다. 이로써 노론은 신임의리로 삼수역(三手逆)의 혐의를 벗고 충역시비에서 정당성을 획득했다. 그러나 이후 정

전부터 임금이 사친에 대하여 지나치게 높이는 일이 있으면, 신하 중에는 본디 죽음으로 다투는 자가 있었다"라 했다.

20 『영조실록』, 16년(1740) 1월 10일.

21 정만조, 「영조대(英祖代) 중반(中半)의 정국(政局)과 탕평책(蕩平策)의 재정립(再定立)」, 『역사학보』 111, 1986, 85~86쪽.

국은 오히려 탕평 강화로 이어졌다.

그 후 영조는 신유대훈 당시 별안에 두었던 5명의 신원에 거의 관심을 가지지 않고 효제에 매우 충실했다. 종묘나 능침의 전알 및 대비에 대한 효성에 소홀함이 없었다고 할 정도였다.[22] 경신처분 전에는 사친의 사당에 거의 행차하지 않았으나, 1743년(영조 19) 무렵부터는 전배향사의 규정을 무시하면서 생각나면 언제든지 행차했다.[23] 1744년(영조 20)에는 영조의 사친의 묘묘(廟墓)의 칭호를 고쳐 올리고,[24] '精一執中 固守乃訓 敬勝則吉 義勝則從'이라는 어필을 선시(宣示)하고 2본을 판에 새겨 집희당과 세자궁에 걸게 했다. 심지어 또 하나의 첩자를 만들어, 무왕이 사상부(師尙父)에게 훈서(訓書)를 받은 고사를 모방하여 사부는 조복을, 세자는 면복을 갖추고서 공경히 전해주고 받게 했다. 정일집중(精一執中)은 요순우가 서로 전한 심법이고, 경(敬)은 효(孝)요 의(義)는 제(悌)이니, 이 어필은 역시 효제를 강조하고자 쓴 것이었다.[25]

다른 한편으로는 국가 기강을 바로잡기 위해 법전과 국가의례를 정비하여 『속대전』과 『국조속오례의』를 편찬했다. 영조는 1744년(영조 20) 12월 자신의 어용을 보이면서 대훈의 뜻을 따르라 하고, 속대전과 속오례의 대훈이 모두 완성되었으니 내 나이가 비록 늙었다고 하더라도 나의 일은 끝났다고 선언했다.[26]

영조는 1749년 정월에 이르러 갑자기 세자에게 선위의 전교를 내리고[27] 이튿날 이를 개정하여 대리청정을 명했다.[28] 대리청정을 명한 것은 경종에

22 『영조실록』, 18년(1742) 11월 7일.
23 『영조실록』, 19년(1743) 11월 28일.
24 『영조실록』, 20년(1764) 3월 7일.
25 『승정원일기』, 영조 20년(1764) 3월 7일, "此十六字 卽堯舜心法 我朝家法也."
26 『영조실록』, 20년(1764) 12월 1일.
27 『영조실록』, 25년(1749) 1월 22일.
28 『영조실록』, 25년(1749) 1월 23일.

대한 의리를 다하고 동시에 자신의 결백을 밝혀 왕위계승의 정통성을 천명하는 일이었다.[29] 그러나 이보다 더 중요한 사실은 궁극적으로 세자의 뒷날의 행동에 대한 염려와 원량의 안정된 정치적 기반을 공고히 세우고자 하는 목적이 있었다. 전위의 목적의 하나로 든 "저승에 가 황형(皇兄)의 용안을 뵙도록 하고자 하는 것"도 경종과 영조 자신의 관계의 정통성과 정당성을 세자에게 전승시키겠다는 은유적 표현이었다. 영조 자신과 세자의 부자관계에 따른 효제와 왕실의 안정을 과시함으로써, 장차 군부의 자리에 오를 세자를 영조 자신과 동일시할 것을 요구하는 것이기도 했다.

이러한 사실은 영조가 숙빈 최씨의 궁원 승격과 추시 이후 책인의를 앞두고 책인의 종류를 놓고 논란한 자리에서 확인할 수 있다. 대신들이 전혀 예상하지 못한 이 사건에서, 영조는 사친을 위해 은인을 만들고자 한 일에 대해 대신들은 미처 알지 못해 면관사죄하고 있었다. 이때 영조는 주서에게 나가서 초엄하라고 분부했다. 가주서 이위(李煒)는 "신이 비록 우매하나 죽어도 감히 봉행하지 못하겠습니다"라면서 거부했다. 이에 영조는 미소를 지으면서 "모두들 귀머거리가 되었는가!" 하고는 이어서 하교하기를, "이같이 해서 장차 세자를 섬기겠는가! 우리나라는 양반의 나라이다. 경등이 마음대로 하라" 하고는 드디어 '차마 듣지 못할 하교'를 내렸다.[30] 영조 자신의 명을 거역하는 자는 장차 세자의 명도 거역할 수 있는 잠재적 불충자로 간주하겠다는 것이었다.

영조가 효제를 통치 논리로 삼아 신하들의 충성을 정당화하는 가운데, 영조 자신은 조상에 대한 효제 실천을 적극적으로 행사했다. 효제 실천의 근본의례는 제사였으므로 이것이 중심이 될 수밖에 없었다. 그리하여 숙빈묘의 행차뿐 아니라, 종묘사직과 산릉행차, 기신제에 쓸 향축의 전달,

29 이경구, 「1740년(영조 16) 이후 영조의 정치 운영」, 『역사와 현실』 53, 2004, 29쪽.

30 『승정원일기』, 영조 29년(1753) 7월 27일.

각종의 삭망제, 대보단이나 명 태조 및 신종 기신일의 망배례, 옹주와 세손의 죽음으로 인한 혼궁 및 묘(廟)의 임어 등은 신유대훈 이후부터 시작하여 대리청정 중반에는 그 양상이 급증하는 현상을 나타냈다.[31] 영조가 자신을 성인에 비기며 요순을 향해 매진하고 군사(君師)임을 자처한 것도 왕권의 '하자'를 극복하여 정통성을 확립하고 왕실의 안정을 회복하면서 갖게 된 자신감과 무관하지 않다.

그 과정에서 영조는 1753년(영조 29)에 사친의 사당과 무덤을 궁원으로 격상시켰다. 『대전통편』에는 봉원지례(封園之禮)가 처음 시행된 것이 1753년(계유)이라 했으나,[32] 영조 이전에 이미 궁원제는 시행되고 있었다.[33] 영조 대의 봉원지례는 사친의 묘(墓)를 원(園)으로 봉하는 예를 국가의례의 차원에서 처음으로 시행한 의례였다. 묘묘(廟墓)의 궁원으로 격상시킨 데 따른 제 의식 및 절차는 식례로 규정되었고, 『국조속오례의』와 『춘관통고』에도 이를 수록함으로써 국가 전례로 제도화했다. 이 식례의 편찬은 영조의 사친에 대한 효제가 국가의 법적·제도적 의례로 공식화되었음을 선포한 것이었다. 그럼으로써 군신 간의 질서체계는 더욱 확고해져 왕실의 안정된 기반을 마련해나갈 수 있었다.

31 이희환, 「영조대(英祖代) 탕평책(蕩平策)의 실상(下)」, 『전북사학』 17, 1994, 103쪽. 여기서 이처럼 숙빈묘의 잦은 행차 등의 원인이 탕평이 어느 정도 성취된 결과 영조의 정신적 여유의 산물이라 했으나(104쪽), 그보다 영조는 자신의 왕권이 확립된 사실에 안주하지 않고 차후 세자의 왕위계승과 왕권의 안정을 확보하기 위한 사전조치로서 즉위 초부터 강조해오던 효제를 실천하는 모습을 보인 것으로 보인다. 사도세자가 죽은 1762년(영조 38) 이후에 각종 의례의 참여 횟수가 더욱 증가한 사실은 그 계획이 일단 좌절됨으로써 오는 불안감의 표출에서 그의 전제적 성향과 함께 그와 같은 현상이 나타난 것으로 보인다. 효제편(孝悌篇)을 지어 간인하고(『영조실록』, 39년 8월 12일), 옥당과 춘방에 효제에 관한 잠(箴)을 지어 올리라고 한 것(『영조실록』, 43년 6월 2일) 등은 그러한 노력의 일단이었다.

32 『대전통편(大典通編)』 권1, 吏典, 各園.

33 『증보문헌비고(增補文獻備考)』 권71, 禮考4, 園墓.

3. 사친추숭의 과정과 의례적 성격

영조는 원년에 숙빈묘(淑嬪廟)를 건립했다. 숙빈묘의 건립은 영조 즉위 이래의 군무(君誣)와 불안한 정국하에서 용이한 일이 아니었다. 그럼에도 불구하고 1724년(영조 즉위년) 9월에 예조판서 이진검이 공제 기간이 지났다고 하여 사친의 존봉지예(尊奉之禮)를 거행할 것을 청했다. 경종의 사친 추숭 과정을 모를 리 없는 영조는 조심스러운 태도를 나타냈다. '사친이 평소에 소심하고 신중했다'고 하면서 선왕이 내린 작호를 마음으로 편하게 여길 것이라고 하고, 자신도 소심하고 신중한 것으로 사친에게 보답하기 위하여 인빈의 고사에 견주어 시행하는 것이 좋겠다는 의견을 내놓았다.

숙빈 최씨의 존봉은 우의정 이광좌의 건의와 인빈의 고사에 따라, 사당을 세워 관에서 제사를 지내고 묘역을 넓히며 수호인을 두기로 결정했다.[34] 숙빈방이 마련되고[35] 사우는 영조 잠저 때의 구궁을 삼으라고 명했다가 영의정 이광좌 등이 불가함을 진달하자 따로 땅을 골라 창건하도록 했다.[36] 이에 따라 경복궁의 서북쪽인 북부 순화방에 소재한 청릉군(青陵君)의 아들 이언형가(李彥衡家)를 매득하여 터를 정하고,[37] 약 1년여가 지난 12월에 숙빈묘를 완성하기에 이르렀다. 그러고는 이듬해 정월 16일을 길일로 택하여 사우가 완공되었음을 고유하고 신주를 봉안했다.[38]

34 『영조실록』, 즉위년(1724) 7월 21일.

35 『승정원일기』, 영조 즉위년(1724) 9월 28일.

36 『영조실록』, 즉위년(1724) 11월 20일.

37 『승정원일기』, 영조 1년(1725) 1월 3일. 이 집의 규모는 와가(瓦家) 168칸, 공터 3,115칸으로 매우 넓었으며, 신정은(新丁銀) 2,250냥 5전에 구입했다.

38 『신사우봉안시의(新祠宇奉安時儀)』(장서각, K2-2517). 이 의주는 영조어필로서 본문의 첫째

이후에 영조의 숙빈묘 전배는 간헐적으로 거행되었다. 1726년(영조 2) 11월에 두 차례,[39] 그리고 「숙빈사우거동절목(淑嬪祠宇擧動節目)」이 마련된[40] 직후 한 차례[41]에 그치는 정도였다. 숙빈 묘소의 배알은 1731년(동왕 7)에 처음으로 행했다.[42] 1734년(영조 10)에는 사친의 부친에게 영의정을 추증했다.[43] 선조의 부마인 해숭위 윤신지의 문집을 본 영조가 창빈과 인빈의 부친에게 의정을 추증했다는 사실을 알고서 이를 행한 것이다. 숙빈묘 전배는 이후 매년 여러 차례 계속 이어졌다.

그러다가 1744년(영조 20) 못 미친 언제부터인가 매년 다투는 것이 사묘의 친제(親祭) 두 자였다고 한다.[44] 사친의 사우와 묘소의 친제는 『국조오례의』에 수록된 국가의례가 아니므로 영조의 사친에 대한 친제는 거행할 수 없었다. 따라서 이때까지는 일헌(一獻)의 전배(展拜)로서, 삼헌(三獻)의 예(禮)를 행한 적이 없었다.[45] 영조가 친제를 거행하고자 한다면, 관련 의례의 개정뿐 아니라 이를 정식화할 필요가 있었다. 그런데 영조의 지극한 효친과 노골적인 불만 표출로 인해 내외에서는 점차 친제를 하려고 한다는 의심의 싹을 키워 갔던 것으로 보인다.

정언 조중회는 종묘를 소홀히 하고 사묘를 문득 행차하는 일과 중삭(仲朔)에 전배하겠다고 한 전교에 대해 비판하는 상소를 올렸다.[46] 그는 중삭

줄에는 '丙午 正月 16日 日記'라 되어 있다. 그 내용 구성은 선고사유제축문(先告事由祭祝文), 봉안제축문(奉安祭祝文), 봉안숙빈신주우신사우의주(奉安淑嬪神主于新祠宇時儀註) 등이다. 여기에는 정빈(靖嬪) 신주의 봉안에 관한 의주도 동시에 기재되었다. 정빈은 왕세자 아무개를 낳은 소원이씨(昭媛李氏)로서, 1725년 2월에 추증되었다[『영조실록』, 1년(1725) 2월 27일].

39 『승정원일기』, 영조 2년(1726) 11월 6일, 10일.

40 『승정원일기』, 영조 3년(1727) 3월 4일.

41 『승정원일기』, 영조 3년(1727) 3월 12일.

42 『국조속오례의(國朝續五禮儀)』 권1, 吉禮, 拜昭寧墓儀.

43 『영조실록』, 10년(1734) 2월 18일.

44 『승정원일기』, 영조 20년(1744) 3월 7일.

45 『영조실록』, 19년(1743) 12월 4일.

46 『영조실록』, 19년(1743) 11월 28일.

전배가 삼헌과 축문을 사용할 수밖에 없어 이를 대수롭지 않게 여길 수 없다고 하면서 이를 그칠 것을 간하며 그에 대한 의심을 떨치지 않았던 것이다. 이 소장은 영조의 진노를 불러일으켰다. 자신을 몹시 모욕했다고 생각한 영조는 그에 대해 정신(廷臣)들이 죄를 청하기를 기대했다. 그러나 그러한 기미가 보이지 않자[47] 그에 대한 노여움까지 가중되었다.

이러한 때에 전은군이 상소하여, 한나라 문제와 명나라 신종의 고사를 인용하면서 사친추존을 청하는 일이 발생했다. 급작스러운 상황 변전에 당황한 영조는 이를 빨리 수습할 필요가 있었다. 그리하여 그는 즉시 사친추존은 가법을 문란케 하고 나의 조정의 근저를 문란케 하는 것이라고 단정하면서, 이 의논을 다시 끌어들이는 자는 엄히 다스릴 것이라고 유시했다.[48]

이러한 소란이 얼마간 진정되기를 기다린 영조는 1744년 3월에 들어서면서 사묘의 일을 재론하기 시작했다. 이때 영조의 관심은 친제를 위한 축문의 강정과 궁호의 사용 문제였다. 그러나 사친의 추숭은 전례가 없던 일인지라 이전의 사례를 검토하는 일이 우선적으로 요구되었다. 그리하여 특히 선조와 인조의 사례, 즉 대원군에 대한 친제와 축문의 사용 여부 등에 초점이 모아졌다.

원칙적으로는 송인명과 김재로 등 대신들의 주장과 같이, 사묘의 축문에는 '사친' 두 글자를 써야 했다. 그러나 영조는 "사사로움 속에 공변됨이 있으니, […] 계체가 비록 중하나, 옛날 모자의 의리 또한 중하다"고 하여, 모자간의 의리와 지극한 정 및 후세의 외람된 폐단을 막기 위해라도 축문을 강정해야 한다고 주장했다. 김재로 등은 유신들도 이것이 정례에 합당하다고 여기고 있다고 하면서 동조하는 입장을 나타냈다. 그렇지만 그들

47 『영조실록』, 19년(1743) 11월 29일.

48 『영조실록』, 20년(1744) 1월 4일.

은 비 자(妣字)와 효자 자(孝子字)는 사가(私家)에서도 서자(庶子)가 생모를 위해 쓸 수 없는 것임을 분명히 했다. 영조가 이를 모를 리 없건만, 선례가 없어 그들을 설득시키는 데는 실패하고 말았다.

영조는 축문 강정이 잘 풀리지 않자 이번에는 사묘의 표칭(表稱)을 언급했다. 이것은 태조의 4대조에게 존호를 올릴 때 "효도는 어버이를 높이는 것보다 큰 것이 없으며, 시호로써 이름을 바꾸어야 한다"[49]라는 전통에서 비롯되었다. 영조도 "사묘는 표칭하는 이름이 있은 연후에야 보본(報本)의 뜻이 있는 것"이라면서, "봉작한 이름으로 칭하는 것은 선왕께서 가상히 내려주신 도를 높이는 것이 아니며, 인수궁은 선조의 후궁으로 아직도 그 이름이 있다"며 선례를 제시했다. 제학 오광운은 승통한 임금은 사친을 위하여 궁을 세우고 제사했다는 것이 춘추에 상세히 실려 있다는 근거를 내놓았다. 영조는 반색하면서 한당 이후의 예인가를 물었다. 오광운은 성주(成周)의 예이며, 입궁(立宮)이라는 것은 곧 금일과 같은 일을 가리키는 것이지 대원군의 지위와 같은 것을 가리켜서 말한 것은 아니라고 했다.

이렇게 묘호의 추상이 쉽사리 풀리는 듯하자 영조는 한발 더 나아가 원(園) 자를 거론했으나, 세간에 추존에 대한 의심이 있음을 다들 알던 터라 이는 추후의 과제로 남겨두고 묘(廟) 자와 묘(墓) 자의 위에 두 자의 명호를 더하는 것을 확정했다. 묘호(廟號)는 육경(毓慶), 묘호(墓號)는 소령(昭寧)으로 결정했다.

며칠 후 영조는 축문에 비 자(妣字)를 쓰는 문제를 제기했다. 영조가 경종에게 사왕제(嗣王弟)라 칭하는 것을 인정한 대신들이었지만, 적장자에 의한 종통의 계승이라는 종법에 구애되기는 원치 않았다. 이제 와서 탕평과 효제의 근본을 뒤흔드는 정치적 위기를 자초할 이유는 없었던 것이다. 하

49 『태조실록』, 1년(1392) 11월 6일; 임민혁, 「묘호(廟號)의 예제원리(禮制原理)와 조선(朝鮮)의 수용(受容)」, 『국사관논총』 104, 2004, 204쪽.

루 뒤에 영조는 육경의 '경' 자와 소령의 '령' 자가 자음상동(字音相同)하니 육상으로 경정할 것을 지시했다.[50] 그렇지 않아도 후에 육경이라는 칭호는 김포에 새로 조성된 능(陵)의 이름과 같은 사실이 밝혀져 개정하지 않을 수 없었다. 그 뒤 이 육경원은 천조(遷厝)한 후에 홍경원으로 고쳐졌다. 그러나 영조는 같은 이름이 있음을 이미 알고 난 후이니 사용할 수 없다고 하여 개정한 것이다.

축식 개정 논의는 이튿날에도 계속되었다. 이 자리에서는 대신에게 문의한 내용이 보고되고, 영조의 특제(特祭) 때 축식에 휘(諱)를 쓰는 문제와 '當宁時祝文'이라고 현주(懸註)하는 이유와 근거 등을 중심으로 논의가 이루어졌다. 어유봉은 "제왕가는 종통을 계승하는 것을 중하게 여기는 것이니, 어휘(御諱)를 쓰는 것은 경솔히 논의할 수 없을 듯하다"는 반대가 있기도 했지만,[51] 영조의 의지대로 관철되었다. 결국 축식은 "國王諱(만약 관원을 보낸다면 '謹遣臣某'라 쓰거나 혹은 '謹遣內侍'라 쓴다. 휘자 아래에는 '當宁祝文'이라 쓴다)敬祭于某嬪首陽某氏 伏以云云 謹以淸酌庶羞 式陳明薦"이라 하고, 봉사인이 있은 후에는 '恭伸奠獻'이라 쓴다고 결정했다.[52]

이렇게 하여 영조의 사친 친제 축식은 불충분하나마 일단락된 듯 보였다. 그러나 1753년(영조 29) 사친이 봉작된 해를 맞이하여 영조는 추보(追報)를 단행하겠다고 나섰다. 지난해에 전은군(全恩君)이 상소하기도 하고 자전께서 '해야 될 일을 하는 것'이라 하교했다[53]는 것이 명분이었다. 영조 자신은 지난 30년 동안에 16자의 존호를 받았으면서 사친에게는 한 글자도 올리지 못한 것이 사리(事理)가 아니라고 하면서 추시의 뜻을 내비쳤다. 이천보 등은 영원히 부천지위(不遷之位)로 만들겠다고 하는 등 사친

50 『승정원일기』, 영조 20년(1744) 3월 8일.

51 『영조실록』, 20년(1744) 3월 12일.

52 『승정원일기』, 영조 20년(1744) 3월 12일.

53 『영조실록』, 29년(1753) 6월 25일.

추보에 적극적으로 동의하는 자세를 보였다. 이때를 놓칠새라 영조는 전격적으로 사친의 묘묘(廟墓)를 궁원(宮園)으로 승격시키는 한편, 의시(議諡)를 완정(完定)하도록 지시했다.[54] 영조가 사직 원경하와 함께 나눈 대화에서 영조는 먼저 궁과 묘가 다른지를 물었다. 원경하는 이것이 『주례(周禮)』 춘관(春官), 대종백(大宗伯)에 수록되어 있다고 하여 이를 확인해본 결과, 궁과 묘는 한가지 뜻이며 공사(公私)로 통용되었다고 했다.[55] 이 당시에는 묘와 궁이 지위상 차이가 없는 것으로 이해하고 있었던 것이다. 국왕의 재숙 여부와도 아무런 관련이 없음은 물론이었다.

이처럼 궁원 승격이 순조롭게 풀리는 데 용기를 얻었는지, 영조는 급기야 "지금 이미 칭궁칭원(稱宮稱園)하는 것은 사체가 자별하니, 역시 칭비(稱妃)해야 하는가?"라는 의문을 던지고야 말았다. 김재로와 이천보는 이 일은 궁원으로 승격시키는 일보다 질애(窒礙)한 곳이 더 많을 것이라고 하면서 적극적으로 논의의 확산을 차단했다. 영조도 사친에게 시호를 올리는 자신의 본의가 그릇된 부분이 있는 것이 아니냐는 말로 더 이상의 언급을 회피했다. 그야말로 그동안 의심해온 사친추존의 의도를 확인하는 순간이었지만 그것이 전부였다.

궁원으로의 승격과 동시에 '화경(和敬)'을 추시(追諡)하기로 결정하고 나서 후속 조치가 잇따랐다. 정자각이 새롭게 영건되고 궁원의 친행과 섭행의 제사축문도 강정되어야 했다. 그러한 가운데 영조는 이미 내뱉었던 본의를 더 이상 감추려고 하지 않았으나, 칭비 요청을[56] 차마 따르지 못하고 축문은 '경고(敬告)'를 '소고(昭告)'로 고치고 '국왕모(國王某)'라 쓰는 데

54 『승정원일기』, 영조 29년(1753) 6월 25일 후에도 이에 관해 말하기를 "경 등이 반드시 쟁집하지 않을 것을 내가 이미 알고 있었는데, 처음에는 오히려 우려가 없지 않았다. 이미 경 등의 말을 들은 연후에는 자성께 울며 아뢰고서 했다"라고 했다. 『승정원일기』, 영조 29년(1753) 7월 3일.

55 『승정원일기』, 영조 29년(1753) 7월 27일.

56 『증보문헌비고(增補文獻備考)』 권61, 禮考8, 宮廟.

만족해야 했다.

사친에 대한 극존의 추존 욕구는 축문에서 칭비와 옥인을 사용하는 것으로 만족할 사안이었다. 상책인의(上冊印儀)를 준비하는 과정에서 인신의 종류 등을 놓고 또 한바탕 논란이 일었던 것이다. 영조는 사친에게 옥인을 반드시 올려야겠다고 마음먹은 것은 아니었던 듯하다. 좌우상에게 자신의 마음을 알아주지 않는 것에 대한 섭섭함을 털어놓으면서, 제신들은 반드시 두 마음이 있다는 의심을 하고 있음을 숨기지 않았다. 영조는 "내가 자성(인원왕후)께서 취하여 아들이 되었으면, 이러한 거조를 하지 않는 것이 옳다. 그런데 번저(藩邸)로써 입승(入承)했다면 어찌 이러한 거조를 하지 못하겠는가?"라 하고는 '차마 들을 수 없는' 하교를 내렸다. 영조는 자신의 왕권의 정통성에 하자가 있음을 '번저로써 입승했다'는 말로 인정하고, 사친추숭은 이 한계를 극복하고자 하는 정치적 시도임을 스스로 밝힌 것이다.

영조는 격앙된 감정을 누그러뜨리고서 사친에게 시호 두 자를 올리는 일은 '십분보일(十分報一)'이라는 효의 실천임을 말하고 '차마 들을 수 없는' 하교를 환수했다. 상책인의에 대해서는 효순궁의(孝純宮儀)에 의거하고,[57] 행제(行祭)는 시제의(時祭儀)에 따르도록 했다. 은인의 예는 있으므로 인장(印欌)과 관교장(官敎欌)은 효장궁례에 의거하도록 했다. 좌의정 이천보가 인(印)이 있으면 책(冊)이 있어야 한다고 하니, 책(冊)은 죽(竹)으로 하고 인(印)은 은(銀)으로 하도록 했다. 빈궁으로 책봉될 때에는 옥인을 했으므로 이때에는 은으로 하는 것이 좋겠다는 것이 영조의 생각이었다.[58]

이튿날 죽책문제술관으로 계하한 대제학 조관빈이 숙빈 최씨는 승통한

57 효순궁은 현빈(賢嬪)인 효장세자빈이다. 세자빈이 현빈으로 책봉된 것은 지난 1735년(영조 11)이었다. 이때에 옥인(玉印)은 만들어 올렸으나, 교명과 죽책문은 없었다. 『영조실록』, 11년(1735) 3월 16일.

58 『승정원일기』, 영조 29년(1753) 7월 27일.

비빈이 아니므로 죽책문을 지어 바칠 수 없다면서 거부하는 일이 발생했다. 화가 난 영조는 그를 삼수부에 위리안치하고 그를 옹호하던 판돈녕 박문수 등을 파직시켰다. 이후에도 영조는 "중궁전에는 두 차례 존호를 올렸는데, 사친에게는 지금까지 궐여되었다"라는 이유로 추시를 정당화했다.[59] 그러면서도 그는 "푸른 하늘이 위에 있고 열조가 환히 임해 있는데, 내가 사친을 위하여 어찌 예가 지나친 일을 하겠느냐?"라고 하면서, '지나친 거조'를 절대 하지 않을 것임을 재차 언급하기도 했다. 영조의 속내가 꼭 그렇지만은 않았던 듯하다. "만약 지나치게 하고자 한다면, 한 번의 호령에 불과한 것을 누가 감히 받들지 않겠느냐?"고 했던 것이다. 이 말이 떨어지기가 무섭게 약방제조 원경하는 "전하께서는 실언하셨습니다" 하고는, 다툴 일이 있으면 죽는다고 하더라도 반드시 다툴 것이라는 기개를 떨쳤다. 이렇듯 영조와 대신들 사이의 사친추숭에 대한 견해차 및 그 한계는 일정한 선을 넘지 않는 방향에서 상호의 입장을 존중하는 편이었다.

8월 6일 드디어 책인을 올리는 의식을 거행했다.[60] 그리고 소령묘는 소령원으로 승격시켰다. 9월 4일에 안원제(安園祭)를 지내고, 원의 완성을 고하는 고유제는 동월 13일 친제로 지냈다. 한 달 뒤에 영조는 축문에 사친을 칭하는 것은 미안한 일이라며 사친을 선비(先妣)라 고치고 싶다는 의중을 밝혔다. 지사 원경하는 이를 찬성한 반면에 예조판서 홍봉한과 영의정 김재로, 좌의정 이천보는 반대하면서 대안을 제시했는데, 결국 영조는 이를 수용해 선자친(先慈親)이라 칭하기로 했다.[61]

그러나 그 후에도 영조는 숙빈 최씨의 축문에 선비라 칭하려는 시도를 그치지 않았다. 1755년(영조 31) 12월 영조는 숙빈 최씨에게 추시하는 기회를 당하여 금번의 죽책문과 모든 축문에는 선비로 쓰도록 하라고 명한

59 『승정원일기』, 영조 29년(1753) 8월 5일.

60 『의주등록(儀註謄錄)』(장서각, K2-4795), 「毓祥宮上冊印儀」.

61 『영조실록』, 29년(1753) 10월 22일.

것이다. 고상신 이정구의 『남궁록(南宮錄)』을 살펴보면, 창빈(昌嬪)[62]과 저경궁(儲慶宮)에 모두 선비라 일컬으라는 하교가 있었으니, 이를 준행할 만하다는 것이다.[63] 또한 『주례』 춘관에도 이미 일컬은 바 있다는 사실을 근거로 삼았다.[64] 더 나아가서 영조는 이미 선비를 칭했으면, 축문에는 마땅히 '子敢昭告'라 해야 함을 주장했다.[65] 그리하여 결국 육상궁의 축문에는 '子國王某敢昭告'라 쓰고, 이후로 '손(孫)'이라 칭할 때에도 이 예에 따라 거행하도록 했다.[66]

사실 사친의 묘우를 세우고 작호를 추가하는 일은 참람한 비례였다. 1722년(경종 2)의 사친추숭 당시에 송인명의 『사묘사의』에는 그 반대 논리가 상세히 수록되어 있어 참고할 만하다. 그의 주장에 의하면, 이러한 사친추숭은 이본(二本)의 혐의가 있다는 것이다. 다행히 숙빈 최씨에 대한 추숭은 위와 같은 혐의에 따른 '지나친 거조'를 적절히 차단함으로써, 궁원으로의 승격과 친제 때의 축문 호칭을 개정하는 단계에서 결말을 볼 수 있었다.

이와 같은 영조의 사친추숭 노력은 결과적으로 왕실의 지위를 격상시키는 효과를 가져왔다. 육상궁은 더 이상 사묘(私廟)라 칭해지지 않았으며,[67] 거의 동시에 인빈 김씨의 사당과 무덤이 궁원으로 봉해져 저경궁과 순강

62 창빈은 중종의 후궁으로서 덕흥대원군의 어머니이며 선조의 조모였다.

63 『영조실록』, 31년(1755) 12월 4일. 저경궁의 축문에 '선비'라 썼다는 사실에서가 아니라, 하교가 그러했다는 근거에서 이를 준행하도록 한 것이다. 저경궁의 축문에 '선비'라 쓰는 것도 이때부터 허용되었다.

64 『주례(周禮)』 춘관(春官)에는 "乃奏夷則 歌小呂 舞大濩 以享先妣"라 했다. 여기에서 선비는 주의 선조(시조)인 후직의 어머니 강원(姜嫄)을 가리켰다. 강원은 비(妃)였던 적이 없었으므로 별도로 사당을 세워 제사 지냈으니, 비궁(閟宮) 혹은 비신(閟神)이라 했다. 『주례(周禮)』 春官, 宗伯下, 大司樂, "姜嫄無所妃 是以特立廟而祭之 謂之閟宮閟神之"

65 『영조실록』, 32년(1756) 2월 1일.

66 『영조실록』, 32년(1756) 2월 6일. 이왕무(2006)는 앞의 글에서 "이는 육상궁의 지위를 왕후의 반열에 올린 것과 동일한 의미를 지니는 것이다"(106쪽)라고 해석했다. 그러나 뒤에서 살펴볼 것처럼, 육상궁은 세자의 예에 준하여 정비되었으므로 이는 지나친 해석이다.

67 『승정원일기』, 영조 29년(1753) 11월 22일.

원이라 칭해졌다. 효장묘도 칭궁했다.[68] 동시에 각각의 식례가 제정되어 공식화됨으로써 국가의례에 편입되었다. 이처럼 후궁들과 세자의 의례상의 지위가 상승하고 국가의례화 과정을 거침으로써 왕실은 이전보다 우월한 지위를 확보하게 되었다.

4. 육상궁과 소령원 행행

영조는 앞서 언급한 것처럼 1743년(영조 19) 무렵부터 전배향사의 규정을 무시하면서 생각나면 언제든지 행차했다. 이왕무의 연구에 따르면, 영조의 재위 시 육상궁의 행행 횟수는 247회이며 소령원은 10여 회 이상이었다.[69] 정확한 횟수는 차치하고 육상궁 행행이 본격적으로 이루어진 것은 1753년(영조 29)부터이다(그림 1). 묘묘(廟墓)를 궁원(宮園)으로 고치고 나서 출입이 잦아진 것이다. 고유제를 지내고 친히 신주를 쓰고서 환안제를 행했다. 한 달이 조금 지나서 상책인의(上冊印儀)를 거행하고, 이후 육상궁을 조천(祧遷)하지 않는 불천위로 확정했다.

영조의 궁원 행행이 왜 이때에 와서 본격적으로 수행되었을까? 잘 알다시피 영조는 경종의 독살설과 즉위 후 이인좌의 난 등으로 왕권의 크나큰 위기를 경험했으며, 당쟁의 격화로 목숨조차 담보할 수 없는 극한의 정치상황 속으로 내몰려 왕 자신의 살길을 스스로 도모해야 했다. 그 길은 효

68 『승정원일기』, 영조 29년(1753) 11월 22일. 정조 즉위년과 2년에는 사도세자의 묘인 수은묘가 영우원으로 봉원되고, 효장세자 모친의 묘묘(廟墓)도 수길원과 영우원으로 봉해졌다. 『춘관통고(春官通考)』 권12, 길례, 능침; 궁묘.

69 이왕무(2006), 앞의 글.

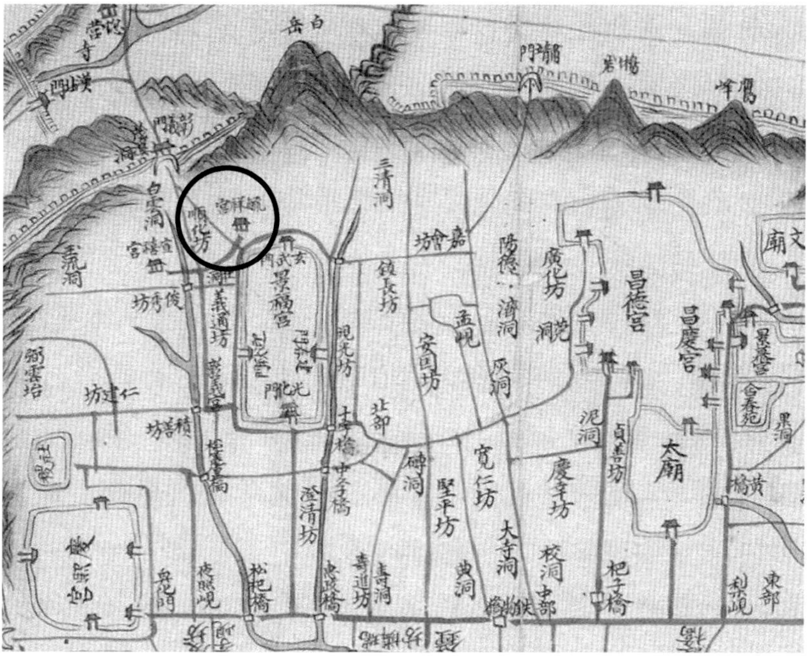

그림 1 〈한양전도〉 위 육상궁

제를 정치이념으로 하는 종국(宗國)의 건설이었다.

영조가 늘 고뇌하는 문제는 종국이었다. "유유한 이 마음이 오직 종국에 있다."[70] 영조는 세손에게 "네 어찌 척연하며 개연하여 삼대의 일을 회복하며 열조의 서업을 길게 할 바를 생각지 아니하리요?"라 하고, 『조훈』을 저술한 이유에 대해서도 역시 "종국을 위하여 이 편을 지어 충자를 가르친다" 했다. 1774년(영조 50)에 지은 「어제종국」에서도 "임어한 지 50년, 역시 구차하다. 삼대를 바라보면서 회포를 어찌 억누르리오"[71] 했다. 효종-현종-숙종으로 이어지는 삼종혈맥(三宗血脈)의 정치적 정통성이 확고

70 『어제속자성편(御製續自省編)』, 「序(서)」(한국학중앙연구원, 2006).

71 「御製宗國(어제종국)」(장서각, K4-4368).

히 자리 잡힐 때까지 영조는 고뇌에 찬 삶을 살았다.

영조의 종국 건설의 완성은 앞서 언급한 바와 같이 1744년(영조 20) 12월에 '나의 일은 끝났다'고 선언한 때였다. 불안정했던 왕통의 기반이 확고해졌다고 판단되자, 그동안 억눌러 왔던 사친에 대한 효제의 실천이 적극적으로 나타났다. 그동안 종묘와 사직 및 관왕묘, 대보단 등 궁월 인근의 제단에 행행하고, 멀리로는 숙종의 능인 명릉 등을 다녀오곤 했다. 그러던 영조가 적극적으로 치제의 대상 범위를 사친으로까지 확대하자 활동 공간의 범위가 늘어나게 되었다. 영조는 1726년(영조 2) 숙빈 최씨의 궤연에 올린 치제문에서 "올겨울 능에 알현하고 돌아오면서 연(輦)이 담장 밖을 지날 때 길 위에서 멀리 바라보았는데 소자의 슬픈 생각이 더욱 절실하여 억제하기 어려웠다"[72] 했다. 숙빈묘를 지나면서 차마 전배하지 못하고 지나쳤던 영조가 1743년(영조 19) 무렵부터는 육상궁과 소령원을 기회 있을 때마다 찾아가게 된 것이다.

육상궁 행행의 여러 사유는 새해 초하루와 기신일·탄일·삭망·절일 등이 기본이며, 그 외에 영조 자신의 추억과 감회 혹은 특정 정치적 사건에 기인했다. 효제를 정치이념으로 전면에 내세우고 온갖 반대와 의심을 물리치고서 정치적 목적을 실현해온 영조였다. 특히 숙빈 최씨의 추숭이 영조의 의지에 따라 단행된 상황에서, 효제의 실천에 소홀할 경우 장차 어떤 위기가 닥쳐오리라는 것은 충분히 예측할 수 있는 일이었을 것이다. 사친 추숭은 사실 하나의 과정이었을 뿐, 종국을 위한 최종 목표를 이룬 것도 아니었다.

사친에 대한 봉사(奉祀)를 정한 후에 주자가례를 쓰는 것이 좋겠다고 한 영조는 가례대로의 실천에 적극적이었다. 육상묘의 배알은 1727년(영조 3)에 처음 행해졌다. 그 후 추숭이 완정되고 나서는 매년 이루어졌다. 이를

72 「淑嬪崔氏几筵及靖嬪李氏祠宇致祭文」(장서각, K4-0437).

공언한 영조가 육상궁을 궁궐 가까이 두었으므로 언제든 마음만 먹으면 갈 수 있는 거리였다. 그렇지만 이미 육상묘와 소령묘는 배알의식이 『국조속오례의』에 수록되어 국가의례의 하나로 제정되어 있었다. 능행의와 대원군사우 배알의 다음에 위치한 것으로 보아 노부는 소가(小駕)를 운영했던 것으로 보인다.

육상궁의 행행은 영조가 거처하는 궁궐에 따라 행행로가 달랐을 것이다. 창덕궁에서는 돈화문을 출발하여 정선방로 → 파자교 → 돈녕부 앞길 → 종각 → 혜정교 → 삼간정동 → 육조 앞길 → 경복궁터 → 창의궁로 → 의통방로·순화방로를 거쳤으며, 경희궁에서는 흥화문을 출발하여 비변사 앞길 → 야주고개 → 내수사 앞길 → 송첨교 → 적선방 → 창의궁로 → 순화방로를 거쳤다.[73]

사당 배알은 간단한 의식이었다. 행례 시각이 되면 익선관과 곤룡포를 갖춘 국왕이 판위에 이르러서 국궁재배흥평신하고 사당 안을 봉심하는 것으로 끝난다. 국왕을 수행한 왕세자도 당연히 재배례에 참석했다. 종친과 문무백관의 배종도 있었을 것으로 보이나 이들의 의절에 관한 의주는 제정되지 않았다. 1753년(영조 29) 9월 결국 문제가 발생했다. 영조는 지난번 궁과 원에 두 번 거둥했는데 배종해 간 여러 신하들이 다 벌여 서서 절을 하지 않았다는 것이다.[74] 신하들은 의절을 고치지 않아서 그런 것이지 본의가 아니라고 변명했으나, 영조는 곧이듣지를 않았다. 아마도 신하들은 숙빈이 후궁 신분이었으므로 차마 무릎을 꿇고 절을 하고픈 의사가 없었던 것이 아닌가 생각된다. 결국 영조는 절하지 않은 신하들을 모두 파직하라고 명하기에 이르렀다.

궁원식례의 편찬에는 「육상궁전배의」, 「육상궁작헌례의」, 「육상궁시제

73 이왕무(2006), 앞의 글.

74 『영조실록』, 29년(1753) 9월 1일.

친제의」, 「육상궁절제친제의」, 「육상궁시제섭행의」가 제정되었다. 이 의주에는 종친과 문무백관의 배례의가 규정되었으며, 시제 등의 친제에서 종묘나 영희전 등과 비교하여 가장 큰 차이점은 절하는 횟수이다. 사배가 아니라 재배에 그친다는 것이다. 이는 국왕이나 왕비와 빈의 신분상 등급 차이에서 비롯된 것이다.

육상궁의 잦은 행행에 비해 소령원은 거리가 멀어 자주 갈 수 없었다. 영조의 소령원 행행은 모두 10회에 걸쳐 거행되었다. 1753년(영조 29)부터 행해졌으니 궁원제 시행 이후의 일이다. 도성 밖의 양주군에 위치하고 인력과 물력의 과중으로 접근하기 용이하지 않았다. 궁원식례에는 「소령원전배의」, 「소령원기신제친제의」, 「소령원기신제섭제의」가 제정되었다. 절제(節祭)와 별제(別祭)의 친제도 기신제 친제와 같다고 했다.

소령원 원행이 어떻게 이루어졌는지 각 사례를 살펴보자. 먼저 왕세자가 원행에 나서는 영조에 대한 전송 의절을 보자. 1753년에 그 사례가 보이는데, 왕세자는 파자교까지 나가서 전송했다.

> 임금이 소령원에 행행했다. 왕세자가 출궁하여 파자교 막차로 나아가서 공경히 전송하는 일로 입대할 때, 우부승지 임순, 가주서 정상순, 기주관 홍계옥이었다. 왕세자가 융복을 갖추고서 여를 타고 집영문을 나와 인정문 밖의 강여소에 이르렀다. 왕세자가 "돈화문 밖에는 좌마(坐馬)로 가야 하는가? 그대로 보련(步輦)을 타는가?" 하니, 임순이 말하기를, "마땅히 좌마를 타야 합니다" 했다. 왕세자가 "의주에는 좌마로 거행한다고 했는데 이미 대주께 품했는가?" 하니, 임순이 "그렇습니다" 했다. 왕세자가 "이미 품하여 정했더라도 보련을 그대로 타는 것도 방해되는 바가 없겠는가?" 하니, 임순이 말하기를, "저하께서는 일찍이 전에 한 번도 어마를 차리지 않았습니다. 지금 만약 갑자기 좌마로 해야 한다면 성질이 순한 말이라고 하지만, 옛사람이 마루의 가장자리에 앉지 않는다고 한 경계가

> 있으니, 억지로 탈 필요가 없습니다. 그대로 여로 가시는 것이 좋을 듯합니다" 했다. 왕세자가 "그렇다면 여로 그대로 가는 것이 좋겠다" 했다. 드디어 출궁해 파자교로 나아가서 막차에 들었다. 대가가 이르니, 차에서 나와 공경히 전송한 후에 환내했다. 제신이 문안한 후에 퇴출했다.[75]

왕세자는 동궁에서 융복을 갖추고 여를 타고 집영문을 나와 인정문 밖의 강여소에 이르렀다. 이때 전송하는 장소인 파자교의 막차까지 여를 그대로 타고 갈 것인가, 아니면 말로 갈아탈 것인가 하는 문제가 논의된 것이다. 결국 여를 그대로 타고 가는 것으로 결정되었다. 창덕궁을 출발한 영조를 왕세자는 여를 타고 파자교까지 나가서 전송한 것이다.

영조는 먼저 육상궁에 들렀다가 소령원으로 출발했다.

> 새벽 3시 15분(오경일점)에 임금이 소령원에 행행했다. 거둥에 입시할 시각이 되어 행도승지 이하 제신이 차례로 어가를 따랐다. 임금이 융복을 갖추고 여를 타고서 육상궁 정문을 나왔다. 드디어 어가가 출발했다. 가마를 타거나 말을 타고서 갔다. 대가가 주정소를 나올 때 좌마를 내놓았다. 대가가 원소의 작문(作門) 안으로 들어갔다. 마땅히 먼저 비가에서 봉심했다. 지위승사(知委承史)가 배종하여 들어왔다. 임금이 "도청은 들어왔는가? 비각이 조금 좁지만 쓸 만하다. 비문은 잘 썼는가?" 하니, 이철보가 "잘 썼습니다" 했다. 임금이 "촉체(蜀體)인가?" 하니, 이규채가 "한체(韓體)가 자못 들어갔습니다" 했다. 임금이 "그렇다. 비석이 크다" 하니, 한광조가 "돌이 정말 큰데 귀부 역시 큽니다" 했다. 임금이 "공탁(工琢)은 어떤가?" 하니, 이철보가 "좋습니다" 했다. 드디어 여를 내놓았다. 여에서 내렸다. 조금 있다가 임금이 천담복을 입고 원(園) 위를 봉심했다. 승사가

75 『승정원일기』, 영조 29년(1753) 9월 11일.

모두 천담복으로 배종했다. 임금이 오래도록 엎드려 있으면서 일어나지 않았다. 이철보가 나아가 "하정이 민박합니다" 했으나 임금은 응하지 않았다. 한참 있다가 임금이 이에 일어났다. 곧 내려와 비각을 봉심했다. 또 새로 건립한 비각을 살펴보았다. 또 정자각을 봉심했다. 임금이 재실로 환어했다. 제신이 차례로 물러나왔다.[76]

영조는 이튿날 소령원에 도착해 재실에 들었다. 이때에는 향축이 미리 도착해 있지 않아 파발마를 띄워서 날이 밝기 전에 가지고 들어올 수 있도록 조치했다. 새벽 3시 15분에 재실을 나서 비각을 먼저 봉심했다. 그 후 천담복으로 갈아입고 묘소에 올라 슬피 봉심하고 나서 그 앞에 부복하고 일어날 줄을 몰랐다. 신하들의 만류에도 이에 응하지 않다가 한참 만에 일어나 다시 비각과 정자각을 봉심하고 재실로 돌아갔다.

1760년(영조 36) 3월 26일 명릉에 친제를 거행한 뒤에 창릉으로 가서 전배와 봉심을 하고 이어 홍릉에 재배례를 행한 다음, 고양의 주정소를 거쳐 저녁에 도착하여 친제를 마치고 환궁했다.

소령원의 친제나 전배는 늙어갈수록 친행하기 어려웠다. 영조는 그 소회를 시로써 달랬다. 간지가 무술(戊戌)이나 갑술(甲戌)인 날이나 해에는 무술년에 세상을 떠난 사친 숙빈 최씨를 회상하면서 내 회포가 천만이라 했고,[77] 갑술년에 보경당에서 태어난 그날이 다가온다면서 어찌 자식의 도리냐고 탄식했다.[78] 또 영조는 명정전이나 숭정전의 월대 등에서 전향하고 향을 지영(祗迎)하는 예를 철저히 거행했다. 「어제지영(御製祗迎)」, 「어제금지영(御製今祗迎)」 등의 제목으로 74편의 시첩을 남겼으니,[79] 향은 사친 등

76 『승정원일기』, 영조 29년(1753) 9월 11일.

77 「御製干支(어제간지)」(장서각, K4-0462).

78 「御題干支興懷(어제간지흥회)」(장서각, K4-0463).

79 『영조어제해제』 1, 한국학중앙연구원 출판부, 2011, 70쪽.

조상들과의 교류를 상징하는 신성한 물품이었으므로 이에 전혀 소홀하지 않았다. 이날에는 양념을 넣은 음식을 먹지 않기도 했다.

이렇듯 육상궁과 소령원의 친행은 효제의 실천이었으며 이것은 친친(親親) 의리의 실현이었다. 효제는 사전(祀典)이 중시되었는데 그 마음의 하나는 옛날의 추억이었다.[80] 이 옛날의 추억은 조상에 대한 효와 충을 가리키며, 그 정례를 펴고자 향사에 힘썼다. 친친의 일은 그 지위를 높이는 것이 한 방법이었으며, 그럼으로써 국왕의 권위와 왕실의 안정적 기반 조성에 기여하는 바가 있었다.

5. 육상궁과 소령원의 지위

육상궁과 소령원의 지위는 궁원을 정비하는 과정과 식례를 통해서 살펴볼 수 있다. 육상궁과 소령원의 규식은 1753년(영조 29) 6월 27일 전교를 살펴보면, "해조에서는 네 책을 만들어서 본궁과 본원, 예조, 봉상시에 궤짝에 넣어서 보관하라" 하고는 육상궁규식 23조와 소령원식례 18조를 밝혔다.[81] 이에 따르면, 육상궁의 식례는 산선(傘扇)의 체제 통일, 복(袱)과 염(簾) 및 장(帳)의 수보(修補), 상건(床巾), 사중삭의 시제, 수압단자(受押單子),

80 「御製書示沖子」(장서각, K4-2563).

81 『궁원식례보편』은 1753년(영조 29) 9월에 편찬되었다. 그 첫머리에 예조판서 홍봉한이 쓴 서문이 있는데, "금번에 궁원의주를 이정한 것을 본 식례에서 보충하고 한 권을 만들어 궁원식례보편이라 이름하고 전의 식례와 함께 둔다"라고 했다. 그 후 1755년(영조 31)에 다시 교정하게 하여(『영조실록』, 32년 6월 27일) 그 이듬해에 완성하고(『영조실록』, 32년 7월 10일), 이를 자신의 잠저였던 창의궁에 보관하게 했다. 식례의 책자는 왕세손책봉의궤처럼 만들도록 했다(『승정원일기』, 영조 29년 7월 5일).

전향(傳香), 원기신제(園忌辰祭)·궁원사명일제(宮園四名日祭)·삭망분향, 향축의 봉안, 제전수(祭奠數) 및 제물기수(祭物器數), 출주와 납주, 진설과 철찬, 망료, 예랑의 봉심, 헌관, 제복(祭服), 전배 및 친제 때의 왕자와 왕손, 의빈의 입참, 제기(祭器), 전사청, 헌관집사청, 찬알자청, 수복입접처(守僕入接處), 수복 차정, 수직 등의 내용으로 구성되어 있다.[82]

육상궁의 제반 시설과 관리 및 기물 등은 어떠한 지위에 놓여 있었을까? 영조는 1739년(영조 15)에 사묘 전배례를 순회묘의 전례를 준거하여 참포(黲袍)를 않는다는 사실에 불만을 나타낸 적이 있었다.[83] 참포는 배릉(拜陵)할 때의 복색이며,[84] 왕후의 담제[85]와 세자의 대상[86] 때에도 입는 왕의 제복(祭服) 중 하나였다. 따라서 사친묘의 전배에 이 옷을 입는 것은 예에 어긋나므로 다른 묘(墓)의 예에 따르도록 했는데, 이를 불만으로 여긴 것이다.

사실 사친의 격상되는 지위를 어떻게 규정할 것인가 하는 문제는 그 전례가 없어 매우 고민스러운 과제였을 것이다. 효장세자빈인 현빈도 시호가 있는데[87] 하물며 사친에게 추시하지 못하겠냐고 하거나, 의소혼궁에 임어했을 때 "어찌 (효순과 의소) 양묘(兩廟)를 뛰어넘지 못하겠는가" 하는[88]

82 저경궁의 식례는 29조로 구성되어 있어, 육상궁보다 많다. 이를 비교해 보면, 감실에서 사용하는 복(袱)과 욕석은 자주(紫紬)이며, 내공(內拱)과 도자(韜藉) 등의 문양과 비단 종류의 기록이 있어 더 자세하다. 그리고 주렴과 장(帳)에 관한 조항이 별도로 마련되었다. 신탑 앞의 장(帳)에 관한 규정이 추가되었다. 출주와 납주는 여관이 아닌 궁위령(宮闈令)이 담당하는 것으로 되어 있다. 헌관은 삼헌관의 규정이 포함되었으며, 대축 등의 규정은 빠져 있다. 전배와 망배례의 위치, 삭망제 때의 서계와 이의(肄儀), 입취위(入就位)와 관세, 감찰점시(監察點視), 재계, 수직중관입접처(守直中官入接處) 등이 추가되었으며, 수복의 요포(料布)도 소폭 증액되어 10두(斗) 4등포(等布)이다.

83 『영조실록』, 15년(1739) 8월 30일.

84 『영조실록』, 5년(1729) 2월 1일.

85 『영조실록』, 8년(1732) 8월 2일.

86 『영조실록』, 6년(1730) 7월 4일.

87 『승정원일기』, 영조 29년(1753) 6월 27일.

88 『승정원일기』, 영조 29년(1753) 7월 1일.

등 영조는 육상궁이 효순궁, 의소궁보다 우월하거나 혹은 동등한 지위여야 한다고 생각한 듯하다. 그리하여 불가피하게 세자나 세자빈, 세손의 예를 적용하는 것이 보통이었다. 위 식례중에서 대소제향과 제전수, 제물기수, 수복 차정 등은 효장묘의 예를 따르도록 규정한 것이 그 예 중의 하나였다.

이외에도 효장묘에 의거해 거행하도록 한 사례로 육상궁의 기둥과 문의 칠이 있다. 특히 기둥은 심히 작을 듯하다는 견해가 있었으나, 영조는 아직도 크다고 생각한다면서 축소할 것을 요구한 바 있다.[89] 그러나 그 크기는 구체적으로 설명하지 않아 알 수 없다. 책문은 세자의 예와 같이 죽책을 사용했다. 궤자 2부는 죽책외궤(竹冊外櫃)의 길이와 너비에 의거해 조성하고, 칠 및 장식은 죽책외궤의 예대로 거행하라고 했다. 다만 인은 옥인이 아니라 은인(銀印)을 사용하되, 장단(長短)은 효순 때와 같게 하도록 했다.[90] 상책인의의 시기와 행제(行祭) 여부에 대해서는 행제의 경우에 고유제는 당연하거니와 제사는 경신년의 예에 따라 4경 1점에 거행하도록 했다. 그러나 주야의 문제는 다소 의견 상충이 이루어지다가 결국 질명(質明)에 하는 것으로 결정되었다.[91]

의물 중에는 의소묘를 기준으로 한 것도 있다. 『식례』에는 육상궁의물이 소개되어 있는데, 청개 1쌍, 운선 1쌍, 관지통 1좌이다. 이 중에서 관지통은 의소묘의 체양(體樣)에 의거하여 조성하도록 했다.[92] 기타 개선(蓋扇)의 경우에 선은 황색으로 구름을 그리고 개는 봉황을 그리도록 했다.[93] 제기장은 원소에는 제기고(祭器庫)가 있지만 궁에는 고가 없기 때문에 장을

89 『승정원일기』, 영조 29년(1753) 6월 29일

90 『승정원일기』, 영조 29년(1753) 8월 1일.

91 『승정원일기』, 영조 29년(1753) 8월 5일.

92 『승정원일기』, 영조 29년(1753) 7월 2일, 12일.

93 『승정원일기』, 영조 29년(1753) 7월 5일.

만들어서 넣어두도록 했으며,[94] 제기가 많지 않기 때문에 장 하나로도 다 보관할 수 있으나 이를 3층으로 만들었다.[95]

효장, 효순, 의소묘를 기준으로 그 지위를 규정한 육상궁의 규모는 어떠했을까? 이를 알 수 있는 단서는 외문에 관한 논의뿐이다. 궁(宮) 이전의 묘(廟)의 외문은 단문이었다. 이것이 궁으로 승격되어 영조의 친제가 이루어지면서 출입문의 확장이 요구되었다. 영조는 "무릇 일은 반드시 명분을 바루어야 하는데, 이미 궁으로 이름을 삼았다면 대문(외신문) 또한 반드시 조금 넓혀야 한다" 했다. 그러자 도감도제조 김상로는 동서협문도 마땅히 있어야 함을 지적했다. 영조가 하필 서협문이냐고 반문했다. 아마도 제신들의 출입문을 가리킨 듯한데, 이에 대해 원경하는 "전하의 출입문을 신등이 어찌 감히 출입하겠습니까? […] 두씨통전에는 사친별묘를 소묘(小廟)라 칭했습니다"라 하여, 이에 삼문을 세우도록 했다.[96]

육상궁의 제향은 전배(展拜)와 시제(時祭), 절제(節祭)로 구분된다. 이 제향은 친제(親祭)와 섭제(攝祭)의 의주(儀註)가 마련되었으나, 섭제를 누가 담당할 것인가가 문제였다. 숙빈 최씨는 영조 외에 아들 둘을 더 두었으나 모두 조사(早死)했으므로[97] 헌관과 제집사의 역할 담당자를 결정해야 했다.

헌관과 제집사는 능전(陵殿)의 경우에 외조(外朝)에서 담당했음은 잘 알려져 있는 사실이다. 그러나 육상궁에 대해서는 우승지 구윤명이 "궁원의 제관은 단지 의빈 및 종친으로 전차(塡差)하는 것이 정식인데, 사체가 그렇지 않은 듯합니다. 외조의 제신 중에 역시 어찌 차출하지 않을 수 있습니까?"라고 하며 외조의 차출을 건의했다. 그렇지만 영조는 "원의 제사는 조신(朝臣)을 차출하라. […] 궁원의 제관은 만약 외조로써 차송하는데 혹 택

94 『승정원일기』, 영조 29년(1753) 7월 16일.

95 『승정원일기』, 영조 29년(1753) 7월 24일.

96 『승정원일기』, 영조 29년(1753) 8월 5일.

97 『국조어첩(國朝御牒)』(장서각, 2-915).

차(擇差)하지 못한다면 그 불안함이 마땅히 어떠하겠느냐?"[98] 하면서 완곡히 거절했다.

1753년 9월에는 삼문홍초장과 신탑을 들였다.[99] 그 이후 10월이나 11월에 수리가 이루어진 것으로 보인다.

그 뒤 궁원식례를 쓸 때에 영조는 "봉사인(奉祀人)이 나온다면 질애(窒礙)한 곳이 많을 것이다. 축문도 반드시 질애할 것이다. 만약 종실로 제관을 삼는다면, 봉사인이 나오지 않는다고 하더라도 항상 봉사인이 있을 것이다"라고 하여, 봉사인을 두지 말고 종실로 제관을 삼도록 했다. 축사와 재랑은 내관이 담당하면 어떠냐는 영조의 질문에, 박문수와 이익정은 모두 외조가 해야 마땅하다고 대답했다. 그러자 영조는 "전부터 외조는 묘문에 들어가는 일이 없었다. 갑자기 외조가 하게 한다면 나는 사친께서 흠향하지 않으실까 두렵다" 하면서 헌관과 제집사를 종반으로 한 것도 이 때문이라 했다.[100]

이처럼 육상궁의 지위는 세자를 기준으로 했다. 당시에는 "그 격이 지나치게 높이 책정되어 능과 차별을 두지 않았으니 훗날 분명히 비판을 받게 될 것이다"[101]라는 혹평이 있었는데, 그것은 사친의 궁원을 세자, 세손의 궁원보다 우월한 지위에 두고자 하는 영조의 태도를 비판한 것으로 보인다. 물론 영조의 그러한 의도가 엿보이는 사례가 없지는 않으나, 그 전례가 없어 불가피하게 세자의 지위에 준했던 것이라고 하겠다.

그렇다면 소령원은 어떠했을까? 소령원의 식례는 18조로 구성되었다. 주요 내용은 정자각과 홍전문 체제, 북신문의 주렴 수보, 석욕(席褥)의 수보, 석물, 제정(祭井), 신탑, 제구(祭具), 제기, 제전수와 제물수, 향대청 등 각

98 『승정원일기』, 영조 29년(1753) 7월 3일.

99 『영조실록』, 29년(1753) 9월 14일.

100 『승정원일기』, 영조 29년(1753) 8월 4일.

101 『영조실록』, 32년(1756) 7월 10일.

건물, 제기고와 수복방의 체제, 수위관, 궁(宮)의 간(間), 도신 봉심, 수복, 향탄산, 해자, 의주 및 축식, 의물제기수 도식 등이다.[102]

원의 규모는 대체적으로 의소묘에 준거하도록 했다. 정자각의 주고(柱高)와 주초가 그러했으되, 주초는 원주방초(圓柱方礎)를 쓰도록 했다.[103] 비석의 높이를 5척으로 하라고 한 것도 의소의 묘비가 5척쯤이었기 때문이다.[104] 그 이후 비석의 견양을 만들어서 가져왔을 때, 길이는 5척 9촌, 너비는 2척 3촌 8푼, 두께는 1척 2촌으로, 구(舊) 갈석(碣石)에 비해 조금 컸다.[105] 신도비는 높이가 12척이었다. 영조는 6척으로 줄이기를 바랐는데, 노대(籠臺)와 귀두(龜頭)가 장대(長大)하기 때문이었으며 그에 따라 비각(碑閣)도 극히 높게 건축되었다. 정자각은 그 계단을 3층을 넘지 않고 회격(灰隔)을 마련했는데,[106] 이것도 세자묘를 기준으로 삼았을 것으로 보인다. 소현궁의 일부가 붕괴되는 사고가 발생한 적이 있는데, 본궁 정당의 후면 3층 계단석의 한 칸쯤이 붕퇴(崩頹)되었다는 것이다. 산릉의 5층보다 2층 적은 규모이다.

그런데 정자각 내 의물은 효순궁의 예에 의거하도록 했으니, 의상석욕(椅上席褥)이 그러하다. 반면에 제물숙설기명(祭物熟設器皿)은 명년에 의소궁 전사청의 기명을 가져다 쓰라고[107] 한 것으로 보아, 의소궁의 예를 기준으

102 순강원은 이보다 많은 20조로 구성되었다. 소령원과 달리 '신탑의 설치' 조항이 추가되었으며, 제상(祭床)과 향상(香床)의 신조(新造), 망료석과 망료절차, 삭망분향, 제복(祭服), 재계, 헌관, 감찰점시 등의 규정이 신설되었다. 특징적인 점은 경빈묘(慶嬪墓)와 의창군묘(義昌君墓)의 봉원치제(封園致祭)에 관한 사항, 용성대군묘(龍城大君墓)의 수보(修補)와 제초(除草)에 관한 규정이 들어 있다는 것이다. 이외에도 영조 31년(을해) 6월에 있었던 의시(議謚)부터 고묘진하반교반사(告廟陳賀頒教頒赦)까지의 일정, 정자각의 시역(始役)과 안원제(安園祭), 친제(親祭) 날짜 등이 기록되어 있다.

103 『승정원일기』, 영조 29년(1753) 7월 12일.

104 『승정원일기』, 영조 29년(1753) 7월 5일.

105 『승정원일기』, 영조 29년(1753) 7월 12일.

106 『영조실록』, 29년(1753) 6월 29일; 『승정원일기』, 영조 29년(1753) 7월 24일, "階石以三層爲之又以灰隔磨鍊矣."

107 『승정원일기』, 영조 29년(1753) 7월 2일.

로 했다. 이때에는 불가불 먼저 새로 만들어야 할 것은 만들도록 했다. 능묘의 제정(祭井)은 모두 황단(皇壇)의 제정의 예에 의거하여 거행하도록 한 것이 특징이다.

이에 반해 관세함(盥洗函)은 묘사릉침(廟社陵寢)의 것과 동등한 수준에서 조성되었다. 영조가 "관세함은 개조하지 않을 수 없은즉 지금 있는 바는 의연히 하나의 곽(槨)이다. 밤에 들어가보니 극히 놀라웠다. 지금 만들 것을 명하는 것이 좋겠다" 하고는 곧 전교하기를 "관세함을 금번에 사방에서 조성하되 각각 사방 2척, 높이는 8촌을 넘지 않도록 한다. 그리고 일찍이 이미 하교했듯이, 이후에 묘사릉침의 함을 수보할 때에는 모두 이것에 의거하여 조성하라" 했던 것이다. 조명정이 이에 함의 높이가 8촌이면 낮지 않느냐고 묻자, 영조는 "지금 제관이 된 자들은 수복이 관세하라고 아뢰면, 집에 있을 때 이미 관세하고서 왔다고 한다. 지금 비록 함을 만든다고 하더라도 누가 관세하겠는가?"[108]라고 하여 관세의 허례를 지적하고, 손을 씻지 않을 바에야 약간 높은 8척도 무방한 것으로 정식화했다.

소령원의 정비 중에는 참로에 대한 논의도 있었는데, 신로가 어로보다 약간 넓었던 모양이다. 이에 대해 영조는 "그러면 신로가 좁고 어로가 넓어야 하느냐?"하고 물었다. 이에 대해 공조참판 이익보는 그렇지 않다고 답했다.[109] 이것이 그 이후 어떻게 조치되었는지는 알 수 없다.

수묘관의 설치는 묘의 호칭을 개정했을 때 처음으로 논의되었다. 이전에 두었던 수호인을 대신해서 수묘관을 설치하되, 명호는 서제(書題), 전수(典守), 전호(典護), 전감(典監) 등이 제기되었다. 이 중에서 영조는 서제배(書題輩)는 잡직청에 속한 자들에 불과하다고 하면서 궁임(宮任)의 예와 같이 해서 전감이라 이름하는 것이 좋겠다고 하여 이것으로 결정되었다.[110] 이

108 『승정원일기』, 영조 29년(1753) 7월 7일.

109 『승정원일기』, 영조 29년(1753) 7월 24일.

110 『승정원일기』, 영조 29년(1753) 3월 12일.

들에게는 급부위전(給復位田)으로서 6결을 주었다. 그러다가 이 전감은 궁원 승격이 단행되면서 동시에 수원관(守園官)으로 개칭하고 이전의 전감을 그대로 차정하도록 했다. 그리고 수복수호군은 효순묘의 예에 의거하여 거행하도록 했다.[111]

수원관의 경우 인조 대에 흥경원(興慶園)을 조성하고 나서 수호관원의 명칭과 지위 문제를 놓고 논란을 벌인 적이 있다.[112] 이때 능과 원의 관원명은 각각 참봉과 재랑으로 구분했으며, 대우와 인사 규정은 동등하게 적용했다. 때에 따라서는 능참봉과 재랑이 혼칭되어 같은 의미로 사용되기도 했다. 그런데 소령묘의 수위관(守衛官)의 명칭을 전감으로 정한 사실은 예외적이다. 각 묘(各墓)의 수묘관은 수위관이라 칭해지고 그들의 사일(仕日)이 이미 정해져 있었다. 각 묘의 수위관은 35세 이상자로 한정하고, 사일이 50개월이 찬 뒤에야 승천이 허락되었던 것이다.[113]

전감이 수원관으로 개칭된 후 영조는 "수원관은 수위관보다 약간 낫다. 수원관의 계사(計仕)와 천전(遷轉)은 알지 못하겠다"[114]라고 한 바 있다. 이후 영조는 참봉과 수봉관의 한계를 분명히 했다.[115] 그렇더라도 수봉관은 참봉과 지위상의 차이는 있으나 품계상으로 종9품에 해당하는 것은 마찬가지였다.[116]

그러면 이번에는 축식과 대소제향의 진설을 통해 그 의례상의 지위를 알아보자. 『식례』에는 축식도 수록되었는데, 모두 섭행(攝行)의 양식이다. 육상궁사중삭시제축식은 "維年號 […] 某日某甲 國王諱謹遣臣敢昭告于

111 『승정원일기』, 영조 29년(1753) 6월 25일.

112 임민혁, 『조선시대(朝鮮時代) 음관연구(蔭官研究)』, 한성대학교 출판부, 2002, 134~135쪽.

113 『영조실록』, 10년(1734) 1월 20일.

114 『승정원일기』, 영조 29년(1753) 7월 1일.

115 『영조실록』, 30년(1754) 4월 24일.

116 『선부총례(選部摠例)』, 品秩.

先慈親和敬淑嬪 […]"이라 정해졌는데, 이는 '선자친(先慈親)'을 '선비(先妣)'로 고치기 이전의 축식이다. 물론 『보편』 이전의 식례에는 '사친(私親)'이라 했다. '선비(先妣)'로 고치고 '자(子)'를 추가한 다음에는 "孝子國王某 敢昭告于 先妣徽德和敬淑嬪"이라 했을 것이다. 이러한 축문식은 종묘 축식과는 다를 수밖에 없다. 종묘 친행 시에는 "孝子 혹은 孝孫·孝曾孫 嗣王臣"이라 했던 것이다.[117] 따라서 육상궁과 종묘 축식의 다른 점은 국왕과 사왕의 차이이며, 효자의 칭호는 같게 되었다. 사친에게 '선비'와 '효자'라는 칭호를 쓰게 됨으로써 사친과 영조는 혈통상의 직계 관계임을 정식화한 것이다.

육상궁과 소령원의 대소제향의 진설도식을 살펴보면, 『식례』에는 「육상궁시제절사고유제제물진설도」와 「제기수」, 「소령원기신제절사고유제제물진설도」와 「제기수」가 수록되었는데, 이는 저경궁과 순강원도 모두 같다. 『보편』의 「육상궁시제절사고유제제물진설도」는 1탁(卓) 6행(行)으로, 1항에는 산자 4기(器)와 각색실과(各色實果) 4기, 2항에는 약과(藥果) 4기, 3항에는 적 3기와 전유어(煎油魚), 항편육(項片肉), 두편육(頭片肉) 각 1기, 4항에는 탕(湯) 2기와 초강(醋薑) 1기, 병(餠) 3기, 5항에는 면(麵) 1기, 6항에는 작(爵) 3좌와 시접 1좌이다.

「소령원기신제절사고유제제물진설도」는 세자묘의 속절기신제의 제수와 동일하다.[118] 1탁 5행으로, 1항에는 양과 4기, 2항에는 각색실과 3기와 채(菜) 3기, 3항에는 소탕(素湯) 3기와 병 3기, 4항에는 반(飯) 1기와 면 1기, 시접(匙楪) 1좌, 적(炙) 1기, 5항에는 작 3좌이다. 식례에 수록된 「순강원기신제절사고유제제물진설도」도 이와 동일하다. 따라서 소령원과 순강원의 제수는 세자묘에 기준했음을 알 수 있다.

117 『국조오례의서례(國朝五禮儀序例)』 권1, 吉禮, 祝版.

118 『국조오례의서례』 권1, 吉禮.

그런데 『춘관통고』를 보면, 소령원의 제물진설은 식례보다 더욱 격식이 높아졌음을 볼 수 있다. 기신제의 경우, 1탁 7항으로, 1항부터 3항이 각각 중박계(中朴桂)와 산자(散子), 다식(茶食)이 4기씩이며, 4항에는 식과 4기와 채 3기, 개장(芥醬) 1기, 5항에는 탕 3기와 병 3기, 6항에는 반 1기와 면 1기, 갱(羹) 1기, 시접(匙楪) 1기, 적(炙) 1기, 7항에는 작 3좌이다. 반면에 세 자묘의 기신제 제물진설은 『국조속오례의서례』와 차이가 없다. 한편, 『보편』 이전 식례의 진설도를 보면, 육상궁의 제수가 1항의 중박계 4기를 제외하면 1탁 6항의 제수가 동일하며, 소령원은 2항에 실과 1기가 더 많다.

그리고 순강원은 식례에 비해 대소제향뿐 아니라 제수도 크게 축소된 형태를 보이고 있다. 순강원의 대소제향은 속절 중에서 한식뿐이다. 이때의 제물진설은 역시 1탁 5항으로, 1항에는 약과 2기로 기수(器數)가 적으며, 2항에는 실과 1기 대신 개장 1기가 진설되는 것이 다르다. 그리고 5항의 작은 1기뿐이다.[119] 고유제도 이와 같다.

『춘관통고』에 수록된 수길원의 기신제를 살펴보면, 소령원의 식례와 비교하여 1항이 산자 2기와 소박계(小朴桂) 1기로 합 3기이며, 2항에는 실과 1기 대신 개장 1기가 진설되는 것이 다르다. 그리고 속절 및 고유제에는 1항에 산자 2기가 약과로 대치되며, 2항에는 채 1기가 줄어들었다.[120] 따라서 소령원의 제물진설은 수길원에 비해 보다 격식을 갖추었음을 알 수 있다. 이를 순강원의 한식 때 제수와 비교해보아도 그 격식이 약간 높다. 물론 기신제의 상대적인 중요도를 고려해야겠지만, 어쨌든 순강원의 지위는 영조 대에 비해 크게 추락했음이 사실이다.

119 『춘관통고(春官通考)』 권22, 吉禮.

120 『춘관통고』 권22, 吉禮.

6. 맺음말

영조가 사친인 숙빈 최씨의 추숭을 단행할 수 있었던 이론적 근거는 효제의 군부일체론에 바탕한 실천적 유교윤리였다. 효제는 조선건국 이래 늘 강조되어 오던 유교윤리의 기초였다. 그런데 새삼 이 시기에 이르러 효제에 의한 국가경영론을 제기한 영조는 이 논리를 국왕의 정통성 확립과 왕실의 안정 및 지위 확대에 적극 활용했다. 사친추숭은 그러한 영조의 정치적 의도를 확인하는 작업인 동시에, 왕실의 우월적 지위를 한 단계 격상시키는 결과를 낳았다.

영조는 즉위 초부터 왕위계승의 정통성을 위협하는 군무(君誣)의 제기로 그 타개책을 마련하지 않을 수 없었다. 숙고 끝에 내놓은 정치적 구상이 '요순의 효제의 도'였다. 이는 곧 군부일체(君父一體)의 근거 논리였다. 1726년(영조 4)의 사신의 평에서 "일국(一國)을 효(孝)로 다스리는 성의(盛意)를 볼 수 있다"라 할 정도로 이는 큰 정치적 효과를 발휘하고 있었다.

그 후 탕평은 이러한 효제의 도와 밀접히 결합하여 추진되었다. 1741년(영조 17)에 내린 신유대훈으로 군무의 혐의와 왕권의 정통성 시비에서 일단 벗어난 영조는 이후로 효제에 더욱 충실했다. 종묘나 능침의 전알 및 대비에 대한 효성에 조금도 소홀함이 없었다. 『속대전』과 『국조속오례의』의 편찬으로 국가의 기강과 국가의례의 재정비가 완성되자, 영조는 1749년(영조 25) 정월에 갑자기 대리청정을 명했다. 이 조치는 세자의 뒷날의 행동에 대한 염려를 불식시키고 원량의 안정된 정치적 기반을 공고히 세우고자 장차 군부의 자리에 오를 세자를 영조 자신과 동일시할 것을 요구하는 것이었다.

효제를 정치적 운용 수단으로 하여 왕통 확립과 탕평 실현이 일정한 성과를 보이자, 1753년(영조 29) 영조는 사친의 묘묘(廟墓)를 궁원(宮園)으로 격상시켜 육상궁과 소령원이라 칭했다. 곧 사친추숭은 국가와 왕실의 기강 확립에 어느 정도 성공했음을 자부한 영조가 이를 확인하는 작업의 일환으로 단행했다고 할 수 있다. 육상궁은 더 이상 사묘(私廟)라 칭해지지 않았고, 그 지위는 대체로 세자와 세자빈, 세손의 궁원묘의 예에 준했다. 이를 계기로 인빈과 효장세자의 생모, 조사(早死)한 세자의 묘묘는 궁원으로 승격되었다. 동시에 이들의 봉사(奉祀)와 의제(儀制)는 승격된 지위에 맞게 예식을 제정하여 식례를 편찬하는 국가의례화 과정을 거쳤다. 이 식례의 편찬은 추숭된 사친에 대한 의례를 국가에서 법적·제도적으로 공식화했음을 선포한 것이었다.

영조는 1755년 12월 숙빈 최씨에게 추시하는 기회를 맞아 축책문과 모든 축문에 '선비(先妣)', '효자국왕모(孝子國王某)'라 썼다. 이 사건은 이본(二本)의 혐의로 종통상의 시비를 야기할 수 있는 심각한 정치적 갈등으로 비화할 수 있었다. 그러나 영조는 부묘(祔廟) 단계까지의 추존을 바라지 않았으므로 신하들과의 예론상 논쟁이나 정치적 갈등을 일으키지는 않았다. 다만 사친추숭의 결과가 국가의례로 승화함으로써, 군신 간의 질서체계는 더욱 확고해지고 왕실은 한 단계 격상된 지위에서 안정된 기반을 마련해 갈 수 있었다.

육상궁과 소령원의 지위는, 예외인 경우도 있지만 대체로 세자와 세자빈, 세손의 궁원묘의 예에 준하여 조성되었다. 당시에는 "그 격이 지나치게 높이 책정되어 능과 차별을 두지 않았으니 훗날 분명히 비판을 받게 될 것이다"라는 혹평이 있었는데, 그것은 사친의 궁원을 세자, 세손의 궁원보다 우월한 지위에 두고자 하는 영조의 태도를 비판한 것으로 보인다. 물론 영조의 그러한 의도가 엿보이는 사례가 없지는 않으나, 그 전례가 없어 불가피하게 세자의 지위에 준했던 것이라고 하겠다.

참고문헌

1. 자료

『영조실록』.

『태조실록』.

『승정원일기』.

『대전통편(大典通編)』.

『선부총례(選部摠例)』.

『의주등록(儀註謄錄)』(한국학중앙연구원 장서각, K2-4795).

『증보문헌비고(增補文獻備考)』.

『춘관통고(春官通考)』.

『국조속오례의(國朝續五禮儀)』.

『국조오례의서례(國朝五禮儀序例)』.

『궁원식례(宮園式例)』(한국학중앙연구원 장서각, 2-2425).

『궁원식례보편(宮園式例補編)』(한국학중앙연구원 장서각, 2-2426-7).

『신사우봉안시의(新祠宇奉安時儀)』(한국학중앙연구원 장서각, K2-2517).

『어제집경당편집(御製集慶堂編輯)』.

『육상궁소녕원식례(毓祥宮昭寧園式例)』(한국학중앙연구원 장석각, 2-2474-7).

『저경궁순강원식례(儲慶宮順康園式例)』(한국학중앙연구원 장서각, 2-2484).

2. 논저

김백철, 「조선후기(朝鮮後期) 영조대(英祖代) 탕평정치(蕩平政治)의 이념과 《주례(周禮)》」, 『한국사론』 51, 2005.

이경구, 「1740년(영조 16) 이후 영조의 정치 운영」, 『역사와 현실』 53, 2004.

이왕무, 「영조의 사친궁(私親宮)·원(園) 조성과 행행(幸行)」, 『장서각』 15, 2006.

이희환, 「영조대(英祖代) 탕평책(蕩平策)의 실상(下)」, 『전북사학』 17, 1994.

임민혁, 『조선시대(朝鮮時代) 음관연구(蔭官研究)』, 한성대학교 출판부, 2002.

임민혁, 「묘호(廟號)의 예제원리(禮制原理)와 조선(朝鮮)의 수용(受容)」, 『국사관논총』 104, 2004.
정경희, 「조선후기 궁원제의 성립과 변천」, 『서울학연구』 23, 2004.
정만조, 「영조대(英祖代) 중반(中半)의 정국(政局)과 탕평책(蕩平策)의 재정립(再定立)」, 『역사학보』 111, 1986.

3부

소중화 공간

5장

영조의 남송 역사 인식과 추모 공간의 활용
와룡사와 황제총을 중심으로

김우진

1. 머리말

1724년 제21대 조선 국왕으로 영조가 보위에 올랐다. 주지하다시피 영조의 즉위 과정은 순탄하지 않았다. 출신이 미천한 숙빈 최씨(淑嬪崔氏)의 소생인 영조는 노론의 무리한 세제(世弟) 책봉 요청과 대리청정 강행에 휘말려 소론의 공격 대상이 되었다. 나아가 1722년(경종 2) 임인옥사(壬寅獄事)에 연루되어 역모에 관련된 혐의를 받았으며, 경종을 독살했다는 의심 속에 국왕으로 즉위했다. 즉, 노·소론 간의 당론이 충역시비(忠逆是非)로 확산되면서 영조는 정치의 중심에 서게 되었고, 생명의 위협까지 받게 되었다.[1]

1 영조가 연잉군(延礽君)으로 책봉되고 왕세제로 선택되며 국왕으로 등극한 과정은 다음 연구 등

영조의 즉위 과정에서 비롯된 일련의 불만은 1728년(영조 4) '무신란(戊申亂)'이라는 정치적·폭력적·반국가적인 사건으로 표출되었다. 비록 반란이 무사히 진압되고 종사가 안정되었다고 하더라도 안심할 수 없었다. 영조는 국왕이 일방적으로 하나의 당파를 선택해 교대로 정권을 맡기는 환국(換局)이 아닌 여러 당파를 아우르는 탕평책(蕩平策)에 박차를 가했다.[2] 이와 함께 숙종이 시행했던 정치적·문화적 사업을 계승·확장하여 국왕으로서 정당성을 강화했으며, 경종과의 추억을 회고하는 어제(御製)들을 작성하여 그와의 우애를 강조했다.[3]

현재 영조의 정통성 확보에 대한 연구는 상당 부분 축적되었다. 하자 없는 조선 왕실을 만들기 위해서 억울하게 사망하거나 축출된 선대를 추복(追復)하는 작업에 대한 분석이 이루어졌고,[4] 중국 역사서의 조선 관련 무어(誣語)를 바로잡아 조선 역사의 정통성을 재정립하려 한 노력도 규명되었다.[5]

을 참조했다. 노관범, 「영조동궁일기(英祖東宮日記)로 보는 왕세제(王世弟)의 서연(書筵)과 미시정치(微視政治)」, 『규장각』 33, 2008; 김문식, 「영조(英祖)의 국왕책봉(國王冊封)에 나타나는 한중(韓中) 관계」, 『한국실학연구』 23, 2012.

2 영조 대 탕평정치와 관련하여 다음과 같은 다양한 연구성과가 배출되었다. 정만조, 「영조대 초반의 탕평책과 탕평파의 활동」, 『진단학보』 56, 1983; 정만조, 「영조대 중반의 정국과 탕평책의 재정립」, 『역사학보』 111, 1986; 박광용, 『조선후기 '탕평' 연구』, 서울대학교 박사학위논문, 1994; 김성윤, 『조선후기 탕평정치 연구』, 지식산업사, 1997; 이근호, 『영조대 탕평파의 국정운영론 연구』, 국민대학교 박사학위논문, 2001; 최성환, 「영조대 후반의 탕평정국과 노론 청론의 분화」, 『역사와 현실』 53, 2004; 김백철, 『조선후기 영조의 탕평정치』, 태학사, 2010; 김백철, 『두 얼굴의 영조』, 태학사, 2014; 정만조 외, 『영조의 국가정책과 정치이념』, 한국학중앙연구원 출판부, 2012.

3 한국학중앙연구원 장서각(이하 장서각)에는 영조가 만년에 과거를 회상하며 경종을 언급한 왕실 고문헌이 다수 존재한다. 『어제강개(御製慷慨)』(장서각, K4-676); 『어제강개(御製慷慨)』(장서각, K4-690); 『어제강개음(御製慷慨吟)』(장서각, K4-797); 『어제고계사금기축수향전향일록(御製故癸巳今己丑受香傳香日錄)』(장서각, K4-1125); 『어제서간지회배(御製書干支懷倍)』(장서각, K4-2542) 등.

4 이근호, 「16~18세기 '단종복위운동' 참여자의 복권 과정 연구」, 『사학연구』 83, 2006; 이현진, 「조선후기 단종 복위와 충신 현창」, 『사학연구』 98, 2010; 김문식, 「18세기 단종 유적의 정비와 〈월중도(越中圖)〉」, 『장서각』 29, 2013; 김우진, 「영조의 단경왕후(端敬王后) 신씨(愼氏) 복위(復位)와 의의: 복위(復位) 부묘(祔廟) 의례를 중심으로」, 『동양고전연구』 90, 2023.

5 장민영, 「조선(朝鮮) 영조대(英祖代) '명기집략사건(明紀輯略事件)'의 정치적(政治的) 성격(性格)」, 서강대학교 석사학위논문, 2010; 안소라, 『영조대(英祖代) 사책변무(史冊辨誣)에 관한 연

또한 영조가 왕실 행사에 직접 참여하여 그 격을 높이고, 친잠례(親蠶禮)처럼 사장(死藏)된 의례를 부활시켜 왕실의 권위를 가시적으로 드러내려 했다는 점도 밝혀졌다.[6] 그리고 숙종이 건립한 대보단(大報壇)과 재조명한 관왕묘(關王廟) 등에서 의례를 더욱 치밀하게 시행함으로써 대명의리론의 충실한 주도자임을 표명하려 했음도 분석되었다.[7]

하지만 영조가 경연에서 자신의 왕위 정당성을 과거의 역사적 사건과 비견하여 언급한 연구는 여전히 미흡하다. 물론 영조 대 시행되었던 경연과 관련된 몇 편의 연구가 진행되었다. 예를 들어, 영조 대 경연의 빈도·절차·방식 등 제도사적 측면을 분석했고,[8] 영조가 재위 기간 탐독한 경연서목(書目)을 정리하여 영조 대 성리학적 사조의 변화를 추적했다.[9] 또한 영조가 경서를 강독하는 과정에서 드러나는 특징이나 인식을 고찰한 연구도 이루어졌다.[10] 그리고 경연을 통해 북방 고대사에 대한 인식을 형성

구: 『명사(明史)』의 조선기사(朝鮮記事)를 중심으로」, 성균관대학교 박사학위논문, 2018; 김우진, 「1771년 영조의 '명기집략(明紀輯略) 사건' 처리와 조선 왕실 계통의 재성립」, 『조선시대사학보』 110, 2024.

6 정만조, 「영조대(英祖代) 어연(御宴)의 설행논의(設行論議)에 관한 일고찰(一考察)」, 『한국학논총』 20, 1998; 강신엽, 「조선시대(朝鮮時代) 대사례(大射禮)의 시행(施行)과 그 운영(運營): 『대사례의궤(大射禮儀軌)』를 중심으로」, 『조선시대사학보』 16, 2001; 김지영, 「영조대(英祖代) 친경의식(親耕儀式)의 거행과 『친경의궤(親耕儀軌)』」, 『한국학보』 107, 2002; 임혜련, 「조선 영조대 친잠례(親蠶禮) 시행과 의의: 1767년(영조 43) '정해잠례(丁亥蠶禮)'를 중심으로」, 『장서각』 25, 2011; 김세은, 「『의주등록』을 통해 본 영조 대의 국가 의례와 왕실 행사: 영조 대 전반기를 중심으로」, 『진단학보』 135, 2020.

7 김호, 「영조(英祖)의 대보단(大報壇) 증수와 명(明) 삼황(三皇)의 향사(享祀)」, 『한국문화』 32, 2003; 노대환, 「숙종 영조대 대명의리론(對明義理論)의 정치 사회적 기능」, 『한국문화』 32, 2003; 노혜경, 「영조대(英祖代) 황조인(皇朝人) 대한 인식」, 『동양고전연구』 37, 2009; 계승범, 「조선후기 대보단 친행 현황과 그 정치·문화적 함의」, 『역사와현실』 75, 2010; 김지영, 「조선 후기 관왕묘 향유의 두 양상」, 『규장각』 49, 2016; 김지영, 「영조대 대보단의 장소성」, 『한국학연구』 76, 2025; 남호현, 「조선후기 관왕묘(關王廟)에 대한 인식의 전환과 그 의미」, 『역사와현실』 101, 2016.

8 권연웅, 「조선 영조대의 경연」, 『동아연구』 17, 1989.

9 지두환, 「조선후기 영조대(英祖代) 경연과목(經筵科目)의 변천: 조선성리학(朝鮮性理學) 확립과 관련하여」, 『진단학보』 81, 1996; 김중권, 「조선조(朝鮮朝) 경연(經筵)에서 영조(英祖)의 독서력(讀書歷) 고찰(考察)」, 『서지학연구』 79, 2019.

10 이해임, 「영조대 『맹자(孟子)』 경연의 정황과 맹자에 대한 인식 고찰」, 『동양철학』 58, 2022; 서

하고 중화계승의식을 강화한 양상과 더불어 역대 선왕과 관련된 궁궐 내외의 역사적 공간을 인지하고 친행(親幸)으로 해당 공간에 집적된 과거와 대면함으로써 '기억의 정치'를 실현한 행적도 분석되었다.[11] 이상이 영조대 경연 연구의 제도적·학문적 성과라면, 정치적인 측면에서는 영조가 경연을 주도하며 탕평책과 균역법(均役法) 추진의 이론적 근거를 마련하고, 나아가 군왕 중심의 의리론을 강화했다는 점이 밝혀졌다.[12] 한편 최근에 경종의 병증인 위예(違豫)를 둘러싸고 당대 지식인들이 경종-영조의 사례를 남송의 광종(光宗)-영종(英宗)의 사례에 적용하여 노론 의리의 우월성과 영조 즉위의 정당성을 증명하려 했다는 설명이 흥미롭다.[13] 이 연구는 본고의 접근 방법과 일부 유사점을 보이지만, 영조뿐 아니라 노론 지식인까지 그 대상으로 삼았다는 점에서 차이가 있다.

이상의 연구성과들을 참고하여 이 글에서는 '영조가 인식한 송나라 10대 황제 고종'에 주목했다. 고종은 1126년(흠종 1) 금이 북송(北宋)의 개봉(開封)을 침략하여 부친 휘종(徽宗)과 형 흠종(欽宗) 등을 압송해 간 '정강(靖康)의 변'을 계기로 황제로 즉위한 후 임안(臨安)으로 천도하여 남송(南宋)을 건립한 인물이다. 이후 그는 주전파(主戰派)인 악비를 처형하고 주화파(主和派)인 진회를 등용하여 금에 영토를 할양하고 신하의 예로 굴욕적인 화약을 맺음으로써, 결국 휘종과 흠종을 귀국시키는 데는 실패했다.[14] 물

세영, 「영조 초기 『논어(論語)』 경연의 특징」, 『동방학지』 206, 2024.

11 허태용, 『조선후기 중화론과 역사인식』, 아카넷, 2009; 윤정, 『국왕 숙종, 잊혀진 창업주 태조를 되살리다』, 여유당, 2013; 김지영, 『길 위의 조정』, 민속원, 2017.

12 정경희, 「영조후반기(英祖後半期)(1749년~1776년) 경연(經筵)과 영조(英祖)의 의리론(義理論) 강화」, 『역사학보』 162, 1999; 정재훈, 「영조의 제왕학과 국정운영」, 『한국사상과 문화』 77, 2015; 권오영, 「영조의 제왕학 학습과 정치이념」, 『영조의 국가정책과 정치이념』, 한국학중앙연구원 출판부, 2012; 김자현, 『왕이라는 유산: 영조와 조선의 성인군주론』, 너머북스, 2017.

13 이동화, 「영조대 위예론(違豫論)과 그에 기반한 역사 인식: 남송(南宋)에 대한 이해를 중심으로」, 『조선시대사학보』 88, 2019.

14 『송사(宋史)』 권22, 「徽宗紀」; 권23, 「欽宗紀」; 권28, 「高宗紀」.

론 송 대의 고종과 조선의 영조가 처한 대내외 상황은 전혀 다르다. 하지만 적어도 두 사람이 부·형에 대한 부채의식을 지닌 채 부·형에 뒤를 이어 불가피하게 군주로 등극했다는 점은 상당히 유사하다. 이에 이 글은 영조가 과거 역사적 사건에 자신의 처지를 투영하여 동일시하는 한편, 그와 차별화되는 지점을 부각함으로써 자신의 정당성을 확보하려 한 인식의 양상을 밝히려고 한다.

이러한 부분에 착안하여 이 글에서는 우선 영조의 직접적인 언급을 통해 그가 송 고종을 어떻게 인식하고 평가했는지 살펴보고자 한다. 그리고 와룡사에 배향되어 있는 악비를 치제하고 그의 문집인 『정충록』을 재간행함으로써 악비를 재차 부각시키려 한 행적을 정리할 계획이다. 이어서 휘종·흠종의 황릉(皇陵)으로 알려진 황제총을 정비하고 와룡사에 문천상을 추가 배향하는 과정을 검토하고자 한다. 이를 통해 송 고종이 영조에게 어떤 의미를 지니고 있으며, 그의 치적과 행위가 영조에게 어떻게 영향을 미쳤는지 분석하여 고종에게 투영된 영조의 입장과 의지를 밝히고자 한다.

2. 영조의 남송 고종에 대한 비평

조선 국왕들이 송 역사를 접하는 계기는 주로 경연에서였고, 특히 『송감(宋鑑)』이나 『속강목(續綱目)』과 같은 역사서를 진강 서적으로 삼을 때 심도 있는 논의가 진행되었다. 그 가운데 정강의 변 전후의 송나라 상황은 군주가 국가를 잘못 운영할 경우 초래될 수 있는 파국을 보여주는 예시로 자주 거론되었다.

조선 군신들은 경연에서 북송의 멸망과 남송의 건국을 둘러싸고 당대

인물들의 행위에 대해 시비(是非)와 포폄(褒貶)을 아끼지 않았다. 경연관들은 국왕에게 군자와 소인을 제대로 구분해 등용할 수 있는 인재 선별 능력을 강조했다. 그러면서 고종이 주화론자인 진회·왕백언(汪伯彦)·황잠선(黃潛善) 등을 총애하고 주전론을 주장하던 악비·이강(李綱) 등을 배척한 결과, 임안으로 남천(南遷)하여 끝내 정강의 변에 대한 굴욕을 씻지 못했다고 설명했다.[15] 그리고 고종을 반면교사 삼아 한번 국시(國是)를 결정하면 좌고우면하지 말고 대의에 따라 실천하며, 평소 무비를 강화하여 외세에 좌지우지되지 않도록 해야 한다고 조언했다.[16] 특히 병자호란에서 조선이 평소 오랑캐라고 여기던 청과 화친을 맺어야 하는 절체절명의 상황은 고종의 처지를 연상하게 했다. 주화론을 반대하는 이들은 인조에게 '자신을 굽혀 오랑캐를 섬긴 대표적인 인물'로 고종을 상기시켰다. 그리고 홍타이지(皇太極)에게 보낼 서한에 '대청국황제(大淸國皇帝)'라고 기재할지 논의하는 자리에서, 고종조차도 금나라에 보내는 글에 '두 황제와 하남(河南) 지역을 돌려준다면 극진하게 섬기겠다'라고 했을 뿐 경솔하게 존호를 더하지 않았다는 점을 지적하며 스스로 욕되게 하지 말기를 요청했다.[17] 이외에 천둥이나 우박, 그리고 지진 등의 천재지변을 국가적 재앙과 연결하여 군주가 삼가야 하는 태도를 거론할 때에도 고종이 소환되었다.[18]

이렇듯 조선에서 남송 고종은 용장(勇將)과 현인(賢人)을 배제하고 인재

15 『세종실록(世宗實錄)』, 13년(1431) 1월 12일; 『문종실록(文宗實錄)』, 1년(1451) 10월 16일; 『성종실록(成宗實錄)』, 9년(1478) 11월 30일, 11년(1480) 7월 29일, 19년(1488) 12월 1일; 『중종실록(中宗實錄)』, 2년(1507) 4월 19일, 8년(1513) 9월 20일, 15년(1520) 2월 4일, 3월 20일, 4월 4일, 4월 10일, 6월 4일, 6월 16일, 윤8월 18일, 18년(1523) 12월 11일, 37년(1542) 11월 2일; 『명종실록(明宗實錄)』, 17년(1562) 2월 25일; 『선조실록(宣祖實錄)』, 13년(1580) 7월 6일; 『효종실록(孝宗實錄)』, 6년(1655) 10월 26일; 『효종실록』 권1, 「孝宗大王行狀」; 『승정원일기(承政院日記)』, 숙종 37년(1711) 3월 11일.

16 『중종실록』, 15년(1520) 2월 4일; 『선조실록』, 12년(1579) 6월 8일.

17 『승정원일기』, 인조 14년(1636) 8월 4일, 인조 15년(1637) 1월 3일.

18 『중종실록』, 2년(1507) 4월 15일; 『승정원일기』, 효종 8년(1657) 11월 1일, 11월 13일; 『숙종실록』, 19년(1693) 1월 24일.

등용에 실패하여 국정을 그르친 결과 오랑캐에게 굴욕적인 외교정책을 편 대표적인 인물로 인식되었다. 따라서 조선 국왕에게 국가 운영에 있어서 이상적인 통치자의 전범(典範)과 기준을 제시하는 차원에서 좋은 반면교사가 되었다.

이러한 기조는 영조 대에도 그대로 이어졌다.[19] 영조는 고종이 남침하는 금에 대항하지 않고 도강(渡江)에만 급급하여 먼 남쪽의 임안에 도읍하여 결국 중원이 금에게 귀속되었다고 여겼다. 그리고 진회가 고종을 망친 것이 아니라 고종이 진회를 그르쳤다는 경연관 한원진(韓元震)의 의견에 동의했다. 고종이 만약 복수하고 설욕하는 정책을 추진했다면 진회가 화의를 주창하지 않았을 것이기 때문에, 결과적으로 진회가 계책을 이룰 수 있었던 근본적인 원인이 고종에게 있었다고 보았다.[20] 그러므로 보위를 이어받은 고종이 군주답지 못하고 인재를 제대로 등용하지 못했기 때문에 나라가 위태로워진 것도 당연한 이치로 이해했다.[21]

그런데 여기에 더해 영조 대에만 두드러지는 특징이 확인된다. 바로 고종의 형과 부친인 휘종·흠종과 관련하여 고종에 대한 비평이 강화되었다는 점이다. 기존에 조선에서 평가되어온 휘종과 흠종은 고종과 크게 다를 바 없었다. 아니, 오히려 고종보다 더 큰 비판을 받았다. 고종에게는 송의 멸망을 저지하고 남쪽에서 중흥의 업적을 이루었다는 평가도 일부 공존했던 반면,[22] 휘종·흠종은 금의 포로가 되어 북송 멸망의 결정적인 원인을 제공한 인물들이라는 비판이 주를 이루었다.

19 영조가 재위 기간에 경연에서 다룬 송 관련 서적으로는 『송감(宋鑑)』·『이충정공주의(李忠正公奏議)』·『송조명신언행록(宋朝名臣言行錄)』·『송원강목(宋元綱目)』·『자치통감강목(資治通鑑綱目)』·『속자치통감강목(續資治通鑑綱目)』 등이 확인된다[『열성진강책목록(列聖進講冊目錄)』(장서각, K2-4655); 『승정원일기』; 김자현(2017), 앞의 책, 331~335쪽].

20 『승정원일기』, 영조 2년(1726) 8월 27일; 『남당집(南塘集)』 권5, 「筵說·經筵說(上)」.

21 『승정원일기』, 영조 2년(1726) 6월 15일.

22 『승정원일기』, 영조 2년(1726) 8월 21일, 9월 21일, 영조 9년(1733) 12월 18일.

이런 휘종·흠종에 대해 영조가 주목한 것은 고종의 자식과 동생으로서의 도리였다.

> (고종이) 한쪽 구석인 임안에서 진회와 황잠선의 무리와 함께 **국사를 그르쳤으니, 휘종과 무슨 다른 점이 있는가.** [⋯] **강을 건너 고생스럽게 나라를 세웠으면서 끝내 부형의 원수를 갚을 것을 생각하지 않았다.**[23]

> **고종의 처사는 참으로 이상하다. 두 황제가 살아 있었을 때에는 그래도 부형이 피랍되어 있으므로 사신을 보내어 화친을 청하는 것이라고 핑계를 댈 수 있었다. 그러나 두 황제가 죽은 뒤에도 화친을 청했으니, 그 의도를 참으로 알 수가 없다.**[24]

> (고종은) **부형이 사막의 북쪽에 체류하고 강토가 개와 양 같은 오랑캐에게 유린되었는데도 받들어 맞이하고 회복하기를 도모하는 공업을 생각하지 않고 남쪽 구석에서 안일하게 지내었으니** [⋯] **나는 너무 한만(閑漫)하다고 생각한다.**[25]

영조는 고종이 휘종과 흠종의 안위와 복수를 전혀 고려하지 않았다는 점에 개탄했다. 물론 두 황제가 금나라에 생존해 있는 상황에서 송이 북진을 단행할 경우 그들의 생명을 보장할 수 없었다. 그렇기에 고종이 우선 선황들의 귀국을 도모하고자 임의로 화의를 추진했을 가능성도 배제할 수 없었다.[26] 하지만 영조가 판단하기에 적어도 고종은 그사이 치욕을 씻

23 『승정원일기』, 영조 10년(1734) 4월 16일, "上曰, (高宗) 一隅臨安, 與秦檜·黃潛善輩, 同誤國事, 與徽宗, 有何相異之事? [⋯] 渡江, 艱辛立國, 而終不思復父兄之讎, 不可以南渡言之矣."

24 『승정원일기』, 영조 10년(1734) 5월 7일, "上曰, 高宗事, 誠怪矣. 若於二帝生時, 則猶可諉以父兄被拘, 而遣使乞和. 至於二帝旣歿之後, 亦惟和是乞, 其意誠不可知也."

25 『승정원일기』, 영조 13년(1737) 6월 3일, "上曰, (高宗) 父兄滯於漠北, 疆土淪於犬羊, 而不思奉迎圖恢之業, 偏安於南土, [⋯] 予以爲太閑漫矣."

을 생각으로 와신상담(臥薪嘗膽)하며 안팎으로 군비를 재정비하고 국력을 강화해 중원을 회복할 계획을 세웠어야 했다. 그랬다면 구차하게 두 황제를 되돌려주기를 청하지 않아도 금에서 먼저 돌려보냈을 수도 있었다. 그러나 영조가 보기에 고종은 화의가 이루어진 것만으로도 하늘이 보살펴준 일로 여기며 안일하게 세월을 보냈고, 두 황제는 결국 타국에서 영영 돌아오지 못했다. 심지어 영조가 보기에 고종은 이미 휘종과 흠종이 별세하여 달리 고려해야 할 사항이 없는 상황에서도 부형에 대한 원한을 잊고 금에게 화친을 청한 인물이었다.[27]

영조는 송이 우방국 고려의 원조를 받지 못한 것 역시 고종 때문이라고 여겼다.

> **대저 송 고종의 일은 실로 개탄스러운 점이 많으니, 그 지성스러운 마음이 오히려 양응성(楊應誠)만 못했다.** 양응성은 두 황제를 맞아 돌아가려는 뜻이 혈성(血誠)에서 나왔으며, 고려에서 길을 빌려주는 것을 허락하지 않는 것에 침통해 하여 고려의 연례(宴禮)·폐백(幣帛)·의대(衣帶)를 극구 사양했으니 이 또한 옳았다. 그런데 **고종은 […] 복수하려는 마음이 이웃 나라를 깊이 감동시키지도 못한 채 그저 한 귀퉁이에서 편안히 지내려고만 했지 두 황제를 위해 치욕을 씻어주려는 마음이 전혀 없었다. 그러므로 고려는 용맹한 장수와 강성한 군사가 충분히 힘을 합쳐 금을 공격할 수 있는데도 팔짱을 끼고서 좌시하다가 길을 빌려달라는 양응성의 청을 들어주지 않기에 이르렀으니, 이는 실로 고종이 성의가 없었기 때문이다. […] 송나라가 애초에 성심이 없었으므로 고려도 신의를 생각지 않은 것이다. 이는 이른바 하지 않은 것이지 할 수 없었던 것이 아니다.**[28]

26 『승정원일기』, 영조 10년(1734) 4월 29일, 영조 12년(1736) 10월 7일.

27 『승정원일기』, 영조 2년(1726) 8월 21일, 27일, 9월 21일, 영조 4년(1728) 5월 24일, 영조 9년(1733) 12월 18일, 영조 10년(1734) 5월 7일, 9월 30일, 영조 13년(1737) 6월 16일.

1128년(송 고종 2, 고려 인종 6) 고종은 고려의 길을 빌려 금으로 가서 해로(海路)를 통해 휘종·흠종을 귀국시키려는 계획을 도모했다. 이에 형부상서(刑部尙書) 양응성을 비롯해 110여 명이나 되는 사절을 파견하여 고려에서 길을 인도해줄 것을 요청했다. 하지만 금과의 외교적 마찰과 해로로의 침입을 우려했던 인종은 '금이 고려와 송의 관계를 시기하고 의심하여 분쟁이 일어날 것'이라거나 '금이 답례의 사절을 명목으로 고려를 통해 송으로 갈 가능성'을 거론하며 재고의 여지없이 거절했다. 이후 송은 고려에 몇 차례 더 종용했으나 성사하지 못했고, 양응성은 고려의 표문(表文)은 물론 잔치와 폐백·의대·예물들을 모두 받지 않고 돌아갔다.[29]

『동국통감(東國通鑑)』을 진강하면서 이러한 고사를 알게 된 영조는 고려·송의 연합이 실패한 원인을 고종의 탓으로 돌렸다.[30] 고려가 송과 연대하여 금을 압박할 수 있는 병력이 있었음에도 사태를 좌시하고 금으로의 길을 인도해달라는 요구도 거부한 것은 고종이 애초부터 성심이 없었으며 자신의 안일만을 추구했기 때문이라고 판단했다. 즉, 고려가 금을 협공할 수 없었던 것이 아니라 나태한 고종의 본심을 파악했기 때문에 하지 않은 것뿐이라고 단정했다.

영조는 이러한 고종의 행동에 도저히 공감할 수 없었다.

얻기 어려운 것은 형제이다. 이로써 보면 고종의 일은 내 뜻과 부합하지 않는다. 부자와 형제의 의리에 전혀 볼 만한 점이 없으니 너무도 개탄스럽다.

28 『승정원일기』, 영조 6년(1730) 1월 12일, "上曰, 大抵宋高宗之事, 實多慨然者, 其至誠之心, 猶不如應誠. 應誠則迎還二帝之意, 出於血誠, 痛其不許借道, 至辭其宴幣衣襨, 此亦是矣. 高宗 [···] 其復讎之心, 不能孚感隣國, 只欲偏安一隅, 專無爲二帝雪恥之心. 故高麗則將猛兵强, 足以合力攻金, 而拱手坐視, 至不聽應誠之借道, 此實由於高宗之無誠故也. [···] 宋旣無誠心, 麗亦不思信義, 此所謂不爲也, 非不能也."

29 『고려사절요(高麗史節要)』 권9, 仁宗恭孝大王 1, 「戊申 6년(1128)」; 『동사강목(東史綱目)』 第8下, 「戊申年(인종 6)」.

30 『승정원일기』, 영조 5년(1729) 12월 2일, 영조 6년(1730) 1월 12일.

[…] 이와 같은 사람이 어떻게 군주가 되었는가.[31]

영조는 고종이 포로가 된 휘종과 흠종을 어떻게든 모셔 오거나 두 황제가 죽고 나서라도 그 원한을 설욕하여 반드시 자식으로서 그리고 아우로서 도리를 다했어야 한다고 보았다. 효제(孝悌)는 오두막에 사는 미천한 백성도 알고 있는 기본적인 인륜이며, 고종은 두 황제로부터 제위(帝位)를 계승받았으므로 그에 따르는 도의적 책임을 져야 했기 때문이다. 하지만 영조는 자신의 상도(常道)와는 너무나 다른 고종의 행동에 대해 어찌 천하에 이런 사람이 있을 수 있는지, 어찌 이와 같은 사람이 군주가 되었는지 매우 한심스럽고 한탄스러워했다.[32]

이렇듯 북송의 멸망과 남송으로의 천도를 바라보는 기존 조선 국왕들의 시각은 영조 대에도 그대로 계승되었다. 즉, 고종의 사례는 군주가 현자와 소인을 구분하지 못하고 인재 등용에 실패하며 평소 무비를 강화하지 않을 경우 초래될 수 있는 최악의 결말을 보여주었고, 이는 국왕이 반면교사 삼아 군주다운 군주가 되기를 바라는 선례로 활용되었다. 그런데 영조 대에는 여기에 더해 고종이 군주로서의 자질에 앞서 사람의 도리 가운데 가장 중요한 효제를 제대로 행하지 못했다는 사실에 대한 비판이 더해졌다. 이는 휘종·흠종을 정강의 변의 원인 제공자로서만 바라보던 기존의 시각에 더해 고종에 의해 초래된 시대의 희생자로 여기게 된 것이었다. 이러한 영조의 인식은 이후 그가 조선 내에 송과 관련된 공간을 구축하고 고종으로 인해 희생된 인물들을 추모하는 행위로 이어졌다.

31 『승정원일기』, 영조 10년(1734) 5월 27일, "上曰, […] 難得者兄弟. 以此觀之, 則高宗之事, 不合於吾意, 父子兄弟之義, 頓無可觀, 深切慨然也. […] (若魯曰, 宋高宗, 不免天下罪人也.) 上曰, 如此之人, 何以爲君乎?"

32 『승정원일기』, 영조 9년(1733) 12월 18일, 영조 10년(1734) 9월 21일, 영조 13년(1737) 4월 14일, 5월 26일, 영조 39년(1763) 10월 28일.

3. 와룡사 치제와 『정충록』 재간행을 통한 악비의 행적 재부각

남송 고종에 대한 영조의 아쉬움과 분노는 자연스럽게 충신 악비(岳飛)에 대한 추모로 이어졌다. 무장 악무목(岳武穆), 즉 악비는 고종을 언급하면 단연 빠짐없이 거론되는 인물이다. 그는 가난한 농민 집안에서 태어나 1122년(송 휘종 4) 의용군(義勇軍)에 입대해 뛰어난 무용으로 금과의 전투에서 전공을 세워 두각을 나타냈다. 남송이 들어선 이후에도 금의 침입에 대항해 중원 지역의 회복에 진력하면서 금이 점령했던 지역 일부를 수복하기도 했다. 하지만 조정 내의 진회를 중심으로 하는 주화파 관료들과 악비를 대표하는 주전파 군벌들 사이에 갈등과 분쟁이 심화되면서, 결국 악비는 무고한 누명을 쓰고 투옥된 뒤 살해되었다. 자연히 후대인에게 악비는 고종이 포기했던 휘종·흠종의 생환과 중원의 회복을 실현할 수 있었던 인물로 여겨졌다. 이를 반영하듯, 진회가 사망하자 악비는 이내 명예가 회복되어 1178년(송 효종 5) 무목(武穆)의 시호를 받았고, 1204년(송 영종 4) 악왕(鄂王)으로 추봉되어 항주 악왕묘(岳王廟)에 배향되었다.[33]

구국의 영웅으로 추앙받다가 고종에게 버림받아 처형된 뒤 이내 복권되어 충절의 상징이 된 악비의 극적인 삶은 조선에도 전해졌다. 조선 세종 연간에 간행된 『삼강행실록(三綱行實錄)』 「충신(忠臣)」 항목에 악비의 고사가 소개되면서 충신 가운데 한 명으로 수용되었다.[34] 그의 문집인 『정충록(精忠錄)』이 1584년(선조 17) 북경으로부터 입수되자, 이듬해 선조는 절의를 숭

33 『송사(宋史)』 권365, 「岳飛列傳」.

34 조지형, 「조선 전기 "악비(岳飛)" 고사(故事)의 수용과 인물 형상의 정립 과정」, 『대동문화연구』 77, 2012, 278~282쪽.

상하고 풍속을 장려하는 차원에서 류성룡(柳成龍)의 발문과 이산해(李山海)의 서문을 실어 반포하게 했다.[35] 또한 그의 전투력과 용병술은 조선이 여진, 왜, 청과 같은 이적과 전쟁을 치르는 과정에서 자주 거론되었다.[36] 실제로 조선 조정에서는 악비가 소수의 병사로 다수의 적을 상대할 때 사용한 무기인 배외갑(背嵬甲)과 마찰도(摩札刀)를 활용하자는 논의가 있었으며, 훈련대장인 이기하(李基夏)는 마찰도를 응용한 전차(戰車)를 만들어 올리기도 했다.[37]

본격적으로 악비를 조명하기 시작한 인물은 숙종이었다. 그는 당본(唐本) 『정충록』을 읽고 악비의 충의를 사모하여 그의 초상화를 그리고 별폭에 찬(贊)을 짓는 등 다수의 시와 글을 남겼다.[38] 그러던 1695년(숙종 21) 숙종은 영유현(永柔縣) 와룡사에 악비를 향사(享祀)하라고 명했다. 와룡사는 1603년(선조 36) 선조가 파천에서 환도(還都)하던 길에 와룡산이 있는 것을 보고 제갈량(諸葛亮)의 사당을 만들어 영웅호걸이 나타나서 조선을 구제하길 기원한 곳이었다.[39] 숙종은 『송사』를 읽다가 악비의 충절대의(忠節大義)와 억울함에 깊이 공감하여 그를 제갈량과 합향(合享)함으로써 장사들의 마음을 진작시키고자 했다.[40] 그리고 1709년(숙종 35) 선조 대 『정충록』 필사본을 저본으로 하여 어제 서문(序文)을 추가해 새로 간행하게 했다.[41]

35 『선조수정실록(宣祖修正實錄)』, 18년(1585) 7월 1일; 『서애집(西厓集)』 권17, 「跋·精忠錄跋」; 『아계유고(鵝溪遺稿)』 권6, 「序類·精忠錄序」.

36 『세종실록』, 29년(1447) 7월 27일; 『선조실록』, 6년(1573) 2월 5일, 27년(1594) 1월 11일, 4월 10일, 28년(1595) 1월 3일, 38년(1605) 7월 6일; 『승정원일기』, 인조 3년(1625) 9월 28일, 인조 7년(1629) 윤4월 15일.

37 『승정원일기』, 경종 2년(1722) 7월 18일, 영조 1년(1725) 9월 12일; 『영조실록』, 10년(1734) 5월 10일.

38 『열성어제(列聖御製)』 권9, 「詩·題武穆鄂王圖」; 권11, 「詩·讀岳武穆王精忠錄有感, 吟成四律二絶, 題卷首」; 권16, 「文·岳鄂王圖像贊」; 권16, 「文·寫本精忠錄岳王像贊」.

39 정해은, 「조선후기 선조(宣祖)에 대한 현창과 그 의미」, 『조선시대사학보』 66, 2013, 171~172쪽.

40 『숙종실록』, 21년(1695) 3월 30일; 권65, 「肅宗大王誌文」; 『열성어제』 권14, 「文·岳武穆特令合享於永柔諸葛武侯之廟綸音」.

이러한 정책적 행보를 통해 숙종은 이적(夷狄) 토벌을 주장했던 유장(儒將) 악비를 존주대의(尊周大義)에 투철한 인물로 부각시키고, 관우(關羽)와 더불어 군주에 대한 충의(忠義)의 표상으로 정립하였다.[42] 이로써 그는 거듭된 환국(換局)으로 파벌정치가 심화되고 중원(中原)의 정세가 불안정했던 시기에, 왕실과 국왕에 대한 충성을 강조하고 조선 사회 전반에 상무적(尙武的) 기풍을 진작시키려 했던 것으로 평가된다.[43]

악비에 대한 추모는 선조와 숙종의 행적을 계술(繼述)하는 차원에서 영조 대에도 이어졌다. 영조는 고종에 대한 비판 수위를 높여가는 동시에 악비의 죽음을 안타까워하고, 이를 와룡사에 치제하는 것으로 승화시켰다.[44]

> 상이 이르기를, "고종은 악비가 군사를 통솔하는 것이 기율(紀律)이 있다고 칭찬했지만 그가 상소하여 진격해서 중원을 회복하기를 청한 것에 대해서는 끝내 허락하지 않았다. 그리하여 기회를 틈타 충성을 바쳐서 진격하여 중원을 회복할 수 없게 만들었다. 이 두 가지 일로써 보건대, 혼매(昏昧)하기가 이와 같았으니 비록 악비와 같은 충신이 있다고 한들 어

41 『열성어제』 권14, 「文·寫本精忠錄序」.

42 이성형, 「대명의리론(對明義理論)의 추이(推移)와 조선관왕묘(朝鮮關王廟): 선조(宣祖)~숙종연간(肅宗年間)을 중심으로」, 『한국한문학회』 53, 2014; 김지영(2016), 앞의 글.

43 홍승태, 「남송(南宋) 악비(岳飛)에 대한 조선 왕조의 충신(忠臣) 현창과 그 의미」, 『중국학연구』 93, 2020, 61~65쪽.

44 영조가 재임 기간에 와룡사에 치제한 것은 총 7차례로 그 가운데 악비와 직접적으로 관련이 있는 것은 1730년, 1763년, 1769년의 3차례이다.

〈표 1〉 영조의 와룡사 치제 시기와 계기

	시기	계기	비고
1	1730년(영조 6)	악비에게 감동하고 『정충록』 유편(遺編)을 얻은 것을 기념	
2	1745년(영조 21)	『자치통감(資治通鑑)』에서 제갈량의 단충(丹忠)에 감동	
3	1750년(영조 26)	문천상(文天祥)의 합향	
4	1756년(영조 32)	미확인	숭인전(崇仁殿)과 치제
5	1760년(영조 36)	미확인	
6	1763년(영조 39)	『송원통감』을 읽고 비분강개하여 삼충사(三忠祠) 편액 내림	
7	1769년(영조 45)	선대의 『정충록』을 확인하고 정충록을 재간행	

떻게 믿고 쓸 수 있었겠는가."[45]

영조는 고종이 악비의 군사력을 인정했음에도 금과의 전쟁을 주장하는 악비의 건의를 끝내 허락하지 않고 도리어 살해한 점을 비판했다. 앞서 언급했듯이 그는 진회가 아닌 고종이 악비를 죽인 장본인이라는 사실에 개탄하며, 과거 숙종이 『정충록』을 읽고 악비를 찬양하며 지은 어제시(御製詩)를 읊기도 했다.[46] 그리고 1730년(영조 6) 선대의 『정충록』 유편(遺編)을 찾은 것을 기념하고 고금에 드문 악비의 순수한 충정과 큰 절개를 기리기 위해 좌부승지(左副承旨) 류엄(柳儼)을 파견하여 와룡사에 배향된 악비를 치제하도록 했다.[47]

깃발이 이르는 곳마다 누가 공의 칼날을 감당했으랴 旌旗到處 誰當其鋒
멀고 험한 총령과 금제 송나라 지도에 회복할 수 있었고 蔥嶺金堤 輿圖可復
두 황제를 맞이하여 치욕을 씻을 수 있었네 奉迎二帝 恥可一雪
어찌 생각했으랴, 역적 진회가 몰래 화의를 주장하여 豈意賊檜 陰主和議
도리어 큰 공을 그르치고 힘써 충의를 배척할 줄을 反誤大功 力排忠義

영조가 지은 제문에는, 악비가 조종조(祖宗朝)의 업을 회복하고 두 황제를 맞이하여 치욕을 씻을 수 있었으나, 진회로 인해 그 뜻을 이루지 못한 것에 대한 아쉬움이 고스란히 담겨 있었다.[48]

45 『승정원일기』, 영조 2년(1726) 8월 27일, "上曰, 高宗以岳飛行軍, 有紀律爲奬, 而及其疏請進師, 恢復中原, 則乃不許之, 使不得乘機效忠, 行軍恢復, 看作二事, 其昏暗如此, 則雖有岳飛之忠, 豈可信用也哉."

46 『남당집』 권5, 「筵說·經筵說(上)」, "仍誦肅宗大王讀岳武穆精忠錄御製詩. 詩曰, 南宋誰稱第一人, 岳王忠孝更無倫. 期還二帝爲吾任, 誓復中原掃虜塵. [⋯] 遂以御製詩出示史官"; 『열성어제』 권11, 「詩·讀岳武穆王精忠錄有感, 吟成四律二絶, 題卷首」.

47 『승정원일기』, 영조 6년(1730) 9월 25일, 26일, 11월 7일, 8일.

48 『열성어제』 권23, 英宗大王, 「文·關西永柔縣宋岳武穆王廟遣近侍致祭文」.

악비에 대한 그의 인식은 재위 말년에도 그대로 이어졌다. 1763년(영조 39) 『송원통감(宋元通鑑)』을 강학하던 영조는 다음과 같이 탄식했다.

> 아! 고종의 뜻은 중원을 회복하여 두 황제를 친영하는 데 있지 않고 원조(元朝)의 두 황제에게 요배(遙拜)하기만 했으니 내가 매우 그르게 여겼다. 고종이 만약 회복하는 거조가 있었다면 해내에 역시 어찌 근왕병이 없었겠는가.[49]
> 칠순의 나이에 이 책을 다시 강학하는 것은 참으로 뜻밖이다. 고종이 악비의 말을 쓰지 않았으니, 악비를 기복(起復)한 뜻이 어디에 있는가. [⋯] 내가 일찍이 송나라 사서에서 악무목에 대한 일은 천년 뒤에도 분개하는 마음을 이길 수 없었다. 그런데 지금 칠순에 이 책을 다시 강하게 되어 이에 이르러 특별히 읽지 않고도 더욱 저도 모르게 감개하게 되었다.[50]

칠순이 되어 다시 『송원통감』을 읽으면서도 영조는 역시 고종이 중원을 회복하여 두 황제를 친영하지 않았던 점을 비판했다. 만약 고종이 그런 의지만 있었더라면 악비처럼 황제의 뜻을 따르는 근왕병이 있었을 텐데, 결국 악비의 주전론을 수용하지 않고 남송에서의 안일에 만족한 것에 대해 새삼 비분강개했다. 영조는 이내 좌승지 정상순(鄭尙淳)을 보내어 와룡사에 치제하게 하면서 특별히 사호(祠號)를 '삼충사(三忠祠)'라고 명명했다(그림 1).

후술하겠지만, 당시 와룡사에서는 선조가 배향한 제갈량과 숙종이 합향한 악비에 이어 1750년(영조 26) 영조가 추배(追配)한 문천상(文天祥)까지

49 『승정원일기』, 영조 39년(1763) 10월 8일, "上曰, 惜乎, 高宗之志, 不在恢復中原, 親迎二帝, 而只於元朝, 遙拜二帝, 予甚非之矣. 高宗若有恢復之擧, 則海內亦豈無勤王之師乎." 참고로 영조는 '원조(元朝)'라고 했으나 이는 '금조(金朝)'를 잘못 발언한 것으로 유추된다.

50 『승정원일기』, 영조 39년(1763) 10월 30일, "上曰, 高宗旣不用岳飛之言, 其起復岳飛之意焉在? [⋯] 予嘗『宋史』於岳武穆事, 雖千載之下, 不勝憤慨, 今於七旬, 復講此書, 至此特令不讀, 尤不覺感慨."

그림 1 〈삼충사〉, 1763년 어필 탁본, 한국학중앙연구원 장서각

모시고 있었다. 영조는 이 세 명의 충신을 추모하기 위해 '삼충사(三忠祠)'라는 어필을 써서 편액으로 내리며, 도신(道臣)에게 현판을 걸고 정상순에게 그 게판(揭板)을 직접 보고 오라고 명했다.[51] 이후 임무를 마치고 온 정상순을 입시하게 한 영조는 삼충사의 상황에 관한 보고와 제문을 듣고 다시금 눈물을 흘리며 악비의 행적을 기렸다. 그리고 앞으로 삼충사에 치제할 때의 제문에는 건륭(乾隆)의 연호가 아닌 유한(有漢)·유송(有宋)을 칭하고, 모년(某年) 모월(某月) 간지(干支)만 쓰는 것을 법식으로 정했다.[52]

나아가 영조는 악비의 충절을 기리고자 『정충록』의 재간행을 추진했다. 전술한대로 『정충록』은 선조와 숙종 대에 간인(刊印)되었으나, 영조 대에 이미 판본이 제대로 남아 있지 않았던 것으로 보인다.[53] 잠저(潛邸) 시절 『정충록』을 읽었던 영조는 일찍부터 국내에 『정충록』 소장자를 수소문했다.[54] 그러던 1769년(영조 45) 경상도 관찰사 이은(李溵)으로부터 장계가 이

51 『승정원일기』, 영조 39년(1763) 11월 4일.

52 『승정원일기』, 영조 39년(1763) 11월 24일; 『영조실록』, 39년(1763) 11월 24일.

53 『승정원일기』, 영조 22년(1746) 11월 8일.

54 『승정원일기』, 영조 10년(1734) 2월 4일, 33년(1757) 9월 19일; 『御製命芸閣印精忠錄紀懷』(장서각, K4-1988).

르렀다. 바로 원종공신(原從功臣) 조익도(趙益道)가 과거 이괄(李适)의 난을 평정한 공으로 하사받았던 『정충록』을 찾았다는 것이었다. 비록 화재로 인해 3편이 유실되었으나, 영조는 매우 기뻐하며 서둘러 교서관(校書館)에서 간행하도록 했다.[55] 1769년 간행된 『정충록』은 조익도 소장본을 저본으로 하고, 『자치통감강목』, 신회(申晦)·홍계희(洪啓禧)가 소장했던 『정충록』 등본을 참고하여 교열한 뒤 영조의 서문이 추가되었다.[56] 새로운 『정충록』 완질본의 간행을 기념하여 영조는 1건을 장황(裝潢)하여 삼충사에 내려보내 치제하도록 명했다. 그리고 병을 핑계로 누워서 제문을 지을 수 없다며 일어나 앉아 관을 쓰고 친히 작성하면서 악비를 존경하는 마음을 담았다.[57]

이상 살펴본 바와 같이 영조는 고종이 휘종·흠종의 환국과 중원의 회복을 기피하고 현실에 안주한 행적을 비판하는 동시에 악비의 추숭 행사를 추진했다. 이는 악비가 고종의 복수설치(復讐雪恥)라는 당위적 목표를 성사시킬 유일한 인물로 기대되었으나, 결국 군주에게 부정당하고 살해되었기 때문이다. 이에 영조는 악비를 모신 영유현 와룡사에 치제를 지시하고 문집인 『정충록』을 재간행하는 것으로 고종에 대한 분개심을 승화시키는 한편 악비의 충성심을 다시 현창하는 계기로 삼았다.

55 『강재집(剛齋集)』 권6, 「跋·書道谷趙公行錄後」; 『승정원일기』, 영조 45년(1769) 4월 5일, 26일.

56 『승정원일기』, 영조 45년(1769) 4월 25일, 26일, 27일; 『회찬송악악무목왕정충록(會纂宋岳鄂武穆王精忠錄)』(장서각, K2-888) 「當宁御製後序」.

57 『승정원일기』, 영조 45년(1769) 4월 22일.

4. 황제총 설(說)의 부상과 와룡사에의 문천상 합향

고종에 대한 영조의 분노는 휘종·흠종이 유폐되어 죽은 장소인 오국성(五國城)과 그들의 무덤으로 알려진 황제총에 대한 관심으로 확장되었다. 오국성은 오늘날 헤이룽장성(黑龍江省) 하얼빈시(哈爾濱市) 이란현(依蘭縣)에 자리한 곳으로, 과거 송이 금나라로 들어가기 위해 고려에게 길을 빌려줄 것을 요청했을 만큼 한반도에서 가까운 곳이었다.

흥미롭게도 조선 경내에 황제총과 오국성이 존재한다는 설이 늦어도 17세기 후반에는 사대부 계층에서 유포되었던 것으로 추정되며,[58] 영조 대에 점차 부상했다. 조선 경성(鏡城) 혹은 회령부(會寧府) 등 육진(六鎭)에 황제총이 있고 주변에 수많은 무덤이 배장(陪葬)되어 있는데, 그 지역이 바로 오국성이라는 것이었다. 이러한 소문은 대체로 해당 지역에 파견되었던 관리들을 통해 확산되었다. 예를 들어, 1730년(영조 6) 전 함경감사(咸鏡監司) 송진명(宋眞明)은 회령부 운두산성(雲頭山城)에 축성을 건의하면서, "이곳이 오국성의 옛터이고 고령진(高嶺鎭) 5리쯤에 황제총이 있다는 말이 전해져옵니다"라고 언급했다. 그리고 운두산성이 김종서(金宗瑞)가 육진을 개척하기 전에는 여진족의 지역이었으며, 여전히 과거 오국성의 흔적이 남아 있다는 설명을 덧붙였다.[59] 전 북병사(北兵使) 한범석(韓範錫)과 전 북평사(北評事) 김한철(金漢喆)은 운두산성 인근에 큰 무덤이 황제묘, 주변에 있는 100여 개의 작은 무덤이 종신묘(從臣墓) 혹은 시신총(侍臣塚)이라고 불리

58 황제총과 오국성에 대해 김창흡(金昌翕)의 『삼연집(三淵集)』과 최창대(崔昌大)의 『곤륜집(昆侖集)』에도 확인되는 것으로 보아 적어도 17세기 후반에는 일부 문인들을 중심으로 공유된 것으로 보인다(김창흡, 『삼연집』 권13, 「五國城」·「皇帝塚」; 최창대, 『곤륜집』 권3, 「邊城雜詠」).

59 『승정원일기』, 영조 6년(1730) 9월 10일.

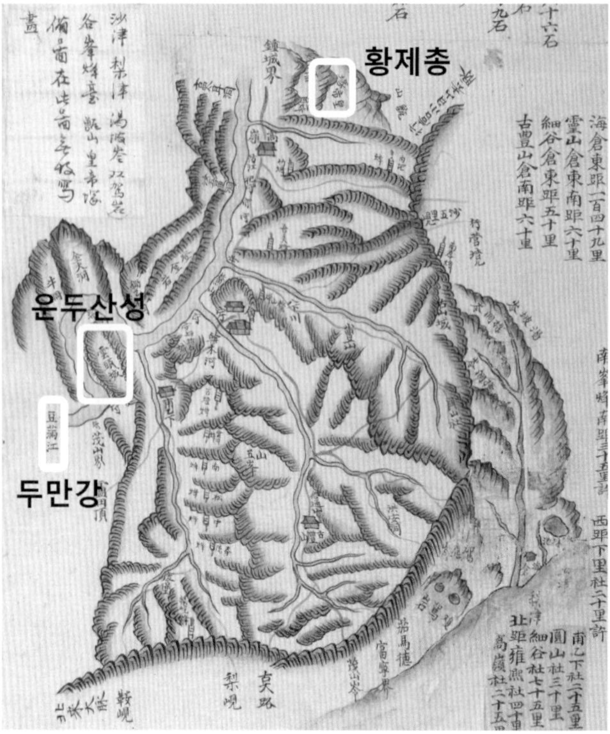

그림 2 《해동지도(海東地圖)》, 〈회령부〉 부분, 서울대학교 규장각한국학연구원

며, 지역 주민들이 무덤 주변에서 송 시대에 주조했던 동전을 많이 발견했다고 보고했다.[60] 특히 전 북병사 윤광신(尹光莘)은 부하로부터 회령부 황제총 부근에서 발견한 송 대의 향로와 무소뿔로 된 술잔을 얻어 왔는데, 거기에는 '신경제(臣京製)'라는 전서(篆書)가 새겨져 있었고, 향로에 불을 피우면 몇 달이 가도록 꺼지지 않았다고 했다.[61] 물론 당대에도 이를 증명할 만한 명확한 전적(典籍)이 없었기 때문에 그 위치나 진위 여부를 둘러싼 논

60 『승정원일기』, 영조 8년(1732) 12월 4일, 영조 13년(1737) 4월 26일.

61 이에 대해 유득공(柳得恭)은 1142년에 금나라에서 휘종의 유해(遺骸)가 아닌 썩은 나무토막만 보내어 외로운 혼이 변방에 머물러 있다고 했으며, 성대중(成大中)은 휘종과 흠종의 고분(古墳)이 확실하다고 하면서 유약한 사람의 정녕이 깊은 원한을 품어 흩어지지 않았다고 평가했다(『고운당필기(古芸堂筆記)』 권2, 「鐵爐犀爵」; 『청성잡기(靑城雜記)』 권4, 「醒言 · 會寧皇帝塚」).

란이 있었다.[62] 하지만 위와 같은 지방관들의 경험과 그들이 가져온 유물들은 황제총이 휘종과 흠종의 무덤이라는 가설에 힘을 실어주었다.

오국성과 황제총에 대한 소문을 들은 영조는 황제총에 계체석(階砌石)이 없고 종포(從浦)에도 유사한 것이 있다는 전언에 반신반의했다.[63] 하지만 적어도 해당 지역에 대한 최소한의 보호가 필요하다고 판단했다.

> 지난번 듣건대 북도(北道)의 오국성에 휘종과 흠종의 무덤이 있다고 했는데, 그러한가? […] 그 **당시 고려에 길을 빌리려고 했다면 오국성은 필시 북도에 있었을 것이다. 이미 황제총이라 하고 무덤 모양도 있으니, 본도에 분부해서 땔나무를 하는 일과 가축 기르는 일을 금지하게 하라.**[64]

그는 오국성의 위치가 필시 조선 북도 어딘가에는 있을 것이라고 여기며, 휘종과 흠종의 무덤이라는 황제총 근처에서 땔나무를 하거나 가축 기르는 일을 금지시키는 등 해당 지역을 성역화하고 민간의 접근을 제한했다. 하지만 영조는 이것만으로는 미진하다고 여겼다.

1750년(영조 26) 1월 28일, 진하 겸 사은 정사로 파견되었던 조현명(趙顯命)이 청에서 귀국하면서 문천상의 화상(畫像)을 얻어 왔다.[65] 문천상은 남송 말기의 충신으로, 1275년(송 공종 1) 가재(家財)를 털어 의용군을 조직해 원군(元軍)에 대항했고, 1278년(송 단종 1)에 오파령(吳坡嶺)에서 포로로 잡혀 투항을 제의받았으나 거절한 후 3년 동안 북경에서 온갖 회유와 협박에도 굴하지 않다가 결국 시시(柴市)에서 처형된 인물이다.[66] 조선 조정에서는

62 『성호사설(星湖僿說)』 권2, 「天地門·五國城」.

63 『승정원일기』, 영조 8년(1732) 12월 4일.

64 『승정원일기』, 영조 17년(1741) 5월 21일, "頃聞北道五國城, 有徽·欽塚云, 然耶? […] 其時欲借道於高麗, 則五國城必在北道矣. 旣曰, 皇帝塚, 而有墓形, 則分付本道, 禁其樵牧, 可也."

65 『승정원일기』, 영조 26년(1750) 1월 28일.

66 『송사(宋史)』 권418, 「文天祥列傳」.

일찍부터 그의 충의를 숭상하고 풍속을 장려하고자 문집인 『문산집(文山集)』을 여러 차례 간행하여 반포한 바 있으며,[67] 숙종은 물론 영조도 제갈량, 악비와 함께 대표적인 충사(忠士)로서 문천상을 언급했다.[68] 그런 문천상의 화상이 우연히 조선에 유입된 것이다. 영조는 이 기회를 놓치지 않았다.

> 상이 이르기를, **이번 연행에서 얻은 문승상(文丞相, 문천상)의 화상을 보니**, 영기(英氣)가 사람을 쏘는 것을 깨닫지 못하고 정충과 의열(義烈)이 사람으로 하여금 공경하는 마음을 일으키게 한다. **일찍이 육진에 황제의 능과 오국성이 있다는데, 『송사』와 부합하므로 보수하라고 명했었다. 아! 문승상과 육수부(陸秀夫) 두 사람의 해를 꿰뚫는 충성은 백대가 지나도 사라지지 않는다. 지금 이곳에 사우(祠宇)를 세우고 두 사람을 제향하여 두 황제로 하여금 신하가 없는 데 신하가 있게 하고자 한다.**[69]

영조는 이전부터 육진에 있다는 황제총과 오국성의 소문을 들었고, 『송사』의 기록과 비교해보니 상당 부분 부합하다고 판단했기 때문에 그곳을 보수하도록 했다고 언급했다. 그리고 문천상의 화상을 얻게 된 상황에서 육진에 문천상과 또 한 명의 남송 말기 충신인 육수부를 기리는 사당을 세워 제향하고자 했다. 물론 문천상과 육수부는 휘종·흠종과는 직접적으로 관련이 없는 인물이었다. 그럼에도 영조는 황제총 근처에 사우를 세워 끝내 타향에서 생을 마치고 고국에서 제대로 대우받지 못한 흠종·휘종에

67 『성종실록』, 24년(1493) 1월 11일; 『선조수정실록』, 18년(1585) 7월 1일.

68 『승정원일기』, 영조 23년(1747) 7월 27일.

69 『승정원일기』, 영조 26년(1750) 2월 3일, "上曰, 今覽燕行攸得文丞相畫像, 覽也不覺英氣之射人, 精忠義烈, 令人起敬. 曾聞六鎭, 有皇帝陵五國城, 與宋史符合, 故其命修治矣. 噫, 文·陸兩人, 貫日之忠, 不朽百代. [···] 今於此處建宇祀兩人, 使二帝無臣而有臣."

게 일종의 배향공신(配享功臣)과 같은 존재를 만들어주고 싶었던 것이다.

영조의 건묘(建廟) 제안에 대신과 비국당상들의 의견이 일치되지 않은 가운데 대체로 반대의 목소리가 높았다. 물론 그들은 영조가 문천상의 화상을 보고 감흥을 느낀 점에는 공감한다고 전제했다. 하지만 황제총과 오국성에 대해 근거할 만한 사적이 없고, 있다고 하더라도 조선이 아닌 청 지역에 있을 것이라고 하며 그 신빙성에 의문을 제기했다. 그리고 단순히 충절을 이유로 육수부까지 배향 대상을 확대한 점에는 난색을 표했다.[70]

이에 영조는 한발 물러섰다. 그는 사우의 장소와 배향 대상에 대해 시(時)·원임(原任) 대신과 유신에게까지 수의(收議)하도록 하면서 중국 충신을 향사하는 대표적인 사우인 와룡사에 추배(追配)하는 대안을 제시했다.

두루 신료들의 의견을 수합한 결과, 영조는 북도에 문천상·육수부의 사우를 건립하는 애초의 계획을 포기하고 와룡사에 문천상만 배향하는 것으로 결정했다.[71] 의견 가운데에는 영조의 계획에 찬성하는 이도 있었고 백이·숙제를 모신 청성묘(淸聖廟)에 추배하거나 도성 밖 한지(閑地) 혹은 청성묘나 와룡사 인근에 건묘를 제안한 이들도 있었지만, 대부분의 신료들이 황제총과 오국성에 대한 근거의 부족을 재차 언급하고 배향 대상의 확대를 반대했기 때문이다.[72] 이에 영조는 6월 4일, 좌부승지 홍익삼(洪益三)을 와룡사에 파견하여 문천상을 추배했다. 전례에 따라 문천상은 위패(位牌)로 봉안되고 모사한 화상은 별도로 보관되었으며,[73] 영조가 제갈공명·악비·문천상에게 직접 지은 제문으로 각각 제향하도록 했다.[74]

그럼에도 영조는 휘종·흠종의 마지막 자취가 국내에 있다는 설을 마지

70 『승정원일기』, 영조 26년(1750) 2월 3일.

71 『승정원일기』, 영조 26년(1750) 3월 16일.

72 『승정원일기』, 영조 26년(1750) 2월 4일, 19일, 3월 14일.

73 『승정원일기』, 영조 26년(1750) 5월 25일, 7월 2일.

74 『열성어제』 권23, 英宗大王·文, 「永柔臥龍祠宋文信國追配時遣近侍致祭文」.

막까지 신뢰했던 것으로 보인다. 그는 북도에서 황제총을 직접 목격했던 동부승지 남태기(南泰耆)로부터 오국성과 황제총에 대해 재차 확인한 후 "어제 대신 2명은 오국성이 모두 저들의 땅에 있다고 했는데, 북도의 오국성은 과연 우리 지역에 있다."[75]라고 주장했다. 그리고 점차 고종에 대한 비판의 수위를 높여가는 와중에 휘종·흠종에 대한 추모도 잊지 않았다.[76] 1775년(영조 51) 80세가 넘은 영조는 북병사 이재학(李在學)을 파견하면서 다음과 같은 주문을 내렸다.

> **일찍이 북도에 휘릉(徽陵)과 흠릉(欽陵)이 있다고 한다. 지금 서로 주달(奏達)한 것을 들으니 과연 그러하다. 어릴 때 숭녕통보(崇寧通寶)를 보았는데, 이것은 예전에 전해져 내려온 것이었고**, 옛날에 소설을 보니, 어떤 사람이 얻은 옛 뼈를 모두 묻고 왔으니 이는 옛 제왕들의 유골로, 그날 밤에 모두 와서 술을 들며 치사(致辭)했다고 한다. 이러한 일들은 **비록 고사라 하더라도 허황된 것이 아니다**. […] 하물며 우리나라에서 세초(歲初)에 모두 묻어주도록 했다면 바로 옛 황제의 무덤이었을 것이다. 이로 인해 온 세상 사람이 함께 일어나 우리나라의 오국성에 온 것이니, 아, 수백 년이 지난 뒤에 그 봉분(封墳)이 아직도 남아 있다. […] **이번에 북평사가 돌아올 때 살펴보고 오면서, 만약 무너진 곳이 있으면 회령 부사에게 보수하게 하고, 무덤에 잡목이 있으면 그것을 제거하게 하라.** […] **또 가까운 곳에 시인(侍人)들의 무덤도 있다고 한다. 조용히 생각해보면, 아! 황제를 따라와서 육진의 고독한 혼이 된 것이니 생각건대 이 어찌 감동하지 않겠는가.** […] **시인의 무덤에는 본부(本府)의 좌수(座首)로 하여금 마침 새해 초를 맞이하여 술 한 그릇을 가지고 무덤들에 술을 붓게 하여, 한편으로는 80세를 감사히 여**

75 『승정원일기』, 영조 26년(1750) 2월 4일, "上曰, 昨日大臣以爲, 兩五國城, 皆在於彼地云, 北道五國城則果在於我地矣."

76 『승정원일기』, 영조 39년(1763) 10월 9일.

기는 나의 뜻을 보이고, 한편으로는 몇백 년 동안 고독한 혼령을 위로하도록 하라.[77]

어렸을 때 송 휘종의 연호인 숭녕(崇寧)이 새겨진 주화를 본 적 있던 영조는 이러한 이야기들을 모두 허황된 것으로만 치부하지 않았다. 이에 북평사에게 황제총의 무너진 곳이 있으면 보수하게 하고 무덤의 잡목을 제거하도록 했다. 아울러 근처에 있던 시신총에도 술을 뿌려서 자신이 80세가 되었음을 기념하고 고독한 혼령들을 위로하게 했다. 영조의 어명을 받은 이재학은 약 2개월 뒤에 복명했다. 그는 어명대로 황제총을 살피고 시신총 300여 기에 술 한 잔씩을 부었다.

황제총에 대한 관심과 조치는 여기서 끝나지 않았다. 이재학은 돌아오는 길에 백일장을 열어 시제(詩題)로 '임금이 북평사에게 황제의 무덤을 가서 살펴보라고 명했다'를 내리고, 부제(賦題)로 '시신총에 술을 뿌렸다'를 내렸던 것이다. 사실 황제총은 험난한 운두산성 인근에 위치했기 때문에 인가와는 거리가 멀어 자세히 아는 이가 드물었다. 그래서 처음에 유생들은 이와 같은 시제와 부제를 들었을 때 제대로 파악하지 못했다. 이에 이재학이 전교를 내보이며 설명해주니 비로소 이해했고, 국왕이 이러한 조치를 칭찬하지 않는 이가 없었다고 보고했다.[78] 이재학이 서둘러 돌아오길 기다리던 영조는 매우 만족하며 본 행사를 일단락 지었다.[79]

77 『승정원일기』, 영조 51년(1775) 1월 16일, "傳敎曰, 曾聞北道, 有徽·欽陵云矣. 今聞相奏, 果然. 幼時, 見崇寧通寶, 此古所遺傳, 昔見小說, 有一人得古骨, 皆埋而來, 此古帝王骨, 其夜皆來, 擧酒致謝云. 此等事, 雖古事, 非謊誕也. [⋯] 況我國歲初, 皆令埋瘞, 則旣古皇帝之塚乎. 因此興惟以一統宇宙之人, 來我國五國城, 噫, 幾百年後, 其封尙在. 今番北評事回來時, 審見以來, 若有頹圮處, 令會寧府使修補, 於塚若有雜木, 其令去之. [⋯] 且聞近地亦有侍人諸塚云. 靜而思之, 嗚呼, 隨皇帝而來爲六鎭孤魂, 思此豈無感動. [⋯] 侍人塚, 令本府座首, 況當歲初, 持一器酒, 灑酒諸塚, 一以示予八旬感舊之意, 一以慰幾百年孤魂."

78 『승정원일기』, 영조 51년(1775) 1월 25일, 2월 14일, 3월 14일.

79 『어제문고전(御製問古錢)』(장서각, K4-2170); 『어제강개음(御製慷慨吟)』(장서각, K4-833).

이렇듯 영조는 휘종과 흠종의 무덤이라고 알려진 황제총에 대해 일시적이기는 했으나 국가 차원에서 관심을 보이고 관리했으며, 비록 그들을 위한 묘우를 세우지는 못했지만 말년까지 휘종과 흠종의 안타까운 영혼을 위로하고자 했다. 이러한 영조의 행위는 조정의 신료는 물론 인근 지역민들에게 황제총의 존재를 재조명하고 인식시키는 데 기여했다.

5. 맺음말

82세 영조는 낮잠을 자다가 자신이 정묘년생이 되는 꿈을 꾸었다. 경종이 영조보다 6세 위인 무진년생이므로, 정묘년생이면 경종보다 한 살 위의 형이 되는 셈이었다. 영조가 형이었다면 즉위 과정의 불필요한 오해와 억울한 울분이 없었을 것이라고 생각했던 것일까. 영조는 꿈에서 나이를 속이는 자신을 보며 은근히 그런 마음을 품고 있었던 것은 아닌지 생각하며 못내 부끄럽고 송구스럽다고 자조(自嘲)했다.[80]

전술한 대로 영조는 세제로 책봉되고 국왕으로 등극하는 과정에서 노·소론의 붕당에 휘말려 많은 음해와 규탄을 받았다. 비록 인원왕후(仁元王后)가 언급한 '삼종혈맥(三宗血脈)'을 근거로 정당성을 겨우 확보했으나, 이면에 내재된 갈등과 불만은 무신란으로 귀결되었고, 이후에도 크고 작은 반란이 끊임없이 시도되었다. 이에 영조는 숙종과 경종에 대한 효성(孝誠)과 우애(友愛)를 거듭 언급했는데, 이러한 경향은 재위 말년까지 지속되었

80 『어제강개(御製慷慨)』(장서각, K4-676), "料表昨晝有夢 其夢何丁卯生 憶昔年慰懃此 其冒年誠料表 果若此豈特恧 於昔年誠悚然 [···] 今晝夢若指導 何敢黙湏下問 因夢問自謂何 其果然何以然 慨予此若面命 丁卯一戊辰一."

다. 즉, 숙종이 시행했던 대보단(大報壇) 증수·북한산성(北漢山城) 수축과 같은 대규모 사업은 물론, 악비에 대한 치제와 같은 상대적으로 사소해 보이는 행위에 이르기까지 부친의 업적을 계승하여 계지술사(繼志述事)의 의도를 분명히 드러냈다. 또한 자신이 왕위에 오를 수 있도록 기반을 마련해준 경종의 은덕을 기리고, 그 은혜에 온전히 보답하지 못하는 안타까움을 표하며 다양한 어제를 남겼다.[81] 영조는 숙종과 경종을 추모하며 '황고(皇考, 숙종)-황형(皇兄, 경종)-사왕(嗣王, 영조)'으로 이어지는 혈연관계를 강조함으로써 자신의 정통성을 한층 보강하고 무고를 입증하고자 했다.[82]

영조가 송 고종을 비평하는 것도 특수한 그의 입장이 반영된 측면으로 해석할 수 있다. 송 고종과 영조는 다소 이례적인 승계 과정을 거쳤다는 공통점이 있었다. 물론 송 고종은 선황들이 인질로 잡히고 국가적 멸망이라는 대위기를 타개해야 했으므로 영조보다 훨씬 어려운 상황이었음은 부정할 수 없다. 하지만 두 사람 모두 부친과 형을 군주로 모셨고 형의 왕업을 동생이 계승했으며, 그 과정에서 선대에 대한 부채의식을 지니고 있었다는 점은 주목할 만하다.

이러한 공통점은 영조가 고종에게 일종의 공감대를 형성할 수 있는 배경이 되었다. 영조는 기본적으로 휘종과 흠종이 납치되어 중원에 주인이 없던 상황에서 고종이 제위에 오른 것은 타당하다고 여겼다. 나라에 하루라도 군주가 없어서는 안 되기 때문이었다. 영조 역시 경종이 후사가 없고 병환이 있었기 때문에 아우임에도 불구하고 효종-현종-숙종을 잇는 혈육으로서 국가의 안정과 왕실의 번영을 위해 왕위를 계승할 수밖에 없었다.

81 『어제강개음(御製慷慨吟)』(K4-797); 『어제강개음(御製慷慨吟)』(K4-839): 『어제기회(御製紀懷)』(K4-1615); 『어제만회(御製萬懷)』(K4-1857); 『어제맹하(御製孟夏)』(K4-1929); 『어제명년임진(御製明年壬辰)』(K4-1941); 『어제속권효제문(御製續勸孝悌文)』(K4-2753); 『어제속상체장지(御製續常棣章識)』(K4-2755); 『어제속효제문(御製續孝悌文)』(K4-2760); 『어제양일례(御製兩日禮)』(K4-3096). 이상 장서각 소장.

82 김백철(2010), 앞의 책, 85쪽.

동시에 영조는 고종의 국정 운영을 비판함으로써 그와의 차별성을 강조했다. 영조가 판단했을 때, 고종이 남송을 건국하고 나서 최우선 과제는 부형의 귀환이었다. 비록 휘종과 흠종이 인질로 있었던 만큼 즉위 초반에는 다소 미온적이고 소극적인 대외정책을 취할 수도 있었다. 금을 섣불리 도발했다가 자칫 부형의 안위를 위협할 수 있었기 때문이다. 그리고 이미 그들이 승하한 뒤라면 그 억울한 원한을 풀기 위해서라도 금으로 북진해야 했다. 심지어 고종에게는 그런 의지를 지니고 전술을 구사할 수 있는 장수도 있었다. 만약 남송의 군사력만으로 역부족이라면 성심성의를 다해 고려와 연합하도록 다방면으로 대책을 강구해야 했다. 그러나 고종은 주전론을 주장하는 장수를 버렸고, 남송에서 안일하게 지내면서 끝내 금과의 강화정책에 안주했다.

바로 여기에서 영조는 '자신'이라면 그렇게 하지 않았을 것임을 강조하며 흠종이 돌아왔을 때 고종이 마땅히 취해야 할 행동에 대해서 자신의 견해를 밝혔다.

> 나의 생각에 고종의 도리로 말하자면, **흠종이 만약 돌아온다면 마땅히 지위를 양위(讓位)해야 했을 것이고, 흠종이 듣지 않는다면 또 마땅히 울며 청해야 했을 것이며, 흠종이 만약 스스로 태상황(太上皇)이 된다면 고종이 매사를 반드시 여쭌 연후에야 자제의 도리를 다할 수 있었을 것**이다. **당시 신하들은 진실로 앙청(仰請)하기 어려웠더라도 고종으로서는 이것이 당연한 도리였다. 송나라 천하는 바로 예조(藝祖, 태조)의 천하이지 고종의 천하가 아니다.** 사관은 이 말을 자세히 기록하라. **나는 항상 고종을 바르지 못한 사람이라고 여겼으니, 흠종을 맞이한 뒤에야 '나를 어디에 둘 것인가?'라고 마음을 먹었기 때문이었다.** 부형이 한강(漢江) 북쪽에 갇혀 있는데, 어찌 차마 궁중에서 비둘기만 기르는가.[83]

영조는 흠종이 돌아오면 고종은 지위를 양위해야 하고, 흠종이 거절하면 고종은 울면서 청해야 하며, 흠종이 태상황이 되면 고종은 매사에 여쭈어야지 자제의 도리를 다할 수 있다고 여겼다. 당시 신하들이 주저하여 감히 청하지 못했다면 고종이 먼저 나서서 해야 했다. 고종이 통치하고 있는 천하는 송 태조가 만든 천하일 뿐 고종의 천하가 아니기 때문이었다. 그러나 영조는 흠종이 귀국한 뒤에야 고종이 자신의 지위를 고민했을 것이고, '분명 양위하지 않았을 것'이라고 확신했다.[84]

영조는 자신은 고종과 다르다고 확신했다. 그는 즉위 과정에서 억울하게 오해를 받더라도 선대에 대한 예우와 의리를 지키고자 노력했기 때문이다. 1746년(영조 22) 조정에서는 이조판서 박필주(朴弼周)가 제기한 '『어제자성편(御製自省篇)』에서 경종에게 병환이 있었다는 문구[違預][85]가 포함된 것처럼 『어제대훈(御製大訓)』에도 추가하여 반란의 근거를 근본적으로 제거하자'는 논의가 진행 중이었다.[86] 1725년(영조 1)에도 거론되었다가 무산되었던 본 사안에 대해 영조는 긍정적으로 수용하면서도 조심스러운 태도를 취했다.[87] 그러면서 형인 송 태조를 독살하고 찬탈의 혐의를 받았던 아우 태종의 촛불 그림자 사건[촉영부성(燭影斧聲)]을 비판하고, 형 휘종

83 『승정원일기』, 영조 32년(1756) 1월 18일, "敎曰, (昨以宋高宗事, 問于儒臣, 則皆不能答,) 而予意則高宗之道, 欽宗若歸, 則當讓位, 欽宗不聽, 則又當泣請, 欽宗自爲太上皇, 則高宗每事必稟而行之然後, 可盡子弟之道, 當時群下, 誠難仰請, 而在高宗道理, 則此爲當然, 宋之天下, 卽藝祖天下, 非高宗天下也. 仍敎曰, 史官詳錄此言. [⋯] 予常以高宗爲 不足者, 必以迎接欽宗後, 置我於何地爲心矣. 父兄囚在漢北, 何忍養鴿於宮中乎."

84 『승정원일기』, 영조 32년(1756) 1월 17일, "上曰, 高宗於欽宗之來, 何以處之? 仁孫曰, 當爲太上皇矣. 上曰, 高宗宜讓位, 而似不爲矣."

85 『어제자성편(御製自省編)』(장서각, K4-4104), "以皇兄凜然, 無欲之至德, 因其違豫, 欲令予分苦, 而不忍奉承."

86 이동화(2019), 앞의 글.

87 당시 우의정 민진원(閔鎭遠)과 좌의정 정호(鄭澔)가 경종의 질환을 중외에 포고하고 고묘(告廟)하여 의리를 밝힐 것을 제안했으나, 사관 정석삼(鄭錫三)과 송인명(宋寅明) 등의 반대로 무산되었다. 훗날 영조는 '무신란 이후에야 송인명이 반대했던 것을 후회했고, 정석삼이 살아 있었어도 그렇게 여겼을 것'이라고 평가했다. 『승정원일기』, 영조 1년(1725) 4월 2일, 8일, 영조 22년(1746) 5월 24일.

의 복귀를 외면한 아우 고종을 문제 삼으며 자제(子弟)된 도리를 재차 강조했다.[88] 그리고 결국 별도의 어제를 작성하는 것으로 경종에 대한 예우를 지키며 본 사안을 처리했다.[89] 동생으로서 차마 경종의 병환을 『어제대훈』에 기술하는 것에 부담을 느꼈던 것이다.

그런 의미에서 와룡사와 황제총은 영조가 고종을 대신해 흠종·휘종·악비를 추모하는 장소로 활용함으로써 자신의 입장과 인식을 간접적으로 드러낼 수 있는 공간이었다. 부형에 대한 부채의식을 지닌 영조는 고종에게 자신을 투영하여 두 황제의 무덤이라고 알려진 황제총을 정비하고, 그들을 기리기 위해 묘우를 세워 문천상을 배향공신으로 삼고자 했으며, 황제들을 귀환시키고 중원을 회복하는 마지막 기대주인 악비를 모신 와룡사에 치제했다. 다시 말해 단순히 조정 혹은 경연 자리에서 언급하는 데 그치는 것이 아니라, 흠종·휘종과 직간접적으로 관련 있는 황제총과 와룡사라는 기념비적인 장소를 특정하여 국왕이 직접 관리하고 위로함으로써 조정 내외의 신민에게 효성과 우애를 구체적으로 보여주었다. 이를 통해 영조는 선왕으로부터 왕위를 계승받는 과정에서 생긴 오해와 갈등을 해소하여 왕권의 정당성을 확립하고, 부형에게 효제의 인륜을 실천하고자 하는 의지를 선제적으로 표명함으로써 궁극적으로 신민들에게 왕실과 국가에 대한 충효 사상을 이행하도록 촉구하고자 한 것이었다.

88 『승정원일기』, 영조 22년(1746) 5월 24일.

89 『열성어제』 권36, 「英宗大王文·書示意垂後世」. 물론 이는 영조가 노론 주도의 위예론(違預論)을 일정 정도 수용해 타협했다고 해석될 여지가 있다. 실제로 영조는 1755년(영조 31) 나주괘서 사건[乙亥獄事]이 일어나자 끝내 『천의소감(闡義昭鑑)』에서 '유병(有病)'으로 표기했기 때문이다[김백철(2010), 앞의 책, 84쪽]. 그럼에도 영조는 즉위 초부터 이어진 경종에 대한 건강 문제 공론화에 대해 30년 동안 고뇌했고 여러 차례 거부 의사를 드러냈다는 사실에 스스로 의의를 두었다.

참고문헌

1. 자료

조선왕조실록(朝鮮王朝實錄).

『승정원일기(承政院日記)』.

『강재집(剛齋集)』.

『고려사절요(高麗史節要)』.

『고운당필기(古芸堂筆記)』.

『곤륜집(昆侖集)』.

『남당집(南塘集)』.

『동사강목(東史綱目)』.

『삼연집(三淵集)』.

『삼충사(三忠祠)』(한국학중앙연구원 장서각, RD04270).

『성호사설(星湖塞說)』.

『송사(宋史)』.

『아계유고(鵝溪遺稿)』.

『어제강개(御製慷慨)』(한국학중앙연구원 장서각, K4-676).

『어제강개(御製慷慨)』(한국학중앙연구원 장서각, K4-690).

『어제강개음(御製慷慨吟)』(한국학중앙연구원 장서각, K4-797).

『어제강개음(御製慷慨吟)』(한국학중앙연구원 장서각, K4-833).

『어제강개음(御製慷慨吟)』(한국학중앙연구원 장서각, K4-839).

『어제고계사금기축수향전향일록(御製故癸巳今己丑受香傳香日錄)』(한국학중앙연구원 장서각, K4-1125).

『어제기회(御製紀懷)』(한국학중앙연구원 장서각, K4-1615).

『어제만회(御製萬懷)』(한국학중앙연구원 장서각, K4-1857).

『어제맹하(御製孟夏)』(한국학중앙연구원 장서각, K4-1929).

『어제명년임진(御製明年壬辰)』(한국학중앙연구원 장서각, K4-1941).

『어제명운각인정충록기회(御製命芸閣印精忠錄紀懷)(한국학중앙연구원 장서각,

K4-1988).
『어제문고전(御製問古錢)』(한국학중앙연구원 장서각, K4-2170).
『어제서간지회배(御製書干支懷倍)』(한국학중앙연구원 장서각, K4-2542).
『어제속권효제문(御製續勸孝悌文)』(한국학중앙연구원 장서각, K4-2753).
『어제속상체장지(御製續常棣章識)』(한국학중앙연구원 장서각, K4-2755).
『어제속효제문(御製續孝悌文)』(한국학중앙연구원 장서각, K4-2760).
『어제양일례(御製兩日禮)』(한국학중앙연구원 장서각, K4-3096).
『열성어제(列聖御製)』.
『열성진강책목록(列聖進講冊目錄)』(한국학중앙연구원 장서각, K2-4655).
『청성잡기(青城雜記)』.
『회찬송악악무목왕정충록(會纂宋岳鄂武穆王精忠錄)』(한국학중앙연구원 장서각, K2-888).

〈해동지도(海東地圖)〉(서울대학교 규장각한국학연구원, 古4709-61).

2. 논저

강신엽, 「조선시대(朝鮮時代) 대사례(大射禮)의 시행(施行)과 그 운영(運營): 『대사례의궤(大射禮儀軌)』를 중심으로」, 『조선시대사학보』 16, 2001.
계승범, 「조선후기 대보단 친행 현황과 그 정치·문화적 함의」, 『역사와현실』 75, 2010.
권연웅, 「조선 영조대의 경연」, 『동아연구』 17, 1989.
권오영, 「영조의 제왕학 학습과 정치이념」, 『영조의 국가정책과 정치이념』, 한국학중앙연구원 출판부, 2012.
김문식, 「영조(英祖)의 국왕책봉(國王冊封)에 나타나는 한중(韓中) 관계」, 『한국실학연구』 23, 2012.
김문식, 「18세기 단종 유적의 정비와 〈월중도(越中圖)〉」, 『장서각』 29, 2013.
김백철, 『조선후기 영조의 탕평정치』, 태학사, 2010.
김백철, 『두 얼굴의 영조』, 태학사, 2014.
김세은, 「『의주등록』을 통해 본 영조 대의 국가 의례와 왕실 행사: 영조 대 전반기를 중심으로」, 『진단학보』 135, 2020.
김우진, 「영조의 단경왕후(端敬王后) 신씨(愼氏) 복위(復位)와 의의: 복위(復位) 부묘(祔廟) 의례를 중심으로」, 『동양고전연구』 90, 2023.

김우진, 「1771년 영조의 '명기집략(明紀緝略) 사건' 처리와 조선 왕실 계통의 재정립」, 『조선시대사학보』 110, 2024.
김자현, 『왕이라는 유산: 영조와 조선의 성인군주론』, 너머북스, 2017.
김중권, 「조선조(朝鮮朝) 경연(經筵)에서 영조(英祖)의 독서력(讀書歷) 고찰(考察)」, 『서지학연구』 79, 2019.
김지영, 「영조대(「英祖代) 친경의식(親耕儀式)의 거행과 『친경의궤(『親耕儀軌)』」, 『한국학보』 107, 2002.
김지영, 「조선 후기 관왕묘 향유의 두 양상」, 『규장각』 49, 2016.
김지영, 『길 위의 조정』, 민속원, 2017.
김지영, 「영조대 대보단의 장소성」, 『한국학연구』 76, 2025.
김호, 「영조(「英祖)의 대보단(大報壇) 증수와 명(明) 삼황(三皇)의 향사(享祀)」, 『한국문화』 32, 2003.
남호현, 「조선후기 관왕묘(關王廟)에 대한 인식의 전환과 그 의미」, 『역사와현실』 101, 2016.
노관범, 「영조동궁일기(英祖東宮日記)로 보는 왕세제(王世弟)의 서연(書筵)과 미시정치(微視政治)」, 『규장각』 33, 2008.
노대환, 「숙종 영조대 대명의리론(對明義理論)의 정치 사회적 기능」, 『한국문화』 32, 2003.
노혜경, 「영조대(「英祖代) 황조인(皇朝人) 대한 인식」, 『동양고전연구』 37, 2009.
서세영, 「영조 초기 『論語』 경연의 특징」, 『동방학지』 206, 2024.
안소리, 『영조대(英祖代) 사책변무(史冊辨誣)에 관한 연구: 『명사(明史)』의 조선기사(朝鮮記事)를 중심으로』, 성균관대학교 박사학위논문, 2018.
윤정, 『국왕 숙종, 잊혀진 창업주 태조를 되살리다』, 여유당, 2013.
이근호, 「16~18세기 '단종복위운동' 참여자의 복권 과정 연구」, 『사학연구』 83, 2006.
이동화, 「영조대 위예론(違豫論)과 그에 기반한 역사 인식: 남송(南宋)에 대한 이해를 중심으로」, 『조선시대사학보』 88, 2019.
이성형, 「대명의리론(對明義理論)의 추이(推移)와 조선관왕묘(朝鮮關王廟): 선조(宣祖)~숙종연간(肅宗年間)을 중심으로」, 『한국한문학회』 53, 2014.
이해임, 「영조대 『맹자(孟子)』 경연의 정황과 맹자에 대한 인식 고찰」, 『동양철학』 58, 2022.
이현진, 「조선후기 단종 복위와 충신 현창」, 『사학연구』 98, 2010.

임혜련, 「조선 영조대 친잠례(親蠶禮) 시행과 의의: 1767년(영조 43) '정해친잠'을 중심으로」, 『장서각』 25, 2011.
장민영, 「조선(朝鮮) 영조대(英祖代) '명기집략사건(明紀輯略事件)'의 정치적(政治的) 성격(性格)」, 서강대학교 석사학위논문, 2010.
정경희, 「영조후반기(英祖後半期)(1749년~1776년) 경연(經筵)과 영조(英祖)의 의리론(義理論) 강화」, 『역사학보』 162, 1999.
정만조, 「영조대(英祖代) 어연(御宴)의 설행논의(設行論議) 관한 일고찰(一考察)」, 『한국학논총』 20, 1998.
정만조 외, 『영조의 국가정책과 정치이념』, 한국학중앙연구원 출판부, 2012.
정재훈, 「영조의 제왕학과 국정운영」, 『한국사상과 문화』 77, 2015.
정해은, 「조선후기 선조(宣祖)에 대한 현창과 그 의미」, 『조선시대사학보』 66, 2013.
조지형, 「조선 전기 "악비(岳飛)" 고사(故事)의 수용과 인물 형상의 정립 과정」, 『대동문화연구』 77, 2012.
지두환, 「조선후기 영조대(英祖代) 경연과목(經筵科目)의 변천: 조선성리학(朝鮮性理學) 확립과 관련하여」, 『진단학보』 81, 1996.
허태용, 『조선후기 중화론과 역사인식』, 아카넷, 2009.
홍승태, 「남송(南宋) 악비(岳飛)에 대한 조선 왕조의 충신(忠臣) 현창과 그 의미」, 『중국학연구』 93, 2020.

6장

영조 대 대보단의 장소성

김지영

1. 머리말

대보단은 1704년(숙종 30) 12월 창덕궁 금원의 서쪽 요금문 밖에 세워졌다. 조선의 사직 제도를 모방해 쌓은 사방 25척 규모의 제단이었다. 제단으로 오르려면 9단의 층계를 거쳐야 했다. 제단을 둘러싼 유(壝)라는 이름의 낮은 담장 밖에는 다시 바깥 담장을 쌓아 지나는 사람들이 내려다볼 수 없게 했다.[1] 명나라 신종의 재조번방(再造藩邦) 의리를 기념한 이 제단에서의 첫 제향은 1705년 3월 9일에 올려졌다.[2] 제향 때에는 황색의 천막 전각을 세우고 탁상 위에 '대명 신종황제 신위(大明 神宗皇帝 神位)'라는

* 이 글은 김지영, 「영조대 대보단의 장소성」, 『한국학연구』 76, 2025를 수정·보완한 것이다.

1 『숙종실록』, 30년(1704) 12월 21일.

2 『숙종실록』, 31년(1705) 3월 9일.

글씨를 적은 황색 지방을 붙인 검은 목패를 두어, 그곳에서 제향받는 이가 누구인지 밝혔다. 제향이 끝나면 지방은 불태워졌고, 아무 이름도 적지 않은 목패는 다시 나무 상자 안에 보관되었다.

이후 왕을 대신하는 섭행 제의 때의 의례, 사직제를 참조해 쓴 음악 등을 수정했고,[3] 왕의 친제도 계속되었다. 왕이 창덕궁이 아닌 다른 궁궐에 있을 때에도 창덕궁의 향실에서 대보단까지 전향하게 하는 등[4] 제향 사실이 공공연히 알려지지 않도록 유의했다고 한다. 그러나 1711년(숙종 37) 연은문 괘서사건을 통해 알 수 있듯이, 해외는 몰라도 국내에선 이미 알 만한 사람들은 다 아는 제향이었다.[5]

숙종 대 구축된 대보단은 조선의 사대주의를 상징하는 공간으로 배척되면서 오랫동안 연구자들에게 외면받아왔다. 이를 비판하면서 해당 시대의 맥락 속에서 대보단이 가진 위치를 재조명하고자 했던 정옥자의 논문이 제출된 지 벌써 40년이 흘렀다.[6] 명이 멸망한 후에 조선이 중화문화를 계승할 유일한 주체가 되었다는 인식, 복수설치(復讎雪恥) 의지를 내수외양(內修外攘)과 자강(自强)을 위한 노력으로 전환하려는 시도와 연결 지어 대보단이라는 장소의 시대적 의미를 긍정적으로 읽어낸 연구였다. 이후 수십 년이 지나는 동안 이 논의를 보완하거나 반박하며 대보단뿐 아니라 대보단을 구축해냈던 당대의 사유들, 대명의리론, 존주론, 조선중화주의에 대한 많은 연구가 나왔다.[7] 현실 중국에 대한 사대가 아니라 '문화적 중

3 『숙종실록』, 32년(1706) 2월 26일, 27일.

4 『숙종실록』, 36년(1710) 3월 3일.

5 『숙종실록』, 37년(1711) 4월 30일.

6 정옥자, 「대보단 창설에 관한 연구」, 『변태섭박사화갑기념사학논총』, 삼영사, 1985.

7 대표 연구서는 다음과 같다. 정옥자, 『조선후기 조선중화사상 연구』, 일지사, 1998; 김문식, 『조선후기 지식인의 대외관계』, 새문사, 2009; 허태용, 『조선후기 중화론과 역사인식』, 아카넷, 2009; 계승범, 『정지된 시간: 조선의 대보단과 근대의 문턱』, 서강대학교 출판부, 2011; 우경섭, 『조선중화주의의 성립과 동아시아』, 유니스토리, 2013; 허태구, 『병자호란과 예, 그리고 중화』, 소명출판, 2019; 배우성, 『중화: 사라진 문명의 기준』, 푸른역사, 2024.

화', 즉 비패권적 유교문화에의 지향, 구체적으로 유교의 '왕도', '의리', '예제와 인륜'이라는 핵심 가치의 계승 및 실천 의지와 연관된 것으로 읽어내려는 연구들이었다. 그러나 2025년 현재, 대보단에 대한 부정적 인식은 여전하다. 특히 대보단을 당대의 '문화적 중화론', 보편중화론, 왕도론, 주자학 정치론, 예치론과 연결해 설명하는 방식보다는, 18세기 국왕의 왕권에 대한 욕망, 노론 지배층의 정권 유지 등 현실정치·정파적 이해관계와 엮어낸 설명이 더욱 널리 받아들여지면서, 국내외적 난국을 타개하고 조선을 개혁하고 재건하려던 노력과는 무관한, 비현실적이고 비정상적 상황을 만들어낸 주범이라는 인식은 도리어 더 강화되었다. 대보단 건립 320년이 된 오늘날 대보단은 많은 연구자와 역사에 관심 있는 대중에게 '지워버리고 싶은' 어떤 존재이다.

이 같은 대보단 인식을 형성시키는 데 크게 기여한 것이 영조 대 대보단이다.[8] 영조는 대보단이라는 장소에 두 명의 명 황제를 추가했다. 명의 마지막 황제 의종과 명 태조 홍무제가 그들이다. 숙종 대 건립된 대보단의 이름에 있는 '보(報)' 자는 은혜를 갚는다는 의미이다. '대명의리론=존주론'의 맥락에 서지 않아도, 명 신종과 '은혜 갚음'은 바로 연결되고 이해가 쉽다. 그런데 추가된 두 명, 그중에서도 명 태조 추가 향사는 이해하기 어려웠다. 많은 연구자가 자신의 정치적 반대자를 무자비하게 숙청한 폭군이자 강력한 황제전제체제의 수립자로 알려진 명 태조 홍무제를 대보단에 올린 것은 숙종 대 대보단의 맥락, 즉 '은혜 갚음'에서 벗어난다고 보았고, 그 결과 '은혜 갚음' 대신 다른 이유로 추가되었다는 설명에 힘이 실렸다.[9] 이로 인해 대보단 향사가 지속되었던 18~19세기 조선에서 공유된

8 영조 대 대보단의 의미를 다룬 주요 연구로 김호, 「영조의 대보단 증수와 명 삼황의 향사」, 『한국문화』 32, 2003; 이근호, 「영조(英祖)의 명(明) 태조(太祖) 이해와 황단병사(皇壇幷祀)」, 『조선시대의 정치와 제도』, 집문당, 2003; 이욱, 「조선후기 전쟁의 기억과 대보단 제향」, 『종교연구』 42, 2006; 계승범(2011), 앞의 책 등이 있다.

9 김자연(2017), 앞의 책, 72~73쪽; 김호(2003), 앞의 글, 194쪽; 이욱(2006), 위의 글, 150쪽; 허태

중화 담론에 대한 부정적 인식도 불식되지 않았다. 즉, 청이 주도하는 질서나 새로운 전환기적 위기 속에서도 조선이 내치와 외교상의 기조를 중화문명론과 유교적 경세론의 차원에서 이어가려는 실천 담론이자 문명적 정체성 담론으로 설명하기보다는, 명 '통(統)' 계승, 즉 허구적인 정통성 계승을 정치적으로 활용하려는 국내 정파 간, 군신 간의 정쟁용 담론으로 이해해보려는 방식이 우위를 점했다.

특히 후자는 군신공치(君臣共治)의 오랜 정치 구조와 천리(天理)의 제약에서 벗어나 왕권을 강화하려 했다는 탕평군주론과 얽히며 더욱 힘을 얻었다. 강력한 왕권 또는 국가 관료체제 강화를 기반으로 군주 중심의 개혁을 추구했다는 설명은 쉽게 이해가 가는 반면, 조선이 계승하려 했다는 문화적 정체성이나 보편문화 또는 문명론의 천명이 적극적 개혁이 필요했던 당시 조선 현실 속에서 가지는 의미가 무엇인지는 잘 납득되지 않았기 때문이다. 두 차례 전쟁에서 생존한 것을 넘어 조선이라는 정치공동체의 존재 이유를 다시 설득하고 그에 걸맞게 내실을 갖추어 지속 가능한 좋은 나라를 만들어내야 했던 시기에 조선 정부는 왜 대보단을 만들고 유지하는 것을 넘어 확장해야 했을까. 이를 설명하지 못한다면 꼭 근대를 상정하지 않더라도, 조선의 역사적 시간을 멈추게 한 주범이라는 굴레를 벗어나지 못할 것이다.

이 글은 영조 대 대보단 증수에는 중국의 구원병 파견에 대한 감사를 넘어 건국기 조선의 내치와 외교정책의 중요 원칙을 재확인하고, 이에 기반하여 재조(再造) 조선 혹은 조선 중흥(重興)의 방향성을 설정하고 적극적으로 제도 개혁을 해나가려는 실천적 목적이 있었음을 새롭게 밝히려 한다. 이를 위해 1749년의 사료로 되돌아가 명 태조를 포함한 삼황 병향(幷享)을 왕권이나 특정 정파의 정치적 이해관계와 연결 지었던 선행 연구들을 반박하고, 명 태조 향사로 확장된 영조 대 대보단의 장소성을 새롭게

용(2009), 앞의 책, 128~129쪽; 계승범(2011), 앞의 책, 111~121쪽.

제시하려 한다.

글의 순서는 다음과 같다. 첫째, 명 의종과 명 태조의 추가 향사에 신하들의 논리와, 병향을 고집하던 영조의 논리를 교차 검토하며 숙종 대 대보단의 의미에서 벗어났는지 여부를 살펴볼 것이다. 둘째, 병향된 세 황제의 제향 형식, 특히 제단 배치를 둘러싼 논의를 분석하여 하나의 단에 세 황제를 독립적으로 배치하는 제단 구조가 갖는 의미를 검토하려 한다. 셋째, 명 태조 향사의 명분을 재검토한다. 영조는 명 태조가 조선이라는 국호를 정해주었기 때문에 대보단에 올릴 수 있다고 주장하며 '대조(大造)'의 공덕을 제시했다. '기자', '주무왕', '조선후책봉'을 핵심어로 하는 조선 국호론을 재검토하여 영조가 제기한 대조론(大造論)의 의미를 재론해보려 한다. 이를 바탕으로 영조가 명 태조를 추가 향사함으로써 조선 건국과 15세기 국가 체제의 의미를 재인식한 토대 위에서, 18세기 조선의 내치와 외교의 방향을 명확하게 재설정하고 국정 운영과 국가 개혁을 추진하고자 했음을 주장하고자 한다. 넷째, 대보단 증수 이후 50년 동안의 대보단 운영을 검토해, 영조 대 대보단의 장소성이 영조 대 후반에도 명확하게 유지되면서 정조 대로 이어지고 있는지 살펴볼 것이다.

2. 1749년 대보단 증수 논의의 쟁점

1) 명 의종과 명 태조 추가 향사 논의의 추이

1749년 대보단 증수 논의는 『명사』「조선전」을 읽은 홍문관 응교 황경원이 올린 글에서 출발했다.[10] 병자호란이 일어나자 조선이 1637년 정월

명에 원병을 요청했는데, 『명사』를 보니 의종 황제가 군사를 이끌고 출병하게 했던 사실이 있다며 명 의종에 대한 추가 향사를 주장한 것이다. 영조는 즉시 홍문관에 소장된 『명사』를 가져와 해당 부분을 읽었다.[11] 숙종 때 대보단 설치와 관련된 기록들도 가져와 검토했다. 다음 날 영조는 명 의종이 어려운 상황 속에서도 조선을 구원하려 했던 일을 거론하며 신종과 함께 제향하고자 했다. 영조와 달리 대신과 예조 당상은 증수와 추가 향사에 신중한 입장을 냈다. 영의정 김재로(金在魯)는 숙종이 신종만을 위해 대보단을 지었던 점을 강조했고, 예조판서 김약로(金若魯)도 두 황제 간 은혜의 경중이 있다고 했다.

영조는 먼저 김약로의 주장을 논파했다. 청나라 병사가 요양(遼陽)에 가득하고 흘러들어온 적들이 중원(中原)에 이르렀는데도 바다 건너 멀리 군사를 보내 '속국(屬國)'[12]을 구원하려 했던 점을 들어 의종의 은혜도 신종에 못지않다고 보았다. 중국 양주(襄州) 지방 백성들이 천년이 지난 후까지 주나라 소왕(昭王)을 기려 띠 풀로 지은 작은 집에서 제사 지낸 일까지 거론하며, 불과 백 년이 지났을 뿐인데 의종 제향에 반대하는 논의를 은근히 비판했다.[13] 숙종이 신종만을 위해 대보단을 지었던 점을 강조하는 김재로

10 대보단에 명 의종을 추가하게 된 내력의 서술은 김호(2003), 앞의 글, 183~186쪽을 참조했다.

11 『명사(明史)』「조선전(朝鮮傳)」의 해당 부분을 정리하면 다음과 같다. ① 숭정 10년(1637, 인조 15) 청 태종이 조선을 친히 정벌하여 맹약을 어기고 명나라를 도운 죄를 책망했고, 여러 성이 모두 무너졌다. 조선에서 위급함을 알려와 총병(總兵) 진홍범(陳洪範)에게 수군을 뽑아 가 돕도록 했다. ② 3월에 진홍범이 관군을 이끌고 바다로 출동했다고 상주했다. ③ 며칠 뒤 산동순무(山東巡撫) 안계조(顔繼祖)가 강화 함락, 세자가 붙잡힌 일, 조선 국왕의 항복에 대해 알리고, 진홍범 등 진신에게 조칙을 내려 조선 대신 피도를 지키도록 하자고 아뢰었다. 황제는 안계조가 진홍범과 서로 협력해 (조선을) 구원하지 못한 것을 준엄하게 꾸짖었다. 『명사』, 「조선전」, 崇禎 10년.

12 여기서 속국(屬國)의 의미는 각주 48 참조.

13 주 소왕을 기리는 한 칸 모옥에서의 제향 이야기는 화양동 만동묘 제향 의의를 강조할 때마다 늘 나오는 레퍼토리이기도 했다. 천년이 지난 후에도 은혜와 공덕을 잊지 않고 감사할 줄 아는 마음과 태도를 칭송한 것이다.

의 주장은 더 간단한 논리로 논파했다. 숙종이 신종만을 향사한 것은 "몰랐기 때문"이며, 만일 『명사』가 더 일찍 들어왔다면 의종까지 제향 대상에 올렸을 것이라고 영조는 주장했다.

자신의 앞날도 어찌될 줄 모르는 위태로운 처지에서 조선에 보여준 명 황제의 의리라는 점에서 신종과 의종은 다를 바가 없음을 영조는 잘 설득했다. 명 황제에 대한 제향이 아니라 명 황제가 보여준 대의에 대한 제향을 표방했던 대보단에 의종을 추가 향사하는 일에 반대하는 사람은 없었다. 결정 과정도 순조로웠고, 일은 일사천리로 진행되었다.

대보단 증수와 의종 합사가 결정된 지 20여 일이 지나는 동안, 새로 증수한 제단 규모나 제단 주변 시설물 건축에 대한 중요 사항이 모두 결정되었다. 황단 제향 의절의 세부 사항 확정만을 남겨둔 상태였다. 영조는 3월 23일 제향 의절을 준비하던 중, 명 태조 향사 논의를 제기했다. 자리에 있던 신료 중에 좌참찬 원경하(元景夏), 공조판서 조관빈(趙觀彬)을 제외하고는 모두 반대했다. 신시(申時, 오후 3~5시)에 시작된 논의는 끝을 맺지 못했고, 일단 영조는 모임을 파했다.

2경 3점(오후 10시 무렵), 이미 밤이 깊어졌을 때 영조는 영의정 이하 여러 신하를 다시 소집했다. 그사이에 영조는 두 종류의 글을 준비시켰다. 하나는 숙종이 심정보(沈廷輔)에게 명해 언문으로 번역하게 한 『황명영렬전(皇明英烈傳)』에 붙인 어제이다.[14] 또 하나는 당시 찬술하고 있던 「대보단지(大報壇誌)」이다. 아마도 대보단 건립 사실을 기록한 책인 『황단지(皇壇志)』였던 듯하다.[15] 갑작스러운 소집에 응해 신료들이 모였을 때 영조는 창경궁 집

14 『황명영렬전』은 명 태조 주원장의 창업을 그린 중국 역사소설이다. 현재 한국학중앙연구원 장서각에 『대명영렬뎐』(장서각, K4-6798)이라는 이름의 총 8권 8책으로 구성된 낙선재본 언해본이 전한다. 이 장서각 소장본은 심정보가 숙종의 명을 받고 언해한 언서로 추정되나, 확인이 더 필요하다. 영조가 가져오도록 한 것은 이 심정보의 언해본 영렬전에 붙인 숙종의 어제이다.

15 1800년(정조 24)에 편찬된 『존주휘편(尊周彙編)』(서울대학교 규장각한국학연구원, 奎5776)은 총 15권 7책으로 구성되어 있는데, 「황단지」는 권8에 수록되어 있다.

서문(集瑞門)에 앉았고, 불빛이 휘황하게 밝혀진 함인정(涵仁亭) 마당에는 신하들이 앉았다.[16] 이 자리에서 영조는 숙종의 어제시까지 공개하며 명 태조 향사를 결정지었다. 황경원의 제안으로 시작된 의종 병향 논의 때와 달리, 논의의 전 과정이 영조가 신료들의 반대를 뚫고 달려 나가는 형국으로 진행되었다. 특히 촛불이 밝혀진 한밤중에 선왕인 숙종을 소환하며 내려진 결정 방식은 사도세자의 사안 등 어려운 결정 때 영조가 보였던 기묘한 행동들과 겹쳐지며 여러 해석을 낳았다.

선행 연구들은 영조가 무리하게 명 태조를 대보단 제단에 올린 것에 주목했고, 영조 대 대보단 제향의 의미를 조선 왕실이 명을 계승하려는 것이었다고 해석했다. 조선 왕실이 명을 계승한다는 것이 정확하게 무슨 의미일까. 명을 계승한다는 것의 의미는 여러 가지일 수 있지만, 주로 신료들이 주도하던 대명의리론을 국왕이 주도할 뿐 아니라 명 황실의 끊어진 제사를 조선 왕실이 이어나간다는 차원이 강조되면서, 명나라 '통(統)[정통, 치통]'의 계승이라는 차원으로 이해되었다. 영조 대 대보단의 의미 변질과 관련된 중요한 대목이다. 그 여부를 따지기 위해서는 우선 두 가지 문제를 검토할 필요가 있다. 하나는 영조가 명의 첫 번째 황제와 마지막 황제를 넣어 삼황을 제사한 일의 목표가 명 의리에 대한 감사와 기념을 넘어 명의 '통'을 계승하려던 것이었는지의 문제이다. 둘째, 이 논쟁의 결과물로서 증수된 제단과 제향 의례의 형식은 어떠했는가의 문제이다. 우선 전자의 문제를 살펴보기로 한다.

2) 명 의리를 기억하는 제단인가, 명 황실을 계승하는 제단인가

미국의 한국학계를 대표하는 연구자였던 김자연의 글이 수년 전 번역

16 『승정원일기』, 영조 25년(1749) 3월 23일.

소개되었는데, 그 안에는 영조 대 대보단 해석과 관련된 흥미로운 대목이 있다. 그는 영조 대 대보단이 감사의 제단에서 달라졌다고 해석했다.[17] 그는 "대보단을 축조한 목적은 만력제가 임진왜란 때 원병을 보낸 사실에 대한 조선인의 감사를 의례화하는 것이었다"라고 해놓고도, 대보단 제단 설계와 의주에 모두 (명나라가) 선조(先祖)에 해당하는가 하는 함축적인 고민이 담겨 있다고 보았다. 숙종 대 대보단에는 명을 계승한다는 의미가 함축적으로 담겨졌을 뿐 명시적이지 않았다는 의미로 읽힌다. 이어서 숙종과 달리 영조는 조선 왕실의 역할을 명의 상징적 후계자로 설정하고자 했으며, 그 의미는 조정 사대부들에게 "왕실이 명의 역할을 물려받았다는 것"을 상기시킴으로써 왕실의 위신을 세우려던 것이었다고 보았다. 신권과 대척점에 있는 왕권 강화를 염려한 관료들의 반대에 맞서 영조는 책략적으로 이 사안에 접근했으며, 먼저 의종 배향을 추진해 증수를 합리화한 후 명 태조 제향을 제시했던 것도 그러한 책략의 일환이었다고 설명했다. 명 태조 향사 제안이 통하지 않자 숙종의 권위를 빌어 이를 관철시켰다고도 했다.[18]

김자연의 글에서는 '조선의 명 계승'에서 '계승'이라는 단어를 명 역할의 계승, 더 정확하게는 치통의 계승이라는 맥락에서 사용했다. 이를 입증하기 위해 영조의 명 태조 향사 제안에 반대했던 신료들의 주장을 다음과 같이 요약했다. "대보단 제례는 군사 원조에 대한 것이다. 왕이 주장한 홍무제의 관대함에 보답하는 방식은 **부모나 선조를 대하는 행동으로는 적절**하지만, 제왕을 대하는 행동으로는 적절하지 않다"는 것이다.[19] 즉 대보단에 홍무제를 제향하는 것은 홍무제를 부모나 선조처럼 대하는 것이라고 신하들이 비판했다는 것이다. 그럼에도 불구하고 영조가 명나라의 향사가

17 김자연 지음, 김백철·김기연 옮김, 『왕이라는 유산』, 너머북스, 2017, 70~71쪽.

18 이러한 논지는 계승범의 연구에서도 볼 수 있다. 계승범(2011), 앞의 책, 117~119쪽.

19 김자연(2017), 앞의 책, 72~73쪽.

이미 끊어졌다는 점을 강조하며 조선이 명을 계승해 제향을 지내는 일을 밀어붙였다고 보았다.

1749년 3월 23일 연석에서의 대화를 살펴보면, 대보단 제사가 부모나 선조를 제사하는 것처럼 오해되는 것에 대한 일부의 우려가 분명히 있었다. 그러나 대부분의 신료들은 그 문제가 핵심이라고 여기지 않았다. 영조 역시 명 황제들을 부모나 선조처럼 제사 지낼 생각은 없었다. 찬반 논의의 주요 쟁점은 "대보단은 문자 그대로 '대보(大報)'의 제단인데, 과연 태조에게 대보할 의리가 있느냐"였다. 반대하는 이들은 신종, 의종과 달리 태조 고황제에게는 '대보'의 의리가 없다고 보았다. 찬성파였던 조관빈도 신통치 않은 논리를 펼쳤다. 태조 고황제가 신종과 의종의 '출자(出自)', 쉽게 말해 선조이기 때문에 제향할 수 있다고 보았을 뿐, 대보할 의리는 제시하지 못했다. 게다가 "태조는 황조의 시작이고 의종은 황조의 마지막이며, 신종은 중간으로 우리나라에 큰 은혜가 있으니 세 황제를 함께 제향한다면 존주(尊周)의 의리에 더욱 광채가 있을 것"이라고 주장함으로써 명 황실의 제사를 잇는 것처럼 변질될까 염려하는 이들을 자극했다.[20]

홍문관 교리 김선행(金善行)은 조관빈의 입장에 가장 강력하게 반대했다. 당초에 명나라가 멸망해서 '혈제(血祭)'를 지내려던 것이라면 태조를 함께 제사 지내는 것이 맞지만, 숙종 때에 대보단을 설치한 것은 명나라의 끊어진 제사를 이으려던 게 아니라는 것이다. 김선행이 굳이 명나라의 끊어진 제사를 잇는 일에 '혈제'라는 말을 쓴 것도 명 황실 자손들이 행해야 할 일이지 다른 나라인 조선에서 행할 일이 아니라는 점을 강조한 것으로 보인다. 그는 당초 대보단을 설치한 것이나 의종을 향사하려는 것은 그들이 보여준 행동에 대한 감사이고 이를 기억하겠다는 의지를 보여주려는 것인데, 태조 고황제는 '대보'의 뜻에 어긋난다고 여겼다. '혈제', 끊어진

20 『영조실록』, 25년(1749) 3월 23일.

제사를 잇는 것은 안 되며, 대보단 단제에 추가하려면 '대보'할 이유가 있어야 한다는 주장이었다.[21]

> 내가 잠이 안 오는 날 밤에 고요히 생각해보니 황단에 단지 두 황제만 제향을 받드는 것에 두렵고 근심스러운 마음이 없지 않았다. 신종(神宗)의 혼령이 장차 어떠하다고 하겠는가? 중주(中州)가 이적의 판국으로 변했고 예의가 청구(靑丘)에만 유독 남아 있으니, 이는 바로 뜻있는 선비가 통탄하며 울어야 할 처지이다. 세 황제를 한 제단에 제사 지내는 것이 사체(事體)에 합당한 듯한데, 경들의 뜻은 어떠한가? 고황제가 조선(朝鮮)이라는 두 글자로 우리의 국호를 내렸으니 그 은혜와 분의를 어찌 차마 잊어버리겠는가?[22]

> 고황제가 조선이라는 두 글자로 우리의 국호를 내렸으니 그 은혜와 분의를 어찌 차마 잊어버리겠는가?[23]

> 기성(箕聖)의 조선이란 칭호를 어떻게 준 것인데, 이 은혜를 보답하지 않을 수 있겠는가?[24]

위 인용문들에서 볼 수 있듯 영조는 한구석에 치우쳐 있는 나라에 국호를 주었으니 '대보'할 수 있다고 주장했다. 명 태조 향사는 이른바 '혈제'가 아니며, 국호를 준 의리에 '대보'하려는 것이라고 반박한 것이다. 그러면서 영조는, "황조(皇朝)에 향화(香火)가 이미 끊어졌기 때문에 세 황제를

21 『영조실록』, 25년(1749) 3월 23일.

22 『영조실록』, 25년(1749) 3월 23일.

23 『영조실록』, 25년(1749) 3월 23일.

24 『영조실록』, 25년(1749) 3월 23일.

제단에 향사하려는 것"이며 "혹시라도 중흥(重興)한다면 우리나라에서 어찌 다시 제사 지내겠느냐"라는 말을 덧붙였다.[25] 많은 연구가 영조가 말했던 "대보의 의리가 있다"라는 점은 넘어가고 이 덧붙인 구절을 가져와 영조가 명나라의 끊어진 제사를 지내려는 차원에서 대보단에 명 태조를 향사했다고 해석했다. 영조 대 대보단은 감사의 제단에서 명 황실을 잇는 계승의식을 표방하는 제단이 되었다는 것이다.[26] 그러나 실제 논의에서 영조는 명 황실을 잇는 차원의 계승을 말하지 않았다.[27] 영조의 일관된 입장은 명 태조가 '대조(大造)'해주었기 때문에 '대보'할 수 있다는 것이었고, 명이 국호를 준 일의 의의를 기억해야 하기 때문에 '대보'의 제단에 올려야 한다는 것이었다.[28]

조관빈과 함께 찬성의 입장에 섰던 원경하의 견해 역시 영조와 같았다. 명 태조에게 대보의 의리가 있으며, 그보다 앞서 조선 태조의 위화도 회군(回軍)이라는 실천이 있었음을 강조했다.

> 옛날 우리 태조대왕께서 위화도에서 회군(回軍)하여 제후의 법도를 닦았는데, 태조 고황제께서 특별히 조선이라는 국호와 면복(冕服)을 내리셨습니다. 조선은 곧 기자(箕子)의 옛 칭호입니다. 이 칭호를 주신 것이 어찌 백세에 잊을 수 없는 은혜가 아니겠습니까? 그러므로 선정신 송시열(宋時烈)은 위화도에서 회군한 공으로 태조의 휘호를 올려줄 것을 청한 것입

25 『영조실록』, 25년(1749) 3월 23일.

26 김자연(2017), 앞의 책, 72~73쪽; 김호(2003), 앞의 글, 194쪽; 이욱(2006), 앞의 글, 150쪽; 허태용(2009), 앞의 책, 128~129쪽; 계승범(2011), 앞의 책, 111~121쪽.

27 영조의 논리는 공자가 주례 체계가 무너진 시대에 '예를 보존하는' 마음으로 『춘추』를 쓰며 삼대의 회복을 위한 역할을 하려 했던 것과 비슷하다. 혹시라도 명이 중흥한다면 제사를 지낼 필요가 없다는 영조의 주장은 주나라가 중흥한다면 공자 역시 구차하게 예를 보존할 필요가 없었을 것이라는 점을 생각해보면 명료하게 이해된다.

28 명 태조를 제향해 강력한 군주상에 대한 지향을 표명하고 엄격한 군신관계를 확립하는 명분을 획득하고자 했다는 연구도 있으나, 적어도 대보단 논의 속에서는 관련 근거를 발견하지 못했다. 이근호(2003), 앞의 글.

> 니다. 지금 만약 또 고황제를 함께 제사하는 예를 거행한다면 이는 전하께서 성조(聖祖)와 성고(聖考)의 지업(志業)을 계술하는 것입니다.[29]

삼황의 제향이 결정된 후에 영조가 한 말도 의미심장하다.

> 공자가 말하기를, "나를 죄(罪)주는 것도 『춘추(春秋)』를 통해서이며 나를 아는 것도 『춘추』를 통해서이다" 했다. 나 또한 나를 안다거나 나를 참람하다고 하는 것 모두 이 거사에 있다고 여긴다. 지금 중국에서 명 태조를 역대 제왕의 묘당에서 제사를 받들었으나 오르내리시는 영혼이 즐거이 흠향하겠는가? 오늘의 단사(壇祀)로 황명(皇明)의 이미 끊어진 향화(香火)가 이어졌다고 할 수 있을 것이다.[30]

마지막 구절인 "황명의 이미 끊어졌던 향화가 이어졌다고 할 수 있을 것이다"라는 말의 의미는 무엇인가. 이는 명이 사라졌지만, 대보단의 제향 의례를 통해 삼황이 보여준 대의를 기념하고 그 뜻을 이어나갈 수 있게 되었다는 의미이다. 이는 앞부분에서 영조가 공자와 『춘추』를 언급한 대목을 통해 더욱 분명해진다. 공자가 『춘추』라는 책을 통해 존주대의[尊周大義, 주 천하와 주 시스템(周禮)이 무너진 후에도 이를 제대로 기억하고 자기 시대와 미래에 이를 구현하려는 실천 의지]를 강조했던 것처럼, 조선은 대보단을 통해 명의 대의를 기억하고 그 대의에 입각한 정치를 이어갈 수 있게 되었다고 본 것이다.

29 『영조실록』, 25년(1749) 3월 23일.

30 『영조실록』, 25년(1749) 3월 23일.

3. 증수 제단과 제향 형식: 대조(大造)와 재조(再造) 공덕의 기념

영조가 위와 같은 의미에서 제향하려 했음은 실제 증수된 제단과 제향 형식을 통해서도 입증된다. 삼황 향사 논의에 앞서 황경원의 제안에 의해 대보단 증수가 결정되었을 때, 증축된 제단에 신종과 의종을 어떻게 제향해야 하는지가 문제가 되었다.[31] 며칠 후 대보단 병향 논의에 가장 적극적이었던 원경하는 명나라 제도를 참조해 제향 형식에 대한 의견을 제시했다.[32] 그 첫머리에서 대보단 제단 형식에 담긴 의미를 분명하게 밝혔다. 대보단은 하늘과 같은 깊은 은혜와 성대한 덕에 감사해 제사를 올리는 것이며, 이 때문에 원구단과 교사 제도를 모방해 단(壇)에서 제사 지내게 되었다는 것이다. 대보(大報)라는 이름 역시 명나라에서 하늘에 제사 지내는 장소인 대보사(大報祀)에서 유래한 것이었다.[33] 이어서 원경하는 명나라에서 태조와 태종을 원구단과 대보사에 배향한 예를 참조해 의종과 신종을 소목(昭穆)의 제도로써 제사해야 한다고 주장했다. 소목 제도는 종묘(宗廟)나 원묘(原廟) 안에서 승습(承襲)한 자손들이 조상을 기념하는 위차를 정하는 방식이다. 중요한 기준은 공덕이 아니라 가족 안 조-부-자-손 등의 항렬이었다.

영의정 김재로는 이에 반대했다. 그는 ①1704년 황단(皇壇)의 이름을 대보단으로 지어 올릴 때 대제학 송상기(宋相琦)가 신종황제의 제사는 하

31 김호(2003), 앞의 글, 191~192쪽.

32 원경하는 이후 3월 23일 하루 종일 이어진 논의 때에도 명 태조의 '대조(大造)' 의리를 내세워 병향에 찬성했다. 『영조실록』, 25년(1749) 3월 23일.

33 『영조실록』, 25년(1749) 3월 21일.

늘같이 큰 은덕을 기리는 것이므로 제천(祭天)의 이름을 써도 무방하다고 한 바 있지만, 그 당시에도 제천의 예를 바로 사용하지 않았던 일, ②명 가정 연간에 하언(夏言)이 제천에 양조(兩祖)를 함께 제사할 수 없다고 했던 일, ③1531년(가정 10)에 칠묘(七廟)의 소목 제도를 회복할 때에 동당이실(同堂異室) 제도를 써도 무방하다고 했으나 황제가 듣지 않았다가 1545년(가정 24)에 다시 동당이실 제도를 회복하여 모두 남향하도록 한 일 등을 거론했다.[34]

①의 논지는 바로 황단 제사와 교천 제사를 혼용하는 일에 대한 반박이다. 대보단은 하늘 같은 큰 은덕을 기리는 제단이며, 그 의리를 기념하기 위해 원구단과 교사 제도를 모방할 수 있지만, 원구단과 교사 제도의 일부를 모방한 것과 교천의 예를 바로 사용한 것은 다르다고 못 박았다. ②와 ③을 통해서는 소목 제도에 반대하고 동당이실 제도를 제안했다. 공로를 기리는 태묘 제사에서 소목 대신 동당이실의 제도를 써서 각각의 공로를 기리는 일을 외재화한 것처럼 대보단에서도 신종과 의종을 같은 반열에서 제사 지내야 한다는 것이다. 조선이 대보단에서 제향하는 것은 신종과 의종이 실천한 '대의'이지, 조손 관계에 있는 신종과 의종 개인이 아니었기 때문이다. 김재로는 다음과 같은 말도 했다.

> 신종황제의 제사는 바로 하늘[天]을 제사하는 것이고, 의종황제의 제사도 역시 하늘을 제사 지내는 것이므로, 천자를 하늘에 배향하는 것과는 다르다. 어찌 한 임금은 높이고 한 임금은 억제할 수 있는가.[35]

김재로는 '하늘을 제사하는 것'이라는 말로써 제향의 대상이 신종과 의

34 『영조실록』, 25년(1749) 3월 21일.

35 『영조실록』, 25년(1749) 3월 21일.

종이 실천한 '대의', 즉 큰 의리라는 점을 더욱 분명하게 드러냈다. 신료들의 엇갈리는 주장을 모두 들은 후 영조는 김재로가 올린 의견이 중요하고 자신의 뜻에 부합한다고 했다. 영조 역시 대보단 제향 대상이 무엇인지 분명하게 인식하고 있었던 것이다. 3월 23일 오전 영조는 제단의 형식을 결정했는데, 제단을 함께하지만 자리를 달리하는 형식, 즉 동당이실의 제도로써 신종과 의종을 병향하기로 결정했다.[36]

이후 명 태조까지 향사하기로 했을 때 제향 형식이 바뀌었을까. 대보단 제단은 명 황실을 대신하여 제향하는 장소가 아니었고, 명 태조와 신종·의종 세 황제가 조선에 보여준 큰 의리를 감사하고 기념하는 조선의 제향 장소였다. 최종적인 제향 형식은 원경하가 이미 언급했던 금등삼단(金縢三壇)의 제도를 김재로가 재헌의하여 결정되었다. 금등삼단 제도는 주나라 주공(周公)이 목숨이 위태롭게 된 주 무왕을 대신해 자신을 데려가달라고 하늘에 빌 때 썼던 제도이다. 이때 주 무왕의 선조인 태왕(太王)과 왕계(王季), 문왕(文王)을 각각 다른 단에 모셔 제사를 올렸던 것을 참조한 것이다. 세 제단을 각각 만들게 되면 증수 공사가 어려움을 겪을 것을 고려해서 영조가 직접 단도(壇圖)를 그려서 내려주었다. 그 제도는 제단은 하나로 만들고(그림 1 참조), 그 제단 위에 각각 세 황제의 자리를 마련해 세 단의 의미를 취할 수 있도록 한 것이었다. 이에 따라 제단의 왼쪽부터 명 태조, 신종, 의종의 자리가 각각 마련되었다.[37] 종묘 제사의 형식인 동당이실 제도까지도 피함으로써 대보단 제향이 명 황실을 잇고 계승하는 제사가 아니

36 『영조실록』, 25년(1749) 3월 23일.

37 김호(2003), 앞의 글, 195쪽; 『승정원일기』, 영조 25년(1749) 3월 23일, "在魯曰 若用皇明同堂異室之制 則太祖位在中 神宗·毅宗位 當在分列左右矣. 若用金縢三壇之制 則三皇當各壇矣. 景夏曰 太祖在中 神·毅兩皇分列左右 卽皇明太廟之制 三壇祀三皇 卽周公金縢之禮. 二者俱有所據 大臣所達 允合禮制矣. 上曰 金縢云何? 景夏曰 三壇同墠 爲壇於南方 周公秉珪 告太王·王季·文王矣. 上曰 太王爲首矣. 尙魯曰 壇制有異於廟制 不必從皇明居中分左右之制矣. 設三壇祀三皇 豈不儼然乎? […] 上親寫壇圖下之 其制以一壇作三壇 文秀受焉. 景夏曰 壇制若依圖爲之 則雖是一壇 而三壇之制也 實合於周公之三壇矣."

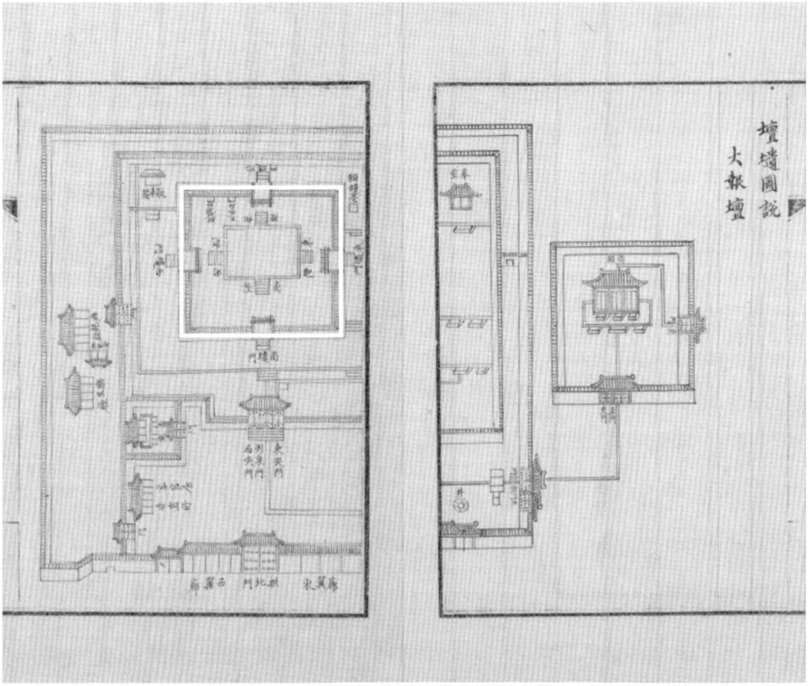

그림 1 삼황을 제향하는 하나의 단(『존주휘편(尊周彙編)』 권8, 「皇壇志」, 壇壝圖說, 대보단 부분, 한국학중앙연구원 장서각)

라는 점도 더욱 분명하게 드러나게 되었다. 은혜에 대보하고 대의를 기념하는 제단이라는 이 의미는 영조 대에 편찬된 『황단지(皇壇志)』 첫머리에 분명하다(그림 1).

> 대보(大報)의 뜻은 『예기(禮記)』 교특생(郊特牲)에 갖추어져 있다. 그 말을 취하여 제단의 이름을 삼은 것은 (하늘에 제사 지내는) 교사의 예로써 드높여 보답하는 의의를 붙이려는 것이었다. 우리가 천조의 은혜를 입은 것이 하늘처럼 끝이 없다. 지금에 하늘의 이름을 빌어서 명의 세 황제를 제사하는 것이 비록 예에 없는 일이지만 의는 은혜에서 연유해 일어나는 법이니, 이 예를 마땅히 행해야 한다.[38]

4. 명 태조 향사로 확장된 대보단의 의미

이제 다시 1749년 3월 23일 밤으로 돌아가 왜 영조가 그 시기에 명 태조를 꼭 향사하고자 했는지 그 의미는 무엇인지 살펴보기로 하자. 영조는 함인정(涵仁亭) 마당에 모인 신료들에게, 숙종이 명 태조 건국의 과정을 그려낸 소설인 『영렬전(英烈傳)』을 읽고 쓴 어제시를 제시했다. 이 숙종의 어제시에는 태조와 의종에게도 대보할 만한 의리가 있다는 해석이 담겨 있었다. 셋째 수는 "고황제가 우리에게 조선 국호를 내려주셨네. 임진년 참담할 때 누가 재조(再造)시켰던가. 제후의 법도 삼가 지킨 지 삼백 년, 하늘과 같은 성덕을 어찌 다 갚으리"였고,[39] 넷째 수는 "외로운 성이 적군에 포위되었던 해를 어찌 차마 말하랴? 이제 다시 천자에게 조회하지 못했네. 슬프다. 갑신년의 주갑(周甲)이 벌써 돌아오는데, 고국엔 향사 받들 사람이 전혀 없구나"[40]였다.

이 어제시에는 명 태조, 명 신종의 의리가 모두 담겨 있었다. 먼저 셋째 수의 "고황제가 우리에게 조선 국호를 내려주셨네"라는 대목은 태조가 '조선(朝鮮)'이라는 국호를 내려준 의리를 지적한 것이고, "임진년 참담할 때 누가 재조시켰던가"는 신종이 1592년(임진년)에 재조한 은혜를 특필하고 우리가 그 은혜를 갚아야[報] 한다고 했다. 넷째 수의 "외로운 성이 적군에 포위되었던 해"는 1644년 결국 명이 멸망한 해를 지칭하며, 이미 망

38 『존주휘편(尊周彙編)』(서울대학교 규장각한국학연구원, 奎3358) 권8, 「皇壇志」, 志1, "大報之義具於小戴記郊特牲 取其語爲壇號者 以郊祀之禮而寓崇報之意也. 我之蒙天朝之恩 與天無極 於是乎假事天之名 以祀我天朝三皇帝 雖於禮無之 義由恩起則斯禮也宜哉."

39 『영조실록』, 25년(1749) 3월 23일.

40 『영조실록』, 25년(1749) 3월 23일.

해 옛 나라가 된 명나라에 변두[享祀]를 놓지 못하게 되었다고 했다. 명의 향화가 끊어졌음, 즉 명의 멸망을 안타까워했던 영조의 언급과 똑같다. 영조는 숙종의 어제 가운데 '보' 자는 대보의 뜻이고 변두는 향사의 뜻이라며, 숙종이 이미 태조의 대보에 대해서도 향사할 뜻이 있었다고 해석했다. 앞에서 살펴보았듯이 신료들과의 논쟁 자리에서 거듭 명 태조에게도 대보의 의리가 있다고 강조했지만, 숙종 어제시를 통해 이것이 숙종의 뜻이기도 했다는 점을 증명해 자신의 논지를 더 강화할 수 있었다.

사실 이 어제시뿐 아니라 숙종의 대보단 제향을 결정하는 전교 속에서도 명 태조가 언급되었다.

> 우리나라는 태조대왕이 나라를 세우던 처음에 대명(大明)의 태조가 조선이라는 나라 이름을 주었고, 열성조가 계승하여 지성(至誠)으로 사대(事大)했다. 임진년 변란에 선조 임금이 의주까지 피난하자, 신종황제가 천하의 힘을 다하여 동쪽으로 군사를 보내 구원하여 우리 동방을 재조(再造)했다. 작은 벌레, 하찮은 풀뿌리까지 대명이 도와 있게 되었으니, 그 어진 마음과 깊은 은혜는 백세가 지나도 잊기 어려운 것이다.[41]

숙종은 임진년 변란에 도움을 주었던 신종의 은혜를 말하기에 앞서 조선이라는 국호를 명 태조가 주었다는 것과 조선의 300년 지성사대(至誠事大) 외교정책을 언급했다. 조선의 지성사대 외교정책은 강대국과 약소국 간의 책봉이라는 형식을 통한 위계적 또는 계서적 국제질서 수립이라는 측면에서 이해되어왔다. 최근 조선의 사대 예제가 원 제국과 고려 사이의 외교 예제에서 기원했으며, 대외적으로는 그럴듯한 외교 수사를 쓰지만 뒤에서는 외국에 대해서도 무한한 황제 권력을 과시하고자 했던 두 얼굴

41 『숙종실록』, 30년(1704) 1월 10일.

의 태조 홍무제(洪武帝)를 대하며 조선에서 더욱 적극적으로 황제의 요구를 수용하는 방식으로 외교 예제를 마련했다는 치밀한 실증 연구가 이어지며, 위의 이해방식은 더욱 공고해지고 있다. 이것이 과연 역사적 사실에 부합하는지는 신중한 검토가 필요하다. 특히 두 가지 측면의 검토가 이루어져야 할 것인데, 우선 당시 원을 대신해 부상하던 명의 세계 정치 모델과 이와 연관된 대고려, 대조선 정책에 대한 해석이 이루어져야 할 것이다. 둘째, 단지 생존을 위해 약소국 외교를 해왔다는 해석을 넘어 조선이 당시 세계를 어떻게 인식하고 그 안에서 어떤 역할을 하고자 했으며, 실제 어떤 역할을 해왔는지 다시금 전면적으로 살펴보아야 한다. 한 번에 풀 수 없는 너무 큰 과제이다. 일단 여기에서는 조선 건국 전후의 조선-명 관계와 명 태조의 역할 가운데 조선에 국호를 내려준 일과 책봉 의례의 의미로 한정해, 조선시대에 이른바 정전화(正傳化)된 스토리를 따라가며 살펴보겠다.

조선이 칭호를 묻는 명의 질문에 대응해 두 개의 국호를 올리고 명 태조가 그중 조선이라는 국호를 정해준 일은 실록에 상세하게 기재되어 있다. 정도전(鄭道傳)은 이 일을 새 나라의 헌정적 규범을 논의한 『조선경국전(朝鮮經國典)』의 두 번째 항목에 상세하게 기재했다. 그 대목을 아래 인용한다.

> ①오직 기자(箕子)가 주 무왕(周 武王)에게 수명(受命)하여 조선후(朝鮮侯)에 봉해졌다. 지금 천자가 명하기를 "오직 조선이라는 칭호가 아름다울 뿐 아니라, 그 유래가 구원하다. 이 이름에 근본해 잇고 하늘을 모범으로 삼아 백성을 다스리면 후손이 길이 창성하리라" 했다. 주 무왕이 기자에게 명한 것처럼, (명 천자가) 전하에게 명했다. 이름이 바르니 말이 순조롭게 된 것이다. ②기자는 무왕에게 홍범(洪範)을 말해주었고, 그 뜻을 미루어서 팔조(八條)의 가르침을 지어 나라에 실행했다. 정교(政敎)로 교화(敎

化)되고 풍속이 매우 아름다워졌다. 조선이라는 이름이 천하 후세에 알려진 이유가 여기에 있다. 이제 조선이라는 아름다운 국호를 이었으니 기자의 선정(善政)도 마땅히 강구해야 할 것이다. ③아! 명 천자의 덕도 주 무왕에 비교하여 부끄럽지 않으니, 전하의 덕 또한 어찌 기자에 비하여 부끄러움이 있겠는가. 장차 홍범의 학(學)과 팔조의 가르침[敎]이 다시 시행되는 것을 보게 될 것이다.[42]

위 이야기 앞에는 책봉 없이 건국한 우리나라(고구려, 백제, 신라, 후백제, 후고구려, 고려)의 사례들이 소개되어 있다. ①에서 볼 수 있듯이 정도전은 그런 나라들과 달리 오직 기자만이 "주 무왕에게 수명하여 조선후에 봉해졌다"라는 것을 강조했다.[43] 수명책봉과 자주독립을 양립 불가능한 것으로 여기는 대다수 사람은 이런 정도전의 주장을 중국의 승인(책봉)이 있어야만 국가의 정통성이 생긴다는 주장이라 생각하고 이를 '사대' 조선, 나아가 '사대주의' 조선의 증거로 받아들였다. 조선이라는 국호의 시대적 필요성에 대해 원명교체기의 복잡한 국제정세를 시야에 넣고 설명하는 연구에서도, 새 나라 조선은 기자와 단군이 각각 상징하는 바를 중요하게 생각하고 있었지만 명나라와의 관계를 고려해 기자만을 부각하고 홍무제를 주 무왕에 비유해 사대하는 마음을 표현하려 했다며 이 자료를 활용했다.[44] 결국 ①에서 정도전이 강조했던 '기자의 조선후 책봉'에 대해 선행 연구들에서는 약소국의 현실 외교를 위한 불가피한 조치 이상의 의미가 부여된

42 정도전(鄭道傳), 『삼봉집(三峯集)』 권13, 「朝鮮經國典」, 國號.

43 한반도에 예의와 교화 정치를 도입한 문화의 창시자이자 주 무왕의 책봉을 받은 사대의 상징이라는 이중적 기자 인식에 대해서는 한영우, 「고려~조선전기의 기자인식」, 『한국문화』 3, 1982 참조.

44 허태용, 「조선왕조의 건국과 국호 문제」, 『한국사연구』 61, 2015, 164쪽. 최종석도 조선 건국의 대외적 정당화 작업의 일환으로 조선 국호 문제를 다루면서, 단군조선과 기자조선에서 유래한 독자 공간과 문명 중화 추구라는 의미를 담아내고자 했다고 보았다(최종석, 「조선 건국의 대외적 정당화 작업과 중화 보편의 추구」, 『한국사연구』 180, 2018, 94~103쪽).

일이 없다.[45] 과연 위 인용문은 이런 의미만을 담고 있는 것일까.

①에서 정도전은 명과 조선의 관계를 '주 무왕'과 '기자'의 관계로 유비했는데, 주 무왕과 기자보다 더 강조한 것은 '조선후 책봉'이다. 기자를 '조선후'로 책봉했다는 부분은 '수주무지명(受周武之命)'이라고 되어 있다. 새로 천명을 받은 주 무왕에게서 기자는 수명(受命)하여 '조선후'가 된 것이다. 잘 알려져 있다시피 기자는 은(殷)나라 왕실의 왕족이었다. 은나라에서 천명(天命)이 떠나 주나라가 건국된 후 기자의 뛰어난 덕을 흠모했던 주 무왕은 기자에게 주나라를 위해 일해 달라고 청했다. ②에서 언급했듯 기자는 이를 수락하는 대신 홍범(洪範)의 가르침을 주 무왕에게 베푼 후 동쪽으로 떠났다. 은나라 왕족 기자는 주 무왕의 신하가 되기를 거절했지만, 천하를 다스릴 중요한 방법을 전해주었던 것이다.[46] 주 무왕은 신하로 삼는 대신 기자를 '조선후(朝鮮侯)', 즉 제후(諸侯)로 책봉해 특별한 천자-제후 관계를 맺었다.[47]

이 책봉받음을 현대적 의미에서 '속국(屬國)'이 된 것으로 해석해서는 안 된다. 전통적 국제질서에서 책봉받은 조공국이 내치와 외교상의 자주권(自主權)을 가진 나라였다는 해석은 이미 설득력을 얻고 있다.[48] 문제는 조공-

45 안외순은 조선 건국을 '패권/군사/경제력'에서 '공존/평화/문화'의 가치가 중시되는 시대로의 전환이라고 해석하며, 기자조선에서 유래한 조선이라는 국호 문제를 다루었다. 기자와 연관된 국호의 의미를 가장 적극적으로 평가한 연구라 할 수 있다. 다만 이 연구에서도 '조선후 책봉' 문제와 연관된 조선의 천하관계 인식은 다루지 않았다. 안외순, 「조선 전기 중화주의와 내치·외교 관계」, 『동방학』 31, 2014, 54~57쪽.

46 기자가 주나라의 신하가 되지 않았다[不臣]는 인식은 조선시대에는 일반적이었다[한영우(1982), 앞의 글, 37~39쪽]. 기자가 책봉받았으나 신하가 되지는 않았다는 『사기』의 기록은 고려 말 이색에 의해서도 언급되었다(이명미, 『13~14세기 고려·몽골 관계 연구』, 혜안, 2016, 224~225쪽).

47 고대사 연구자들은 고조선을 '책봉'과 연결 짓는 이 사료를 조선의 사대주의적 관점이 투영된 왜곡이라고 본다. 이 글에서는 일단 고조선 때의 실상을 따지지 않는다. 이 글의 관심은 정도전 등 조선 건국 주도세력이 새 나라를 책봉국이었던 기자조선 전통과 연결 지으려 했다는 사실과 이를 또 진실로 받아들이고 그 위에서 새로운 실천을 하고자 했던 조선 사람들의 존재, 그리고 그에 대한 해석이다.

48 이때 속국은 '지배-복속 관계'에 있는 복속국이 아니라 '내치-외교의 자주'라는 고유한 권리를

책봉의 형식 안에서 '전통적 주권'을 위협하는 질서가 현실적으로 존재했다는 사실이다. 13~14세기 고려-원(몽골)의 관계가 바로 그러했다.[49] 조공-책봉의 이른바 '예적(禮的)' 질서는 주나라 천하체계 내 종주국[周]과 여러 국가[봉국(封國), 복국(復國), 방국(邦國)] 사이의 질서체계에서 기원한 것이다. 이후 역대 중국의 제국(帝國)을 표방한 나라들은 고대의 형식을 빌려 조공-책봉 의례로써 주변국들을 의제적 천하 내의 존재로 만들어왔지만, 그 예제 속에 담겨 있던 실질을 현재화할 수는 없었다. 책봉국은 천하를 책임질 역량을 오래 유지하지 못했고, 조공국들은 주-천하체계, 주례(周禮) 시스템을 이해하지 못하거나 이해하려 하지 않았다. 현실적 이해득실을 따지며 책봉국의 상황을 엿보다가 조공-책봉 관계 속으로 들어가거나 이탈했다. 원 제국은 더욱 강력하게 현실의 무력적 위계관계를 포장하는 포장지로 책봉-조공 관계를 활용했고, 고려는 거의 백 년에 가까운 시간 동안 포장지 안의 쓴맛을 겪어내야 했다.[50]

이 시대를 살았던 정도전은 명-조선 관계를 이미 너덜너덜해진 현실의 책봉관계와 다른 새로운 관계로 정의하고자 했다. 그러나 책봉이라는 언어는 이미 오염되었다. 오염된 언어로 새로운 관계와 그 의미를 설명하기

향유하는 '전통적 주권'을 가진 나라라는 의미였다[김봉진, 「'조선=속국(屬國), 속방(屬邦)'의 개념사」, 『한국동양정치사상사연구』 18-1, 2019, 96~97쪽]. 또 '전통적 주권'은 불균등한 국력 차를 인정한 토대 위에서 균, 평하게 세계 안에서의 책임을 분담하는 규범(사대의 예, 사소의 예)에 의해 운용되었다(김봉진, 「사대의 재해석」, 서울대학교 국제문제연구소 엮음, 『한국 국제정치학, 미래 백년의 설계』, 사회평론아카데미, 2018, 128~130쪽). 이와 같은 '전통적 주권'을 용인하는 평화주의적 제국질서에 대한 논의와 반론 등에 대한 연구사는 김형종, 『19세기 후반 한중관계사론: 천조상국과 속국자주의 딜레마』, 서울대학교출판문화원, 2024, 56~85쪽 참조.

49 원 황실과의 관계에 따라 고려 군주권 이하 권력관계가 좌우되던 시기였으며, 몽골에 의한 고려 왕위의 교체[重祚]나 고려인 스스로 몽골 내지화를 주장하는 등(입성론) 전통적 주권이 크게 흔들렸다[이명미(2016), 앞의 책]. 이 전통적 주권의 위기 상황의 돌파가 조선 건국에 참여한 고려인들의 주된 문제의식임을 인식하고, 조선 건국과 15세기 국가 모델을 설명해야 할 것이다.

50 원 대의 외교예제는 주대 천하질서의 외피를 쓰고 있을 뿐, 주 대의 국가 간 관계와 가장 동떨어져 있었다. 최근 15세기 조선의 제후국 예제를 원대 경험의 유제로 보는 연구가 많지만, 형식적 유사성 이면의 본질적 차이를 이해하지 못한다면 조선이 추구한 대외관계 및 조선의 외교의례를 오독하게 될 것이라 본다.

는 어렵다. 그래서 정도전은 언어의 본래 의미가 살아 있던 시대로 돌아갔다. 기자와 주 무왕은 '책봉'이라는 형식이 타국에 대한 강력한 '신임장(信任狀)'으로 작동하며 쌍방의 책임과 의무를 만들어내던 시대 속 인물들이다. 이 인물들을 끌어와 현실의 명-조선 관계를 무력(武力)을 동원한 위계관계에서 쌍무적(雙務的)인 협력관계로 바꿔놓았던 것이다.[51]

이러한 내용이 단지 정도전과 같은 유교 지식인의 몽상이었을까. 아니면 명 태조 역시 이런 의미로 새 나라에 '조선'이라는 국호를 추천했던 것일까. 실제 명 태조의 마음을 알 길은 없지만, 공민왕(恭愍王) 이래 집요한 책봉관계 요청뿐 아니라 새 나라 국호 추천까지 요청받은 명 태조는 조선이 내민 후보 중에서 기자 이야기와 엮여 있는 '조선'이라는 이름을 골랐다.[52] ③에서 정도전은 명 천자가 조선을 국호로 고른 사실을 자신을 주 무왕으로, 조선 왕을 기자와 같은 존재로 인정한 것이라 보고, 기자 홍범의 정치가 조선에서 실행되어야 한다고 주장했다.

기자는 중국과 조선 지식인들에게 공동의 원천이었던 유가(儒家) 경전(經典) 및 역사서 속 등장인물이기도 했다. "이 (조선이라는) 이름에 근본해 이를 잇고 하늘을 법(法) 받아서 백성을 다스리면 후손이 길이 창성하리라"는 명 태조의 말을 정도전은 재차 강조했다. 이 말에는 '하늘을 법 받아 백성을 다스리는 나라'인 기자 조선의 치법(治法), 선정(善政)을 이어갈 나라

51 종주국과 제후국을 복종적 군신관계가 아니라 신뢰 위에서 구축된 자발적 협력관계로 보는 관점에 대해서는 주나라 천하체계에 대한 자오팅양의 설명을 참조할 수 있다. 그는 종주국과 제후국이 함께 하는 주-천하체계 네트워크의 특징을 4가지로 정리했다. ① 지역 구조는 전체 구조의 복제판이고 모든 지역은 규모가 작은 완전한 시스템이다. 천하의 정치질서는 보편적으로 전이되고 각 나라는 독립적으로 자치를 한다. 종주국은 천하제도, 보편질서와 천하체계의 공동 이익 유지 등을 책임지고, 자치하는 제후국의 내부 문제는 각자 해결한다. 스스로 해결할 수 없는 문제가 발생하면 종주국이 직접 지원하거나 다른 나라를 조직하여 도와준다. ② 전체 네트워크 시스템은 무한 개방성을 지닌다. ③ 천하체계의 특징은 자발적인 협력이고, 그 정당성은 만민의 인정과 지지에서 나온다. 각 나라는 자발적으로 가입하거나 탈퇴할 수 있다. ④ 모든 나라는 종주국을 대체하여 천하의 새 중심으로 발전할 가능성이 있다. 하지만 혁명은 천명의 증명이 있어야 한다. 자오팅양 저, 김중섭 역, 『천하, 세계와 미래에 대한 중국의 철학』, 이음, 2022, 108~113쪽.

52 『태조실록』, 1년(1392) 11월 29일, 2년(1393) 3월 9일.

로 새 조선을 정의하고 인증하는 내용이 담겨 있다.[53] 이 이야기 속에서 기자는 안으로 홍범에 토대한 선정을 베푼 것에 그치지 않고, 밖으로 주 무왕과 천자-제후의 관계를 맺었다. 따라서 '조선'은 단지 여러 나라 이름 중의 하나가 아니라, 안으로 한 나라를 다스리고 밖으로 천자국을 포함한 세계[天下] 여러 나라와 협력할 역량을 인증하는 표상의 의미를 가지게 되었다.

명과 조선은 '조선'이라는 국호를 주고받는 형식을 통해 주 무왕과 기자의 관계와 같은 신뢰 위의 협력관계로 전환되었다. 두 나라는 하늘을 법받아 각자의 백성을 다스리고 후손을 길이 창성하게 할 것이었고, 외교사절을 통해 협력관계를 재확인하고 서로의 위기에 도움을 줄 것이었다. 명 태조의 위와 같은 말에 대해 정도전은 "이름이 좋기 때문에 말이 순조롭게 된 것"이라 했다.[54] 그 이름을 내놓은 것은 물론 정도전과 같은 조선을 세운 사람들이었다. 조선은 조선의 의지로 원-고려와 같은 무력적 책봉질서 대신 명-조선의 쌍무적 협력관계를 만들고 유지하고자 했던 것이다. 명 역시 조선의 요청을 받아들여 '조선'이라고 국호를 정해주었고, 두 나라가 기자와 주 무왕 때의 관계를 맺어갈 것을 '약속'했다. 정도전은 조선의 헌징적 규범을 명시한 『조선경국전』에 이 '약속'을 자세히 소개하고 명문화했고, 이는 조선 정치가와 지식인들이 공유한 '사실'이 되었다.

다시 대보단 이야기로 돌아와보자. 대보단을 증수할 때 영조는 명 태조가 국호를 내려준 것을 이유로 들어 대보단에 병향했다. 명 신종이 대규모 군대로 조선을 도운 것은 명 태조 때부터 조선과 명 사이에 특별한 협력관계가 구축되었기 때문이라고 여겼다. 더 정확하게는 옛 주나라처럼 책

53 『태조실록』, 2년(1393) 2월 15일. 명 태조가 이 말을 한 것은 홍무 25년 윤12월 초9일이었고, 이날 예부 자문을 받았다. 태조는 교지를 통해 조선이라는 국호가 정해졌음을 알렸다.

54 조선이라는 국호가 정해진 이듬해 정도전은 하늘을 본받아 백성을 다스리는 조선의 통치 방법을 담아낸 『조선경국전』을 지어 올렸다. 『태조실록』, 3년(1394) 5월 30일.

봉 제후에게만 의무를 지우지 않고 직접 천하의 군대를 움직여 제후국을 도움으로써 천자의 의무를 다한 것은 명 신종이었다. 그렇지만 협력관계의 연원은 길었다. 조선이 바란 대로 주(周) 대의 언어를 차용한 '책봉'은 명 태조의 결정이었고, 주나라식 '책봉'의 증거는 '조선'이라는 국호였다. 조선의 내치와 외치(외교)의 방향과 내용 역시 조선이라는 국호에 담겨 있었다. 조선을 통해 주 대의 천하 모델을 염두에 둔 조선의 통치 모델(내치)과 명-조선의 국가 간 협력관계 모델(외치)이 확립된 것이며, 이것이 '대조(大造)'되었다는 언설의 진정한 의미였다. 조선은 300년 동안 성실하게 안으로는 기자의 선정(善政)을 실행하고, 밖으로는 주변국들과 협력적 평화관계를 능동적으로 구축하려 했다. 영조가 명 태조가 국호를 주었던 사실을 통해 기억하고자 했던 것은 명의 '대조(大造)'의 은혜만이 아니라, 바로 이런 조선왕조의 역사와 전통, 바꿔 말하면 조선의 주 모델 존중, 존주(尊周)의 역사이기도 했다.

명 태조를 향사함으로써 대보단은 한때 도움에 대한 감사 차원을 넘어 유명조선(有明朝鮮), 즉 명-조선의 관계가 존재했던 시대의 국가를 넘어선 신뢰와 협력을 기념하는 공간이 되었다. 대내적으로는 하늘을 본받아 인의(仁義)의 정치를 행하고, 대외적으로는 천하의 일원으로서 인의의 국제정치에 동참하는 조선. 대보단은 그런 조선의 역사와 정체성을 표상하는 공간이었다. 이미 명은 멸망하고 청이 중화를 자처하는 시대가 되었지만, 청 제국의 무력적 질서에 순응하고 이를 당연시하는 대신에 안으로는 적극적인 제도 개혁으로 선정(善政)을 위한 기반을 다시 마련하고 대외적으로도 청이나 일본 등 현재 존재하는 주변국들과 신뢰와 협력의 국가 간 관계를 유지해나가고자 했다.[55] 대보단은 과거 오랫동안 추구했던 조선의

55 정조는 「사대예설」이라는 글에서 조선은 중국 바깥의 독립국이지만 국내 제후와 같은 신뢰관계가 있었고 이 관계를 반영한 것이 조선의 사대예제라고 설명했다. 청이나 일본 등 믿을 수 없는 주변국들과 함께하는 시대이지만, 조선은 국조 전통의 사대예제를 잘 보존하며 공존과 협력의

역사와 정체성을 지키고 보존하며 시대에 맞게 실천해나가겠다는 의지의 상징이 되었다.[56]

5. 증수 이후 대보단 운영과 장소성의 공고화

영조는 명이 망해 제사가 끊겼기 때문이 아니라 명 이후 천하에 제대로 된 임금이 없기 때문에, 이제 옛일이 되어 완전히 사라져버릴 의리의 역사를 기억하는 차원에서 창덕궁의 북원(北苑) 한구석의 제단에서 명 삼황을 제향했다. 청이라는 신뢰할 수 없는 강대국과 함께하는 세상에서 조선은 누구보다 신실하면서도 조심스럽게 나라를 운영해나가야 했다. 청에 대해 조선은 명나라 때의 사대례를 그대로 적용했다. 훗날 정조는 청을 제대로 된 임금으로 여겨서가 아니라 명-조선의 사대례를 보존하는 차원의 일이라고 말했다. 또 저 북원의 단, 즉 대보단이 있어 조선이 천하 후세에 할 말이 있게 되었나고도 했다. 그 말의 의미는 영조와 세손 정조의 다음과 같은 대화 속에서 분명하게 드러난다.

1764년(영조 40) 조강하는 자리에서 『맹자』를 강했는데, 세손을 시좌하도록 했다. 영조는 등문공이 천하를 다스리는 자의 모범이 될 수 있는가라

국제관계를 지향했던 조선의 정체성을 지켜나가야 했다. 이와 같은 정조의 국조 전통에 대한 이해는 영조의 인식과 정확하게 일치한다(김지영, 「천하례: 대명의리와 정조의 〈사대예설〉」, 『정조의 예치』, 휴머니스트, 2020).

56 대보단 증수가 이루어진 1749년은 영조가 『속대전』과 『속오례의』를 편찬하며 재조 조선의 기준을 다시 마련하려던 시기이다. 두 전장서는 15세기에 마련된 조선의 내치 기조를 재확인하고 시대에 맞게 보완하는 것이었다. 증수 대보단에는 내치 기조와 연동된 조선의 대외정책 기조를 재확인하고 실천하려는 의지가 담겨 있다고 할 수 있다.

는 질문에 이어 "너는 소국을 다스리는 임금의 모범이 되고 싶으냐, 천하를 다스리는 자의 모범이 되고 싶으냐"라고 물었다. 세손이 "천하를 다스리는 자의 모범이 되고 싶다"고 하자 영조는 그 뜻이 크다고 칭찬하며 사신(史臣)에게 기록해두라고 했다. 이어진 대화에서 영조는 "중국에서도 문물을 고증할 곳이 없는데, 유독 우리나라에서만 기(杞)나라와 송나라의 일을 고증할 수 있으니, 한 조각 마르고 정결한 땅이 바로 황단이다. 황하가 맑아지는 시기는 점칠 수 없지만, 우리나라의 삼단(三壇)은 만세를 지나도 길이 남을 것이다"라고 했다. 인용문에서 삼단은 세 제단으로 이루어진 대보단을 지칭한다. 기나라와 송나라에서 옛 하나라와 은나라를 기리는 제향을 올렸던 것처럼, 조선이 대보단을 통해 중화 문물의 정수, 즉 주 대의 천하관계와 치법(治法)을 기억하고 이어가려는 의지를 표방하고 실천하고 있음을 자부한 것이다.[57]

대보단 증수 후 친제를 정기적으로 행하는 한편 대보단과 그 부속 건물들의 의의를 어제와 어필을 통해 분명하게 드러냈다. 동쪽에 새로 생긴 재전(齋殿)에는 「황단재전소지(皇壇齋殿小識)」를 내려 재전 건립의 의의를 밝혔고, 조종문 밖에 있는 작은 돌다리에는 옛날 숙종이 지은 사자교(獅子橋)라는 이름을 어필로 다시 써내려 돌에 새기도록 했다.[58] 이름이 없던 남문에는 공북문(拱北門)이라고 명칭을 붙여주었다. 1756년(영조 32)에는 황단에 보관된 숭정 갑신년 황력(皇曆)을 보고 맨 끝장에 직접 기문(記文)을 썼다.[59]

대보단의 배향신을 추가로 정해 종향하고, 의절도 추가로 정비해 그 결과를 모아 황단의궤도를 작성하게 했다. 1746년(영조 22)에는 황단에 양경리(楊經理)와 형군문(邢軍門)을 배향한 바 있었는데,[60] 1762년(영조 38)에 태

57 『영조실록』, 40년(1764) 3월 13일.

58 『영조실록』, 21년(1745) 4월 2일.

59 『영조실록』, 32년(1756) 5월 15일.

60 『영조실록』, 22년(1746) 3월 7일.

조 고황제 신위에 무녕왕(武寧王) 서달(徐達)을, 명 신종 신위에 영원백(寧遠伯) 이성량(李成樑)을, 명 의종 신위에 범문정(范文貞)을 종향했다.[61] 1747년(영조 23)에는 『속오례의』에 황단 관련 의주와 서례가 빠진 것을 보완하기 위해 서례와 의주를 각각 한 책에 담아 2책의 『황단의』 2부를 작성하고, 한 부는 황단의 신실에 간직하고 한 부는 강화도 사고(史庫)에 간직해 후대에 전하도록 했다. 이 책에는 이 경위를 적은 영조의 어제 서문이 들어가 있다.[62] 1749년(영조 25) 삼황 향사가 이루어진 후 황단의절은 재편집되었고,[63] 이때 만들어진 책이 『존주휘편』의 일부로 들어가 있는 『황단의(皇壇儀)』이다.[64]

대보단 제향에 유생이나 병자호란 때 충절인들의 자손들을 참여시켜, 더 이상 북원의 감추어진 제단에 머물지 않도록 했다. 황단 증수 후 태학 유생들이 배종하여 제사 지내기를 청하자, 영조는 "수선(首善)의 땅(태학)에서 이와 같이 의기(義起)한 예를 행하고자 한다"라며 칭찬하고, 공북문 밖에서 참제할 것을 허락했다.[65] 1762년(영조 38)에는 황단에 친제할 때 삼학사(三學士)의 자손 및 오충신(五忠臣)의 자손으로 관직이 있는 자는 모두 제사에 참여해 충절을 장려하는 뜻을 보이도록 했다.[66] 1770년(영조 46)에는 한창 편찬 중이던 『동국문헌비고(東國文獻備考)』 「예고(禮考)」에 황단의 일을 기록하게 하면서 "천하 후세에 말할 명분이 있고, 천하에서 반드시 의롭게

61 이때의 종향 사실에 대해서는 『황단종향의궤(皇壇從享儀軌)』(서울대학교 규장각한국학연구원, 奎14316) 참조.

62 『영조실록』, 23년(1747) 3월 2일; 『황단의(皇壇儀)』(서울대학교 규장각한국학연구원, 奎14308) 「御製皇壇儀序」.

63 『영조실록』, 25년(1749) 4월 12일.

64 『영조실록』, 23년(1747) 3월 29일.

65 『영조실록』, 25년(1749) 4월 10일.

66 『영조실록』, 38년(1762) 1월 30일. 삼학사는 병자호란 때 척화신 홍익한(洪翼漢)·윤집(尹集)·오달제(吳達濟)이며, 오충신은 병자호란 때 항복한 일에 계속 반대하다 1642년(인조 20)에 청에 잡혀간 신익성(申翊聖)·허계(許啓)·이명한(李明漢)·이경여(李敬輿)·신익전(申翊全)이다.

여길 것이다"라며 그 의의를 자부하기도 했다.[67]

궁궐 안 대보단 구역 밖에도 명과의 관계를 기억할 장소를 추가로 구축했다. 1769년(영조 45)에는 청나라의 조칙과 뒤섞여 보관되어온 명에서 보내온 외교문서를 따로 분류해 보관하게 했다. 명나라의 칙문은 『풍천록(風泉錄)』이라는 이름으로 보관되어왔는데, 따로 한 책을 만들어 『추감황은편(追感皇恩編)』이라는 이름으로 고치고, 교서관에서 교정한 후 인출하게 했다.[68] 바로 이 『추감황은편』의 가장 첫머리에 1393년(태조 2, 홍무 26) 2월 15일 경인일에 국호를 받은 후 조선 국내에 내린 「태조황제사국호후반교문(太祖皇帝賜國號後頒敎文)」이 수록되어 있다. 완성된 책 1본은 동궐의 승문원 흠봉각(欽奉閣)에 내려 소장하게 했고, 1본은 경희궁 괴원(槐院, 승문원)의 경봉각(敬奉閣)에 봉안했다.[69] 명나라의 연호가 새겨진 마패 700여 개도 따로 상자를 개비해 승문원 누각 위에 소장하게 했다.[70]

경희궁의 경봉각은 본래 흠봉각이었는데, 영조가 명칭을 고치고 어필로 써서 게판하게 했다. 영조 대 후반에 영조의 거처가 경희궁이었기 때문에, 창덕궁의 대보단보다 경희궁의 경봉각은 보다 쉽게 명과 조선 사이의 대의를 기억하는 장소로 활용되었다. 훗날 정조는 이미 기능하지 않고 있어 퇴락한 괴원에 우뚝 서 있는 경봉각과 흠봉각을 대보단 구역으로 옮겨 건립하도록 했는데, 이로써 명과 조선의 관계를 상징하는 기념 장소로서 대보단의 의미는 더욱 부각되었다.[71] 다음은 경봉각을 옮겨 짓게 하면서 내린 정조의 전교이다.

67 『영조실록』, 46년(1770) 1월 23일.

68 『추감황은편(推感皇恩編)』 2책은 규장각과 장서각에 각 1종씩 소장되어 있다. 상세한 내용에 대해서는 정동훈, 「『추감황은편』 해제」, 규장각 자료총서 해제 참조(kyudb.snu.ac.kr/book/view.do?book_cd=GK09922_00&notes=gyeongbu).

69 『영조실록』, 45년(1769) 12월 4일.

70 『영조실록』, 32년(1756) 9월 5일, 45년(1769) 12월 11일.

71 『홍재전서(弘齋全書)』 권7, 詩, 謹題敬奉閣_幷小序.

> 아침에 열천문(冽泉門) 밖에 나가서 의식을 거행하고 아울러 경봉각의 새 터를 살펴보았다. 비록 베껴서 찍어낸 대본이긴 하나 황단(皇壇) 곁에 황조의 고칙(誥勅)을 보관해둔다면 구름무늬 책장이 찬란히 빛나, 지난날 성대했던 명나라의 문화를 접하는 것 같을 것이니, 그 주변을 맴돌고 섬돌을 오르내릴 때의 심경이 과연 어떻겠는가. 홍무 25년(1392) 당시부터 빛나는 고칙이 온 산하에 어리비치고 사신의 행차가 번갈아 왕래하여 우리나라를 중국 본토와 다름없이 여겼다. 우리 역대 임금들께서는 그 뜻을 받들고 계승하여 고칙을 국보처럼 감싸고 선왕의 훈계처럼 높였다. 남한산성으로 임금이 임시로 옮겨 가 계실 때는 충정공 윤집(忠貞公 尹集)과 문간공 정온(文簡公 鄭蘊)이 행재소에서 아뢰기를 "저들이 만약 황조의 고칙과 인장을 요구할 경우 의리로써 맞선다면 저들은 필시 이해할 것입니다" 하자, 임금께서 그 의견을 가상하게 여기셨으나 때가 위급하고 형편이 곤란하여 의리로써 맞서기는 어려웠다. 태왕(太王)도 서울을 떠날 때 주옥 등 보물을 보전하지 못했으니, 이는 곧 뜻있는 선비와 어진 사람이 가슴을 치고 한탄하여 피눈물을 흘리면서까지 그만둘 줄 몰랐던 일이다.[72]

베껴서 찍어낸 책이기는 하지만, 1392년(홍무 25) 조선 개국 당시의 고칙과 조선의 사대외교를 온전히 기념하는 기념물을 보관할 장소를 대보단 곁으로 옮겨 지었던 것이다. 정조는 경봉각을 옮긴 후 지은 어제시에 붙인 서문에서 1392년 명 태조가 보낸 고칙 중 "하늘을 체 받아 백성을 다스리고 후사를 번창하게 하라"는 내용을 강조했다.[73] 신종의 조칙 중에는 조선의 의견을 들어 『명회전』의 내용을 고치도록 한 조칙과 "군사를 내어 왜노를 평정하라"는 조칙을 강조했다. 명과 함께 하늘을 법 받아 세계

72 『정조실록』, 23년(1799) 7월 24일.

73 『홍재전서』 권7, 詩, 謹題敬奉閣_幷小序, "自高皇帝洪武建元二十五年體天牧民永昌後嗣之詔至顯皇帝新修會典及出師平倭之詔."

의 일부를 다스릴 나라 조선에 대한 인정, 외교적인 소통에 머물지 않고 국가적 위기에 원병으로 도왔던 실천들이 고스란히 담긴 문서들이었다. 이렇게 명 대의의 실상을 증명하는 기록물들이 대보단에 함께하게 된 것이다.

그 주변을 맴돌고 섬돌을 오르내릴 때, 즉 대보단 제향을 올릴 때 떠올리는 것은 "지난날 성대했던 명나라의 문화"였다. 여기서 말하는 '성대함'은 문물적인 측면에서 번화하고 화려했음을 말하는 것이 아니라 내치와 외치 방면에서 실천했던 수준 높은 정치 문화를 가리키는 것이었다. 병자호란 때 조선이 그러한 공존적 협력관계의 논리로써 청을 설득한다면, 청 역시 이를 받아들일 수 있었을 것이라고도 했다. 물론 당시 청은 힘으로 천하를 얻는 일에 골몰하고 있었고, 조선의 평화론이 설 자리는 없었다. 정조는 조선-명 외교의 흔적들을 모아 대보단 주변에 진열함으로써 영조 대에 확장된 대보단의 의미를 더욱 확실하게 드러내었다. 경봉각을 옮겨 봉안하는 의식에 충무공 이순신과 삼학사, 조한영(曺漢英)과 송시열(宋時烈)의 봉사손도 제향에 참가하게 하여, 조선의 대명의리와 역사적 정체성을 지켜내려 노력했던 조선의 여러 선열들도 함께 기념하고자 했다.[74] 영조와 정조가 이들 충의지사들을 소환하며 강조한 것이 그 자신의 왕권 강화가 아니라 조선이라는 나라의 정체성과 가치였음도 확인할 수 있다.

74 경봉각을 옮겨 짓는 공사는 1799년 7월 25일에 완공되었다. 정조는 직접 봉심하고 고칙을 봉안했다. 누각은 황단 서쪽에 세워졌고, '경봉', '흠봉'이라는 영조 어필 편액을 누각 안팎 문 위에 게시했다. 누각 안에 작은 장롱을 북쪽 벽에 놓고 『추감황은편』 2권, 명에서 보내준 인장을 찍은 공신교서 사본 1건, 태조 고황제의 어필 장자(障子) 1건, 선종장황제(宣宗章皇帝)의 어제(御製) 어필 장자 하나, 의종열황제(毅宗烈皇帝)의 어필과 어화(御畵) 각 하나, 어필을 새긴 현판 두 개를 봉안했다. 『정조실록』, 23년(1799) 7월 25일.

6. 맺음말

영조는 대보단에 명 태조를 추가 향사하고 조선 건국기의 일을 드러냄으로써 명-조선이 함께 했던 주(周) 천하체제 지향을 재확인하고, 내치와 외치 차원에서 조선이라는 나라의 정체성과 18세기 조선 재조의 방향성을 드러내고자 했다. 이렇듯 조선왕조의 정체성과 연결되자, 대보단은 더 이상 은밀하게 감추어진 제단이 아니라 여러 재현물 속에서 보이는 존재가 되었다.

대보단이 건립된 직후 1750년대에 제작된 〈도성도〉에는 창덕궁(昌德宮)과 창경궁(昌慶宮)이 하나의 궁궐로 묘사되어 있고, 궁의 명칭은 창경궁으로만 기재되어 있다.[75] 궁궐 안에는 인정전(仁政殿), 명정전(明政殿), 춘당대(春塘臺)와 돈화문(敦化門), 금호문(金虎門), 적봉문(赤鳳門) 등 문의 명칭이 그림과 함께 기재되어 있다. 명정전 북쪽으로도 이름이 기록되지 않은 두 개의 전각이 있고 그 너머로 빽빽한 숲이 보인다. 그 숲 너머 북원에 있는 대보단은 앞서 살펴본 바와 같이 작은 제단에 불과했으나, 그 실제 크기보다 훨씬 더 크고 드러나게 묘사되었다. 대보단 옆의 재전(齋殿) 또한 궁궐 내 여타 전각만큼이나 크게 그려졌다. 〈도성도〉가 영조 대 당시 경영한 수도 한양의 진면목을 자랑하기 위한 자료임을 감안하면, 비중 있게 드러나도록 그려진 대보단을 통해 당시인들이 이를 수도 한양의 자랑스러운 공간으로 내세우고자 했음을 알 수 있다. 이런 묘사는 정조 대의 〈도성도〉에서도 마찬가지다.[76]

75 『여지도(輿地圖)』(서울대학교 규장각한국학연구원, 古4709-78), 1帖, 「都城圖」.

76 『도성도(都城圖)』(서울대학교 규장각한국학연구원, 古軸4709-3).

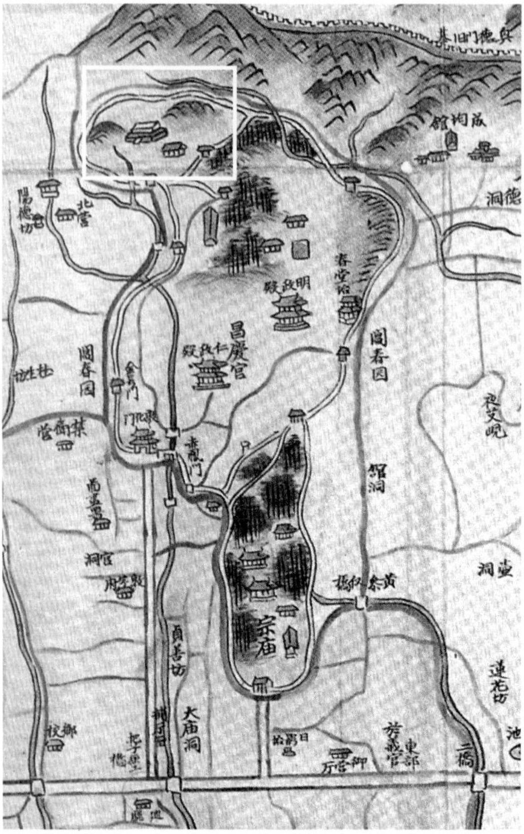

그림 2 대보단, 〈도성도〉, 1750년대, 서울대학교 규장각한국학연구원

1799년 경봉각을 옮겨 봉안한 후 정조가 지은 어제시에서 대보단은 "당나라 요 임금과 나란히 섬에 산하가 공고하고(唐堯幷立山河鞏), 주나라 후직이 거듭 빛남에 일월처럼 드높아라(周稷重光日月高)"로 표현되었다. 이 시에서 정조는 대보단을 요 임금과 후직의 가르침을 기억하는 장소라고 읽어냈다. 대보단의 삼황은 당요(唐堯)와 주 후직의 정치를 잇는 존재였다. 조선이 대보단을 세워 이를 잊지 않고 이어갈 때, 즉 절치부심해서 자강불식할 때 산하가 공고하고 해와 달처럼 드높이 계속 빛날 수 있을 것이었다. 이어지는 시구에서는 "별빛이 감도는 북원의 새로 지은 경봉각 바라보

니(昭回北苑瞻新構), 우리 동방에 백세토록 전할 적도를 받들었구나(百世吾東奉赤刀)"라고 했다. 정조에게는 대보단 곁의 경봉각에 담긴 명 유물도 단지 옛 왕조의 유물이 아니라 조선이 스스로의 의지로 원하는 정치공동체를 꾸려나갈 권리, 즉 주권을 억압하는 불의한 적에 대항할 '적도(赤刀)'였다.[77]

숙종 대 건립되고 영조 대 조선의 문명적 정체성의 상징으로 거듭난 대보단은 당시인들의 여러 재현물 속에 존재를 드러내었다(그림 2). 이런 상황이 극적으로 바뀐 것은 언제였을까. 19세기 말 조선은 전혀 다른 질서와 대면했고, 나라를 잃은 후 시련을 겪으며 극심한 정체성의 혼란을 겪었다. 한때 자랑스러운 조선의 상징이었던 대보단의 의미는 점점 설명하기 어려운 것이 되었다. 지금 옛 조선의 궁궐은 복잡한 도심 속에서 옛 모습을 되찾아 가고 있지만, 대보단은 없는 존재가 되었다. 창덕궁의 북쪽 어두운 숲속에서, 한때 조선시대인들의 보편적 삶의 지향과 가치, 그 실천의 역사를 상징했던 대보단은 새롭게 기억될 날을 기다리고 있다.

77 『홍재전서』 卷7, 詩, 謹題敬奉閣_幷小序.

참고문헌

1. 자료

조선왕조실록.
『승정원일기』.

『대보단증수소의궤(大報壇增修所儀軌)』.
『황단종향의궤(皇壇從享儀軌)』.

정도전(鄭道傳), 『삼봉집(三峯集)』.
『존주휘편(尊周彙編)』(서울대학교 규장각한국학연구원, 奎3358).
『추감황은편(推感皇恩編)』.
『홍재전서(弘齋全書)』.

2. 논저

계승범, 『정지된 시간: 조선의 대보단과 근대의 문턱』, 서강대학교 출판부, 2011.
김문식, 『조선후기 지식인의 대외관계』, 새문사, 2009.
김봉진, 「사대의 재해석」, 『한국 국제정치학, 미래 백년의 설계』, 사회평론아카데미, 2018.
김봉진, 「'조선=속국(屬國), 속방(屬邦)'의 개념사」, 『한국동양정치사상사연구』 18-1, 2019.
김자연 지음, 김백철·김기연 옮김, 『왕이라는 유산』, 너머북스.
김지영, 「천하례: 대명의리와 정조의 〈사대예설〉」, 『정조의 예치』, 휴머니스트, 2020.
김형종, 『19세기 후반 한중관계사론: 천조상국과 속국자주의 딜레마』, 서울대학교출판문화원, 2024.
김호, 「영조의 대보단 증수와 명 삼황의 향사」, 『한국문화』 32, 2003.
배우성, 『중화: 사라진 문명의 기준』, 푸른역사, 2024.
안외순, 「조선전기 중화주의와 내치·외교 관계」, 『동방학』 31, 2014.
우경섭, 『조선중화주의의 성립과 동아시아』, 유니스토리, 2013.
이근호, 「영조(英祖)의 명(明) 태조(太祖) 이해와 황단병사(皇壇幷祀)」, 『조선시대의 정치와 제도』, 집문당, 2003.
이명미, 『13~14세기 고려·몽골 관계 연구』, 혜안, 2016.
이욱, 「조선후기 전쟁의 기억과 대보단 제향」, 『종교연구』 42, 2006.
자오팅양 저, 김중섭 역, 『천하, 세계와 미래에 대한 중국의 철학』, 이음, 2022.
정옥자, 「대보단 창설에 관한 연구」, 『변태섭박사화갑기념사학논총』, 삼영사, 1985.
정옥자, 『조선후기 조선중화사상 연구』, 일지사, 1998.
최종석, 「조선 건국의 대외적 정당화 작업과 중화보편의 추구」, 『한국사연구』 180, 2018.
한영우, 「고려~조선전기의 기자인식」, 『한국문화』 3, 1982.
허태구, 『병자호란과 예, 그리고 중화』, 소명출판, 2019.
허태용, 『조선후기 중화론과 역사인식』, 아카넷, 2009.
허태용, 「조선왕조의 건국과 국호 문제」, 『한국사연구』 61, 2015.

4부

도시 공간

7장

조선 후기 탕춘대성의 위상 변화와 도성 방어체제의 재편

정해은

1. 머리말

탕춘대성(蕩春臺城)은 한양도성과 북한산성 사이에 위치한 길이 약 5,051m의 성곽이다.[1] 연산군 대 조성된 탕춘대의 옛터에 쌓은 이 성곽은 한양 도성이 있는 인왕산(해발 338m) 아래에서 시작하여 홍제천을 가로질러 북한산 향로봉(해발 535m)에 이른다.[2] 현재 한양도성의 둘레가 약 18.6km인 점을 감안할 때,[3] 탕춘대성은 대략 한양도성의 4분의 1에 해당

* 이 글은 정해은, 「탕춘대성의 축성과 한양도성 배후산성의 역할」('탕춘대성 사적 승격을 위한 학술 심포지엄', 2022.6.16. 발표)을 수정·보완한 것이다.

1 "「탕춘대성」 국가지정문화유산 사적지정" 보도자료(국가유산청, 2024.4.9.).

2 한울문화재연구원, 『탕춘대성 보존·관리 종합계획』, 서울특별시, 2016, 34쪽; 조치욱, 「북한산의 역사 유적과 발굴 현황: 북한산성과 탕춘대성을 중심으로」, 『한국학논총』 61, 2024, 45쪽.

3 '서울 한양도성' 홈페이지(seoulcitywall.seoul.go.kr).

하는 규모라 할 수 있다.[4]

탕춘대성은 비록 규모가 크지는 않지만 한양도성과 북한산성을 이어주는 성곽이어서 북한산성이나 한양도성 연구에서 빠지지 않고 언급되는 중요한 유적이다.[5] 탕춘대성과 관련하여 지금까지의 연구성과를 종합하면 다음의 두 가지로 집약할 수 있다. 첫째, 숙종 대에 북한산성을 축조한 이후 그 군량을 저장하기 위한 창고를 탕춘대에 조성했으며, 이를 보호하기 위해 성곽을 축조했다는 점이다. 둘째, 숙종 대 탕춘대성의 성격에 대해서는 대체로 북한산성과 도성을 연결하는 성곽으로서, 궁극적으로 도성을 방위하기 위한 관방시설로 이해하고 있다는 점이다.[6]

이처럼 선행 연구를 통해 탕춘대성의 조성 과정과 성격에 대한 의미 있는 이해가 형성되었으나, 여전히 몇 가지 미진한 부분이 존재한다. 첫째, 현재 탕춘대성에 대한 이해가 주로 숙종 대를 중심으로 진행되면서 영조 대 탕춘대성의 성격에 대한 정확한 이해가 부족한 편이다. 탕춘대의 성격은 숙종과 영조 대에 분명한 차이가 있음에도 불구하고, 이 부분을 간과한

4 탕춘대성에 대한 대표적인 연구성과는 다음과 같다. 민덕식, 「서울 탕춘대성의 축조과정」, 『향토서울』 80, 2012; 이은주, 「조선 후기 탕춘대성 축성과 총융대 공간의 성격 변화」, 『서울과 역사』 96, 2017; 이강원, 「18세기 전반 탕춘대 지역의 도성 외곽 기지화와 총융청 관할 방어체제의 성립」, 『역사와 현실』 125, 2022.

5 차용걸, 「서울 도성과 방어유적의 복원·보존 및 과제: 서울성곽·북한산성·탕춘대성」, 『향토서울』 75, 2010; 이근호, 「18세기 전반의 수도방위론」, 『군사』 37, 1998; 조준호, 「영조대 『수성절목』의 반포와 수도방위체제의 확립」, 『조선후기의 수도방위체제』, 1998; 노영구, 『영조 대의 한양 도성 수비 정비』, 한국학중앙연구원 출판부, 2013; 김우진, 『숙종의 대청인식과 수도권 방어정책』, 민속원, 2022.

6 대표적으로 노영구는 "탕춘대성 역시 결과적으로는 도성 방위를 위한 관방시설로 기능했다"라고 하여 숙종 대 조성된 탕춘대성을 도성 방위의 일환으로 이해했다[노영구(2013), 앞의 책, 64쪽]. 김종수도 탕춘대성의 축조 의의에 대해 간략하게 언급했는데, "숙종대 도성 수축과 북한산성 축성의 연장선상에서 축조되었는데 유사시 적의 침입을 막고 도성에서 북한산성까지의 안전한 교통로를 확보하기 위해 만들어졌다"라고 했다(김종수, 「조선 숙종대 경기지역 군사체제의 정비」, 『군사연구』 143, 2017, 32쪽). 정확하게 언급하지는 않았지만 "안전한 교통로"란 아마도 도성-탕춘대성-북한산성으로 이어지는 피난처로 이해한 것 같다. 김우진도 숙종 대 탕춘대성이 미완이기는 하나 "북한산성과 도성의 방어의 취약점을 보완하는 역할을 했다"라고 하여 탕춘대성을 도성 방어의 연장선상으로 이해했다[김우진(2022), 위의 책, 240쪽].

채 영조 대의 인식을 숙종 대로 소급해서 해석하는 경향이 있다. 대표적인 예로, 일반적으로 탕춘대성을 도성과 북한산성을 잇는 성곽으로 인식하지만, 이러한 관점은 영조 대에 들어서 정착된 것이다.

둘째, 이와 관련하여 영조 대 탕춘대성의 성격을 정확하게 이해하기 위해서는 북한산성에 대한 고찰이 필수적이다. 그러나 북한산성에 관한 연구 역시 숙종 대에 집중되어 있으며, 영조 대의 변화 양상은 총융청의 설치나 경리청의 혁파 정도에 국한되어 있다. 북한산성은 숙종 대에 유사시 왕실의 보장처로서 조성되었으나, 영조 대에는 도성 배후를 방어하는 거점으로 그 성격이 전환되었다. 이 과정에서 탕춘대의 위상도 함께 변화했으므로, 북한산성과의 관계를 고려하지 않고서는 탕춘대성의 변화를 온전히 이해하기 어렵다.

셋째, 탕춘대성에 대한 이해는 조선 후기 도성 방어체제의 전체적인 흐름을 파악하는 데 중요한 단서가 될 수 있다. 탕춘대성은 1718년(숙종 44) 축성을 시작하여 1754년(영조 30)에 이르러 일단락되었으며, 이때 명칭도 '연융대'로 변경되었다. 이처럼 장기간에 걸쳐 축조가 이뤄졌다는 사실은 이 성곽의 축조가 그렇게 단순한 사안이 아니었음을 시사한다.

무잇보다도 영조가 도성 수비의 완결이라 할 수 있는 『수성책자(守城冊子)』를 탕춘대성에 거둥하여 반포하려고 했다는 사실은 이 성곽이 지닌 군사적 의미를 상징적으로 보여주는 장면이라 할 수 있다. 최근에는 탕춘대성을 포함한 연융대 일대가 도성의 배후기지였다는 관점이나, 영조 대 후반 총융청의 이전으로 탕춘대성이 도성 외곽 기지로 확고히 자리매김했다는 관점도 제기되고 있으므로 영조 대의 탕춘대성에 대한 재검토가 필요하다.[7]

7 이은주(2017), 앞의 글; 이강원(2023), 앞의 글. 이 가운데 이은주는 숙종 대에는 탕춘대성이 북한산성의 배후지였으나, 영조 대에는 도성 방어를 뒷받침하는 영역으로 성격이 바뀌었다고 보았다. 이 관점은 이 글의 논지를 전개하는 데 도움이 되었다.

이 글은 이러한 문제의식에 기초하여 탕춘대성을 조선 후기 도성 방어 전략의 재편 과정과 연결 지어 분석하고자 했다. 우선 숙종 대 탕춘대의 축성과 중단 배경을 살펴보고, 영조 대에 이루어진 축성 논의를 검토할 것이다. 이 문제는 기존 연구에서 상대적으로 소홀히 다루어진 사항이므로 자세한 고찰이 필요하다. 다음으로 영조 대 탕춘대성의 성격이 어떻게 변화했는지를 분석하고, 이러한 변화가 지니는 축성의 의의도 짚어보았다. 이를 통해 탕춘대성이 도성과 북한산성을 연결하는 단순한 성곽이 아니라 조선 후기 도성 방어체제를 재구성한 핵심적인 요소였음을 밝히고자 한다.

2. 숙종 대 탕춘대성의 축조와 중단

1) 탕춘대 창고와 탕춘대성의 조성

숙종 대에 도성 일대에서 이뤄진 대표적인 토목 공사는 1703년(숙종 29) 북한산성의 착수, 1704년 도성 개축, 1711년 북한산성 축조, 1718년 탕춘대성의 축조를 꼽을 수 있다.[8] 이 네 차례의 토목 공사 모두 북한산성의 축조가 발단이었으며, 도성을 거쳐 북한산성, 탕춘대성에 이르렀다는 것은 잘 알려진 사실이다.

북한산성[9]은 여러 논의 끝에 숙종의 주도로 1711년 4월 3일에 착공하

8 이태진, 『조선후기의 정치와 군영제 변천』, 한국연구원, 1985, 236쪽.

9 북한산성은 북한산 능선 길이인 10.39km 중 약 5.13km의 구간에 성곽을 쌓았다[임효재 외, 『북한산성 지표조사 보고서(성곽과 성내부)』, 서울대학교박물관, 1991, 51쪽].

여 10월 18일 무렵 공사를 마쳤다.[10] 1703년 북한산성의 축조를 주장한 인물은 탕평론자로 분류되는 신완(申琓) 등이며 노론과 소론 측에서는 반대했다.[11] 하지만 1711년 축조 당시에는 세력을 확장해가던 노론의 다수가 찬성하는 양상을 보였다.[12] 이듬해인 1712년 5월에는 행궁을 완공하고, 같은 해 11월에는 산성을 관리하기 위해 경리청(經理廳)도 공식적으로 출범했다. 또한 북한산성의 서쪽이 평평하다는 단점을 보완하는 공사도 이뤄져서 1712년 5월부터 1714년까지 남쪽의 증봉(甑峰)에서 북쪽의 영취봉(靈鷲峰)을 연결하는 중성(重城)도 축조했다.[13]

1711년 북한산성이 완성되자 군향(軍餉) 창고가 문제가 되었다. 당시 경리청의 기초 재원으로 마련된 북한산성 군향은 미(米) 10만 섬과 콩 2만 섬이었다. 군향의 용도는 군병의 급료와 관료들의 녹미 지급, 각종 공물가의 지급, 기타 어공미(御供米) 등이었다.[14] 북한산성이 축조되자 형조판서 이언강이 북한산성에만 창고를 설치하면 운반이 어려우니 여기에는 약간의 군향만 보관하고, 나머지는 탕춘대 근처와 수문 밖 평지에 보관하자고 제안했다. 이조참의 이광좌가 탕춘대 부근의 길이 험하다면서 반대했다. 숙종도 "이번에 북한산에 성을 쌓은 것은 백성과 함께 들어가려는 뜻에서 나온 것이다."[15]라고 하면서 병자호란의 예를 들어 군향 창고를 성안에 지어야 한다고 여겼다.[16]

1712년에 북한산성 행궁이 완성되자 창고 문제가 다시 제기되었다. 한

10 북한산성의 축조 과정은 이현수, 「18세기 북한산성의 축조와 경리청」, 『청계사학』 8, 1991 및 백종오, 「조선 후기 북한산성의 축성과 운영체계」, 『한국사학보』 50, 2013에 자세하다.

11 이근호, 「18세기 전반의 수도방위론」, 『군사』 37, 1998, 70~71쪽. 노론과 소론이 반대한 이유에 대해서는 71~75쪽에 자세하다.

12 이현수(1991), 앞의 글, 176쪽, 178~179쪽.

13 백종오(2013), 앞의 글, 127~128쪽.

14 이현수(1991), 앞의 글, 187쪽.

15 『비변사등록』, 숙종 37년 10월 27일.

16 김우진(2022), 앞의 책, 237쪽.

성부 우윤 윤취상은 북한산성만 축성한 상태에서 만약 적이 주둔하면 도성 소재의 곡식과 삼강(三江) 각 관사의 창곡을 뺏기게 될 것을 우려했다. 그래서 탕춘대에 창고를 건립하여 광흥창·군자창 및 각 군문의 곡식을 옮겨오면 도성으로 들이는 것만 못해도 멀리 삼강에 두는 것보다는 낫다는 의견을 제시했다.[17]

영의정 이유(李濡)도 탕춘대에 창고를 세우고 군향을 저장하여 북한산성의 형세를 굳게 할 것을 주장했다.[18] 이유의 구상은 북한산성을 유사시 지키는 곳으로 삼고, 창고를 탕춘대에 설치하여 군량을 비축하고 도성 백성의 곡식도 수습하면 만전이 될 것이라고 보았다.[19] 곧, 북한산성을 지키기 위해서는 탕춘대가 필요하다는 판단이었다.

이유 등의 건의에 따라 먼저 1713년 4월 1일에 창의문에서 탕춘대를 잇는 도로 공사를 시작했다.[20] 이어서 5월에 창고의 터를 닦았다.[21] 1714년 9월경에는 50여 칸의 창고를 조성하고, 선혜청의 창고도 조성했다. 이렇게 하여 완성된 창고는 상창(上倉)·중창(中倉)·하창(下倉) 3개였다. 상창과 중창은 경리청의 창고로 합쳐서 평창(平倉)이라 했으며, 하창은 선혜청 창고였다(그림 1).[22]

탕춘대 창고가 완성되자 1715년에 이유는 성곽 축성을 제안하면서 민력이 덜 드는 토성으로 쌓자고 건의했다. 탕춘대 터에 성을 쌓자는 주장은 이미 북한산성을 축조하기 전인 1702년에 제기되었다.[23] 앞서 북한산성

17 『승정원일기』, 숙종 39년(1713) 9월 14일.

18 『숙종실록』, 38년(1712) 10월 20일.

19 『숙종실록』, 38년(1712) 12월 25일, 39년(1713) 2월 20일.

20 『훈국등록』, 숙종 39년 4월 1일, "啓曰, 蕩春臺車路, 依定奪, 自彰義門內, 今四月初一日爲始, 修治之意, 敢啓, 知道."

21 『훈국등록』, 숙종 39년 5월 4일.

22 『비변사등록』, 영조 23년 9월 7일.

23 민덕식, 「서울 탕춘대성의 축조과정」, 『향토서울』 80, 2012, 65쪽.

그림 1 《동국여도》, 〈도성연융북한합도(都城鍊戎北漢合圖)〉, 서울대학교 규장각한국학연구원

축조를 주장한 신완은 탕춘대 옛터에 치성을 쌓고, 곡식과 무기를 미리 두어서 도성과 안팎이 되어 서로 응원하게 하고 힘을 합쳐 굳게 지킬 것을 건의했다.[24] 신완의 의견에서 주목할 점은 유사시 남한산성과 강화로 가야 한다는 주장은 도성을 믿지 못해서이니, 탕춘대성을 쌓아 도성과 표리를 이뤄야 한다고 주장한 점이다. 곧, 탕춘대를 도성의 외성으로 바라본 것이다.

탕춘대 축성을 적극적으로 주장한 인물인 이유는 송시열의 문인으로 북한산성의 축조를 이끈 인물이다. 그는 박세채의 문인인 신완·김구 등과 함께 현실 문제에 대처하면서 정국의 경색을 막기 위해 주력한 탕평론자였다.[25] 이미 1712년에 탕춘대 창고를 짓고 그 이듬해에 축성도 하자고

24 『숙종실록』, 28년(1702) 8월 11일.

25 이근호(1998), 앞의 글, 68쪽.

주장한 적이 있는 그는 신완과 달리 탕춘대와 북한산성을 이와 입술의 형세로 파악했다. 즉, 도성을 함께 지킨다는 숙종의 하교가 없었고, 탕춘대를 잃으면 북한산성과 도성이 불통이 되어서 위험한 형세가 될 것이니, 차라리 도성을 버리고 탕춘대와 북한산성을 서로 호응하게 하는 것이 더 낫다고 주장한 것이다.[26]

탕춘대 축성에는 노론과 소론 측 모두 반대했다. 김창집은 도성을 버리고 탕춘대만 지키는 것은 좋은 계책이 아니라면서 큰 역사를 일으키는 것에 대해 우려를 표명했다. 조태채도 도성을 함께 지킬 수 없더라도 탕춘대를 방어할 방법을 강구한 뒤에 축성을 결정해야 한다고 보았다. 서종태는 북한산성과 탕춘대의 지세가 매우 달라 탕춘대성이 공격을 받으면 북한산성에서 구원하기가 어렵고, 도성을 잃으면 탕춘대성도 만전을 기할 곳이 못 된다는 의견이었다. 또 북한산성-탕춘대-도성을 어떤 병력으로 지킬 수 있을지 모르겠다는 의문도 제기했다. 소론 이광좌도 탕춘대가 하나의 산골짜기에 불과하여 북한산성에 도움이 되지 않으며 탕춘대를 지킬 군졸이 없다고 보았다. 만약 북한산성이 보전되더라도 탕춘대의 군량을 산성 안으로 실어 들이기가 어렵고, 탕춘대를 지키지 못하면 북한산성의 인심도 동요할 것이니 북한산성을 뒷받침하지 못한다고 주장했다.[27]

이런 반대 속에서 이유의 주장으로 1717년 봄에 탕춘대의 축성이 결정되었다.[28] 하지만 1718년 8월까지 시작도 하지 못한 상태였다. 이유는 "북한산성이 비록 하늘이 내린 험한 곳이나 탕춘대가 없으면 고립되어 위험에 처하고, 만약 탕춘대를 아울러 쌓지 않으면 도성도 외부와 연락이 끊어질 것입니다"[29]라고 하면서 축성을 시작하고자 했다. 하지만 민진원이 탕

26 『승정원일기』, 숙종 38년(1712) 10월 20일; 『비변사등록』, 숙종 41년 11월 6일.

27 『승정원일기』, 숙종 38년(1712) 10월 20일; 『비변사등록』, 숙종 41년 11월 6일.

28 『비변사등록』, 숙종 44년 8월 24일, "又所啓, 以蕩春臺土城設築事, 春間, 小臣陳書, 下廟堂覆達依準之後, 適値朝家多事, 癘疫大熾, 有所未遑矣."

춘대를 지키면 도성을 버려야 하고, 도성을 지킨다면 이 성을 쌓을 필요가 없다면서 반대했다.[30]

그러다가 대신들의 답사 결과 성터가 좋다고 보고되자 공사를 시작했다. 다만 동쪽은 도성의 내맥(來脈)과 연관이 있으므로 지사에게 물어본 뒤에 역사를 시작하기로 하고 우선 서쪽부터 쌓기로 했다. 1718년 윤8월 26일에 시작한 공사는 10월 5일까지 40여 일간 진행됐다. 2,200여 보 중 절반 정도 체성을 쌓은 상태였는데,[31] 당초 토성으로 축조하려던 계획과 달리 현지에 잡석이 많아 잡석으로 쌓았다.[32] 이후 같은 해 12월에 이유는 20여 일 정도 더 쌓으면 축성을 완료할 수 있다고 보고했다.[33] 하지만 북한산성 축조 때부터 그 비용으로 도성을 더 축조해야 한다고 주장한 민진후의 문제 제기로 인해 축성이 중단되고 말았다. 이 문제는 다음에서 검토하고자 한다.

2) 탕춘대냐, 도성이냐

1719년(숙종 45) 4월 1일에 숙종은 탕춘대 축성을 중지하라고 명했다.[34] 이는 약 3개월 전인 1718년 12월에 숙종이 북한산성 방어를 위해 이유의 건의대로 탕춘대 축성사업을 계속 추진하려고 하자 민진후가 자책하는 글을 올린 것이 계기가 되었다.[35]

29 『승정원일기』, 숙종 44년(1718) 윤8월 5일.

30 『비변사등록』, 숙종 44년 8월 24일.

31 『비변사등록』, 숙종 44년 11월 8일.

32 『숙종실록』, 44년(1718) 12월 18일, "蕩春臺城役, 今將完畢, 此後不過二十日, 可以了當. 始以土築爲定, 而計其處雜石甚多, 石築尤易, 故方以雜石築之, 而東邊則閔鎭遠, 於筵中, 請試以都城主脈之說, 問於地師, 而爲土築矣."

33 『숙종실록』, 44년(1718) 12월 18일.

34 『비변사등록』, 숙종 45년 4월 1일.

35 민덕식(2012), 앞의 글, 83쪽.

예조판서 민진후는 북한산성을 쌓자고 주장한 본인을 스스로 책망하면서 북한산성을 지킬 수 없다고 주장했다.[36] 그는 탕춘대성을 쌓아서 세 곳의 성곽을 이으면 1백여 리나 되어서 지킬 수 없으며, 탕춘대성은 도성과 북한산성 사이에 있어서 만약 적이 높은 곳에 올라가 내려다보면 지탱할 수 없다고 보았다.[37]

다음 날에는 경리청 제조이자 민진후의 동생인 민진원이 도성에 대한 숙종의 의견을 타진했다. 민진원은 북한산성을 끝내 버려서는 안 된다는 숙종의 하교에 대해 도성을 지켜야 한다거나 버려야 한다는 하교 없이 대신에게 의논하여 처리하라고 했으므로 도성에 대한 명확한 하교를 요청한 것이었다.[38]

그러자 이유가 유사시 곡식을 북한산성이나 탕춘대에 들이고 도성민이 백악산과 인왕산을 먼저 점령하면, 적이 감히 도성으로 들어오지 못하고 탕춘대와 북한산성 사이를 아예 침범할 수 없다고 주장했다. 이것이 백성과 함께 지키는 것이라면서 숙종에게 명백히 하교하여 논란을 잠재울 것을 요청했다. 이이명도 이미 결정된 일에 대해 왜 다시 논의가 일어났는지 모르겠다면서 이유의 의견을 지지했다. 숙종 역시 탕춘대에 성을 쌓으니 북한산성의 형세가 더 장엄해졌다면서 세 성을 지키는 것은 말이 되지 않으며 북한산성에 전념해야 한다고 못 박았다.[39] 요컨대 탕춘대를 북한산성 외성으로 간주하여 축조를 계속해야 한다는 명이었다.

그러나 민진후가 자책하는 글을 올리자 숙종은 신하들에게 탕춘대 축성에 대한 의견을 물어야 했다. 대표적으로 『승정원일기』를 기준으로 1719년 2월 4일부터 8일 사이에 의견을 표명한 사람은 대략 57명이었다. 그 결과

36 『숙종실록』, 44년(1718) 12월 19일.

37 『승정원일기』, 숙종 45년(1719) 2월 5일 33번째 및 50번째 기사.

38 『비변사등록』, 숙종 44년 12월 20일.

39 『비변사등록』, 숙종 44년 12월 20일.

찬성이 14명(24.6%)에 불과했고, 반대가 43명(75.4%)이나 되어서 탕춘대 축성이 정지되고 말았다. 이때의 논의는 숙종 대 탕춘대성의 성격을 이해하는 데에 중요한 시사점을 주므로 자세히 살펴볼 필요가 있다.

먼저 『숙종실록』을 기준으로 찬성은 유숭·이한규 등 4명과 어유구, 김유, 송상기, 조도빈, 허윤, 신한장, 조이중 등 총 11명이며, 반대는 이수민 등 15명과 홍치중, 민진원, 이우항, 권상유, 심택현, 김덕기, 이홍조, 신임, 이홍술, 류성추, 윤헌주, 장붕익, 이택, 박사익, 김상옥, 윤석래, 어유룡, 신절, 김운택 등 총 34명(75.6%)이었다. 다음으로 『승정원일기』를 기준으로 찬성은 어유구, 조이건, 유숭, 이한규, 이수민, 이정주, 조도빈, 이홍술, 김유, 허윤, 조이중, 신항장, 송상기, 신임 등이며, 반대는 홍치중, 류중무, 임순원, 이정, 여필용, 허지, 류하, 윤일상, 김치룡, 이만성, 오명항, 이익한, 김시경, 윤봉조, 이교악, 심탱, 신경제, 이홍, 홍계적, 김우항, 민진후, 권상유, 민진원, 이홍조, 윤각, 심택현, 류성추, 김덕기, 이우항, 윤헌주, 이택, 박사익, 김운택, 김상옥, 윤석래, 어유룡, 신절, 강현, 김석연, 장붕익, 김연, 윤취상, 이선부 등 총 43명이었다.[40]

먼저 찬성 의견을 정리하면 다음과 같다. ①탕춘대성을 쌓아 북한산성과 인팎이 되게 해서 보장처를 만들어야 한다는 의견이다. 곧, 탕춘대성을 북한산성을 지원하는 성으로 파악해서 찬성하는 의견이다. 어유구는 북한산성이 천험의 장소로서 보장처가 될 수 있으므로 탕춘대성을 쌓아서 안팎으로 서로 의지해서 위급한 때를 대비해야 한다고 주장했다. 이한규도 이미 북한산성을 쌓았으므로 탕춘대성을 쌓으면 서로 호응하게 되어서 해로울 것이 없다고 보았다. 이홍술은 도성이 중요하지만 너무 넓다는 우려로 이미 북한산성을 축조했으므로, 탕춘대의 성첩을 백악산 아래까지 잇고 성안에 창고를 지어야 한다고 보았다.[41]

40 『숙종실록』, 45년(1719) 2월 2일; 『승정원일기』 숙종 45년(1719) 2월 4일, 5일, 6일, 7일, 8일.

표 1 1719년(숙종 45) 탕춘대성 축조 찬반 양상

자료	축조 찬성	축조 반대
숙종실록 (45명)	유숭·이한규 등 4명 어유구, 김유, 송상기, 조도빈, 허윤, 신한장, 조이중	이수민 등 15명 홍치중, 민진원, 이우항, 권상유, 심택현, 김덕기, 이홍조, 신임, 이홍술, 류성추, 윤헌주, 장붕익, 이택, 박사익, 김상옥, 윤석래, 어유룡, 신절, 김운택
	11명	34명
승정원일기 (57명)	어유구, 조이건, 유숭, 이한규, 이수민, 이정주, 조도빈, 이홍술, 김유, 허윤, 조이중, 신항장, 송상기, 신임	홍치중, 류중무, 임순원, 이정, 여필용, 허지, 류하, 윤일상, 김치룡, 이만성, 오명항, 이익한, 김시경, 윤봉조, 이교악, 심탱, 신경제, 이홍, 홍계적, 김우항, 민진후, 권상유, 민진원, 이홍조, 윤각, 심택현, 류성추, 김덕기, 이우항, 윤헌주, 이택, 박사익, 김운택, 김상옥, 윤석래, 어유룡, 신절, 강현, 김석연, 장붕익, 김연, 윤취상, 이선부
	14명	43명

②도성과 가까운 탕춘대에 성을 쌓아 보장처를 마련해야 한다는 의견이다. ①번 의견과 다른 점은 탕춘대성을 북한산성이 아닌 도성과 연결 지은 점이다. 김유는 북한산성의 경우 좁고 험하여 도성민을 모두 수용할 수 없다는 점을 우려했다. 또한 탕춘대를 적이 먼저 점령하여 북한산에서 엿보면 도성이 위태롭고, 도성민을 동원하여 북한산성을 지키게 하면 북한산성이 위태로울 것이니 전략적으로 탕춘대성이 북한산성보다 중요하다고 주장했다. 이정주도 탕춘대성을 쌓아 보장처로 삼고 북한산성 군병으로 수비하게 하여 기각의 세를 이루면 좋겠다고 했다.

③탕춘대성의 효용성을 인정하되, 재정을 마련해서 천천히 쌓자는 주장도 있다. 조도빈은 도성을 수축하는 것이 제일이지만 이미 도성을 지킬 수 없다는 국왕의 판단으로 북한산성을 쌓았으므로 탕춘대도 쌓아야 한다고 보았다. 다만 재정을 비축해서 서서히 쌓자고 주장했다. 송상기는 북

41 『숙종실록』에는 이홍술이 이우항처럼 도성 방어를 주장한 것으로 나오지만, 『승정원일기』의 내용은 탕춘대성을 지어서 유사시 장수에게 명하여 북한산성과 탕춘대성의 요해처를 지켜야 한다는 주장이다.

한산성으로 들어가면 도성을 버릴 수밖에 없고, 도성을 버린다면 탕춘대에 성을 쌓더라도 세 성이라 말해서는 안 된다고 주장했다. 그는 지금 이 성 때문에 이미 완성한 북한산성마저 버리자는 의견을 비판하면서, 민생을 고려해서 미진한 곳은 나중에 쌓으면 좋겠다고 했다.

탕춘대성을 반대하는 논리는 다양하게 제기되었다. ①북한산성을 버릴 수 없으나, 탕춘대 축성은 민생을 위해 정지해야 한다는 논의다. 홍치중, 김덕기, 이홍조 등이 이 의견을 제시했다. 이후 4월 1일에 대신들이 모여서 의논할 때 김창집, 이이명, 이건명도 이 의견에 동조했다.[42]

②탕춘대의 지세가 낮은 점을 단점으로 지적하는 의견이다. 이우항은 탕춘대가 도성과 북한산성 사이에 있으면서 지세마저 낮아 적침을 쉽게 받을 수 있다는 점을 지적하며 도성을 보장처로 삼아야 한다고 주장했다. 이홍도 적이 도성을 차지하고서 탕춘대성을 내려다보고 공격하면 막을 수가 없다고 진단했다. 권상유는 지세가 낮은 것이 흠이며, 도성의 배후로 만들려면 남쪽 방면을 쌓아야 하는데 공력이 많이 든다고 지적했다. 김덕기는 도성 방어에 뜻을 두고 북한산성을 후원으로 삼아야 하며, 도성이 적에게 함락되면 탕춘대성은 적의 포(砲)가 미치는 곳이 된다는 점도 우려했다. 신절은 적이 도성을 장악해서 북악산에서 탕춘대성을 위압하면 허실이 저절로 드러나게 되고, 탕춘대성이 무너지면 군향과 무기가 적에게 넘어가 북한산성도 와해될 것으로 보았다.

③탕춘대성까지 쌓으면 도성의 방어 범위가 지나치게 넓어진다는 의견이다. 윤석래는 세 성을 연결하면 형세는 장대할지 몰라도 지키기가 어렵다고 보았다. 심택현은 북한산성을 쌓은 이유가 도성이 넓어서 지킬 수 없다는 논리였는데, 탕춘대성을 쌓으면 수비할 곳이 더 넓어진다고 보았다. 김연은 북한산성과 탕춘대성을 합치면 도성보다 넓고, 도성 및 도성과 가

42 『숙종실록』, 45년(1719) 2월 2일.

까운 탕춘대성이 함락되면 북한산성도 지킬 수 없기는 마찬가지라면서 탕춘대성의 축조를 반대했다.

④북한산성은 믿을 수 없으며, 도성을 포기할 경우 탕춘대성 또한 지킬 수 없다는 의견이다. 임순원은 북한산성을 짓고 이미 도성을 포기하기로 했다면 탕춘대성도 온전할 수 없다고 보았다. 그러면서 도성을 방어할 수 없다면 남한산성으로 가야 한다고 주장했다. 여필용과 이정은 북한산성을 믿을 수 없는 상태에서 탕춘대성을 연이어 쌓을 수는 없다고 주장했다.

이 밖에 장붕익은 도성을 지키는 것이 급선무라고 보았다. 민진원은 이전 의견을 되풀이하여 도성을 지키려면 탕춘대성을 쌓을 필요가 없으므로 도성과 탕춘대성 중 양자택일해야 한다는 주장을 폈다. 김석연은 자신 역시 민진후처럼 북한산성 축조에 찬성했지만, 축조 뒤에 여러 문제가 발생했고 마침내 탕춘대성 문제까지 나오게 되었다면서 체직을 요청했다.

여기서 한 가지 짚어봐야 할 문제가 있다. 신료들이 탕춘성 축성의 지속 여부를 묻는 답변에서 북한산성의 축조가 숙종의 결단에 따라 이뤄진 것을 강조한 점이다. 실제로 숙종은 집권 전반기에 도성 수호를 회피하는 입장이었고,[43] 집권 후반기에도 도성이 견고하지 못하고 지나치게 넓어 지킬 수 없다는 '도성난수(都城難守)'의 입장을 견지했다.[44] 따라서 북한산성을 축조한 이후에는 도성을 함께 지킬 생각이 없었다.[45]

그러나 숙종이 도성을 지킬 생각이 없다는 것이 곧 도성민을 저버리겠다는 의미는 아니었다. 숙종은 도성을 수축해야 한다는 허극의 상소에 대해 "묘당의 여러 신하와 더불어 특별히 다른 곳을 의논하여 정해서 백성과 함께 들어가 지킬 것이다"[46]라고 답변했다. 이어서 숙종은 적 때문에

43 이왕무, 「조선후기 수도권 방위체제의 정비와 군사도시화 경향」, 『군사』 90, 2014, 86쪽.

44 이근호, 「영조대 도성 수비 논란의 검토」, 『향토서울』 83, 2013, 95쪽.

45 『비변사등록』, 숙종 41년 11월 6일.

46 『숙종실록』, 36년(1710) 10월 20일.

임금을 버리지 말아야 하는 것이 급선무이며, 난리의 상황에 대비해서 도성민의 보전책을 강구하는 것이 마땅하다고 강조했다. 북한산성 축조 과정에서도 "북한산의 경우 백성과 함께 들어가 지킨다면 마침내 반드시 힘을 얻을 것이다"[47]라는 입장을 표명했다.

이와 달리 신료들은 북한산성의 내부가 좁아 도성민과 함께 입거할 수 없는 현실을 강조했다. 탕춘대를 반대하는 논리는 다양했으나 그 핵심은 도성을 지키지 못하면 결국 북한산성도 지킬 수 없고, 도성과 가까운 탕춘대성은 더욱 지킬 수 없다는 주장이었다. 곧 도성 수호를 강조하는 논리가 탕춘대 축성을 우려하는 논의로 이어졌고, 더 나아가 북한산성을 버려야 한다는 주장으로 번져갔다. 송상기가 "지금 탕춘대성 때문에 이미 지은 북한산성도 함께 버리고자 하니 어찌 큰 과오가 아니겠습니까"[48]라고 지적한 것도 이런 분위기를 잘 보여준다.

숙종은 신료들의 의견을 듣고 나서 김창집, 이이명, 이건명 등을 불러 의논했다. 이들은 북한산성이 완벽하지 않으나 불우에 대비할 수 있으므로 버릴 수는 없다고 했다. 그러나 기근과 여역이 창궐한 이때 탕춘대 축성을 일단 정지해야 한다고 건의했다. 숙종은 "북한산성을 쌓은 것은 진실로 뜻한 바가 있어서 큰 계획을 이미 정했는데, 또 이를 버리는 것은 아이들 장난과 같으니 어찌 이러할 수가 있겠는가"[49]라고 답했다.

결국 1719년 봄 탕춘대 축성을 둘러싼 논쟁은 숙종이 축성을 중단하면서 마무리되었다. 숙종이 이와 같은 결정을 내린 배경에는 탕춘대성 논란으로 인해 자신의 주도로 쌓은 북한산성마저 부정되는 상황을 차단하려는 의도가 크게 작용했다고 여겨진다. 즉, 탕춘대 축성이 도성과 북한산성 중 북한산성을 선택하겠다는 표명이었다면, 탕춘대 축성의 중단 역시 북

47 『숙종실록』, 37년(1711) 6월 13일.

48 『승정원일기』, 숙종 45년(1719) 2월 8일.

49 『숙종실록』, 45년(1719) 2월 2일.

한산성을 포기할 수 없다는 표명이었던 셈이다. 또한 노론을 중심으로 도성 수호의 당위성이 지속적으로 제기된 점도 주목해야 할 사항이다.

3. 영조 대 탕춘대성의 재축조와 성격 변화

1) 탕춘대 창고의 재선택

영조가 즉위한 뒤 탕춘대성의 축조 논의는 '무신란(戊申亂)' 이후 북한산성의 활용 문제와 관련하여 재개되었다. 1728년(영조 4) 3월 15일 이인좌 무리들이 청주성을 점령하면서 시작된 무신란은 같은 해 4월 2일에 주모자 정희량을 참형하면서 사실상 종지부를 찍었다.

영조는 반란 소식을 처음 접한 날에 "도성은 위로 종묘사직을 받들고 있고 아래로는 신민이 있으며, 공경(公卿) 및 선비와 일반인 모두 부모처자가 있으니 조정에서 굳게 지키려는 뜻을 알면 화살과 돌을 피하지 않고 반드시 힘을 내어 사수할 것이다"라고 하면서 도성을 지키겠다는 의지를 공표했다. 이에 북한산성 축조를 반대한 소론 이광좌가 도성은 둘레가 40리나 되어 한 명의 장수가 관장하기 어렵다는 점을 들어 반대했다. 그러나 영조는 "공격하고 지키는 방책은 지금 논의할 일은 아니나 내 뜻이 본래 그렇도다"라고 하면서 뜻을 굽히지 않았다.[50]

3월 14일 영조는 도성을 방어하기 위해 관료들을 파견해 남한산성과 북한산성을 지키게 하고, 도성문 가운데 홍인문·숭례문·서소문만 개방했

50 『영조실록』, 4년(1728) 3월 14일.

다. 병조판서 오명항이 도성민이 동요하니 문을 더 열 것을 건의하자 돈의문과 광희문을 추가로 열었다. 대신에 훈련도감과 어영군으로 하여금 도성을 파수하게 했다. 3월 16일에는 도성민에게 동요하지 않도록 효유하고, 삼군문에는 반군의 도성 유입을 막기 위해 가호에 대한 규찰 강화를 지시했다. 이어 3월 24일에는 류성추를 진어사로 임명하여 장단의 군사를 이끌고 탕춘대에 주둔하게 했다.[51]

무신란이 진압되기 직전에 노론 어유구는 북한산성이 도성 방어의 근본이 되므로 방수해야 한다고 건의했다.[52] 그러나 북한산성은 경종 연간 이후로 "산성을 거의 버려두었다"[53]라고 할 정도로 사실상 방치된 상태였다. 더구나 북한산성과 탕춘대에 비축한 군향도 여러 명목으로 흩어진 상태였다. 무신란이 일어나기 전인 1727년에는 탕춘대 평창의 미(米) 1천 섬을 호조의 경비로 전용했으며, 무신란 진압 직후에도 5만여 섬의 군향 가운데 절반가량을 호조에서 빌려갔다. 또 환곡으로 사용하기 위해 각 고을로 이송한 분량도 상당했다.[54]

그러나 무신란을 겪고 난 뒤에 북한산성에 대한 인식은 달라지기 시작했다. 영조는 북한산성을 적장이 먼저 점령했다면 도성을 지키지 못했을 것이라고 진단했다. 그래서 도성 수호에 매우 긴요한 시설로서 북한산성을 정비해야 한다고 보았다.[55]

먼저 무신란을 진압하고 나서 가을에 이조참판 송인명은 북한산성을 답사한 후 이곳을 버려서는 안 된다고 보고했다. 송인명은 소론 출신으로 영조가 추진한 탕평정치에 적극 협조한 인물이다.[56] 영조는 송인명에게 북한

51 『영조실록』, 4년(1728) 3월 24일; 『승정원일기』, 영조 4년(1728) 3월 28일.
52 『승정원일기』, 영조 4년(1728) 3월 23일.
53 『승정원일기』, 영조 5년(1729) 10월 26일.
54 『승정원일기』, 영조 4년(1728) 9월 30일.
55 『승정원일기』, 영조 5년(1729) 10월 26일.

산성 내부가 평탄한지를 물었다. 송인명은 북한산성이 도성과 가까우므로 유사시 장수 1명을 배치해두면 적이 도성에 들어오더라도 쉽게 주둔할 수 없을 것이라고 보았다.[57] 영조도 성을 허물자는 의견이 있으나 이미 축성한 뒤이므로 버릴 수 없다면서 일단 행궁을 보수하게 했다.[58]

이어서 송인명이 조지서 창고에 군향 비축을 건의하자, 영조는 북한산성과 도성이 끊어져 있어 적을 도와주는 근거가 될 수 있다는 점을 우려했다. 그러면서 탕춘대를 지킬 수 있다면 이 문제를 해결할 수 있다고 언급했다. 하지만 박사수가 북한산성 보수를 찬성하면서도 도성을 지키면 탕춘대도 자연히 방어할 수 있으나, 도성을 지키지 못하면 논의할 필요가 없다는 의견을 피력했다. 즉, 도성 수호의 입장에서 탕춘대성을 회의적으로 바라본 것이다. 박사수도 소론계 탕평파로 송인명과 함께 『감란록(勘亂錄)』을 편찬한 인물이다.

이듬해인 1729년에 영조는 북한산성이 최근 조금 모양새를 갖추었고, 향후 도성과 기각지세(掎角之勢)를 이룰 것이니 잘 정비하여 국토 방어의 중요 시설로 만드는 것이 좋겠다고 명했다. 이에 대해 소론 윤순도 "북한산성은 서쪽과 북쪽이 모두 돌산으로 매우 높고 추워서 들어가 있으면서 오래도록 견딜 방도가 없지만, 지세는 본디 하늘이 내린 험준한 곳입니다. 만약 적합한 장수를 얻어 한 무리의 군사를 데리고 지키게 해서 위급한 때에 도성과 서로 의지하는 형세를 이루는 것이 어떠하겠습니까?"[59]라고 찬성했다.

이 과정에서 영조는 유사시 도성민을 위한 식량 공급에도 관심을 기울

56 이근호, 『조선후기 탕평파와 국정운영』, 민속원, 2016, 54쪽. 이하 탕평파에 대한 파악은 이 책을 참조했다.

57 『승정원일기』, 영조 4년(1728) 9월 30일.

58 『승정원일기』, 영조 4년(1728) 9월 30일.

59 『승정원일기』, 영조 5년(1729) 10월 26일.

였다. 영조는 탕춘대성의 축성을 제안하면서 "이미 창고가 있다면 성을 쌓을 수 있고, 성이 없으면 곳집을 성안으로 옮겨두어야 한다"고 보았다. 그러나 윤순이 세 겹의 성을 지킬 수 없다고 반대하며 창고를 북한산성으로 옮길 것을 건의했다. 그러자 영조는 작년에 강창(江倉)에 보관한 식량을 도성으로 옮기고자 한 것은 의도가 있어서 그런 것이므로 천천히 의논해서 시행하자고 한발 물러섰다.[60]

1736년(영조 12) 북한산성의 군향 문제가 다시 제기되었다. 북한산성에 저장된 군향은 최고 5만 3,000여 섬에 달한 적도 있었다. 하지만 이 무렵 호조나 선혜청에서 빌려 가고 남아 있는 것이 고작 1만 2,600여 섬 정도였다. 이 가운데 1만 섬은 북한산성 창고에서 묵힌 지 5~6년이 되었으며, 1,000여 섬은 탕춘대 창고에 쌓아둔 지 10년이나 된 상태였다. 이조판서 송진명은 먼저 두 창고의 곡식을 새로 바꾸고, 호조와 선혜청이 빌려 간 곡식을 갚게 해서 탕춘대 창고에 비치했다가 필요할 때 갖다 쓰게 하자는 의견을 제시했다.[61] 송진명은 소론 출신으로 탕평파에 참여한 인물이며 송인명과 재종형제 사이였다.

송진명은 북한산성보다 탕춘대 창고의 효용성을 강조하며, 다음과 같은 의견을 제시했다. ①무신란의 경험에 비춰 서울에 가까운 창고의 곡식은 적에게 양식을 내줄 우려가 있다. ②북한산성 군향은 많지도 않은데 평소 험한 산길 때문에 분배와 납부의 폐단이 적지 않다. 이에 비해 탕춘대 창고는 도성과 가까워 경창(京倉)과 다름없고, 현재 창고 100여 칸도 비어 있다. 따라서 선혜청과 호조에 직접 납부하는 경기 고을의 전세(田稅)와 대동세를 탕춘대 창고에 납부하게 하면 평시에는 공물 비용으로 사용할 수 있고, 위급 시에는 충분히 북한산성으로 운반할 수 있다. ③호조와 선

60 『승정원일기』, 영조 5년(1729) 10월 26일.

61 『승정원일기』, 영조 12년(1736) 3월 20일.

혜청에서 1년 경비를 마련하고 남는 곡식을 탕춘대 창고에 저장한 뒤 비변사에서 수량을 파악해두면 장래 유용하게 쓸 수 있으므로, 우선 올해 약간의 수량으로 시험 삼아 시행해보자는 방안이었다.[62] 좌의정 김재로도 이 의견을 지지하면서 탕춘대 창고를 이용하는 것이 강창에 모두 저장하는 것보다 효율적이라고 평가했다. 김재로는 노론계 탕평파로 김구의 아들이다.

영조는 송진명과 김재로의 의견에 동의했다. 영조는 "무신년의 일로 살피자면, 적이 만약 북한산성을 점거했다면 이는 경성의 목구멍을 점거하는 것이니 어찌 긴요하고 중대하지 않겠는가"라고 했다. 다만 강창에서 거둬야 할 곡식을 탕춘대창으로 옮기는 과정에서 발생하는 운반의 민폐를 우려했다. 김재로는 운반료를 지급하는 방안을 제시했다. 송진명의 의견에 대해 송인명도 "만약 1~2년 뒤 공물을 탕춘창에서 서로 바꾸어 지급하면 특별히 썩고 상할 염려가 없고, 탕춘창은 경창이니 공인(貢人)들도 반드시 괴롭게 여기지 않을 것입니다"라고 하면서 찬성했다.[63]

이상에서 살펴본 대로 무신란 당시 영조가 도성 사수를 천명하면서 북한산성이 다시 주목받게 되었다. 이 시기 북한산성은 숙종 대와 달리 국왕의 보장처가 아니라 도성을 지키는 성곽으로 부상했다. 이 과정에서 탕평파를 중심으로 도성과 가까운 탕춘대 창고도 재평가되었다. 도성 수호에 사용할 군향을 확보하기 위해 경창 및 호조·선혜청의 곡식을 옮겨오기로 결정한 것이다. 탕춘대가 다시 주목받은 계기는 숙종 대와 마찬가지로 군향을 비축할 창고 때문이었다. 다만 숙종과 영조 대의 논의에서 한 가지 달라진 사항이 있다. 숙종 대의 탕춘대 창고는 북한산성을 지원하는 창고였지만, 영조 대에는 도성을 지원하는 창고로 그 쓰임새가 바뀐 점이다.

62 『승정원일기』, 영조 12년(1736) 5월 25일.

63 『승정원일기』, 영조 12년(1736) 5월 25일.

2) 탕춘대성의 재축조 과정

영조 대에 탕춘대성의 축조 논의가 본격적으로 제기된 시점은 1743년(영조 19)이었다. 이때의 특징은 탕춘대성 축조가 도성 수비와 연관을 맺고 거론되었다는 점이다. 그 직접적인 계기는 1742년에 강화 유수 김시환이 강화성이 토성이어서 비만 오면 무너지므로 벽돌로 개축을 건의했고, 이 의견대로 강화성을 개축한 일이었다.

강화성을 개축하는 동안 이 개축의 타당성 여부를 놓고 논란이 이어졌고, 이는 도성 수호 문제와 직결되었다. 송인명은 도성을 지킬 수 없으므로 강화성을 개축해야 한다는 입장이었다. 이와 달리 총융사 구성임은 유사시 도성을 충분히 지킬 수 있으므로 강화성을 개축할 필요가 없다며 대신 도성을 지키는 방책 16조를 제시했다.[64]

도성 수비 문제가 공론화되자 영의정 김재로는 도성의 서쪽이 허술하므로 도성 방어를 위해 탕춘대를 축성해야 한다고 주장했다. 반면 소론계 탕평파 이종성은 반대 의사를 표명했다. 그는 예전에 도성을 지킬 수 없다고 하여 오로지 북한산성에만 의존하려 했기에 탕춘대성을 쌓고자 했으나, 지금 도성을 지킬 수 있다면 굳이 탕춘대성을 쌓을 필요가 없다고 했다. 조현명도 탕춘대성을 쌓아 도성과 북한산성을 잇게 하면 줄줄이 함락될 위험이 있다고 우려했다. 그는 이미 북한산성이 있는데 여기에 탕춘대성까지 쌓으면 구슬을 꿰듯이 도성과 이어지므로 병가에서 꺼리는 형세를 만들어서는 안 된다고 지적했다. 영조 역시 이미 북한산성을 쌓았으므로 탕춘대성을 쌓는 것이 맞지만, 급하게 추진할 필요는 없다는 신중한 태도를 보였다.[65]

64 『영조실록』, 19년(1743) 8월 7일; 『승정원일기』, 영조 19년(1743) 8월 16일.

65 『승정원일기』, 영조 19년(1743) 11월 10일.

1743년 11월에 영조는 우의정 조현명의 건의에 따라 먼저 도성 수축을 삼군문에 지시했다. 이는 숙종 대에 북한산성 축조 논의가 제기되었을 때 도성부터 보수한 것과 유사한 양상이었다. 하지만 즉시 착수하지 못하다가 1745년에 시작하여 이듬해인 1746년 12월에 마쳤으며, 이때는 숙종 대에 이뤄진 도성 수축 작업에 구간을 늘린 정도였다. 영조는 도성 수축이 일단락되자 수성 방략을 마련하고 도성 밖 창고를 도성 안으로 옮기게 했다. 그 결과 이듬해인 1747년에 금위영과 어영청의 창고가 도성 안으로 이전되었다.[66]

도성 보수가 이뤄지면서 자연스럽게 도성을 지킬 방안의 일환으로 탕춘대성이 다시 주목받았다. 이미 1745년에 경리청에서 "본청이 관장하는 탕춘대는 도성의 목구멍으로서 도성을 보장하는 곳입니다."[67]라고 보고한 적이 있다. 이어 도성을 보수한 이듬해인 1747년 5월에 탕춘대에 대한 획기적인 조치가 이뤄졌다. 즉, 「총융청주관북한탕춘절목(摠戎廳主管北漢蕩春節目)」[68]을 제정하여 경리청을 혁파하고 그 업무를 총융청에 이속시키는 한편, 삼청동에 있던 총융청을 탕춘대로 옮겨오게 한 것이다. 아울러 삼군문에서 담당해온 북한산성의 성첩 및 건물·군기 등의 관리와 보수를 총융청에서 전담하게 했다.

이에 따라 총융사의 직책은 한 단계 격상되어 북한산성과 함께 탕춘대까지 관장했고,[69] 총융청 중군은 북한산성 관성장을 겸임하면서 예전처럼 북한산성에 주둔하게 했다. 북한산성 및 탕춘대에 배치한 수성군의 규모는 1만 2,000여 명이며, 세부 구성은 〈표 2〉와 같다. 만약 군사가 부족하

66 조준호, 「영조대 「수성절목」의 반포와 수도방위체제의 확립」, 『조선후기의 수도방위체제』, 1998, 130~132쪽,

67 『어영청등록』 47책, 영조 21년 4월.

68 『비변사등록』, 영조 23년 5월 7일.

69 조준호(1998), 앞의 글, 132쪽.

표 2 1747년(영조 23)에 마련한 북한산성 및 탕춘대 수성군 규모

원래 소속	장교 및 군사		기타
경리청	수첩군관	266명	각종 장교, 두목, 기수(旗手), 원역(員役)
	별파진	200명	
	아병	635명	
	의승	350명	
총융청	7색표하군	852명	
	장초(壯哨)	10초	
	아병	10초	
	둔장초	3초	
	둔아병	3초	
	군수보	6,500명	
	취철아병	80명	
합		12,030여 명	600여 명

면 총융청 소속 삼영 가운데 수원을 제외한 장단·남양의 군병을 보충하게 했다. 북한산성과 탕춘대의 수목을 보호하는 업무도 총융청에서 거행하게 했다.

이와 더불어 창고의 정리와 유영(留營)의 폐지도 단행했다. 북한산성 소재 경리청의 상·중·하 세 창고와 삼군문 유영에 있는 군향·군기 및 탕춘대 소재 경리청 평창의 군향을 모두 총융청으로 이속시킨 것이다. 다만, 행궁 및 호조창의 어공미(御供米)만 예전대로 호조에서 관리하고, 경리청의 평창 중 상창은 이미 선혜청에 빌려주었으므로 그대로 선혜청에 속하게 하였다. 또한 경리청의 탕춘창도 이 창고로 옮겨 종전과 같이 선혜청에서 관장하게 했다. 선혜청의 탕춘창사는 총융청 소속으로 편입하고, 총융청의 강창 곡물도 이전하여 함께 관리하도록 규정했다.

탕춘대의 북쪽 근처에 총융청 건물을 짓는 공사는 1747년 5월 25일부터 터 닦기를 시작했다. 영조는 같은 해 10월 1일에 탕춘대에 거둥하여 직접 활과 조총 시험을 거행했다. 이는 도성민에게 자신의 확고한 의지를

표 3 영조 대 탕춘대성 관련 내용

시기		내용
1745년(영조 21)	7월	도성 보수(1745.7.~1746.7.)
1746년(영조 22)	7월	
1747년(영조 23)	5월	경리청 혁파, 총융청을 탕춘대로 옮기고 총융사가 북한산성과 탕춘대 겸관
	10월	영조 탕춘대 거둥
1748년(영조 24)	5월	탕춘대에 총융청 건물 완공
1751년(영조 27)	7월	영조 탕춘대 거둥하여 수성절목 반포 의지 표명
	12월	『수성책자』 간행
1753년(영조 29)	10월	탕춘대 서성 축조
1754년(영조 30)	9월 1일	탕춘대 서성 축조
	9월 2일	연융대로 명칭 고침
1760년(영조 36)	8월	영조 북한산성 거둥
1772년(영조 48)	4월	영조 북한산성 거둥

알리고, 더디게 진행되는 공사를 독려하며 장교와 군사들을 격려하기 위한 목적이었다.[70] 그 결과 이듬해인 1748년 5월에 군기 및 군수품을 비롯한 각종 물자를 보관할 창고 및 행각(行閣)을 완성했다.[71]

또한 1747년 10월 당시 탕춘대에 거둥한 영조는 총융사 구성임에게 성곽도 쌓을 것을 명했다. 영조는 구성임에게 형편을 잘 헤아려 올해 한 돈(墩)을 짓고 내년에도 이처럼 한다면 성곽 공사를 마칠 수 있을 것이라고 격려했다.[72] 하지만 성곽 축조 공사가 지체되어 6~7년이 지난 1752년에도 진행하지 못한 상태였다.

이때 노론계 탕평파인 우의정 김상로가 탕춘대성 축조를 재차 건의했다.[73] 이에 영조는 총융사 구성임을 불러 "총융사는 아무 쓸모도 없이 탕

70 『비변사등록』, 영조 23년 9월 29일; 『승정원일기』, 영조 23년(1747) 10월 1일.

71 『승정원일기』, 영조 24년(1748) 1월 23일, 5월 1일.

72 『승정원일기』, 영조 23년(1747) 10월 24일.

73 『비변사등록』, 영조 28년 12월 3일.

춘대에 앉아만 있는가?"라고 질책하자 구성임은 다음과 같이 대답했다.

> 정묘년(1747) 10월 거둥 때 한북문에 전좌하여 하교하신 것이 있습니다. 신이 직임을 맡은 이후로 아직 겨를이 없었으나, 성곽이 있어야만 지킬 수 있습니다. 대신이 지금 추진하여 거행하기를 또 청하니 내년 봄에는 일을 시작해야 할 것입니다. 비록 2~3년이 걸리더라도 재력의 유무에 따라 해야 합니다. 북악에서 상림봉(祥林峯)까지는 고(故) 상신 이유가 자리 잡은 성터가 지금까지도 남아 있습니다.[74]

영조의 질책을 받은 구성임은 1753년과 1754년에 걸쳐 탕춘대성을 쌓았다.[75] 먼저 1753년 봄에 부석(浮石) 작업을 시작하고, 같은 해 7월 6일부터 탕춘대 서성에 성을 잇대어 쌓기 시작해서 10월 2일까지 공사를 진행했다. 이때 수문 북쪽에서 향로봉까지 체성 1,263보를 쌓았는데, 새로 쌓은 곳이 659보, 기존 성에 덧쌓은 구간이 604보였다. 암문(暗門) 한 곳도 조성했다. 성벽의 높이는 1길 또는 1.5길 정도로 쌓았는데, 여장은 미처 쌓지 못했다.[76]

이어서 1754년 4월 15일부터 공사를 재개하여 9월 1일까지 체성과 여장을 쌓고 안팎을 보수했다. 그 결과 2년에 걸쳐 향림봉에서 한북문 서쪽까지 총 2,400보가 완성되었다.[77] 이때 탕춘대의 이름도 '연융대(鍊戎臺)'로 바꾸었다.[78] 영조가 즉위한 이후 탕춘대성을 축조하기까지 무려 30년이

74 『승정원일기』, 영조 28년(1752) 12월 3일, "丁卯十月動駕時, 御坐漢北門, 有所下敎矣. 自臣受任, 尙未暇遑, 而有城然後可得以守, 大臣今又請推擧行, 明春則當始役矣, 雖至二三年, 亦當隨財力有無而爲之, 自北岳至祥林峯, 故相臣李濡所占城趾, 至今猶在矣."

75 이은주, 「조선 후기 연융대 공간의 군사적 기능과 도성 배후기지화」, 『서울과 역사』 96, 2017, 173~174쪽.

76 『승정원일기』, 영조 29년(1753) 2월 14일, 10월 2일; 『비변사등록』, 영조 29년 7월 1일.

77 『승정원일기』, 영조 30년(1754) 4월 13일; 『비변사등록』, 영조 30년 9월 1일.

걸린 셈이었다. 한편, 한북문 남쪽에서 인왕산 도성 아래까지 잇는 1,400보의 구간도 이때 쌓을 계획이었으나, 물자와 시간의 부족으로 50보 길이의 체성과 여장만 쌓는 데에 그쳤다.

탕춘대성의 축조가 어느 정도 마무리되자 후속 조치로 백성을 모으는 조치도 이뤄졌다. 탕춘대성 아래에 백성을 모아 살게 하기 위한 재원으로 김상로의 건의에 따라 삼남의 약환계(藥丸契)와 황해도 총약환계(銃藥丸契)를 총융청으로 옮겨왔다.[79]

4. 도성 방어와 탕춘대성

숙종과 영조 대에 이뤄진 탕춘대 축성 공사는 모두 세 차례였다. 처음은 숙종이 1718년(숙종 44)에 서쪽에 축조했으며, 이후 영조가 1753년(영조 29)과 1754년 두 차례에 걸쳐 쌓았다. 영조 대의 축조는 숙종 대에 쌓은 성곽을 보완하거나 새로운 구간을 더하는 방식으로 이뤄졌다. 숙종과 영조가 탕춘대에 성을 쌓은 것은 외형상 같지만, 배경과 의도는 판이하게 달랐다.

17세기 이후로 도성 인구가 증가 추세였다는 것은 잘 알려진 사실이다. 그 배경에는 상업 발달 및 오군영으로 촉발된 군사도시화 등 여러 요인이 있는데, 그중 자연재해도 중요한 요인이었다.[80] 특히 1695~1696년의 '을

78 『영조실록』, 30년(1754) 9월 2일.

79 조준호(1998), 앞의 글, 132쪽; 『비변사등록』, 영조 30년 11월 24일, 12월 12일 「三南契(藥)丸契海西銃藥丸契移屬摠戎廳節目」.

80 이왕무(2014), 앞의 글, 88~89쪽.

병대기근'은 조선시대 최대의 인명 피해를 낳은 참혹한 기근으로 꼽힌다. 북한산성의 축조를 논의하기 시작한 1703년(숙종 29)에도 대기근의 여파가 이어지면서 서울로 몰려드는 유민의 처리 방안이 국정 과제로 대두되었다.[81]

이처럼 서울의 인구가 늘면서 도시의 성격이 변화할 때에 숙종은 북한산에 성곽을 지어 보장처를 만들었다. 신하들이 도성을 지켜야 한다고 했으나 도성 둘레가 너무 넓어 지킬 수가 없다는 입장을 굽히지 않았다. 1703년에 북한산성을 쌓으려다가 신하들의 반대에 밀려 도성부터 먼저 개축한 숙종은 달라져 있었다. 1711년에 숙종은 "일을 도모하는 것은 비록 여럿이 하더라도 결단은 혼자 하고 싶다"고 하면서 북한산성의 축조를 강행했다. 숙종은 도성을 지키자는 뜻도 좋지만 둘레가 넓어 지킬 수 없고, 북한산이 도성과 가까워 도성이나 다름이 없으므로 백성과 함께 들어가 지키고자 한다는 의지를 보여주었다.[82]

숙종의 결단으로 북한산성이 축조되자 군향 문제가 뒤따랐다. 북한산성은 도성과 가까우면서도 지세가 험하다는 장점이 있다. 하지만 이 장점은 내부가 비좁아서 군향을 저장할 곳이 마땅하지 않다는 단점이 되었다. 더구나 북한산성에 도성민까지 들어간다면 군향 창고를 더 마련해야 했다. 이에 대한 대안으로 북한산성 근처인 탕춘대 옛터에 창고를 짓기로 결정했고, 이렇게 마련된 탕춘대의 창고는 북한산성의 외창으로 기능했다.

노론계 탕평파인 이유(李濡)는 창고를 짓고 나자 창고를 지키기 위해 성곽을 쌓아야 한다고 건의했다. 숙종과 이유는 탕춘대성을 북한산성의 외창을 지키는 성이자, 유사시 북한산성을 지원하는 외성으로 구상했다. 이에 따라 1718년에 숙종은 이유의 건의대로 탕춘대 서쪽에 성곽을 축조하

81 김미성, 「조선 현종~숙종 연간 기후 재난의 여파와 유민(流民) 대책의 변화」, 『역사와 현실』 118, 2020, 120~123쪽.

82 『비변사등록』, 숙종 37년 2월 9일.

고, 이후 20여 일 정도만 공사를 이어가면 어느 정도 성곽의 윤곽이 완성될 예정이었다. 그러자 탕춘대성에 대한 신료들의 우려가 제기되었다. 탕춘대성의 완비가 유사시 도성을 버리려는 조치로 보였기 때문이다.

당시 정국은 병신처분(1715) 이후 노론이 주도하고 있었다. 민진원이 숙종에게 도성과 탕춘대성 중 양자택일을 요구하면서 도성 수호 여부를 타진했을 때도 숙종은 북한산성을 선택했다. 그러나 민진후가 북한산성을 쌓자고 한 본인을 스스로 자책하자 숙종은 신하들의 의견을 묻지 않을 수 없었다. 그 결과 답변을 한 신료들 가운데 무려 약 75.4%가 탕춘대성의 축조를 반대하면서 도성 수호의 의견을 개진했다. 여기에 더해 북한산성마저 버려야 한다는 의견까지 나오자 숙종은 탕춘대성 축조를 중단했다.

이와 관련하여 사관의 평가가 주목할 만하다. 노론이 편찬한 『숙종실록』의 사관은 북한산성 축조를 숙종의 최대 실책이었다고 평했다. 사관의 의견에 따르면, 탕춘대가 도성과 이어져 표리가 되므로 탕춘대를 먼저 쌓았다면 도성이 더 견고해졌을 것이고, 북한산성의 경우 적이 웅거할 수 없는 산세여서 성곽도 필요 없는 곳이었다. 그런데 이유가 먼저 북한산성을 쌓고 이어서 탕춘대를 쌓는 바람에 탕춘대가 별성(別城)이 되었고, 결국 세 성곽이 연접한다는 비난만 초래했다는 것이다.[83]

여기서 더 나아가 소론이 주도한 『숙종실록보궐정오』의 사관은 두 성곽을 모두 비판했다. 해당 사관은 『숙종실록』의 사관이 북한산성이 실책인 것은 알았으나, 탕춘대가 지킬 수 없는 곳이라는 사실은 간과했다고 비판했다. 탕춘대가 북한산성에 비해 나은 것은 사실이나, 도성까지 지키고자 한다면 그 넓고 큰 것을 근심해야 하는데 탕춘대까지 더 보탠다면 지킬 수 없다는 것이다. 또 탕춘대를 지키고 도성을 버리면 적에게 안방을 내주게 되므로 도성민의 동요가 불 보듯 뻔해 끝까지 싸울 것을 기대할

83 『숙종실록』, 45년(1719) 2월 2일.

수 없다고 지적했다.[84]

요컨대, 숙종 대에 쌓은 탕춘대성은 유사시 보장처로 삼은 북한산성을 지원하는 외성의 성격을 지녔다. 숙종은 본인이 주도하여 쌓은 북한산성의 효용성을 높이기 위한 방안으로 탕춘대성의 축조를 허락했다. 그러나 탕춘대성이 도성과 더 가까운 곳에 조성되면서 도성 수호 문제가 불거진 것이다. 결국 노론과 소론 모두 숙종이 단행한 북한산성 축조를 비판했다. 노론은 도성 수호를 위해서는 탕춘대성을 먼저 쌓았어야 했다는 입장이며, 소론은 북한산성과 탕춘대 모두 실패했다는 지적이었다. 두 사론은 숙종 집권 말기에 도성 수비의 관점에서 북한산성에 대한 부정적인 여론을 보여주며, 탕춘대성도 환영받지 못한 현실을 알려준다.

이처럼 여론이 좋지 못했던 탕춘대성은 영조 대에 위상이 크게 달라졌다. 숙종 대에 미완에 그친 탕춘대 축성이 도성 수비체제 확립에 기여한 것은 영조 대였다.[85] 영조는 도성 수호를 천명하면서 북한산성의 위상을 유사시 입보처(入保處)에서 도성을 수호하는 배후기지로 탈바꿈시켰다. 이와 함께 북한산성이 도성의 배후처로 기능이 바뀌면서 탕춘대의 성격도 변화했다. 먼저 영조는 탕춘대 창고를 도성 방비를 지원하는 창고로 용도를 바꾸었다. 이어서 총융청을 주둔시키고 도성과 북한산성을 이어주는 성곽으로 탕춘대성을 축조했다. 이로써 탕춘대성은 영조 대에 도성 수비를 위한 배후기지로 자리매김하게 되었다.[86]

그 결과 탕춘대성은 북한산성의 외성으로서 도성의 안위를 저해한다는 부정적인 여론에서 벗어나, 도성을 보위하는 외성이라는 위상을 갖게 되었다. 곧 "연융대(鍊戎臺)는 도성과 북한산성 사이에 자리하고 있으니 그 중요함이 어떠합니까?"[87]라는 진단이 나올 정도였다. 그야말로 도성-탕춘대

84 『숙종실록보궐정오』, 45년(1719) 2월 8일.

85 이태진(1985), 앞의 책, 236쪽.

86 이은주(2017), 앞의 글, 192~193쪽.

성-북한산성으로 이어지는 방어선이 완성되면서 탕춘대성은 북한산성과 함께 도성을 감싸는 중층의 방어선이자 도성을 지키는 성곽이 되었다.

참고로 도성 수호에 대한 영조의 확고한 의지는 '어공미(御供米)'에 대한 반감에서도 확인할 수 있다. 1762년(영조 38) 영조는 "저번에 들으니 남한산성에 어공미가 있다고 하여 마음이 항상 개탄스러웠다. 아! 지금 도성을 지키는 한 가지 일은 바로 내가 고심하는 사항이다. 이러한데도 산성에 오히려 어공미란 이름이 있으니 비록 「수성절목(守城節目)」이 있더라도 백성이 어찌 믿겠느냐?"[88]라며 탄식했다. 이는 국왕을 위한 곡식이 남한산성에 있다는 사실이 유사시 그곳으로 피난을 갈 수도 있다는 의심으로 이어지는 것을 우려한 것이었다. 결국 영조는 남한산성과 북한산성에 있는 어공미의 명목을 모두 폐지했다.

비록 어공미의 폐지가 탕춘대성의 축조 이후에 시행한 조치이지만 도성을 지키는 일에 매진해온 영조의 집념을 읽을 수 있는 대목이다. 이런 측면에서 영조가 축성한 탕춘대성은 국왕의 피난처가 아니었다. 다시 말해 탕춘대성을 축조하여 도성-탕춘대성-북한산성을 연결한 조치는 도성 방어체제의 일환이었으며, 유사시 국왕이 창의문을 나와 탕춘대성을 거쳐 북한산성으로 향하는 피난길이 아니었다는 점을 분명히 할 필요가 있다.

탕춘대성이 갖는 도성 수호의 성격은 1751년 7월에 영조가 탕춘대에 거둥하여 「수성절목」을 반포하겠다는 의지를 표명한 데에서 잘 나타난다. 영조는 탕춘대에 거둥하여 「수성절목」의 반포 여부를 묻자, 훈련대장 김성응은 아직 중외에 반포한 일은 없지만 수성에 대해서는 모두 알고 있다고 답변했다. 노론계 탕평파인 병조판서 홍계희는 성상의 뜻이 굳게 정해졌으니 도성민이 모두 수성을 알아야 한다고 대답했다.[89]

87 『비변사등록』, 영조 30년 11월 24일.

88 『비변사등록』, 영조 38년 10월 28일.

89 『승정원일기』, 영조 27년(1751) 7월 17일.

3일 뒤 영조는 이번에 총융청에 행차한 의도를 언급하면서 다시 「수성절목」의 문제를 제기했다.[90] 김성응은 다 정하지도 않은 채 먼저 반포하는 것은 온당치 않다고 반대했으나, 조영국은 도성민들이 미리 알아야 한다며 반포를 찬성했다. 영조는 반포하지 않으면 그림의 떡에 불과하다면서 주서를 시켜 절목을 가져오게 한 뒤 내용을 다시 검토했다. 그리고 비변사와 군영 대장들에게 내용을 잘 다듬은 뒤에 책자로 만들어 오군영과 5부에 반포하라고 명했다.[91] 그 결과 무신란 이후 영조가 추진한 도성 수비의 완결판이라 할 수 있는 『수성책자』가 탄생할 수 있었다.[92]

이상에서 검토한 대로 영조 대에 탕춘대성은 도성 수호를 상징하는 성곽으로 탈바꿈되었다. 북한산성이 도성을 옹위하는 성곽으로 그 성격이 바뀌면서 도성과 가까운 탕춘대성은 도성을 에워싸는 성곽으로 위상이 강화되었다. 그리고 북한산성보다 도성에 더 가까운 지리적 이점을 바탕으로 총융청이 들어서면서 북한산성보다 더 먼저 도성을 지키는 성곽이 되었다. 그 결과 도성-탕춘대성-북한산성을 잇는 도성 방어체제가 완성되었고, 탕춘대성은 더 이상 북한산성의 외성이 아니라 도성을 지키는 제일선의 성곽이 되었다. 이것이 숙종 대를 거쳐 영조가 추진한 탕춘대성 축조의 역사적 의의라 할 수 있다.

90 『비변사등록』, 영조 27년 7월 20일.

91 『승정원일기』, 영조 27년(1751) 7월 20일.

92 『승정원일기』, 영조 27년(1751) 12월 23일.

5. 맺음말

이 글은 조선 후기 탕춘대성의 축조 의의를 재검토한 글이다. 숙종과 영조 대에 이뤄진 탕춘대 축성 공사는 세 번이었다. 1718년(숙종 44)에 처음 축조되었으며 1753년(영조 29)과 1754년에 두 차례 더 쌓았다. 이 글은 숙종과 영조 대의 탕춘대성 축조가 외형상의 유사성에도 불구하고, 그 성격과 기능은 확연히 달랐다는 문제의식에서 출발했다.

탕춘대성은 한양도성과 북한산성 사이에 위치한 약 5,051m의 성곽이다. 연산군 대에 조성한 탕춘대의 옛터에 쌓은 성곽으로 한양도성이 있는 인왕산(해발 338m) 아래에서 시작하여 홍제천을 가로질러 북한산 향로봉(해발 535m)에 이른다. 현재 한양도성의 둘레가 약 18.6km이므로, 대략 한양도성의 4분의 1에 조금 못 미치는 규모다.

숙종은 집권 전반기부터 도성이 넓고 견고하지 못해 방어가 어렵다는 '도성난수(都城難守)'의 입장을 견지했다. 이에 북한산성을 쌓은 뒤에는 도성을 함께 지킬 생각이 없었다. 숙종이 탕춘대성을 쌓은 이유 역시 유사시 보장처로 삼은 북한산성을 지원하기 위해서였다. 그러나 일부 축조된 탕춘대성이 지리적으로 도성과 더 가까이에 자리하게 되자, 많은 신하가 도성 수호 문제를 제기하면서 탕춘대성을 추가로 쌓는 공사에 반대했다.

이 과정에서 숙종이 신하들의 반대를 무릅쓰고 추진한 북한산성의 무용론까지 대두되었다. 결국 숙종은 1719년 봄에 탕춘대 축성을 중단했다. 탕춘대 축성이 도성과 북한산성 중 북한산성을 선택하겠다는 표명이었다면, 탕춘대 축성의 중단도 북한산성을 포기할 수 없다는 뜻의 표명이었다고 할 수 있다.

영조는 집권 중반기인 1753년과 1754년에 탕춘대성을 두 차례 쌓았다. 이때 쌓은 탕춘대성의 성격은 숙종 대와 달랐다. 무신란 당시 영조가 도성 사수를 천명하면서 도성과 가까운 북한산성이 다시 주목받았다. 이때 북한산성은 숙종 대와 달리 국왕의 보장처가 아닌 도성을 지키는 성곽으로 부상했다. 이와 함께 탕평파를 중심으로 도성과 더 가까운 곳에 있는 탕춘대 창고 역시 재평가되었다. 도성 수호에 사용할 군향을 확보하기 위해 경창 및 호조·선혜청 창고의 곡식을 옮겨오기로 결정한 것이다.

영조 대 탕춘대가 다시 주목받은 계기는 숙종 대와 마찬가지로 군향을 비축할 창고 때문이었다. 다만 숙종과 영조 대의 논의에서 달라진 사항이 있다. 숙종 대의 탕춘대 창고는 북한산성을 지원하는 용도였지만, 영조 대의 탕춘대 창고는 도성을 지원하는 용도로 쓰임새가 바뀐 점이다.

요컨대, 영조가 도성 수호를 천명하면서 북한산성이 도성을 수호하는 배후기지로 탈바꿈됨에 따라, 탕춘대성도 도성의 외성이라는 위상을 갖게 되었다. 도성-탕춘대성-북한산성으로 이어지는 성곽이 완성되면서 탕춘대성은 북한산성과 함께 도성을 감싸는 중층의 성곽이자 도성을 지키는 성곽이 된 것이다. 1751년에 영조가 탕춘대에 거둥하여 「수성절목」을 반포하겠다는 의지를 표명한 것도 탕춘대성이 도성 수호의 성곽으로 자리매김했다는 사실을 알려준다. 곧 숙종 대에는 북한산성의 외성에 그쳤던 탕춘대성이 영조 대에는 도성을 지키는 제일선의 성곽으로 변모했다고 평가할 수 있다.

참고문헌

1. 자료

《동국여도(東國輿圖)》(서울대학교 규장각한국학연구원, 古大4790-50).

서울특별시·한울문화재연구원, 『탕춘대성 보존·관리 종합계획』, 2016.

임효재 외, 『북한산성 지표조사 보고(성곽과 성내부)』, 서울대학교박물관, 1991.

2. 논저

김미성, 「조선 현종~숙종 연간 기후 재난의 여파와 유민(流民) 대책의 변화」, 『역사와 현실』 118, 2020.

김우진, 『숙종의 대청인식과 수도권 방어정책』, 민속원, 2022.

김종수, 「조선 숙종대 경기지역 군사체제의 정비」, 『군사연구』 143, 2017.

노영구, 『영조 대의 한양 도성 수비 정비』, 한국학중앙연구원 출판부, 2013.

민덕식, 「서울 탕춘대성의 축조과정」, 『향토서울』 80, 2012

백종오, 「조선 후기 북한산성의 축성과 운영체계」, 『한국사학보』 50, 2013.

이강원, 「18세기 전반 탕춘대 지역의 도성 외곽 기지화와 총융청 관할 방어체제의 성립」, 『역사와 현실』 125, 2022.

이강원, 「18세기 총융청의 도성 외곽 방어체제 정비와 북한산성의 위상 변화」, 『서울과 역사』 114, 2023.

이근호, 「18세기 전반의 수도방위론」, 『군사』 37, 1998.

이근호, 「영조대 도성 수비 논란의 검토」, 『향토서울』 83, 2013.

이근호, 『조선후기 탕평파와 국정운영』, 민속원, 2016.

이근호 외, 『조선후기의 수도방위체제』, 서울시립대학교 부설 서울학연구소, 1998.

이왕무, 「조선후기 수도권 방위체제의 정비와 군사도시화 경향」, 『군사』 90, 2014.

이은주, 「조선 후기 연융대 공간의 군사적 기능과 도성 배후기지화」, 『서울과 역사』 96, 2017.

이태진, 『조선후기의 정치와 군영제 변천』, 한국연구원, 1985.

이현수, 「18세기 북한산성의 축조와 경리청」, 『청계사학』 8, 1991.

조치욱, 「북한산의 역사 유적과 발굴 현황: 북한산성과 탕춘대성을 중심으로」, 『한국학논총』 61, 국민대 한국학연구소, 2024.
차용걸, 「서울 도성과 방어유적의 복원·보존 및 과제: 서울성곽·북한산성·탕춘대성」, 『향토서울』 75, 2010.
최주희, 「18세기 북한산성 관리체계의 변화와 총융청의 재정운영」, 『한국학논총』 61, 2024.

8장

청계천 수리시설 정비

영조의 도시계획

이상배

1. 미리말

청계천은 서울 강북의 사대문 안을 서쪽에서 동쪽으로 가로질러 흐르는 물길로 도성을 관통하고 있다. 광복 이후에는 물길이 복개되어 자동차들이 통행하는 도로로 변했고, 그 위에는 3·1고가도로가 개설되어 서울 도심에서 외곽으로 빠져나가는 교통로의 역할을 했다. 이 당시에는 오염된 하천을 정비하고자 하는 목적과 함께 강북 도심의 도로교통을 외곽으로 원활하게 분산하기 위한 정책의 일환이었다. 이후 40여 년이 지난 2000년대 들어서는 고가도로를 철거함과 동시에 복개되었던 도로를 걷어내 새롭게 정비하고, 물길이 흐르는 청계천을 서울 시민에게 돌려주었다. 이때는 도심의 삭막한 환경을 개선하여 물길이 흘러가는 개천 모습을 드러내어 시민 친화적인 청계천으로 재탄생시키고자 하는 목적이 있었다.

결국 도시 하천의 역할 패러다임이 변화하면서 대대적인 공사가 진행되었고, 현재 청계천은 서울 시민은 물론 서울을 찾는 관광객이 가장 많이 방문하는 인기 있는 공간으로 탈바꿈했다.

청계천이 역사적으로 그 가치를 주목받은 것은 1392년 조선이 건국된 후 수도를 고려 개경에서 한양으로 천도한 이후이다. 새로운 도읍이 건설되면서 궁궐과 더불어 도성이 건설되고, 사대문 안에는 각종 관청과 시전을 비롯하여 도성민을 위한 주택이 들어섰다. 도읍으로 건설되기 이전에 한양에 살았던 원주민들은 양주 지역으로 강제 이전되었고, 새로운 국가 건설의 주역인 사대부들과 위정자들이 한양에 새로운 주인으로 정착하게 되었다. 도성 안에서 이들이 사용하는 각종 생활하수는 빗물과 함께 청계천[1]을 통해서 외곽으로 흘러 한강으로 빠져나갔다. 따라서 한양 도읍기의 청계천은 수도 도시계획 건설에서 반드시 필요한 하수시설이었고, 이를 인식한 태종은 대대적으로 하천을 준설하여 물이 원할하게 흘러가도록 수리시설 정비에 힘을 기울였다. 이것이 청계천에 대한 최초의 정비사업이었다. 도성 안 곳곳에서 발생하는 하수는 물론이고, 빗물도 모두 청계천으로 모여 한강으로 흘러 나가기 때문에 청계천이 막히면 도성은 물난리가 발생할 수밖에 없어 청계천 관리는 수도의 도시 건설에서 매우 중요한 수리사업 중 하나였다.

역사학계에서 청계천에 대한 학술적 연구는 현대에 들어 청계천 복원과 맞물려 몇 편이 이루어졌다. 청계천에 대한 최초의 연구논문으로는 개천의 의미와 도성의 수로에 대해 개괄적으로 다룬 글이 1965년에 발표되었고,[2] 이후 서울특별시사편찬위원회에서 『서울육백년사』를 편찬하면서 청계천을 다루기 시작했다.[3] 이후 청계천에 설치되었던 교량에 대한 연구

1 조선시대에 청계천은 태종 때 처음 자연하천을 준설한 이후 개천으로 불렸다. 이 글에서는 오늘날의 청계천 용어를 그대로 사용하고자 한다.

2 한성국, 「개천고」, 『향토서울』 24, 1965.

가 이어졌고,[4] 조선 후기 영조~철종 대까지 한성부에서 시행된 준천사업을 총괄적으로 정리한 글이 있다.[5] 2000년에는 조선시대 한성부를 관통하여 흐르는 청계천의 지류를 구체적으로 명명하여 밝힌 글과 조선시대 자연재해의 대책 가운데 하나로 준천사업을 추진했음을 밝힌 글이 있다.[6] 나아가 청계천이 복원되는 과정에서 서울시가 발간한 자료집과[7] 서울학연구소에서 발간한 학술대회자료집,[8] 그리고 영조 때 청계천 준설에 대한 세부적인 논의 내용과 구체적인 공사 현황을 밝힌 논문과,[9] 영조의 준천사업을 정치적 위민론(爲民論)의 관점에서 접근한 논문 등이 있다.[10] 또한 청계천 복원이 완료된 이후 이 업무에 종사했던 경험을 바탕으로 한성의 옛 물길과 다리를 주제로 발간한 책자가 있다.[11] 그리고 조선시대 전반에 걸친 치수정책의 일환으로 개천 준설 작업이 이루어졌음을 밝힌 글[12] 등이 있고, 영조 대 준천사업을 『승정원일기』의 기록을 바탕으로 정리해 정치·사회적 의미가 어디에 있는가를 밝힌 글과[13] 대중교양서로 청계천 준설의 의미를 다룬 글도 있다.[14] 그러나 이상의 연구물들은 영조 대 준천사업 시

3 서울특별시사편찬위원회, 『서울육백년사(六百年史)』 1·2권, 1977·1978.

4 주요, 「한양 도읍을 관류하는 청계천과 교량에 대한 고찰」, 『향토서울』 44, 1987.

5 염정섭, 「조선후기 한성부 준천의 시행」, 『서울학연구』 11, 1998.

6 이상배, 『서울의 하천』, 서울특별시사편찬위원회, 2000; 이상배, 「18~19세기 자연재해와 그 대책에 관한 연구」, 『국사관논총』 89, 2000.

7 서울시, 『청계천의 역사와 문화』, 2002.

8 전우용 외, 『청계천: 시간, 장소, 사람』, 서울학연구소, 2001.

9 유승희, 「조선 영조대 청계천 준천작업의 시행」, 『인문과학』 10, 2003; 유승희, 「조선후기 청계천의 실태와 준천작업의 시행」, 『도시역사문화』 3, 2005.

10 조광권, 『조선왕조 준천 과정에 나타난 위민담론 분석』, 한국학중앙연구원 한국학대학원 박사학위논문, 2004.

11 박현욱, 『서울의 옛물길 옛다리』, 시월, 2006.

12 이상배, 「조선시대 도성의 치수정책과 준설사업」, 『중앙사론』 30, 2009.

13 강문식, 「영조대 준천 시행과 그 의의」, 『영조의 국가정책과 정치이념』, 한국학중앙연구원 출판부, 2012.

14 신병주, 『영조의 청계천 준설』 한국학중앙연구원 출판부, 2013.

행 그 자체에 대한 분석과 의미에 치중한 글들이 대부분이었다. 그뿐만 아니라 영조의 준천사업이 61일간에 걸쳐 방대한 인력과 자금을 동원하여 이루어진 대대적인 도성 내 정비사업이었다는 점을 강조하고 있다. 이러한 논의에 필자가 이의를 제기하고자 하는 것은 아니다. 다만 이 당시의 공사는 영조가 심혈을 기울여 추진한 것인 만큼 실질적인 공사 기간의 상황만을 평가하는 것이 과연 합당한 평가인가에 대해서는 동의하기 어렵다.

이 글은 위와 같은 문제의식을 가지고 접근하고자 한다. 영조는 「어제준천명병소서(御製濬川銘幷小序)」에서 자신의 3대 실적으로 탕평책과 균역법 시행, 그리고 개천 준설을 꼽은 바 있다. 영조가 이토록 심혈을 기울여 추진한 수리시설 개선사업의 보다 분명한 의미와 가치를 파악하기 위해서는 준비 단계부터 최종 완료 시점까지를 거시적으로 접근함으로써 이 사업의 특징과 역사적 의미가 무엇인지를 파악하는 것이 중요하다고 생각한다. 그리하여 영조가 힘겹게 추진했던 청계천 수리시설 개선사업이 그 시대에 어떠한 공동체적 가치를 가지고 있었으며, 개천 준설이 조선시대 도읍지 한양의 도시계획에서 어떤 위치를 차지하고 있었는지, 민관합동으로 이루어진 국가 공공건설사업이 궁극적으로 도성민들의 삶에 어떤 영향을 끼쳤는지, 조선 최대의 대형 수리시설 개선사업이 영조 이후 어떤 영향을 끼쳤는지 등을 살펴보고자 하는 것이 이 글의 목적이다.

이를 위해 먼저 조선의 도읍지 한성의 공간 구조와 그 가운데 위치한 청계천의 도시 공간적 특성을 살펴보고, 이어서 영조가 시행한 청계천 준설사업이 기존에 경진준천에 한정해서 살펴보았던 것에서 벗어나 수리사업이 기획 단계에서 최종 완성 단계까지 총 22년에 걸쳐 이루어진 대역사임을 단계별로 시기를 구분하여 재정리했다. 이러한 작업은 당대 영조의 도시 개선사업의 일환으로 추진된 준설의 진정한 가치와 의미를 보다 구체화하는 데 도움이 된다고 생각한다. 그리고 당시 청계천 준설을 기획한 영조가 직접적인 수혜 당사자이면서 동시에 공역에 직접 참여해야 했던 도성의 도시민들과 어떻게 소통하면서 도심 수리시설 개선사업의 필요성을 함께 인식하고자 노력했는지와 그러한 공동체적 인식의 의미를 살펴보고자 한다. 이러한 연구의 목표는 조선시대 가장 큰 수리시설 개선 사업으로 시행된 청계천 준설이 도성민들과의 밀접한 공감대 형성과 전폭적인 지지 속에서 이루어진 유일한 사업이라는 사실을 밝힘과 동시에 도시 개선이 이루어져 도성민의 삶이 변화했다는 점에서 그 가치가 어디에 있는가를 규명하고자 한다. 나아가 영조 대의 수리사업이 향후 수백 년간 도성 내 수로 관리의 지침이 되었다는 점에서 그 의미가 매우 깊다는 점에 주목하고자 한다.

2. 한성의 공간 구조와 도성 치수정책의 전개

조선시대의 수도 한성은 한반도 중앙에 위치하여 정치, 경제, 사회, 문화 등 각 분야에서 나라의 중심지로서 중요한 장소로 손꼽히는 곳이었다. 한성은 한강 이북의 사대문을 연결하여 쌓은 도성 안이 중심이었다. 그리고 한성부의 관할구역은 사대문 안은 물론 도성으로부터 십 리 거리의 지역까지, 즉 성저십리(城底十里) 지역까지를 대상으로 하고 있었다. 조선 초기 도성 안을 '문안'이라 불렀고, 도성은 지형적으로 북쪽의 백악, 동쪽의 낙산, 남쪽의 목멱산, 서쪽의 인왕산 등 이른바 '내4산'을 연결하여 쌓은 성이다. 지리적으로 분지의 형태를 띠고 있으며 넓이는 대략 500만 평 정도이다.[15]

도성 외곽으로는 북쪽의 북한산(삼각산), 동쪽의 용마산(아차산), 남쪽의 관악산, 서쪽의 덕양산 등 이른바 '외4산'으로 둘러싸여 있다. 외4산은 서울을 방어하는 제2선의 역할을 했다. 특히 북한산은 그 전면에 멀리 경복궁과 숭례문을 일직선상에 놓고 이를 품안에 품고 있으면서 험준한 절벽과 화강암으로 된 바위들로 둘러싸여 있다. 외4산을 중심으로 서울을 살피면, 한강이 동쪽에서 서쪽으로 흘러가고 그 위쪽으로 도성이 위치하고 있다. 오늘날은 한강을 중심에 두고 서울이 수도로 자리 잡고 있어 실질적으로는 과거 외4산이 경계 역할을 하고 있다.

18세기 초에는 북한산의 지리적 이점을 최대한 활용하여 고대의 성터를 복원하고 북한산성을 축조했다. 북한산성은 문수봉과 만경봉 등 여러 산봉우리를 체계적으로 연결하여 높이 6m, 두께 3m, 둘레 8km의 길이로 축조했다. 이 성은 유사시 도성민을 북한산의 성안으로 대피시키고 항전하기 위해 축조된 산성이다. 나아가 도성 남쪽의 남한산성, 도성 서쪽의 강화도성과 함께 도성 방어를 위한 북쪽 외곽 군사기지의 중심이 되었다.[16]

이러한 한성의 내·외부 공간적 환경 속에서 청계천은 조선시대 도성의 정중앙을 서쪽에서 동쪽으로 흐른다. 청계천을 중심으로 북쪽은 궁궐을 핵으로 삼아 정치의 중심지로서 북촌이라 불렸고, 종로 일대의 시전은 도성의 경제를 책임지는 공간이었다. 반면에 청계천 남쪽은 남촌으로 소수의 관공서들과 남산 일대가 포함되는 지역이다. 청계천변은 중촌(中村)이라 불렸으며, 동대문 방향은 동촌(東村), 서대문 일대는 서촌(西村)이라 불렸다. 사람들은 북촌 지역에 주로 정치인들이 살았고, 종로 일대에는 경제인들, 청계천과 남촌 일대는 하급관리와 전문 직종에 종사하는 사람들이 생활하는 공간이었다.

조선시대 백악과 인왕, 목멱산과 낙산, 그리고 궁궐에서 청계천으로 흘

15 나각순, 「조선시대 서울의 도시경관」, 『서울2천년사』 13권, 2013.

16 유재춘, 「도성 외곽의 성곽축조」, 『서울2천년사』 13권, 2013.

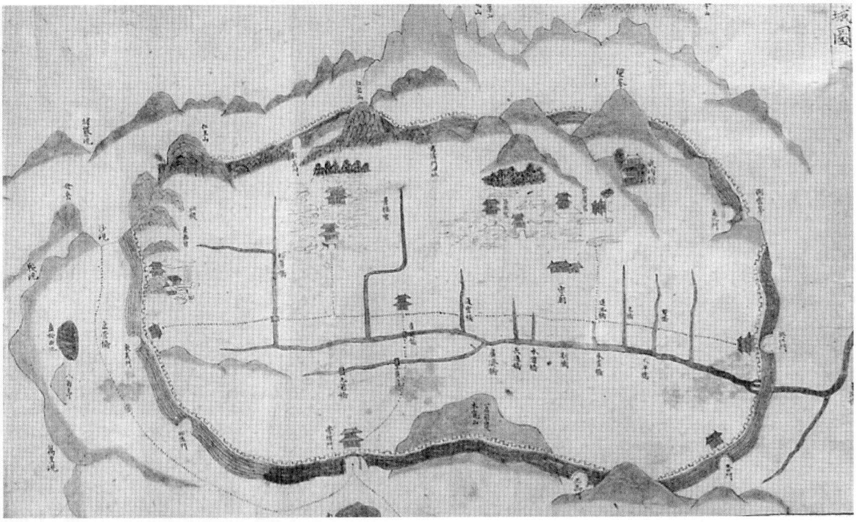

그림 1 〈도성도〉, 18세기 모사, 서울대학교 규장각한국학연구원

러드는 물줄기는 대략 24개 정도이다(그림 1). 사료에 따라 다르게 기록되어 있지만 영조 때 개천을 준설하고 쓴 『준천사실』에는 모두 23개의 물길이 나타나며, 『한경지략』에는 15개의 물줄기가 개천과 합류하는 것으로 기록되어 있다. 그리고 『동국여지비고』에는 도성 내의 물줄기를 19개로 기록하고 있다. 이들 기록을 상호 비교하면 대략 24개의 물줄기가 도성 안에서 청계천과 합류하여 흐르고 있다.[17] 이들 물줄기 가운데 인왕산과 백악 사이에서 발원하여 흐르는 백운동천이 청계천의 주 물줄기였다.

따라서 청계천은 조선시대 두 가지 기능을 수행하고 있었다. 하나는 도성의 수맥을 간직한 명당수의 기능이 있었고, 다른 하나는 내사산에서 발원하는 물길과 빗물, 그리고 생활하수가 도성 밖으로 빠져나가는 유일한 수로였다. 급기야 세종 때는 풍수가들을 중심으로 청계천이 명당수이므로 물을 깨끗하게 관리해야 한다는 주장과 유학자들을 중심으로 청계천은

17 박현욱(2006), 앞의 책, 34쪽.

그림 2 《동국여도》, 〈도성도〉, 19세기 전반, 서울대학교 규장각한국학연구원

도성의 더러운 하수가 빠져나가는 물길이므로 풍수학의 논리가 잘못되었다는 의견이 대립하기도 했다.[18] 이러한 논의에도 불구하고 청계천은 도성 안에서 발생하는 모든 오폐수와 빗물이 모여 빠져나가는 유일한 통로였기 때문에 현실적으로는 유학자들의 의견이 받아들여졌다. 문제는 여름철 우기가 닥쳤을 때 청계천의 수위가 높아져 천변에 사는 백성들이 잦은 홍수 피해를 당하는 것이었다.

개천 준설 이전에는 홍수에 대비하는 유일한 방안이 낮은 곳에 사는 사람들이 지대가 높은 곳으로 대피하는 것이었다. 세종 초기에도 "낮고 물 가까운 땅에 사는 사람으로 하여금 항상 경비를 더하게 하고, 농한기를 기다려 모두 옮겨 살게 하여 물에 빠질 우려가 없도록 하라"[19]고 할 정도로

18 『세종실록』, 26년(1444) 11월 19일, 12월 16일, 22일.

19 『세종실록』, 11년(1429) 4월 25일.

치수에 적극적이지 못했다. 강우량의 측정도 "밤에 비가 내렸는데, 땅에 물이 한 치쯤 들었다"[20]거나, "비가 오면 물이 땅에 스며 들어간 깊이를 상세히 기록하여 급히 보고하라"[21]고 할 정도로 체계적인 관리가 어려웠다. 이와 같은 방법으로는 강우에 대한 적극적인 대책 마련이 쉽지 않았을 것이다. 각 지역마다 토양이 다르기 때문에 흙속으로 스며드는 물의 양을 일률적으로 평가하여 대책을 세운다는 것은 객관성도 결여될 뿐만 아니라 효율적인 대책안이 제시되기도 어려운 여건이었다. 이후 서울을 비롯한 전국에 측우기가 설치되면서 강우량을 효과적으로 파악하기 시작했고,[22] 청계천과 한강에 수표를 세워 수위를 계측함으로써 백성들이 미리 대피할 수 있는 방안을 마련했다.[23]

한편 조선 건국 직후에는 도읍을 개경에서 한양으로 옮기는 문제와 함께 왕이 거주할 공간을 꾸미고 각종 관공서의 공간을 배치하고 개경에서 옮겨오는 관료들이 머물 공간을 확보하는 것이 급선무였다. 따라서 궁궐과 도성 건설 및 종로 일대의 민가 건설이 가장 시급했다. 이러한 긴급한 일들이 어느 정도 마무리되고 나서 태종은 도성 내 안정적인 치수 관리 체계를 확보하기 위한 근본적인 해결 방안으로 자연하천이었던 청계천을 대대적으로 준설하여 도성 내 하수 물길을 확보하도록 했다(그림 2). 1405년(태종 5) 조선이 도읍지를 개경에서 한양으로 다시 옮긴 이후 태종은 수도가 갖추어야 할 각종 도시계획시설의 정비를 단행했다. 그 가운데 한성 안으로 집결되는 물의 흐름을 원활하게 하기 위한 수리시설 확충도 도시 기반을 마련하는 중요한 축이었기 때문에 1406년 궁궐 축조에 부역하기 위해 올라온 인부 3,000명 가운데 600명을 따로 한성부에 편성하여 청계천

20 『세종실록』, 5년(1423) 5월 3일.

21 『세종실록』, 7년(1425) 4월 13일.

22 『세종실록』, 24년(1442) 5월 8일.

23 수표는 처음에 나무에 금을 그어 설치했으나 홍수에 쓸려 내려가기 쉬워 후에 돌로 교체되었다.

을 파내도록 했다.[24] 약 2개월 뒤에도 조정 관리들의 품계에 따라 인부를 내도록 하여 다시 한 차례 청계천을 파고 도로를 정비했다.[25] 이때의 정비는 임시방편이었고, 본격적인 개천 준설 작업은 1411년에 논의되었다. 이해 9월 조정의 대신들이 빠른 시일 내에 개천을 파낼 것을 건의하자 태종은 추수철이 겹쳐 있으니 시기를 늦추어 이듬해 2월부터 시행하라고 했다.[26] 그러나 이듬해 시일을 앞당겨 1월 15일에 착공했고, 한 달간의 공사 끝에 2월 15일 완공을 보게 되었으며, 당시 동원된 인원은 모두 5만 2,800명이었다.[27] 이때의 수리사업은 개천 본류에 대한 대대적인 준설 공사로서 둑의 일부를 돌로 쌓거나 제방에 나무를 심어 물의 범람을 막고자 했고, 개천 본류의 다리들 일부를 흙에서 돌로 교체하여 홍수에도 견딜 수 있도록 하는 등 도성 내부를 관통하는 개천에 대한 하수정비와 홍수 대비 사업이었다.[28]

이후 세종은 1422년(세종 4) 2월에 도성 수축 공사를 시행하면서 동시에 수문 2개를 추가로 설치했고,[29] 1434년(세종 16) 2월에는 경기의 선군(船軍)을 불러 모아 개천의 지류인 중학천을 준설하여 건춘문(建春門) 밖 일대의 물길을 정비했다.[30] 같은 해 7월에는 수성금화도감에서 개천 준설을 위한 군사를 증원해줄 것을 요청하여 강원도와 황해도에서 선군으로 경기에 부방한 자 1,500명을 늘려 3,000명이 개천 준설에 참여했다.[31] 세종 대 이루어진 준설은 개천 본류보다는 지류들을 중심으로 하천의 폭을 넓히거나

24 『태종실록』, 6년(1406) 1월 16일.
25 『태종실록』, 6년(1406) 3월 28일.
26 『태종실록』, 11년(1411) 9월 7일.
27 『태종실록』, 12년(1412) 1월 15일.
28 『태종실록』, 12년(1412) 2월 15일.
29 『세종실록』, 4년(1422) 2월 23일.
30 『세종실록』, 16년(1434) 2월 1일.
31 『세종실록』, 16년(1434) 7월 7일.

깊이를 파내는 일, 또는 다리를 석축으로 바꾸는 일, 도랑을 개설하는 일 등이 이루어져 태종 대 준설사업의 미비했던 부분을 보강하는 정도였다. 이로써 조선 초기 수도 건설과 함께 개천의 수리사업이 일단락되었다.[32]

이후 청계천에 대한 지속적인 관리를 위해서는 매년 준설이 이루어져야 했지만 많은 인력 동원과 재정 지출이 수반되는 부담 때문에 지속적으로 시행하기에는 어려움이 있었다. 그 대안으로 서울 내4산에 표를 세워서 벌목을 금지시키고, 동시에 돌을 떠가는 것을 금지하도록 했으며, 나무를 배양하는 사람으로 감역관(監役官)과 산을 관리하는 산지기 등을 두었다. 감역관과 산지기는 병조에서 임명했으며, 감역관은 군인과 같은 대우를 했고 산지기는 민간인을 특별히 채용하여 교대로 산과 나무를 돌보도록 했다.[33] 그리고 전체적인 산의 관리는 공조와 한성부에서 책임을 지도록 했고, 만일 벌목하는 자가 있으면 장90대에 처하도록 했다. 내4산에 소나무가 울창하면 홍수로 인한 토사 유출을 막을 수 있고, 후에 소나무를 건축 재료로 활용할 수도 있었다. 그럼에도 나무를 베어다가 땔나무로 쓰는 사람들이 많고 송충이로 인한 피해도 늘어나면서 지속적인 관리에는 한계가 있었다. 영조가 대대적으로 청계천을 준설한 후에 「준천사절목」을 내렸는데 그 첫 조목으로 "크고 작은 개천에 토사가 쌓이고 막히는 이유는 오로지 산이 씻겨 내려가며 둑이 무너져 내리는 것을 관리하지 않고 모래가 흘러내리는 것을 방지하지 않으며 다리가 모래에 파묻혀도 그것을 준설하지 않았기 때문이다"라고 언급하면서 "특별히 준천사(濬川司)를 설치하고 서울의 4산 벌목을 금지하고 잘 보호하는 것이 근본과 결과를 동시에 다스리는 정책이다"[34]라고 천명한 것도 조선 초기에 내4산 관리의

32 이상배, 「조선시대 도성의 치수정책과 준설사업」, 『동서양 역사 속의 공공건설과 국가경영』, 학고방, 2010, 21~29쪽 참조.

33 『경국대전』 공전 栽植條.

34 『국역 준천사실, 주교지남(國譯 濬川事實, 舟橋指南)』, 서울특별시사편찬위원회, 2001, 44쪽. 이

중요성을 인식한 것과 다르지 않다.

이와 같이 조선은 태종과 세종 대의 준천 이후에 내4산에서 흘러내리는 토사를 막고자 여러 방책을 동원하여 노력했으나 오랜 시간이 지나면서 지속적인 효과를 유지하기는 어려웠다. 숙종 때는 도성에서 살고 있는 사람들이 버리는 각종 오물이 청계천에 쌓여갔을 뿐만 아니라 홍수 때면 산에서 토사가 흘러내려 좁은 개천을 막아버리기 일쑤였고 자연스레 물이 범람하면서 민가가 피해를 입어 일시적으로 개천 토사를 파내는 작업을 하기도 했다.[35] 이러한 현상은 영조 대로 이어지면서 더욱 확산되어 수도 한성의 가장 큰 숙제로 남았다.

3. 영조의 청계천 준설 3단계

태종과 세종 대 준설 공사가 시행된 이후 가장 대대적인 도성 내 수리사업이 시행된 것은 영조 때이다. 약 300여 년간 간헐적이면서 부분적인 개천 준설이 이루어지기는 했지만 오랜 기간 체계적인 준설사업이 시행되지 않아 흘러내린 토사에 의해 개천 바닥은 다리에 닿을 정도로 막혀 있었다.[36] 이로 인해 호우가 계속되면 가옥 침수는 물론 인명 피해도 나타나는 상황이었다. 여기에 더해 17세기 중반 이후에 도성으로 유입되는 인구가 증가하면서[37] 개천가를 중심으로 거주자가 늘어났고, 개간이 증가하

하 『준천사실』로 표기함.

35 『숙종실록』, 36년(1710) 9월 5일.

36 『승정원일기』, 영조 27년(1751) 5월 2일.

37 양보경, 「서울의 공간 확대와 시민의삶」, 『서울학연구』 1, 1994.

면서 벌목과 채소재배 공간이 확대된 것은 토사의 흐름을 촉진시키는 요소가 되었다.[38] 그러나 조선의 위정자들은 청계천에 대한 수리 관리를 체계적으로 수립하여 정기적인 준설을 시행하거나 장기적인 대안을 만들지는 못하고 개천가에 거주하는 사람들에게 준설하도록 지시하는 등 임시방편적인 조치만 취해왔다.[39] 영조가 개천 준설을 더 이상 미룰 수 없다는 생각을 가지게 된 것도 도성 안 개천의 상황이 최악으로 치달아 수도 한성의 큰 해결 과제 중 하나였고, 그 피해를 고스란히 백성들이 감내하고 있다는 사실을 인지하고 있었기 때문이다.

영조가 재위하는 동안 청계천에 대한 준설 작업은 크게 3단계로 구분하여 살펴볼 수 있다. 제1단계는 대신들이 청계천에 대한 준천 사업의 필요성을 인지하고 본격적으로 상소를 올린 직후부터 영조의 준설 의지가 확고하게 자리 잡는 단계이다. 이 시기는 대신들은 물론 사업 대상지에 살고 있는 사람들과의 소통을 통해 개천 준설을 할 것인지 말 것인지 의견을 묻는 것을 포함하여 도시 주거민의 안정을 위해서는 수리시설 개선이 꼭 필요하다는 인식을 확산시키고 준비하는 단계이다. 그리고 제2단계는 본격적인 준설 작업에 들어가 사전 공사와 함께 구체적인 공사 일정을 수립하고 행동에 옮기는 시기로서 공사 추진 단계이다. 이어 마지막 단계는 공사 완료 이후에 그간의 어려웠던 과정을 책자로 정리하고 향후 준천을 전문적으로 관리하는 관청을 설치하여 지속적인 수리시설 관리 방안을 확립하는 행정 제도화와 함께 개천 둑에 대한 석축 보완 공사를 시행하여 준천 공사를 완벽히 마무리하는 단계이다. 영조가 도시 개선의 일환으로 한양도성의 중심을 가로질러 흘러가는 청계천 수리사업을 심혈을 기울여 추진한 목적은 기본적으로 매년 홍수로 인한 불편함을 해소하여 한양 도

38 『영조실록』, 30년(1754) 9월 23일.

39 『숙종실록』, 36년(1710) 9월 5일.

시민의 삶을 안정시키기 위해서였다. 이를 단계별로 살펴보기로 하자.

1) 준천을 위한 민관 소통 단계

영조는 청계천 준설이라는 국가적 수리사업을 진행하기 위해 여러 차례에 걸쳐 대신들과 의견을 나눈 것은 물론 직접 공사 현장에 나가 현장 시찰을 한 것만도 5차례나 된다. 그뿐만 아니라 직접 공사에 참여하여 공역을 담당하고 준설의 실질적인 혜택을 누릴 대상인 도성민들과도 여러 차례 만나는 소통 과정을 거쳐 수리사업의 필요성과 자신의 생각을 전달하는 등 구체적인 노력을 기울였다.

청계천의 준설 필요성이 처음 제기된 것은 1751년(영조 27) 5월 2일이다. 창덕궁 희정당에 대신들이 모여 여러 가지 사안을 논의하는 자리에서 한성부 좌윤 홍봉한이 도성 안 개천의 다리들이 흙으로 막혀 홍수가 나면 민가가 잠길 우려가 있으니 준설이 필요하다고 했고, 영조는 궁궐 안에도 하천이 막혀 있는데 도성 주변의 산에 나무가 없고 도성 사람들이 증가한 것이 그 원인이라고 했다. 나아가 영조는 준설을 하면 그 흙은 어디에 두어야 하는가를 물었고, 홍봉한은 천변에 쌓아두고 이곳에 나무를 심어 흘러내리지 않도록 하는 방안을 제시했다. 인력 동원에 대해서는 도성 주민만 가지고는 어렵고 삼군문의 군사들까지 동원해야 가능할 것이라고 했다.[40] 홍봉한은 한성부의 제반 사항을 관리하는 직책을 맡은 관리로서 관내의 시급한 문제점과 그 대안을 구체적으로 제시한 것이고, 영조도 이에 대해 동감을 표했다. 이는 평소 청계천 준설의 필요성을 인지하고 어떠한 방법으로 준설할 것인가에 대한 계획까지 고려하고 있었음을 보여주는 것이다. 홍봉한의 의견은 그 내용의 구체성이나 준천의 방법 등을 상세하

40 『승정원일기』, 영조 27년(1751) 5월 2일.

게 제시하고 있다는 점에서 즉흥적으로 나온 제안은 아니라고 생각된다. 적어도 여러 차례 현실 상황을 타개하기 위한 여건을 분석하고 고민하는 가운데 제시된 안이라고 보아야 한다. 또한 홍계희는 너무 많은 인원을 한꺼번에 동원하면 일의 효율성이 떨어지며 모래를 퍼내 옮기는 데 오히려 어려움이 따를 것이니 하루에 1,500명씩 100일간 투입하여 준설 작업을 진행하면 가능하다는 의견을 제시했다.[41] 이는 준설의 방법론으로 효율적인 인력을 운용할 필요가 있다는 제안이다. 이후 홍봉한은 11월에 다시 한 차례 개천을 시급하게 준설해야 한다는 당위성을 언급했고,[42] 영조도 이에 동의하면서 개천 준설에 따른 도성민들의 생각이 어떤지를 본격적으로 탐색하기 시작했다.

1752년(영조 28) 1월 27일 영조는 도성 안에 사는 방민(坊民)들을 청계천 상류에 위치한 광통교에 불러 모으고 "어영대장이 하천의 도랑이 다 메워져 막혀 있다고 아뢰었는데, 나는 백성들이 힘들고 지칠 것을 염려하고 있다. 그런데 지금 바라보니 막혀 있는 것이 이와 같고 또한 도성을 지키려면 개천을 파내는 것이 더욱 급선무이다. 그대들은 어떻게 생각하는가?"라고 의견을 물었다. 즉 청계천을 비롯한 작은 지천들의 하상이 높아지면서 모래가 쌓여 물길이 막혀 민가에 피해가 발생하고 궁극적으로는 도성 안의 질서와 통치까지 어렵게 만들고 있다는 현실적인 문제를 지적하면서, 하천을 준설하는 것이 해결책이지만 실제로 일을 담당할 사람들은 도성 안에 살고 있는 사람들이니 그들의 노고를 염려하면서 좋은 해결 방안이 있는가를 물은 것이다. 이에 대하여 광통교에 모인 사람들은 하천이 모래로 막혀 있음을 인정하면서도 별다른 방안을 제시하지는 못했다. 그러자 영조는 "나는 백성들을 수고롭게 하고 싶지는 않지만 다리가 이렇게

41 『준천사실』, 17~18쪽.

42 『승정원일기』, 영조 27년(1751) 11월 10일.

막혀 있어 준설을 하고 싶은데 그대들은 이를 원하는가?"라고 물으면서 개천 준설에 동의하는지를 재차 물었다. 결국 영조는 조선의 도읍지인 한성에서 대대적인 수리시설 정비사업을 진행하는 데 있어서 실제로 그 노역을 담당해야 할 도성 사람들에게 동의를 구하는 형식을 취한 것이다. 이에 대하여 그곳에 모인 방민들은 "이는 모두 백성을 위하는 일인데, 누가 감히 따르지 않겠습니까?"라고 답하여 청계천을 비롯한 도성 내 크고 작은 하천의 준천사업을 진행하는 데 동의를 표했다. 이에 더하여 영조는 "내가 하천 준설을 어렵게 여긴 것이 아니라, 다른 백성들 가운데 원하지 않는 사람이 있을까 우려하여 이렇게 묻는 것이다"라고 하면서 혹시 발생할지도 모를 불만 세력에 대한 우려를 표하여 여론을 환기시켰다.[43] 이와 같은 영조의 태도는 도성 내 국가 공공건설로서 최대 규모의 수리시설 정비사업을 대대적으로 진행할 경우 현장에서 노역을 직접 담당해야 할 도성민들의 적극적인 협조가 반드시 필요하다는 인식이 있으며, 나아가 자신이 추진하려는 준설 공사가 도성민을 혹사시키려는 것이 아니고 궁극적으로는 도성민의 삶을 위한 일이라는 점을 분명하게 알리고자 한 것으로 보인다.

이듬해인 1753년에는 개천이 막혀 폐해가 심하자 한성부 5부의 나이 많은 원로들을 불러 개천을 준설하는 문제에 대해 다시 한번 의견을 물었다.[44] 또한 1754년에는 창경궁 명정전에서 유생들을 불러 모아 인일제(人日製)를 직접 시행하고, 이 자리에서 시제(試題)로 개천 준설을 할 경우에 발생할 이로움과 해로움에 대한 의견을 제시하도록 했다. 이에 유생들은 대부분 준설하지 않으면 도성 백성들의 생활이 곤란하다고 하면서 찬성의 뜻을 표했다.[45]

43 『영조실록』, 28년(1752) 1월 27일.

44 『준천사실』, 17쪽.

45 『영조실록』, 30년(1754) 3월 25일; 『준천사실』, 17쪽.

또한 1754년(영조 30) 3월 22일 영조는 창경궁 명정문에서 조참을 행한 후에 도성의 5부 방민을 불러 청계천 준설을 하는 것이 이로운지 또는 해로운지에 대한 의견을 다시 물었다. 그러나 방민들의 의견은 준설하는 것이 옳다는 의견과 파지 않고 그대로 두자는 의견으로 갈라져 하나로 모아지지 않았다. 이에 영조는 간편하게 "개천을 파는 것을 옳게 여기는 자는 앉고 옳지 않게 여기는 자는 서라"고 하여 둘 중에 하나를 선택하도록 했다. 그 결과 악공 가운데 장구를 메고 있는 한 사람만이 서 있고 모두 앉아 개천 준설에 찬성하는 의견을 표출했다. 영조는 서 있는 사람에게 왜 반대하는가를 물었고, 그는 "개천을 파고 안 파는 것은 모두 이롭고 해로울 것이 없다고 생각합니다. 냇가의 인가(人家)가 떠내려가고 묻히는 것을 염려하기는 하나, 이것은 집주인이 어떻게 지키느냐에 달려 있을 뿐입니다"라고 하여 홍수로 인한 피해에 대응하는 것은 집주인의 몫이라고 했다. 준설을 하면 개천 인근에 사는 사람들은 이롭지만 이에 투입되는 사람들은 노동을 해야 하니 어려움이 있고, 준설을 안 하면 개천가에 사는 사람들은 어려움이 따르지만 나머지 사람들은 노동에 투입되지 않으니 좋을 것이라는 솔직한 답이었다. 이에 영조는 대중의 의견을 무조건 따르지 않고 자신의 생각을 분명하게 밝히면서 의견을 표출한 사람에게 상을 주어 격려했다.[46]

이후 4년이 흘러 도성에 비가 조금만 내려도 인가가 떠내려가고 물길이 막히는 일이 계속 반복되자 1758년(영조 34) 영조는 다시 도성의 방민들을 직접 만나 도성의 수리사업에 대한 의견을 물었다. 1758년 5월 6일 창경궁에 머무르고 있던 영조는 우부승지 안윤행(安允行)에게 청계천 광통교 근처에 살고 있는 노인 중에 5명을 불러 모으라고 전교를 내렸다. 당일 점심 때 영조는 한성부 관리와 궁궐 밖에 대기하고 있던 노인들, 5부의 관

46 『영조실록』, 30년(1754) 3월 22일.

리 2명 등을 모두 창경궁 숭문당으로 불러들여 준천에 대한 의견을 물었다. 광통교 부근의 노인들에게는 개천 준설의 이로움과 해로움을 상세하게 말하고, 앞으로 3~4년간을 버틸 수 있는가에 대하여 물었다. 이에 대해 방민들은 천변의 막힘이 심하여 비가 오면 집이 수몰될 염려가 크므로 시급하게 준설해야 한다는 의견을 표했다. 이어 5부의 관리로 온 조용명(趙龍命)과 황식(黃植)은 오간수문 아래 쪽은 매년 퇴적물이 많아져 막히고, 남산과 북악 쪽은 벌거벗은 모양이 날로 심해져 군문에 분배하여 신속하게 굴착하는 것이 필요하다는 의견을 제시했다. 이에 영조는 함께 듣고 있던 좌의정 김상로, 어영대장 홍봉한 등에게 "내가 하교를 내렸는데도 너희들은 오히려 돌아보지 않으니 차후에 수해로 인한 근심이 일어나면 어찌 감히 나를 원망할 것이냐?"라면서 힐책했다.[47] 개천변에 사는 주민과 한성부에 소속된 관리 들을 직접 도성 안으로 불러들인 자리에서 개천 준설의 이해 여부와 어느 정도 심각한가를 묻고 그들의 대답을 통해 영조는 자신의 의사와는 달리 신속하게 움직이지 않는 조정 관료들을 질책하는 모습이 읽힌다.

결국 도심 하천인 청계천의 준설은 개천 주변에 살고 있는 사람들에게는 시급히 해결해야 할 중차대한 일이지만, 개천가에서 멀리 떨어져 살고 있는 사람들은 그 시급함을 그다지 몸으로 느낄 수 없었던 것이다. 그러니 천변에 살지 않는 사람들은 공역이 시작되어 강제로 동원되는 것에 적극적으로 찬성을 표하지 않았던 것이다. 실제로 준천사업이 시행되면 많은 인력이 필요하기 때문에 개천 인근에 사는 사람들만 가지고는 준설사업을 효과적으로 시행하기가 어려운 것이 현실이었다. 도성 안에 살고 있는 모든 사람들이 동원되어도 인력이 모자르기 때문에 영조는 이를 염두에 두고 도성 사람들을 불러 모아 의견을 구하는 형식으로 소통하면서 준천

47 『승정원일기』, 영조 34년(1758) 5월 6일.

의 필요성을 알리고자 한 것이다.

결국 영조는 “백성들은 모두 나의 적자(赤子)이며, 너희들 또한 동포(同胞)들이다. 동포를 위해 노역하는 것이니 어찌 천변의 백성과 천변에서 멀리 떨어져 사는 백성을 구분하겠는가? 이와 같이 유시하는 것은 개천가에 사는 사람들이 고통을 받는 것은 산 밑에 사는 사람들이 소나무를 베고 마음대로 경작하기 때문에 모래와 자갈이 흘러서 개천에 쌓이기 때문이다. 이렇게 본다면 너희들이 개천을 준설하는 역사에 대하여 무슨 할 말이 있겠는가?”라고 했다.[48] 이는 도성 안에 물길이 막히는 원인이 인왕산, 남산, 낙산, 북악 등 도성을 감싸고 있는 산들이 황폐화되면서 일어난 일이므로 개천에서 멀리 떨어져 살고 있다고 해도 공동 책임을 져야 하며, 따라서 준설 노역으로부터 제외될 수 없다는 점을 분명하게 밝힌 것이다.

이듬해인 1759년 10월 8일에도 영조는 희정당에서 준천 당상들을 소집했다. 전날 준천사업을 본격적으로 추진할 것을 확정하고 그 책임자들을 이미 임명한 후에 이루어진 만남이었다. 아울러 이 자리에 5부의 관원들로 하여금 방민들 가운데서 각각 1명씩 대동하여 함께 입시하도록 전교를 내렸다. 이에 중부의 봉사(奉事) 이명옥(李命玉), 동부의 도사(都事) 이언장(李彦章), 서부의 봉사 이국형(李國亨), 남부의 도사 신건(申鍵), 북부의 도사 이복규(李復圭) 등이 각각 지역의 주민을 데리고 희정당에서 영조를 알현했다. 이 자리에서 영조는 방민들에게 “개천을 준설하려는 것은 오로지 나의 백성들을 위한 것이지 나의 즐거움을 위한 일이 아니다. 너희들은 정말 즐겁게 나올 수 있겠는가?”라고 주민들의 부역 참여가 자발적으로 이루어질 수 있는가를 거듭 확인했다. 이에 방민들은 준천이 백성들을 위한 일이므로 수고롭지 않다며 긍정적인 답변을 제시했다. 이에 영조는 5부의 관원들에게 실무적인 면에서 문제를 해결하기 위한 방법이 무엇인지를 물

48 『준천사실』, 14~15쪽.

었고, 그들은 하천에서 파낸 흙을 훈련원 공터에 옮겨 쌓아두는 방안을 제시했다.[49] 이 자리의 논의는 본격적인 준천 공사에 임박하여 최종적으로 방민들에게 공역 참여의 의견을 다시 묻고 확인하는 자리였다. 나아가 백성들이 자원해서 참여해줄 것을 당부하고, 관원들에게는 백성을 부리는 과정에서 절대 매질을 하지 말고 덕으로 대할 것을 강조했다.

이와 같이 영조가 도성 내의 대대적인 수리시설 개선사업을 계획하면서 5차례에 걸쳐 방민들을 모아 의견을 구하고 소통하려는 자세를 취한 것은 왜일까? 조선시대 역대 왕들은 국가적인 토목사업이나 수리사업을 진행함에 있어서 대신들과 조정에서 여러 차례 논의하는 절차를 거쳐 시행하기는 했으나 국가 공공건설사업을 국왕이 백성들과 직접 논의한 사례는 없었다. 그런 점에서 도성 수리시설 개선사업에 대해 영조가 도성민들의 의견을 여러 차례 청취한 것은 매우 이례적인 일이며, 여기에서 영조의 주도면밀한 사업 추진 방식의 일단을 살펴볼 수 있다.

첫째는 대신들 사이에 국가 경제 여건상 수리사업을 일으킬 만한 여유가 없다는 주장과 백성들을 힘들게 한다는 명분으로 반대하는 여론을 잠재우려는 의도가 있었던 것으로 보인다. 다음으로는 직접적으로 노역을 담당해야 할 도성민들의 찬성이 없이 강제로 인력을 동원할 경우 자신을 원망하는 세력이 늘어나는 것을 원치 않았던 것이다. 영조가 누차 '위민(爲民)'을 표방하며 준천의 필요성을 주장했는데 그 당사자인 도성민들이 반발하면 명분이 사라진다는 점도 부담이 되었던 것으로 보인다. 마지막으로 도성 내 수리시설 개선사업은 도성 안에 살고 있는 백성 모두가 필요로 하는 사업이며, 그렇기 때문에 모두 자발적으로 참여하여 사업을 완수해야 한다는 공동체적 의식을 갖게 하기 위한 목적도 있었던 것이라고 생각한다. 이러한 목적을 달성하기 위해 처음 준천의 필요성이 제기된 이후

49 『승정원일기』, 영조 35년(1759) 10월 8일.

공사를 시행하기까지 10여 년의 준비 기간을 거치면서 꾸준히 도성민들과의 소통을 시행한 것은 역사적 의미가 크다.

2) 준천의 계획적 실행 단계

영조는 도성민들의 여론을 듣고 이를 기반으로 대신들의 반대 여론을 잠재우며 본격적인 공사 착수를 모색했다. 준천의 계획적인 추진은 1759년 10월 7일 준천사업을 주관하여 처리할 책임자를 임명하는 것에서 시작했다. 주관 당상으로 자금을 관리할 호조판서와 실무관서인 한성부 판윤, 삼군문의 대장 등을 포함하여 임명하고,[50] 다음 날 준천당상과 도성 5부의 방민을 접견하여 실무적인 일에 대해 논의했다. 9일에도 영조는 대신들과 함께 창덕궁 희정당에 모인 자리에서 본격적인 준천 시행 시기에 대해 논의했고, 이 자리에서 준천의 실무부서인 한성부 좌윤 구선복(具善復)은 도성 안 5부의 방민들에게 준천의 뜻을 물으니 모두 동의하고 있다는 사실을 보고했다.[51] 10월 29일에는 준천사업을 이듬해 봄에 시행하기로 최종 확정하고 이를 준비할 부서로 준천소(濬川所)를 설치했다.[52] 준천소는 모두 5개소로 나누고 실무 책임자로 도청과 낭청을 임명해 본격적인 공사 준비에 착수하도록 했다. 11월 8일에는 홍봉한이 시범적으로 일부 구간을 준천하는 방안을 제시했고, 이를 영조가 받아들였다.[53] 이에 영조는 11월 10일부터 14일까지 3군영의 인력을 동원하여 오간수문에서 송기교까지의 구간을 한정해서 준천을 시행했다. 4척 정도의 깊이로 하상에 쌓인 흙을 파내서 하천 둑 양변에 쌓아 수로를 여는 작업이었다.[54] 준천의 방법론

50 『승정원일기』, 영조 35년(1759) 10월 7일.

51 『승정원일기』, 영조 35년(1759) 10월 9일.

52 『승정원일기』, 영조 35년(1759) 10월 29일.

53 『승정원일기』, 영조 35년(1759) 11월 8일.

과 인력 동원 및 운용에 관한 방법, 흙을 쌓는 문제 등을 종합적으로 점검하고 실제 운용할 방안을 보다 구체화하기 위한 단계였다.

본격적인 준천 공사에 앞서 진행된 시범 구간 준천이 완료된 후에 청계천 본류에 대한 수리시설 개선사업이 시행되었다. 이 공사는 1760년(영조 36) 2월 18일부터 4월 15일까지 57일간에 걸쳐 시행되었고, 궁궐 안의 금천에 대한 준설이 4월 19일에 끝난 것까지 포함하면 61일간의 역사가 진행된 것이다. 2월 18일에서 3월 4일까지는 도성 밖 개천의 하류지역에 대한 준천이 이루어졌고, 3월 4일부터 4월 15일까지는 도성 안 개천에 대한 준설이 시행되었으며, 4월 1일부터 4월 19일까지는 궁궐 안에 막힌 금천의 물길을 준설하는 작업이 시행되었다.[55] 공사 책임을 담당하고 있던 한성판윤 홍계희와 재정적인 문제를 총괄한 호조판서 홍봉한 등의 노력에 의해 한성부 5부의 방민 연 15만 명과 임금을 주고 채용한 인부 5만 명을 동원하고 전(錢) 3만 5,000냥, 쌀 2,300석의 재정을 투자한 이 사업은 조선시대 최대 규모로 진행된 국가 공공건설로서 한성의 도시 구조를 개선하는 사업이었다.[56]

영조는 수많은 인원이 동원되는 이 공사에 대해 지대한 관심을 쏟았다. 그리하여 공사 착공에 즈음하여 영희전(永禧殿)에서 친히 제를 올리고 쌀 20석과 단콩[甘藿] 600근을 하사하여 준설에 종사하는 역군(役軍)들에게 지급하도록 했다.[57] 이어 공사가 시작된 직후인 2월 20일에는 직접 홍인문(興仁門)에 나가 공사 진행 과정을 시찰하고, 준설 공사를 감독하는 도청(都廳)과 낭청(郎廳) 및 비장(裨將) 들에게 궁시(弓矢)를 하사하며 격려했다. 또한 쌀 600석을 준천소에 내려주어 부역하는 도성 백성들과 준설 공사

54 『준천사실』, 준천사절목

55 강문식(2012), 앞의 글, 210~224쪽에서 준천 진행 과정을 상세하게 다루고 있다.

56 『준천사실』, 17~18쪽.

57 『영조실록』, 36년(1760) 2월 19일.

로 인해 집이 훼손된 사람들을 진휼하도록 지시했다.[58] 3월 10일에는 광통교(廣通橋)에서 수구문(水口門)까지 공사 진척 과정을 살펴보고 준천 당상관들에게 음식을 내려주었고,[59] 4월 9일에도 동대문 옆의 오간수문에 나가 공사를 지켜보는[60] 등 공사가 진행되는 동안 여러 차례에 걸쳐 현장을 시찰하며 매우 적극적인 행보를 보였다. 영조가 준설 현장을 직접 시찰하며 관심을 보인 것만도 세 차례에 달할 정도로 적극적이었으며, 매일매일 진척 상황을 보고받는 등 지대한 관심을 기울인 사업이었다.

당초 이 공사가 100만 명이 넘는 인원이 동원되어야 한다는 주장이 있었고, 1,500명씩 적어도 100일간 공사를 진행해야 가능한 사업이라는 주장도 있었다. 여기서 가장 중요한 변수는 개천에서 나오는 토사(土砂)를 어떻게 처리하는가였다. 즉 개천에서 멀리 떨어진 곳으로 토사를 운반하여 쌓는 방법을 선택하면 보다 많은 인력이 동원되어야 하지만, 개천 인근에 토사를 쌓을 경우에는 그만큼 적은 인원으로도 사업 기간을 단축하면서 공사를 마칠 수 있었던 것이다. 마침내 영조가 임시방편으로 토사를 개천에서 가까운 도로변에 쌓게 함으로써 공사 기간을 단축하고 참여 인력도 줄일 수 있었던 것이다(그림 3).[61] 그러나 이에 대해 봉조하 유척기(兪拓基)가 토사를 개천가에 방치해두면 비가 내릴 때 흘러 들어가 다시 개천이 막히게 되므로 많은 인력을 동원해서라도 다른 곳으로 운반해야 한다고 주장하기도 했지만 영조는 별다른 대책을 세우지 않고 그대로 두었으며, 이를 조산(造山)이라 했다.[62] 영조는 개천 본류에 대한 준설이 성공리에 완료되고 나서 이 공사에 참여한 사람들에게 가자(加資)하고, 춘당대에서 잔치를

58 『영조실록』, 36년(1760) 2월 20일.

59 『영조실록』, 36년(1760) 3월 10일.

60 『영조실록』, 36년(1760) 4월 9일.

61 『준천사실』, 41쪽.

62 서울특별시사편찬위원회(1978), 앞의 책, 221~223쪽.

그림 3 《어전준천제명첩》, 〈수문상친림관역도(水門上親臨觀役圖)〉, 1760년, 부산시립박물관

베풀어 노고를 위로했다.[63]

경진준천이 완료된 이후 영조는 공사 과정을 상세하게 기록하여 후대의 모범이 되도록 하는 일과 지속적인 개천 준설 및 수리시설 관리를 담당할 기구를 설치하는 것,[64] 그리고 개천 둑에 쌓아놓은 흙이 흘러내리지 않게 나무를 심어 보강했지만 그래도 늘 불안하게 남아 있는 둑에 대한 공사에 착수해야 한다는 것 등을 고민했다. 영조는 앞서 태종과 세종 때 돌로 쌓은 것이 퇴락되어 준설 공사를 하는 과정에서 흙으로 제방을 다진 후 말뚝을 박아 서로 얽어매고 버드나무를 심어 둑이 무너지는 것을 방지하도록 했지만, 이러한 제방 축조는 항구적인 방법이 아니었고 매년 보수하는 비용이 들어가 큰 고민거리의 하나가 된다는 것을 인식하고 있었다.

63 『영조실록』, 36년(1760) 4월 9일.

64 경진준천 완료 이후 공사 과정을 기록으로 남긴 내용은 이 글 후반부에 서술했다.

준천이 완료된 이후에도 조정에서는 토사의 흐름을 막기 위한 근본적인 방안은 돌로 쌓는 것이라는 데 이견이 없었지만[65] 당장의 비용 문제와 인력 동원 문제 등이 복합적으로 작용하면서 곧바로 시행하지는 못했다. 그러나 「준천사절목」에도 항구적인 개천 관리를 위해 석축을 조성해야 한다는 조항이 있듯이 그 필요성에는 모두가 공감하고 있었다.[66]

준천사에서는 매년 목책(木柵)으로 호안(護岸)하여 둑의 붕괴를 예방했는데 그 때문에 해마다 비용이 과다하게 지출되자 그 대안을 마련했다. 결국 1765년(영조 41) 사직 심수는 둑을 돌로 쌓자는 의견을 다시 제시하여[67] 근본적인 문제 해결을 모색할 것을 주장했다. 그러나 비용이 많이 들고 인력이 투입되어야 하는 일이므로 난색을 표하다가, 1773년(영조 49) 5월 18일 이경호가 태평교와 수표교 사이를 석축으로 축조하자는 의견을 제시했고,[68] 좌의정 김상철(金尙喆)이 관서에 보관 중인 쌀 1만 석을 삼군문에 나누어주어 석축 공사를 완료하고 이후에 1만 석을 채워주자는 의견을 제시하면서[69] 문제 해결의 돌파구를 마련했다. 그리하여 이 돈으로 먼저 석재를 구비하고, 삼군문에서 개천 구역을 분담하여 돌로 둑을 쌓는 공사에 착수했다. 이 공사는 그해 6월 10일에 착수하여 8월 6일까지 56일간 진행되었다. 공사 시작일에 영주가 수표교까지 나와 공사를 독려하고,[70] 완공일인 8월 6일에도 왕세손과 함께 광통교에 나와 석축을 살펴본 후 공사 담당자들을 치하하고 격려했다.[71] 이로써 영조 대 시행된 준천 공사는 모두 완료되었다. 청계천에 대한 수리시설 개선사업이 기획 단계부터 최종

65 『승정원일기』, 영조 36년(1760) 2월 18일, 3월 28일, 4월 10일, 5월 11일.

66 『준천사실』, 「준천사절목」.

67 『영조실록』, 41년(1765) 8월 16일.

68 『승정원일기』, 영조 49년(1773) 5월 18일.

69 『영조실록』, 49년(1773) 5월 29일.

70 『영조실록』, 49년(1773) 6월 10일.

71 『영조실록』, 49년(1773) 8월 6일.

완료될 때까지 22년이 걸렸으며, 실질적인 공사 기일만도 118일이 소요된 대역사였다. 여기에 소요된 정확한 인력과 비용은 추산이 어려울 정도이다. 영조가 자신의 재위 기간 동안 3대 업적 가운데 하나로 이 준천사업을 꼽을 만한 이유가 여기에 있다. 본격적인 개천 준설 작업이 진행되는 동안 영조가 5차례에 걸쳐 준천 공사 현장을 시찰하고 격려했다는 것만으로도 영조가 자신의 재위 기간에 난공불락으로 여겼던 도성 내 개천 수리 시설의 준설 작업을 성공리에 마치기 위해 얼마나 고심하고 노력했는지를 엿볼 수 있다.

한편 영조가 개천 준설사업 과정에서 가장 크게 신경을 쓴 분야 중 하나가 인력을 동원하는 문제였다. 준천의 당위성은 분명하지만 그렇다고 해서 수많은 인력이 필요한 상황에서 도성민을 강제로 동원하는 것은 큰 부담이었기 때문이다. 이러한 이유로 영조는 앞서 살펴보았듯이 주민들과 여러 차례 만나 소통하면서 주민 동원이 불가피한 상황임을 알리기 위해 노력했다.

본격적인 준천을 시행하기에 앞서 미리 준천의 정도와 실상을 파악해 보고자 1759년(영조 36) 11월 10일부터 14일까지 5일간 시행한 제2단계의 예비 작업에는 모두 2,250명이 투입되었다. 오간수문에서 송기교까지의 구간에 금위영과 어영청의 상번군(上番軍)이 투입되었고, 도성에 거주하는 백성들 가운데 지원자로는 훈련도감에 소속된 군인과 북한승군, 시정인, 반한(泮漢) 등이 있었다.[72] 이들은 모두 군복을 입고 공사 과정에 필요한 도구를 가지고 참여했다. 이 당시 준천을 준비하면서 미리 인력 상황을 파악하여 책자에 수록한 자원군의 규모는 7,000~8,000명 정도였으며,[73] 이 가운데 훈련도감, 금위영, 어영청의 3영에서 각각 250명씩 뽑

72 『승정원일기』, 영조 35년(1759) 11월 18일.

73 『영조실록』, 35년(1759) 10월 23일.

고,[74] 나머지 지원자 중에서 충당한 인력이 모두 2,250명이었다.[75]

개천 본류에 대한 본격적인 준천에 착수한 후 1760년 3월 4일 준천사업에 자원한 인력을 정리해보니 13만 명에 달했다. 개천가에 살면서 홍수 피해를 직접 경험한 주민들이 자발적으로 대거 참여한 것은 물론이고 외방의 수령들 또한 준천에 참여할 역부를 준비하여 도성에 공급했다.[76] 한성부에 사는 부유한 집이나 권세가에서는 집안의 노비들을 역부로 보내 준설 공사에 참여하기도 했다. 어떤 집은 수백 명의 역부를 보내기도 했다. 이외에도 한성부에 소속된 이서(吏胥)들과 군인장교, 군졸, 시인(市人), 공인(貢人), 공장(工匠) 등 직업에 관계없이 모두가 소속처에 편제되었고, 여기서 제외된 사람은 장적에 따라 순서대로 임명되었다. 또한 경기 내에서는 승려들이 자원하여 공사에 참여했고, 심지어 제주도에서 올라와 공역에 자원한 사람도 6명이나 있었다. 영조는 제주에서 올라온 사람들에게 감복하여 특별히 그들에게 제주와 한양을 오고 가는 모든 비용과 갑주(甲冑)를 상으로 내려주었다.[77]

1760년 대대적인 준천사업에 소요된 인력은 『준천소좌목』에 상세하게 기록되어 있다.[78] 실제로 개천을 준설하는 데 투입된 인력은 도성 안에 사는 방민(坊民) 3만 2,932명, 각 군문의 장교와 군사 들이 5만 102명, 각 관청의 원역(員役) 2만 3,556명, 도성의 각 시전에서 참여한 시민 1만 1,346명, 각 공인(貢人) 4,008명, 각각의 수공업에 종사하는 장인(匠人) 2,769명, 승군 2,274명, 각 방민 가운데 추가로 지원한 자원군 1만 6,388명, 외방에서 자원한 자원군이 8,705명, 비용을 지불하고 모집한 모

74 『승정원일기』, 영조 35년(1759) 11월 14일.

75 『준천사실』.

76 『승정원일기』, 영조 36년(1760) 3월 4일.

77 『영조실록』, 36년(1760) 2월 20일.

78 『준천소좌목』(서울대학교 규장각한국학연구원, 古4206-21-v.1-4).

군(募軍) 6만 3,300여 명 등이었다. 총인원 21만 5,380여 명이 실질적인 공역에 참여했다. 이들을 분석하면 돈을 주고 인력을 모집한 모군과 각 군문의 군사들을 제외하면 50% 정도의 참가 인원이 한양에 거주하는 백성들이었음을 확인할 수 있다. 이후 1773년에 추가로 개천가에 돌을 쌓아 둑을 단단하게 만드는 공사에는 군인들이 투입되었기 때문에 정확한 참여 인력이 확인되지 않는다. 따라서 영조 때 시행된 22년간의 수리시설 개선사업은 투입된 인력이 적어도 21만 5,380여 명을 훨씬 상회하는 공사였음을 알 수 있다.

이에서 보듯이 대부분의 공역 인력은 외부에서 온 자원군이나 모군을 제외하고는 도성에 살고 있는 서민들이 중심이었음을 확인할 수 있다. 당시 도성 안에 거주했던 인구가 20여 만 명이었음을 감안하면 이 사업은 도성의 모든 인구가 총동원되어 만들어낸 대역사였으며, 군·관·민이 혼연일체가 되어 이루어낸 최대의 성과였음을 확인할 수 있다. 이는 역대 왕들이 도성에서 중요한 토목사업을 시행할 때 전국적으로 인력을 배정하여 반강제적으로 공역에 참여시켰던 방법과는 근본적으로 다른 형태로 추진했다는 점도 주목할 필요가 있다. 결국 영조가 대신들은 물론 도성민들과 치밀하게 소통하며 준천의 필요성을 역설함으로써 도성민의 공동체적 인식이 저변에 확산되어 자발적인 참여가 이루어졌다는 점에서 의미가 있다.

3) 개천의 공동관리 체계 구축 단계

영조는 준천 작업이 한창 진행 중인 3월 준천을 단행한다는 것이 매우 어려운 일이므로 후대에 표본을 삼게 하기 위해 준천하는 과정을 모두 기록으로 남겨 책을 만들도록 지시하고, 책이 완성되고 나면 자신이 직접 서문을 짓겠다고 했다. 나아가 준천 과정의 세부 내용을 절목으로 만들어 두고, 준천이 완료된 이후에 항구적으로 준천이 이루어져 개천이 다시 막히는 사례가 나타나지 않도록 전담부서로 준천사(濬川司)를 두도록 했다.[79] 이에 당시 준천의 책임을 맡았던 홍계희가 공사 과정의 세부적인 진행사항은 물론 당상들과 논의한 내용을 중심으로 책을 만들었고, 그 책이 『준천사실』이다. 여기에 준천에 임하는 영조의 마음을 「어제서문」으로 넣었다.[80] 이어 「준천사절목」을 두어 향후 준천사에 관한 업무와 조직 등을 세부적으로 정리하여두었다.[81]

『준천사실』 내용 중 「준천사절목」에 의하면 삼정승을 도제조로 하고 그 밑에 제조 6명을 두었다. 제조로는 한성부의 책임자인 한성판윤과 군사를 총괄하는 병조판서, 그리고 실무적으로 군사를 통솔하는 서울의 삼군문대장을 당연직으로 임명했다. 나머지 1명은 비변사 당상관 중에서 의정부의 추천을 받아 임명하도록 했다. 그리고 이들에게는 한성부와 병조 및 삼군문에서 서리와 사령을 각각 1명씩 배치하여 당상관을 보조하는 인력으로 삼았다.

이어 삼군문을 중심으로 개천의 담당구역을 정하여 책임 실명제를 채택했다. 개천 본류의 경우 송기교(松杞橋)에서 장통교(長通橋)까지는 훈련도감, 장통교에서 태평교(太平橋)까지는 금위영, 태평교에서 영도교(永渡橋) 아래까지는 어영청에서 각각 담당하고, 관할구역의 지류들도 함께 관리하도록 했다. 이들은 자신의 담당구역을 정기적으로 순찰하면서 산을 관리하고 교량의 파괴, 석축의 붕괴, 모래가 쌓이는 것, 나무 말뚝을 박고 나무를 쌓아 만든 둑의 훼손 여부 등을 살펴서 보고하고, 문제가 있을 때마다 즉시 수리하고 개축하도록 했다. 나아가 개천으로 모래가 흘러 들어오는 것을 막기 위하여 도성을 둘러싸고 있는 사산(四山)에 나무를 심고, 산을 경

79 『승정원일기』, 영조 36년(1760) 3월 16일.

80 『승정원일기』, 영조 36년(1760) 4월 21일.

81 『승정원일기』, 영조 36년(1760) 5월 18일.

작하거나 개천을 침범하여 집을 짓는 자를 처벌하도록 했다.

또한 준천사의 재정은 훈련도감에서 100냥, 병조와 금위영, 그리고 어영청에서 각각 300냥씩 매년 적립하여 경비로 사용하되, 당상관들이 상의하여 사용한 후 문서로 보고하고 제조들이 이를 관리하도록 했다. 준천에 관한 총체적인 일은 한성판윤이 주관하고, 순찰 등 부분적인 업무는 병조에서 주관하도록 했다. 동대문 밖 채소밭이나 도성 내 공지를 준천사에서 임대받아 지급한 땅에 집을 지을 경우 모두 세금을 받아 준설 비용으로 사용하도록 했고, 개천 둑에 말뚝을 박고 통나무를 얽어서 토사가 무너지는 것을 방지했는데 이곳에 수시로 나무와 잡목을 옮겨 심어 제방이 유지되도록 관리하되 돌로 수축하는 방법도 병행하도록 했다. 개천 둑에 심은 버드나무와 말뚝은 가까운 민가에서 관리하도록 하되 민가가 없는 곳은 삼군문에서 담당하도록 했고, 개천 지류의 나무로 만든 다리는 재정이 마련되는 대로 수시로 돌로 바꾸도록 했다. 궁궐 안에 있는 금천(禁川)은 내시부에서 총괄하되 임금이 계시지 않은 궁궐은 수직내관이 살펴 보고하도록 했다.[82]

이와 같이 세세한 곳에 이르기까지 업무를 분담하여 정하고 이를 지속적으로 유지함으로써 항구적인 도심 하천 관리의 틀을 마련했다는 점에서 영조 대 개천 준설의 의미를 높게 평가할 수 있다. 그리고 최종적으로 삼군문을 중심으로 제방에 대한 석축 공사를 추진하여 마무리함으로써 영조 대 추진했던 모든 수리시설 개선사업의 대공사가 마무리되었다.

82 『준천사실』, 「濬川司節目」, 45~54쪽 참조.

4. 맺음말: 청계천 준천의 역사적 의미

이상으로 청계천이 가지고 있는 도성 내에서의 위상과 태종 대 준설 이후 영조가 추진한 도성 안 수리시설 개선사업의 내용, 그 과정에서 영조가 어떤 방법으로 도성민을 설득하고 자발적인 인력 참여를 이끌어냈는지에 대하여 공동체적 가치라는 측면에서 살펴보았다.

영조는 도성에서 생산되는 모든 물이 빠져나가는 유일한 개천을 대대적으로 준설하는 일을 오랫동안 심혈을 기울여 추진했다. 태종과 세종 대를 거치면서 도성 사대문 안 개천 수리시설을 정비한 이후 청계천은 근 300여 년간 개천가에 거주하는 사람들이 임기응변적으로 준설해왔기 때문에 늘상 가옥의 침수와 인명 피해를 감수해오던 상황이어서 도성 내 수리시설 개선사업은 통치자에게 매우 시급한 과제였다. 이 문제를 해결하기 위해 영조는 8년간 대신들을 설득해왔고, 5차례에 걸쳐 도성 도시민을 불러 개천 준설의 의견을 물으며 자신의 수리시설 개선사업 의지가 백성을 위한 것임을 누차 설득해왔다. 수리시설 개선사업에 임하는 영조의 이와 같은 자세는 역대 어느 통치자도 취하지 않은 행동이었다. 역대 국왕들은 시급하게 백성을 동원하여 국가 공공건설을 추진하고 자신의 업적으로 치부해 온 것이 일반적이었다. 이에 반해 영조는 기간에 얽매이지 않고 백성을 수차례 설득하고 이해시키면서 공론화하여 모두가 함께 참여하는 공동체적 인식을 확산시켜나갔고, 그 결과 도성의 도시민은 물론 경기와 지방 백성들의 자발적인 공역 참여를 유도하는 데 성공했다. 실제 공사가 진행되는 과정에서도 왕이 직접 현장을 찾아 격려하고 관심이 있음을 표명함으로서 역군(役軍)의 사기를 높여주었다.

영조 때 시행된 수리사업은 22년간 총 22만여 명 이상의 인력이 동원되어 시행된 대규모 국가 공공건설이었다. 기획 단계부터 최종 완공 단계까지 모두 3단계에 걸쳐 시행되었으며, 공사 완료 이후에 공사 과정에 대한 기록을 남기는 것은 물론 지속적으로 하천을 관리할 관청을 설치함으로써 장기적인 개천 관리의 틀을 만들었다. 실제 1900년대까지 특별한 준설이 필요 없을 정도로 성공적으로 관리되어온 것은 영조 때의 청계천 수리시설 개선사업이 매우 효율적으로 진행되었음을 보여준다. 이 당시의 사업 기준이나 관리 규정이 향후 도성 물길을 관리하는 근간이 되었기에 역사적으로 매우 성공적인 공공건설이었음을 보여주고 있다.

이러한 영조의 도성 내 수리시설 개선사업이 갖는 역사적인 의미는 다음 몇 가지로 요약할 수 있다. 첫째, 조선시대 가장 규모가 크고 최대 인력이 동원된 국가 공공건설로서 대형 수리시설 개선사업의 모범을 보여주었다는 점이다. 둘째, 조선시대 유일하게 왕이 직접 공역을 담당할 계층인 도성 도시민들의 의견을 묻고 소통하면서 주민들의 찬성을 이끌어낸 사업이었다는 점이다. 셋째, 국가 공공건설로 시행된 사업 중에서 최초로 민관이 공동체적 가치를 추구하며 자발적인 공역 참여로 사업을 성공적으로 완료했다는 점이다. 네 번째는 공사 완료 이후에 장기적인 대비책을 마련함으로써 한성 도시민이 안정된 삶을 영위할 수 있는 터전을 마련했다는 점에서 도시사적 관점에서도 매우 의미가 큰 사업이었다. 이러한 점에서 영조 대 수리시설 개선사업이 가지는 역사적 가치는 지대하다고 할 수 있다.

참고문헌

1. 자료

『경국대전』,

『태종실록』,

『세종실록』,

『숙종실록』,

『영조실록』,

『승정원일기』.

『준천소좌목』(서울대학교 규장각한국학연구원, 古4206-21-v.1-4).

2. 논저

강문식,「영조대 준천 시행과 그 의의」,『영조의 국가정책과 정치이념』, 한국학중앙연구원 출판부, 2012.

나각순,「조선시대 서울의 도시경관」,『서울2천년사』 13권, 서울특별시사편찬위원회, 2013.

박현욱,『서울의 옛물길 옛다리』, 시월, 2006.

서울시,『청계천의 역사와 문화』, 2002.

서울특별시사편찬위원회,『國譯 濬川事實·舟橋指南』, 2001.

서울특별시사편찬위원회,『서울육백년사(六百年史)』 1·2권, 1977·1978.

신병주,『영조의 청계천 준설』, 한국학중앙연구원 출판부, 2013.

양보경,「서울의 공간 확대와 시민의삶」,『서울학연구』 1, 1994.

염정섭,「조선후기 한성부 준천의 시행」,『서울학연구』 11, 1998.

유승희,「조선 영조대 청계천 준천작업의 시행」,『인문과학』 10, 2003.

유승희.「조선후기 청계천의 실태와 준천작업의 시행」,『도시역사문화』 3, 2005.

이상배,『서울의 하천』, 서울특별시사편찬위원회, 2000,

이상배,「18~19세기 자연재해와 그 대책에 관한 연구」,『국사관논총』 89, 2000.

이상배,「조선시대 도성의 치수정책과 준설사업」,『중앙사론』 30집, 2009.

전우용 외,『청계천: 시간, 장소, 사람』, 서울학연구소, 2001.

조광권, 『조선왕조 준천 과정에 나타난 위민담론 분석』, 한국학중앙연구원 한국학대학원 박사학위논문, 2004.
주윤, 「한양 도읍을 관류하는 청계천과 교량에 대한 고찰」, 『향토서울』 44, 1987.
한성국, 「개천고」, 『향토서울』 24, 1965.

9장

18세기 한성부 성저십리의 운영과 특징

유승희

1. 머리말

조선시대 한성부의 공간은 19세기 김정호가 그린 〈경조오부도(京兆五部圖)〉를 통해 확연히 알 수 있다. 한양도성을 기준으로 '경중(京中)'인 도성 안과, 북한산·경강 등 산천 및 강을 경계로 한 도성 밖 10리 지역이 그것이다. 그 가운데 성저십리는 조선 후기에 이르면 인구 증가로 인한 신설 촌락의 형성, 경강 변 상업 발달 등 여러 사회·경제적 이유로 점차 분화되어 '도성 밖 4교(郊)', '경강 변' 등으로 공간이 구분되기 시작했다.

성저십리 공간이 형성된 시기는 한성부 5부의 행정구역이 확립되고 한양도성이 축성된 1396년(태조 5) 이전이라고 할 수 있다. 조선 초 정부는 한양도성의 배후를 강화하기 위해 도성 주변의 군현을 예속시켜 성저십리로 만들었다. 이때 예속된 군현 중 하나가 부원현(富原縣)이다.[1] 부원현은 고려 충렬왕 10년인 1284년에 과주(果州) 용산처(龍山處)가 현으로 승격된 곳으로, 조선 태조 3년인 1394년 군현 통폐합 과정에서 행주(幸州)·황조향(荒調鄕)과 함께 고봉현(高峯縣)에 이속되었다.[2] 이후 부원현은 한성부 성저십리에 편입되어 용산리(龍山里)로 불렸다.[3] 『신증동국여지승람』이나 『대동지지』에는 부원현을 한성부의 '폐현(廢縣)'이나 '고읍(古邑)'으로 기록하며, "지금은 성저십리로 한성부에 속한다"라고 설명하고 있다.[4]

한성부 성저십리에 대해서는 그동안 형성 과정, 지역적 특성과 역할, 지배 방식 등 다양하게 연구되어왔다. 먼저 성저십리 지역이 방위에 따라 동교(東郊), 남교(南郊), 서교(西郊) 등으로 지칭되어 '교(郊)' 지역 분석의 방편으로 연구가 이루어졌다.[5] 또한, 고려 개경의 5부 방리(坊里) 정비 과정에서 '경성(京城)'과 성 밖 지역인 '교'로 편제되었으며, 교는 10리를 기본으로 설정돼 운영되어 조선 성저십리 형성에 영향을 주었다고 파악했다.[6]

공간적 특성과 관련해서는 조선 전기 성저십리가 한성부 관할구역이지만 도성 안과 달리 도시와 지방의 중간지적 성격을 띠고 있으며, 이 같은 지역적 특성이 성저십리의 범위, 행정체제 및 인구, 교통과 촌락 형성에 영향을 주었다고 보았다.[7] 성저십리의 국가 지배 방식에서도 도성 안과 달리 이중적 행정통제가 이루어졌음에 주목했다. 역(役)과 관련해서는 조선 초 성저십리 주민들은 다양한 잡역만을 부담하다가 성저십리가 한성부

1 유승희, 「조선시대 한성부 성저십리의 지역적 특성과 성저민의 실태」, 『조선시대 다스림으로 본 성저십리』, 서울역사편찬원, 2019, 93~94쪽.

2 『세종실록(世宗實錄)』 권148, 지리지 경기 양주 도호부 고양현.

3 『동국여지지(東國輿地志)』 권1, 京都 古蹟.

4 『신증동국여지승람(新增東國輿地勝覽)』 권11, 경기 고양군 고적; 『대동지지(大東地志)』 漢城府, 古邑.

5 최영준, 「朝鮮時代 漢陽의 郊地域 硏究」, 『문화역사지리』 창간호, 1989.

6 신안식, 「고려 개경의 '都內'와 '郊'」, 『역사민속학』 18, 2004; 김창현, 「고려 개성부와 조선초 한성부의 직제와 영역」, 『서울과 역사』 95, 2017.

7 이현군, 「조선전기 한성부 성저십리의 지리적 특성에 관한 연구」, 『지리학논총』 30, 1997.

5부로 귀속된 성종 대에 이르러서야 경역(京役)을 지었다고 파악했다.[8] 또한 도성 안과 달리 면리제로 운영되었으며, 성저십리 내 호구와 토지 파악은 각기 한성부와 경기도에서 담당하여 두 행정기관의 이중 통제를 받았음을 살펴보았다.[9]

한편, 한양과의 관련성에 주목하여 조선시대 성저십리 공간의 역사적 변화 과정과 역할을 살펴보았다. 이에 성저십리를 다스림의 관점에서 정치·외교, 행정·사회, 군사환경과 군대 주둔, 국가 제사와 예제, 문학·문화 공간, 종교·무속, 농업·경제 등 분야별로 살펴보고 그 특성을 구명했다.[10] 또한 성저십리에 포진한 중앙 관서의 종류 및 입지 분석을 통해 성저십리 공간의 특성과 역할을 살펴보았으며,[11] 18세기 동·북부 성저십리 내 계의 편제 과정에 나타난 한성부 방계체계의 성립 의미 등을 살펴보았다.[12]

이 글에서는 선행 연구를 토대로 영조 대를 중심으로 한 18세기 국가의 성저십리 운영에 대해 살펴보고자 한다. 17세기 후반부터 한성부 성저십리에는 국가 주도의 공간 정비가 이루어졌다. 정비의 방향은 첫째, 성저십리 내 금표 제정을 통한 금송(禁松), 금장(禁葬) 관리, 둘째, 성저십리 내 왕실 및 국가 관련 시설물의 설치와 촌락 조성, 셋째, 성저십리 내 행정체제 개편, 즉 한성부 부-방 체제로의 편입이라고 할 수 있다. 이 글에서는 이

8 윤경진, 「조선초기 한성부의 인구통제와 역제 운영」, 『서울학연구』 21, 2003.

9 고동환, 「조선후기 서울 삼문 밖 지역의 특성」, 『서울학연구』 59, 2015; 유승희(2019), 앞의 글.

10 김경록 외, 『조선시대 다스림으로 본 성저십리』, 서울역사편찬원, 2019. 이 책은 총 8장으로 이루어졌는데, 각 장의 주제와 저자는 다음과 같다. 제1장 조선시대 한성부 성저십리 인식과 정책(김경록), 제2장 조선시대 한성부 성저십리의 지역적 특성과 성저민의 실태(유승희), 제3장 성저십리의 군사문제(김경태), 제4장 성저십리 및 근교에서 설행한 국가제사(이현진), 제5장 조선시대 성저십리의 주요 사적과 문화 공간(정은주), 제6장 조선시대 성저십리의 무속(최진아), 제7장 조선시대 성저십리의 농업(이민우), 제8장 조선시대 문학작품으로 본 성저십리(진윤정)이다.

11 이선희, 「조선후기 성저십리에 위치한 관서의 종류와 입지 특징」, 『장서각』 41, 2019.

12 정다혜, 「18세기 한성부 방계(坊契) 체계의 정비와 그 배경」, 서울대학교 석사학위논문, 2023.

세 가지 사항을 구체적으로 검토해 18세기 성저십리 내 공간 운영이 갖는 함의를 살펴보는 계기로 삼고자 한다.

2. 공간의 규제: 금장(禁葬)과 금송(禁松)

『경국대전』 예전 상장조(喪葬條)의 "성저십리 및 인가 100보 이내에는 장사를 지내지 못한다"[13]라는 규정을 통해 성저십리 공간이 조선 초부터 정부의 규제 대상이었음을 알 수 있다. 이는 도성 내 사산(四山)의 송목을 보호하고 한성부 주민의 범장(犯葬)을 금지하고자 정부가 실시한 정책이다. 조선 초 국가가 설정한 성저십리의 경계는 동으로는 경기도 양주 송계원(松溪院) 및 대현(大峴)이며, 서로는 양화도(楊花渡) 및 고양 덕수원(德水院), 남으로는 한강 및 노도(露渡)이다. 북쪽 경계는 설정되지 않았는데, 숙종 대 북한산의 금산 관할권을 두고 한성부와 양주가 대립하는 과정에서 북한산을 '직선거리 10리'인 성저십리로 파악하고 있다. 이러한 성저십리는 한성부의 범위를 명확히 설정한 것이지만, 용어의 의미처럼 도성과 반드시 10리 거리에 있지는 않았다.[14]

조선 초기부터 실시된 성저십리 내 금장 정책은 1652년(효종 3) "경성 10리 내 입장(入葬)은 일체 금단한다"[15]라는 효종의 수교가 있었던 것으로 보아 제대로 시행되지 못했음을 알 수 있다. 금송도 제대로 이루어지지 않아 훈련도감 포수들이 공용을 빙자해 도성 밖 10리 이내인 창의문 밖 근

13 『경국대전(經國大典)』 禮典 喪葬, "京城底十里及人家百步內 勿葬"

14 유승희(2019), 앞의 글, 95~97쪽.

15 『수교집록(受教輯錄)』 刑典 禁制, "京城十里內入葬 一切禁斷 順治壬辰承傳"

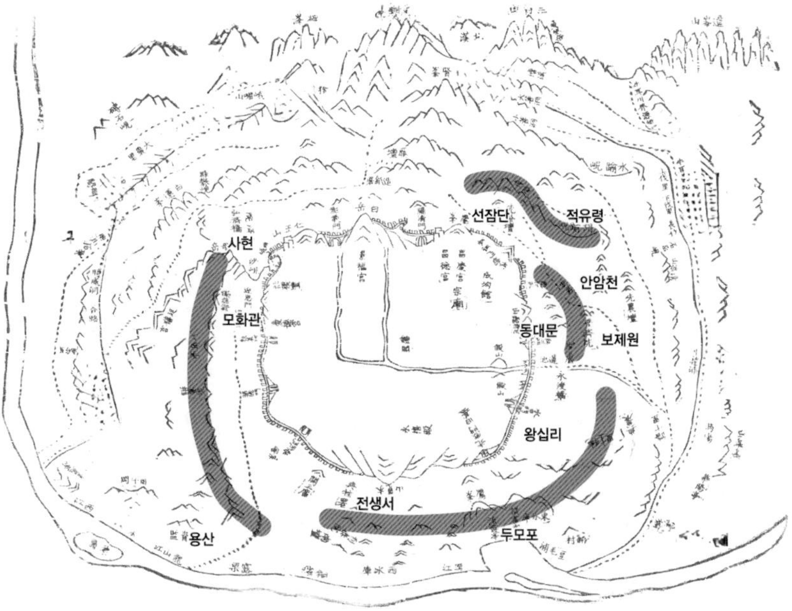

그림 1 1666년(현종 7) 사산금표의 경계

※ 출처: 四山禁標圖(古軸複 4709-88, 1765), 서울대학교 규장각한국학연구원

처의 소나무를 공문도 없이 함부로 베는 일이 발생하기도 했다.[16]

금장, 금송을 위한 정부의 노력은 현종 대 사산금표(四山禁標)의 설정으로 나타났다. 이때 설정된 금표 구역은 주산인 백악산 외면을 기준으로 좌우 외청룡·외백호, 남산 외면에 이르렀다. 동쪽 외청룡 구간은 석가참(釋伽站) 내 사을하(沙乙河) 남쪽부터 적유령(狄踰嶺), 광평대군(廣平大君) 집, 북참(北站)을 거쳐 선잠제단(先蠶祭壇)에 이르는 지역과 보제원(普濟院) 서쪽 건너편에서 안암동, 저방동(猪房洞)을 지나 동대문 밖에 이르는 지역이다. 모두 산등성이 안팎을 금표 구역으로 정했다. 서쪽 외백호 구간은 모화관 뒤에서 사현(沙峴), 사축서참(司畜署站)을 지나 청파(靑坡) 뒤편에 이르는 지역이

16 『승정원일기』, 효종 3년(1652) 7월 15일.

다. 남산 외면 구간은 남대문 밖에서 전생서(典牲署) 뒤편을 지나 동쪽으로 벌어현(伐於峴), 두모포(豆毛浦) 뒷산, 왕십리 뒷산을 거쳐 수구(水口)에 이르는 지역이다. 서쪽의 외백호와 남산 구간은 산등성이 내면을 금표 구역으로 정했다.[17]

〈그림 1〉에서 보듯이 현종 대 설정된 사산금표 구역은 도성 밖 인근으로, 성저십리에 훨씬 못 미치는 곳이었다. 우선 동쪽 외청룡 구간은 연산군 대 동소문 밖 금표 구역이다. 연산군은 1504년(연산군 10) 다야원(多野院)·적유령을 거쳐 동소문 밖 북쪽까지 금표를 세웠으며, 사을하리(沙乙河里) 어귀에 경수포(警守鋪)를 만들어 사람의 통행을 금했다.[18] 보제원은 홍인문 밖 3리에 있으며, 안암동은 홍인문 밖에 위치했다. 서쪽 외백호 구간의 경우 모화관은 돈의문 밖에 위치하며, 청파역은 숭례문 밖에서 3리 떨어진 곳에 있었다.[19] 남산 외면 구간은 전생서가 남산 뒤에 있고, 두모포는 도성 동남쪽 10리 지점에 있었다.[20]

이처럼 조선 초 정부는 성저십리 내 금장만을 규정했을 뿐 명확한 금표 구역을 지정해 규제한 것은 아니었다. 현종 대 사산금표는 금표 구역을 설정하고 함부로 소나무를 벤 자에 대한 처벌을 강화한 것이다. 범위는 두모포를 제외하면 대체로 도성에서 5리 이내 지점이라고 할 수 있다.

현종 대 도성 사산에 금표 구역을 설정한 이후 정부의 금산 정책은 더욱 강화되어 숙종 대에는 세부 규정이 마련되었다. 1680년(숙종 6)에는 신무문 밖에서 백악 아래까지 토사 채취를 금했으며, 1682년(숙종 8)에는 산

17 『수교집록』 刑典 禁制, "城內全數及城外玄武主山外面 東至繁關外青龍 自釋伽站內沙乙河南邊 歷秋踰嶺·廣平大君家·北站 先蠶祭壇至及自普濟院西越邊 歷安巖洞·猪房洞 東大門外至 則幷山脊內外 西至繁關外白虎 慕華館後 歷沙峴·司畜署站 青坡後至 則山脊內面 朱雀案山南山外面 自南大門城外 歷典牲署後 東行至伐於峴·東行至豆毛浦後山 往十里後山 迤至小口 則山脊內面 幷立標 斫伐松木者 不限年邊遠定配 康熙丙午承傳"

18 『연산군일기』, 10년(1504) 7월 15일, 18일.

19 『동국여지지(東國輿地志)』 권1, 京都 郵驛.

20 『동국여지지』 권1, 京都 山川.

사태 예방을 위해 북한산 내맥의 채석도 금지했다. 1684년(숙종 10)에는 도성 금표 이내의 입장자(入葬者)에 대해 원능의 수목을 절도한 율로 처리하고 해당 묘는 강제로 파서 옮겼다. 아울러 금표 내 경작한 자는 『대명률』 도매전택(盜賣田宅)조 가운데 관민의 산장(山場)을 강점한 자의 처벌에 따라 장 100대, 유 3,000리에 처했다. 1690년(숙종 16)에는 도성 사산 내 송목 범작자의 처벌 규정을 마련해 생송의 원줄기를 벤 자는 장 100대, 도 3년에, 가지의 경우 장 100대에 처했다. 고송의 삭정이나 작은 토막나무를 베어도 장 100대에 처했다.[21]

『경국대전』의 규정에 따라 사산금표의 경계를 성저십리로 확장하는 작업도 진행했다. 1700년(숙종 26) 한성부는 금산 정책을 수행하는 데에 있어 금표 경계를 알 수 있는 명확한 표식이 없음을 지적했다. 표식의 부재로 한성부 주민들이 금표 구역임을 인지하지 못하는 일이 많았고, 인근 경기 고을과의 분별도 어려워 간민이 모점(冒占)하는 폐도 있었다. 따라서 한성부는 성 밑을 기준점으로 10리까지 거리를 측량한 후 정계표(定界標)를 세웠으며,[22] 이후 금표 내에 투장하는 무덤은 모두 파도록 했다.[23]

1700년(숙종 26) 한성부의 실지 측량을 통해 성저십리에 세운 금표는 현종 대 성저 5리 이내로 설정되었던 것보다 범위가 대폭 확장된 것이다. 이때의 금표 경계는 알 수 없지만, 한성부가 5부 소속의 땅을 기준으로 사산을 분배해 마련한 것이다. 이후 1704년(숙종 30)에 한성부에서 금표 개정을 요구하는데, 금표 내 범장처를 조사하는 과정에서 서도(西道)의 산이 북도(北道)에 혼입되었으며 거리가 40리에 달했기 때문이다. 이는 『경국대전』의 법의에 어긋날 뿐 아니라 도성 10리 내 입장은 일체 금단한다는 효종의 수교와도 맞지 않았다. 더욱이 한성부 주민의 주요 매장지가 동서 교외

21 『수교집록』 刑典 禁制.

22 『승정원일기』, 숙종 26년(1700) 7월 25일.

23 『승정원일기』, 숙종 27년(1701) 10월 5일.

10리 밖이었기 때문에 서도의 경우 40리 밖으로 장지를 정해야 하는 폐해가 있었다. 따라서 한성부는 해당 관원 및 사산감역관과 함께 거리를 측량해 산도(山圖)를 그린 후, 10리를 한계로 한 금표 재조정 작업을 진행했다.[24] 그 결과 북도의 경계는 저서현(猪噬峴)에서 아미산(峨嵋山)을 거쳐 연서구관기(延曙舊館基)와 석관현(石串峴) 서남쪽 두 개울이 합류하는 곳으로 최종 결정되었다. 이는 1765년(영조 41) 작성된 〈사산금표도〉 내 북도 경계와 같은 것으로, 숙종 대 금표 개정의 결과가 영조 대 〈사산금표도〉에 반영된 것으로 파악된다.

숙종 대 성저십리를 경계로 한 사산금표의 설정은 한성부 주민에게 그리 반가운 것은 아니었다. 1726년(영조 2) 훈련도감 별무사 윤필은(尹弼殷)은 한성부 주민의 고통 가운데 하나로 상장(喪葬)을 지목하고, 계장지(繼葬地)와 묘를 침범한 나무뿌리의 벌목을 허용해주도록 요구했다. 이는 산지기들이 계장지를 찾아 벌목의 흔적이 있으면 금송을 빌미로 뇌물을 요구하거나, 심한 경우 절사(節祀)가 끝난 뒤 부민(富民)의 묘소에 직접 벤 소나무를 두고 금송을 어겼다며 묘주를 협박해 뇌물을 받기가 일쑤였기 때문이다. 그는 또한 같은 경내임에도 동교의 물엄현(勿奄峴)은 금장하는 반면, 물엄현 서쪽 가오리촌(加五里村) 일대는 입장(入葬)이 허용된 불합리한 상황을 지적했다.[25] 더욱이 의릉(懿陵) 조성 시 산릉도감에서 능과 대충(對沖)하는 곳의 분묘를 모두 이장하게 함에 따라 많은 분묘가 일시에 장지를 구하기 어려워지자, 한성부 주민들은 상언을 올려 금표 범위의 변경을 요청했다.

1727년(영조 3) 한성부 주민들은 계장을 이유로 북도의 금표 경계를 옹암(瓮巖) 서쪽 사천(沙川)으로 변경해줄 것을 영조에게 상언했다. 한성부 주

24 『승정원일기』, 숙종 30년(1704) 1월 29일, 5월 29일.

25 『승정원일기』, 영조 2년(1726) 12월 6일.

민의 북도 개정 요구에 대해 좌의정 홍치중은 산지기의 작폐와 계장이 불가한 주민의 불만을 무시할 수 없지만, 옹암천의 발원지가 도성과 매우 가까운 점을 들며 불가하다는 의견이었다. 다른 대신들도 도성 밖 10리로 금표의 기준을 잡았기 때문에 이들의 요구를 받아들일 수 없다고 했다. 하지만 영조는 금표 범위를 변통해 15리로 확장한 동도의 사례를 들며 사천을 한계로 한 금표 변경을 추진하도록 했다.[26]

영조의 명에 한성부는 참군 이하(李河)를 파견해 북부 주부, 북도겸장감역관(北道兼掌監役官)과 함께 현 금표 구역과 개정 요구 지역의 현장조사를 진행했다. 조사 결과 금표 구역인 저서현에서 창의문 간 거리는 9리가 채 되지 못했다. 옹암천 발원지에서 창의문까지는 3리가 조금 넘었으며, 저서현까지는 5리 300보였다. 북도의 경우 개경에서 한양으로 들어서는 경계임과 동시에 한성부와 고양, 양주가 만나는 접경이었으므로 북한산 산허리를 기준으로 금표 경계를 정했다. 그러므로 북도의 거리는 다른 도와 비교해 도성에서 가까웠다.[27] 한성부 역시 옹암천의 발원지가 도성과 인접한 점을 이유로 주민들의 금표 개정 요구를 받아들일 수 없었다.

금표 개정 요구 지역으로 한성부의 현장조사가 진행되자, 사천 이북으로 하루 만에 300여 개의 허묘(虛墓)가 조성되었다. 이에 한성부는 도성 밖 서쪽 5리 지역이 매장지로 뒤바뀔 것을 염려해 북도의 금표 경계를 예전처럼 고수하는 한편, 허묘를 둔 사람들을 투장(偸葬)한 예에 따라 논죄하도록 영조에게 요청했다.[28] 영의정 이광좌 역시 저서현의 사산금표 경계가 1705년(숙종 30) 제정된 이래 24년간 유지된 점, 도성의 금장 지역을 3리 이내로 할 수 없다는 점 등을 들어 반대하자, 영조는 이들의 의견에 따라

26 『승정원일기』, 영조 3년(1727) 5월 25일; 『비변사등록』, 영조 3년 5월 27일.

27 『승정원일기』, 영조 3년(1727) 6월 15일.

28 『승정원일기』, 영조 3년(1727) 6월 15일.

북도의 금표를 예전대로 유지하도록 했다.[29]

계장과 절사(節祀)를 이유로 한 북도 금표의 변경 요구는 1756년(영조 32)에도 제기되었으며, 정조 대까지 계속되었다. 한성부 주민의 주요 입장지(入葬地)인 관기현(館基峴)은 금표 밖 5리 지역임에도 북도를 담당한 총융청의 산지기가 금표를 설정하고 입장을 금지해 주민들은 선산의 보수, 계장, 절사 등을 할 수 없는 상황이었다. 따라서 주민들은 거리 측정의 오류를 지적하며, 서대문 정로(正路)를 기준으로 다시 측량해 금표를 세워주도록 요청했다. 한성부의 재측량 결과 서대문과 관기현 간 거리가 도성 밖 15리에 해당했지만, 도성과 가깝다는 이유로 예전대로 이 지역의 입장을 금지했다.[30]

한편, 영조는 한성부의 관장하에 감역관이 맡았던 금송·금장 업무를 군문에서 전담하도록 했다. 종래 산지기, 군문의 별패, 한성부 금리 등이 현장의 금송·금장을 수행했는데, 영조는 이들의 횡포가 오히려 사산을 해치는 주범으로 파악했다. 그리하여 군문으로 관리를 일원화해 금송·금장이 효율적으로 이루어지도록 했다. 1754년(영조 30) 영조는 동도, 서도, 남도를 삼군영에 예속시켰다. 훈련도감은 북악산에서 창의문대로, 사현(沙峴), 안현(鞍峴), 홍제원, 양철평(梁鐵坪), 말흘산(末屹山), 가좌동, 성산리 일대인 서도를 담당했다. 어영청은 광희문 북쪽에서 숙정문 일대와 혜화문과 동대문 밖, 안암, 차현, 호유현(胡踰峴), 수유현 일대로 동도의 금송을 담당했다. 금위영은 돈의문 남쪽에서 만리창, 한강, 두모포, 원현(院峴) 일대로 남도를, 총융청은 북도의 산을 관장했다.[31]

이처럼 숙종 대 이후 꾸준히 진행된 금표 작업은 1765년(영조 41)에 작

29 『승정원일기』, 영조 4년(1728) 3월 5일.

30 『일성록』, 정조 11년 2월 6일; 『일성록』, 정조 13년 2월 16일.

31 유승희, 「조선후기 한성부의 사산(四山) 관리와 송금(松禁)정책」, 『이화사학연구』 46, 2013, 243~246쪽.

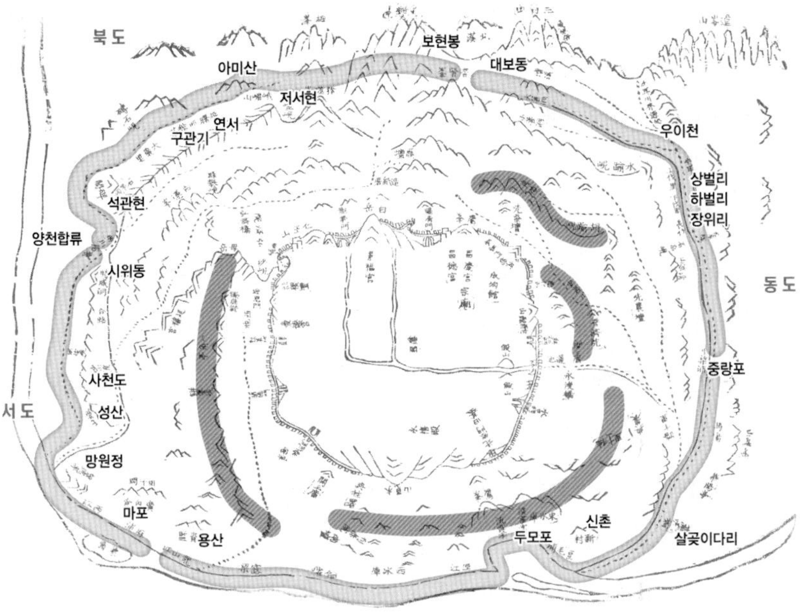

그림 2 현종 대와 영조 대 사산금표의 경계

※ 출처: 四山禁標圖(古軸複 4709-88, 1765), 서울대학교 규장각한국학연구원

성된 〈사산금표도〉에서 최종적인 범위를 파악할 수 있다. 〈사산금표도〉에 따르면 동도는 대보동(大菩洞)을 지나 수유현(水踰峴) 북쪽이 우이천, 상·하벌리(上·下伐里), 장위리(長位里), 송계교(松溪橋)를 거쳐 중랑포(中梁浦)에 이르는 곳으로, 하천을 경계로 삼았다. 남도는 하천과 강을 경계로 했으며, 중랑포에서 살곶이다리[箭串橋], 신촌(新村), 두모포를 거쳐 용산에 이르는 지역이다. 북도는 산등성이를 경계로 대보동 서쪽에서 보현봉(普賢峯), 저서봉(猪噬峯), 저서현, 아미산, 연서구관기, 대조리(大棗里)를 거쳐 석관현 서남쪽 두 하천이 합류하는 곳에 이르렀다. 서도는 석관현 두 하천의 합류 지점에서 시위동(時威洞), 사천도(沙川渡), 성산, 망원정에서 마포에 이르는 곳으로, 하천과 강을 경계로 구역을 한정했다.

〈그림 2〉는 현종 대 사산금표 경계와 영조 대를 비교한 것이다. 영조 대

〈사산금표도〉 속 금표의 범위가 현종 대에 비해 대폭 확장되어 조선 초 설정된 성저십리의 경계까지 이르렀음을 확연히 알 수 있다. 국가는 이곳에 벌목은 물론 죽은 자를 매장하는 자는 원과 능의 수목을 훔친 율[盜園陵樹木律]로 논죄했다.

이상과 같이 한성부 사산의 송목 보호와 주민의 범장에 대한 정부의 규제는 1666년(현종 7) 사산금표의 설정으로 구체화되었다. 이후 숙종 대 금표 개정 작업을 거쳐 최종적으로 마련된 사산금표의 경계는 1765년(영조 41) 〈사산금표도〉에서 확인할 수 있었다. 현종 대 도성 밖 5리 이내에 금표를 설정했던 것에서 그 범위를 10리로 확장한 것은 국도(國都)를 중시하기 위해 조선 초부터 성저십리 내 금장을 규정한 국가의 정책을 확고히 한다는 측면이 강했다. 하지만 그 이면에는 도성 밖 거주 공간의 확대로 인한 생활권 확장 등 조선 후기 한성부 사회변화가 있었다고 할 수 있다. 한성부는 정치, 행정, 경제가 집중된 수도라는 사회적, 공간적 특수성 때문에 많은 유동 인구가 모여드는 곳이었다. 16세기 이후 도성 안 주택 부족 문제가 심각하게 대두되었으며, 직역을 막론하고 차입(借入), 세입(貰入)이 한성부 내 일반적인 거주 형태로 자리 잡았다. 17세기에 이르면 사대부의 '여가탈입(閭家奪入)'이 더해져 한성부 내 주요한 사회문제로 표출되었고, 거주 공간은 도성 안을 넘어 도성 밖으로 확장되었다.[32] 인구의 증가와 도성 밖 거주지역의 확대는 자연히 성저십리 지역의 불법 개간, 가옥 축조 및 땔감을 위한 벌목 등을 증가시켰다. 따라서 정부에서는 이를 막기 위해 금송, 금장의 범위를 성저십리까지 확대해 규제하지 않을 수 없었다.

32 조선 후기 한성부민의 거주 양상에 대해서는 다음의 논문을 참조할 수 있다. 유승희, 「조선후기 한성부 무주택자의 거주양상과 특징: 차입(借入), 세입(貰入)의 실태를 중심으로」, 『한국민족문화』 40, 2011.

3. 국가 관련 시설의 조성과 모민(募民)

18세기 초에 이르면 성저십리의 북쪽 경계인 북한산 주변으로 큰 변화가 일어난다. 1711년(숙종 37) 북한산성이 축성되면서 정부는 산성의 수비와 방어·관리를 위해 군사들을 주둔시켰다. 그뿐만 아니라 모민정책을 통해 백성들이 생활할 수 있는 바탕을 마련해 2년 뒤인 1713년(숙종 39)에는 산성 내 167호가 거주했다. 하지만 이들은 산성이라는 지형적 특성상 거주지 내에 경작할 토지가 없었기 때문에 생계의 어려움을 겪었다. 남한산성의 경우 백성 모집 시 부역 면제와 함께 1인당 30결을 주었으며, 명목을 만들어 월료(月料)도 지급해 주민의 생활이 안정될 수 있도록 했다. 반면, 북한산성 내 주민들은 아무런 혜택이 없었으며, 다른 생활수단도 없었다. 민호도 많지 않았기 때문에 정부는 이들의 이산을 방지하기 위해 한량·무사들 중 활을 잘 쏘는 자를 선정해 수첩군관(守堞軍官)으로 삼고 1개월마다 시사(試射)를 하여 성적이 좋은 자에게 급료를 주도록 했다. 양인에게는 15명을 기준으로 매월 돌아가면서 일정액의 쌀을 지급했다.[33]

탕춘대성 또한 숙종 대 경리청과 선혜청에서 창고를 건설한 후 모민정책을 통해 모집한 민호가 100여 호가 넘었다.[34] 탕춘대성의 모민 작업은 영조 대에 이르러서도 계속되었다. 비변사는 총융청을 탕춘대성으로 이설한 이유로 수성(守城)을 강조하며 이를 위한 급선무 중 하나로 모민을 들었다. 그러나 모민을 위해서는 일차적으로 생활기반이 조성되어야 했다. 좌의정 김상로(金尙魯)는 모민책의 하나로 각 고을의 군기를 위해 설치했지

33 『비변사등록』, 숙종 39년 2월 23일.

34 『비변사등록』, 숙종 41년 4월 22일.

만 유명무실했던 삼남의 약환계(藥丸契)와 해서의 총환계(銃丸契)를 총융청으로 이속하고자 했다. 그리하여 총융청의 관리하에 계인(契人)과 장인을 모집한 후 화약, 총포 등을 제조해 각 고을에 배분하고자 했다.[35]

모민 작업을 원활히 하기 위한 혜택도 주어졌다. 총융청으로 이거해 입적한 자는 다른 관사나 법사에서 추치(推治)할 일이 있더라도 총융청에 이문해 논의를 거친 후 처리하도록 했다. 또한 각종 잡역의 면제뿐 아니라 계인의 역소(役所)와 집터도 제공했으며, 형편이 어려운 계인에게는 집을 지을 재목도 지원했다.[36]

이처럼 북한산성과 탕춘대성의 경우 모민정책을 통해 많은 백성이 모여들어 촌락을 이루었다. 탕춘대성의 창고를 경리청과 선혜청에서 건설한 후 모민을 통해 조성된 촌락은 이후 한성부 북부의 선혜청계(宣惠廳契)와 경리청계(經理廳契)로 편제되었다.[37] 북한산성 역시 초기에는 경기도 양주목에 속했으나 1745년(영조 21) 『북한지(北漢誌)』 편찬 당시 이미 한성부로 이속되었다.[38] 모민을 통해 형성된 북한산성 내 촌락은 1783년(정조 7) 자휼전칙(字恤典則)을 반포하는 과정에서 북한 훈창계(訓倉契), 금창계(禁倉契), 어창계(御倉契)로 계를 편성했음을 알 수 있다.[39]

1765년(영조 41)에는 도성 북쪽으로 성북창(城北倉)을 설치하고 백성을 모집해 거주하도록 했다.

> 영의정 홍봉한(洪鳳漢)이 아뢰기를, "북성(北城) 주맥(主脈)의 동북쪽에 빈 골짜기가 하나 있는데 땅이 매우 평평하고 넓어 나무꾼들이 마구 들어가

35 『영조실록』, 30년(1754) 11월 20일.

36 『비변사등록』, 영조 30년 12월 12일.

37 『어제수성윤음(御製守城綸音)』 都城三軍門分界總錄(서울대학교 규장각한국학연구원, 奎3756).

38 『북한지(北漢誌)』 道里.

39 『승정원일기』, 정조 7년(1783) 11월 12일.

민둥산을 만들어 나무가 남은 것이 없습니다. 지금 만약 수십 호의 인가를 두어 살게 한다면, 도성을 수호할 수 있을 것입니다. 또 약간의 메마른 밭이 선잠단 근처에 있어, 급료를 받는 군사를 그 땅에 살게 하여 밭을 경작하게 하고 세금을 감해주어 그들에게 생활을 정착하게 한다면, 가히 귀농하는 실효가 있을 것입니다"라고 하니, 임금이 지형을 그려 아뢰라고 명했다. 홍봉한이 손가락으로 그 지형을 가리키며 자세히 조목조목 아뢰자, 임금이 어영청에 명하여 창고를 설치하고 백성을 모집하라고 했는데, 곧 지금의 성북창(城北倉)이다. 창고가 성 밖에 있어서 한갓 도적에게 빼앗길 염려가 있으며, 거주하는 백성은 땔나무를 하지 않으면 생활할 수가 없어 창고에 쌓아둔 쌀로 먹여주기를 바라니, 소모되는 비용이 도리어 심했다.[40]

도성 북쪽의 경우 산악지대의 특성상 민호가 산재해 있어 조정에서는 항상 이 지역의 지세가 허한 것을 염려했다. 더욱이 숙정문 북동쪽의 관리가 소홀해진 틈을 타 동부 주민들이 왕래하며 벌목을 해 산이 벌거숭이가 되었으며, 그 일대에 계곡이 있어 지세가 더욱 황폐해 보였다. 따라서 예전부터 도성 주맥의 보토(補土) 작업과 함께 백성을 모집해 거주시키려는 논의가 있었지만 진전되지 못했다. 해당 지역을 분급받아 관리하는 어영청 역시 이곳에 둔전을 경영할 계획이었지만 추진하지는 못한 상태였다.[41]

1765년(영조 41) 영의정 홍봉한은 북한산성의 보호와 도성 방비의 방책

40 『영조실록』, 41년(1765) 4월 17일, "領議政洪鳳漢奏曰 北城主脈東北邊 有一空谷 地甚夷曠 樵採亂入 童濯無餘 今若置數十戶人家 可以捍衛都城 且有薄田如干頃 在於先蠶壇近處 使軍士食料者 居其地許耕其田 而減其稅 俾奠其生 則可有歸農之實效也 上命圖形以陳 鳳漢以手指點 條奏之頗詳 上命御營廳 設倉募民 卽今之城北倉也 倉在城外 徒爲竊盜之所 而居民非樵利則無以聊生 仰哺倉儲 糜費反甚焉"

41 『승정원일기』, 영조 41년(1765) 4월 17일; 『비변사등록』, 영조 41년 4월 18일.

으로 도성 북동쪽에 민호를 두는 방안을 영조에게 건의했다. 이에 영조는 성북창의 설치 및 모민을 어영청에 지시했다. 영조의 명에 따라 홍봉한과 어영대장 김한구(金漢耉)가 직접 숙정문과 혜화문 사이 지역을 조사해 적합 여부를 살폈으며, 이후 토지 평탄화 작업을 거쳐 성북둔(城北屯)을 설치하고 백성을 거주하게 했다.[42] 성북둔의 둔사(屯舍)는 33칸으로 조성되었으며, 여기에는 둔감(屯監)과 함께 서원 1명, 고지기 1명, 사환군 3명이 있었다. 둔창에는 환곡미 400석과 돈 2,000냥, 둔우(屯牛) 33척이 있었다.[43]

정부는 모민 작업을 통해 성북둔 주변으로 민가를 조성한 후 주민의 생계 대책을 마련했다. 성북둔 주변은 응봉과 구준봉 사이에 위치하고 그 사이로 하천이 흐르는 계곡형 지형이므로 농사가 쉽지 않았다. 더구나 북성 뒤 외진 곳이었으므로 시장과도 멀어 주민의 상업활동도 어려웠다. 따라서 1767년(영조 43) 영조는 생활 안정을 위해 무명, 베, 모시 등의 점포에서 포백(曝白)할 물건과 개경의 모시, 호조의 차일(遮日)에 쓰는 포 등을 성북둔 주민들에게 주고 포역(曝役)을 지도록 했다.[44]

이듬해인 1768년(영조 44)에는 이곳에 메주를 쑤는 훈조막(燻造幕)을 설치하여 동리의 거주민에게 훈업(燻業)도 하게 했다. 훈조막 1소에 5인이 들어가 콩을 삶고 1섬당 6전의 노임을 받았는데, 이는 쌀 2말로 대체했다. 비변사는 훈조막의 원활한 운영을 위해 연융대 훈조막의 숙련자를 파견해 주민들을 교육하도록 했으며, 주민들은 매년 35냥을 세금으로 냈다.[45]

성북둔 주변의 주민들은 포백, 훈조업 외에 과수 농사를 생업으로 했다. "복숭아나무 몇 그루만 있으면 한 집의 가난을 구제한다"[46]라고 할 정도로

42 「성북동포백훈조계완문절목(城北洞曝白燻造契完文節目)」(서울역사박물관, 서3732).

43 『동국여지비고』 제2편 관방; 『어영청사례(御營廳事例)』 諸屯 城北屯.

44 성북둔 주민들은 무명, 베, 모시를 포백하는 노임으로 1동(50필)당 무명은 4냥, 베는 6냥 5전, 모시는 10냥, 호조 차일에 쓰는 포는 백미 20두를 받았다[「城北洞曝白燻造契完文節目」(서울역사박물관, 서3732)].

45 「성북동포백훈조계완문절목」(서울역사박물관, 서3732).

복숭아 농사는 주민의 생계를 유지해주는 주요 수단이 되었다. 박제가의 「성시전도시」에 "성북둔 주변의 풍속 가운데 복숭아나무를 심지 않으면 이를 수치로 여긴다(最憐城北屯邊俗, 不種桃花以爲恥)"[47]라는 말은 이 지역 모든 집에서 복숭아 농사를 짓고 있음을 말해주는 것이다. 유만주 역시 성북동 사람들은 복숭아나무를 심어 생업으로 삼았는데, 심은 나무가 해마다 늘어나서 수천 그루에 이르렀다고 한다. 이들이 복숭아 농사를 짓는 이유는 도시 사람들이 상하계층을 막론하고 길흉사를 포함해 공적·사적 용도로 복숭아를 썼기 때문이다.[48]

한편, 영조 대에는 여러 차례 왕실의 장례가 거행되어 능묘가 조성되었다. 먼저 1724년(영조 즉위) 영조는 경종의 능인 의릉(懿陵)을 조성했다. 의릉은 경기도 양주 천장산(天藏山)에 있으며, 흥인문에서 10리 거리에 위치했다.[49] 한성부 관할 범위인 성저십리 안에 왕릉이 조성된 것이다. 의릉의 화소는 북쪽으로는 외청룡인 석관현 대로를 경계로 정했다. 동쪽은 홍살문 밖으로 300보가 되는 지점을 경계로 정했으나 앞면의 경계가 너무 가깝다는 대신들의 의견에 따라 홍살문에서 500보까지로 했다. 남쪽은 청량현(淸涼峴)을 경계로 정했으며, 서쪽은 왕릉의 주산 뒤 산기슭을 경계로 삼았다.[50] 산릉도감은 화소의 경계 지정과 함께 의릉과 대충(對沖)하는 곳의 무덤 수백 기를 이장하도록 했다.[51] 이장 대상 무덤과 석물 처리의 통지는 한성부와 해당 부(部)가 진행했다.[52]

46 『삼명시집(三溟詩集)』 6編, 詩 漢京雜詠 北渚洞.

47 『정유집부북학의(貞蕤集附北學議)』 貞蕤詩集 卷三 城市全圖應令.

48 당시 도성 내 복숭아 수요가 많았으며, 주된 공급처는 성북동이었다고 할 수 있다. 성북동 주민들은 복숭아나무 증식에 힘을 기울였고, 그 결과 이 지역이 복숭아꽃을 보러 오는 상춘객들의 주요 장소가 되었다(『흠영』, 1786년 4월 5일; 유만주 저, 김하라 역, 『일기를 쓰다 2』, 돌베개, 2015, 188쪽).

49 『영조실록』, 즉위년(1724) 12월 16일.

50 『승정원일기』, 영조 즉위년(1724) 10월 17일.

51 『승정원일기』, 영조 즉위년(1724) 10월 9일.

화소의 경계가 정해짐에 따라 한성부는 능 주변의 중랑포, 장위리, 청량리 민호의 방역을 감해주는 안을 요청했다. 이들 지역의 민호 가운데 화소에 포함되어 철거된 경우 중랑포의 민호는 제반 방역을 특별히 감해주고, 장위리와 청량리는 3년을 기한으로 감해주었다. 다만 장빙역(藏氷役)은 연강산저민의 주요 국역이었기 때문에 제외되었다.[53]

1752년(영조 28)에는 의소묘(懿昭墓)가 조성되었다. 왕세손이 사망하자 묘소로 적합한 곳을 찾았으며, 이때 홍제원, 연희궁이 거론되었다.[54] 이 두 지역 역시 도성 밖 10리 이내 지역이다. 의소묘는 최종적으로 양주 안현(鞍峴) 남쪽 기슭으로 정했는데, 옛 연희궁 동남쪽에 있는 사축서 옛터 산기슭이었다.[55] 1762년(영조 38)에는 사도세자의 묘소가 양주 배봉산에 마련되었으며, 1764년(영조 40) 영빈 이씨의 묘인 의열묘는 연희궁 대야동(大野洞)에 마련되었다.[56]

이처럼 영조는 동·서북 성저십리 지역에 능묘를 조성했다. 능묘의 조성은 그 인근으로 마을이 형성되는 계기가 되었다.

> 방금 경릉(敬陵), 창릉(昌陵), 명릉(明陵), 익릉(翼陵), 순회묘(順懷墓) 관원들이 보고한 바를 보니, 북도 감역관이 연서천(延曙川) 이북에 출금(出禁)하는 일을 한성부에 논하여 보고한 데 따라 한성부에서 초기를 올려 윤허를 받았습니다. 그러나 일이 관계된 바가 사소하지 않아 변통하지 않을 수 없으므로 이렇게 연명으로 보고합니다. 능침의 해자 바깥에 이른바 구산리(龜山里), 갈고개(葛古介), 불광리(佛光里) 등의 지역이 있는데, 경성

52 『승정원일기』, 영조 즉위년(1724) 10월 17일; 『산릉도감의궤(山陵都監儀軌)』, 영조 즉위년 10월 17일.

53 『승정원일기』, 영조 1년(1725) 9월 24일.

54 『승정원일기』, 영조 28년(1752) 3월 5일.

55 『영조실록』, 28년(1752) 3월 15일.

56 『승정원일기』, 영조 40년(1764) 8월 30일; 『은대편고(銀臺便攷)』 권6, 禮房攷 園墓 宣禧墓.

에서 거의 20여 리나 떨어져 있습니다. 거주하고 있는 마을 사람은 모두 여러 능의 수호군이고 또 약간의 민호가 있는데, 경자년(1720, 숙종 46) 국장(國葬) 뒤에 조정에서 별도로 모집해 들여 잡역을 덜어준 자들입니다. 그런데 북도의 산지기와 각 군문의 송패(松牌)가 경계를 넘어 침요하며 못하는 짓이 없었습니다.[57]

위의 사료에서 알 수 있듯이 왕릉이 조성됨에 따라 능묘 관리를 위해 마을이 조성되었는데, 왕릉 해자 밖에 있는 구산리, 갈고개, 불광리 등이 이에 해당했다. 이들 지역의 주민들은 대부분 능을 수호하는 능군(陵軍)이었으며, 1720년(숙종 46) 숙종 사후 명릉을 조성하는 과정에서 정부의 모민 정책을 통해 이주한 사람들이었다.

이 지역 주민들은 영조 대에 명릉과 익릉의 가화소(加火巢) 금표 문제로 한성부와 갈등을 빚기도 했다. 북도의 금표 구역 가운데 구산리, 갈고개는 명릉과 익릉 등 능침의 가화소 지역이었다. 그러나 한성부 금리, 산지기, 군문의 송패가 금송을 이유로 계방을 만들어 이 지역 주민을 침탈하자, 1725년(영조 1) 비변사에서 연서천 이북을 경계로 삼아 금표를 세우고 금표 내 이들의 순행을 금지했다. 하지만 이 같은 조치에도 한성부 금리 및 산지기 등이 금표를 넘어 연서천 이북에 출금(出禁)하자, 1727년(영조 3) 능군들은 영조에게 상언을 해 이들의 처벌을 요구했다.[58]

능을 관리하는 예조의 입장에서는 구산리, 갈고개가 능침 해자 밖으로, 능군이 거주하는 지역이며 도성에서 20리 거리였기 때문에 한성부나 군문의 송패 제외 지역이라고 생각했다. 더욱이 이 마을 주민들은 능침을 수호하기 위해 금표를 세워 경계를 정한 것인데, 한성부에서는 금표 내 송전

57 『승정원일기』, 영조 9년(1733) 8월 6일.

58 『승정원일기』, 영조 6년(1730) 3월 26일.

경작뿐 아니라 벌목, 입장(入葬)까지 한 것을 문제 삼았다. 인근의 불광리 역시 가화소 구역이라 칭하며 구산리, 갈고개처럼 마을 앞에 금표를 세우고 북도의 산지기 및 군문 나졸의 단속을 금지하자, 한성부는 이들 주민이 세운 표석을 뽑아버리고 예전대로 군문과 산지기가 순찰하도록 했다.[59]

이상과 같이 18세기 국가 관리 시설의 확충에 따라 성저십리, 특히 산저(山底) 지역으로 산성, 둔전, 창고 등 관련 시설물이 조성되고 능묘가 건설되자 공간의 변화가 나타났다. 종래 배후기지로서의 성저십리 역할이 강화되었을 뿐 아니라, 백성의 모집을 통해 형성된 촌락은 성저십리 내 새로운 계(契)가 만들어지는 계기가 되었다.

4. 한성부 행정체제의 편입과 관리

임진왜란 이후까지 유지되었던 5부 49방의 한성부 행정체제는 18세기에 이르러 변화되기 시작했다. 인구 증가로 인해 도성 안 지역이 포화 상태가 되자 도성 밖 경강 변과 산저 지역으로 촌락이 형성되었다. 조선 초 한성부 전체 인구의 5.5%를 차지했던 도성 밖 인구는 18세기 후반에 이르면 40.6%인 약 8만 명으로 급증했으며, 호수 역시 도성 안 2만 2,094호, 도성 밖 2만 1,835호로 비슷한 수치를 보였다.[60] 이처럼 한성부 주민의 거주지가 조선 전기에 도성 안에 집중되던 것에서 18세기에는 도성 밖을 모두 포괄하는 지역으로 확장되자, 정부는 민호 관리 차원에서 행

59 『비변사등록』, 영조 6년 3월 13일; 『승정원일기』, 영조 9년(1733) 7월 25일.

60 고동환, 「조선후기 경강지역 행정편제의 변동과 인구추세」, 『서울학연구』 24, 2004, 19쪽.

정체제를 개편하지 않을 수 없었다.

종래 5부 49방의 한성부 행정체제는 1751년(영조 27) 반포된 『어제수성윤음(御製守城綸音)』「도성삼군문분계총목(都城三軍門分界摠目)」에 5부 43방 328계로 변화되어 기재되었다. 개편된 한성부 행정체제의 특징은 성저십리 지역의 방(坊), 계(契)의 신설과 편입이라 할 수 있다. 남부에 두모방, 한강방, 둔지방, 서부에 용산방, 서강방이 신설되었고, 이 5개 방에 경강 변 여러 계를 각각 소속시켰다. 그 가운데 한강방과 용산방은 『장빙등록(藏氷謄錄)』 1686년(숙종 12) 기사에 나타나고 있어 17세기 후반에 이미 방으로 편제되었음을 알 수 있다.[61] 현재 남아 있는 한성부 토지매매문서를 통해 살펴보면, 서강방의 경우 1738년(영조 14) 이정진(李廷晉)이 김수만(金壽萬)에게 토지를 매매하면서 작성한 명문에서 해당 거래 토지의 소재지를 '서부 서강방 신수철리'로 표기했고,[62] 남부 둔지방 또한 1749년(영조 25)에 황진사(黃進士)의 노(奴) 필봉(必奉)이 박무징(朴茂徵)에게 토지를 매매할 때 이미 남부 둔지방 서빙고1계로 소재지를 밝히고 있어[63] 1751년(영조 27) 이전에 이미 경강 변 방이 신설되었음을 알 수 있다

성저십리 내 계의 신설은 북부의 경우 1663년(현종 4)에 작성된 『강희2년계묘식년북부장호적(康熙貳年癸卯式年北部帳戶籍)』(이하 『북부장호적』)과의 비교를 통해 파악할 수 있다. 『북부장호적』에는 아이고개계(阿耳古介契), 연희궁계(衍禧宮契), 가좌동계(加佐洞契), 수색리계(水色里契), 성산리계(城山里契), 세교리계(細橋里契), 합장리계(合掌里契), 망원정계(望遠亭契), 홍제원계(弘濟院契), 여의도신계(汝義島新契), 연서계(延曙契), 증산리계(甑山里契), 신사동계(新寺洞契), 양철리계(梁哲里契), 말흘산계(末屹山契), 역계(驛契) 등 총 16계 683호가

61 고동환, 『조선후기 서울상업발달사연구』, 지식산업사, 1998, 61~62쪽.

62 「001-03 1738년 이정진 명문」, 『조선후기 한성부 토지·가옥 매매문서』 2, 서울역사박물관, 2024.

63 「009-14 1749년 황진사 노 필봉 명문」, 『조선후기 한성부 토지·가옥 매매문서』 2, 서울역사박물관, 2024(이하 이 책은 제목만 언급).

있었다. 이 지역은 조선 후기 '연강산저'로 표현되는 곳으로, 현재 마포구 망원동, 서교동, 동교동, 성산동 등과 여의도, 연희동, 수색동, 아현, 합정, 홍제동에 해당하는 곳이다.[64] 1751년(영조 27) 「도성삼군문분계총목」에 이르면 불광리계(佛光里契), 갈고개계(葛古介契), 사계(私契), 수암리계(水巖里契), 경리청계(經理廳契), 선혜청계(宣惠廳契), 구리계(舊里契), 망원정2계 등 8계가 신설되었다. 그 가운데 불광리계의 경우 1703년(숙종 29) 10월 북부에서 한성부에 보고한 첩정에 '부속불광리계(部屬佛光里契)'로 표기해[65] 18세기 초 이미 계로 편제되어 북부에 속해 있었음을 확인할 수 있다. 아울러 숙종 대 탕춘대성에 경리청과 선혜청이 창고를 건설한 뒤 백성을 모집해 이룬 촌락은 이후 1751년(영조 27) 선혜청계와 경리청계로 편제되어 한성부 북부에 소속되었다. 또한 숙종의 능인 명릉 조성 과정에서 정부의 모민정책을 통해 이주해 온 사람들이 갈고개, 구산리에 거주했는데, 「도성삼군문분계총목」에 갈고개계로 나타나 한성부 하부 행정체제인 계로 편제되었음을 알 수 있다.[66] 이와 같은 양상은 18세기 국가 관련 시설의 설치와 그에 따른 모민정책의 결과가 도성 밖 북부 지역 행정편제의 변화로 나타난 것이라 할 수 있다.

도성 밖 동부 지역의 경우 북부와 같이 전후 변화 양상은 알 수 없지만, 1751년(영조 27)에 제기리계(祭基里契), 전농리계(典農里契), 벌리계(伐里契), 중랑포계(中浪浦契), 사하리계(沙阿里契), 우이리계(牛耳里契), 능동계(陵洞契), 장위리계(長位里契), 가오리계(加五里契), 안암리계(安巖里契), 청량리계(淸凉里契),

64 유승희, 「조선후기 경강(京江) 지역 실태와 강민(江民)의 특성」, 『서울과 역사』 98, 2018, 26쪽.

65 「002-06 1703년 북부 첩정」, 『조선후기 한성부 토지·가옥 매매문서』 2, 서울역사박물관, 2024. 1703년(숙종 29) 10월에 북부 불광리에 사는 별파진(別破陣) 문태만(文泰萬)은 도둑맞은 물건에 대해 관의 입지를 받기 위해 한성부 북부에 소지를 올렸으며(「002-04 1703년 문태만 소지」, 『조선후기 한성부 토지·가옥 매매문서』 2, 서울역사박물관, 2024), 북부에서는 문태만의 소지와 잃어버린 것이 확실하다는 내용의 사노 말룡·삼명·동이의 초사를 점련하여 한성부에 첩정을 올려 보고했다. 이때 북부는 문태만의 거주지를 불광리계로 표기했다.

66 『어제수성윤음(御製守城綸音)』 都城三軍門分界總錄(서울대학교 규장각한국학연구원, 奎3756).

수유촌계(水踰村契), 왕십리역계(往十里驛契), 왕십리사계(往十里私契), 마장리계(馬場里契), 답십리계(踏十里契), 신설계(新設契) 등 17계가 있었다.[67] 이후 정조 대에 이르면 왕십리역계가 1, 2계로 나뉘며, 어창계(御倉契), 종암리계(鍾巖里契)가 신설되어 20계로 증가했다.[68]

이러한 도성 밖 북부와 동부의 계는 모두 방(坊)에 편입되지 않은 채 한성부 5부에 소속된 무방유계(無坊有契) 지역이었다. 성저십리의 무방유계 지역에 대해 1788년(정조 12) 정조는 거리의 원근과 민호의 다과를 참작해 인근 각 방에 계를 분배해 방-계의 체제로 편제하도록 했다. 이에 한성부는 동부 인창방(仁昌坊)과 숭신방(崇信坊)의 경우 각각 1계만 있었기 때문에 두 방에 무방유계 지역을 소속시켰다. 인창방에는 흥인문 밖 역1계, 역2계, 사계, 마장리계, 답십리계, 전농리계, 청량리계, 제기리계, 중랑포계, 장위리계 등 10계가 소속되었으며, 숭신방에는 신설계, 안암리계, 어창계, 종암리계, 가오리계, 수유촌계, 능동계, 사하리계, 번리계, 우이리계 등 10계가 소속되었다.

북부의 경우 무방유계 지역인 30개 계에 대해 상평방(常平坊), 연은방(延恩坊), 연희방(延禧坊) 등 3방을 신설하여 각 방에 분배했다. 상평방에는 선혜청계, 경리청계, 조지서계, 훈창계, 금창계, 어창계 등 북한산성과 연결되는 지역이 소속되었으며, 연은방에는 양철리계, 역계, 홍제원계, 사계, 갈현계, 불광리계, 말흘산계, 신사동계 등이 소속되었다. 경강 하류 주변인 아현계, 연희궁계, 성산리계, 증산리계, 세교리 1계와 2계, 가좌동 1계와 2계, 구리계, 수색리계, 휴암리계, 망원정 1계와 2계와 3계, 합정리계, 여화도계 등 16계는 연희방에 소속되었다.[69]

이처럼 성저십리 지역은 정조 대에 이르러서야 한성부 5부-방-계의 행

67 『어제수성윤음』 都城三軍門分界總錄(서울대학교 규장각한국학연구원, 奎3756).

68 『정조실록』, 12년(1788) 10월 16일.

69 『승정원일기』, 정조 12년(1788) 10월 13일.

정체제로 완전히 흡수될 수 있었다. 하지만 조세 수취에서는 도성 안과는 다른 이원적인 양상을 보였다.

> 지금 한강의 여러 리는 비록 경성 땅이지만 또한 양주와도 관계가 있으므로 양주에서 세금을 거둔다. 용산이 고양에 대하여도 또한 그러하다. 인호와 전세는 두 곳에서 나누어 맡으니 그 타당함을 알지 못하겠다. 이러한 땅은 마땅히 모두 한성부에 들어가야 한다.[70]

위의 사료에서 보듯이 유형원(柳馨遠)은 17세기 성저십리의 운영 방식에 대해 비판적 견해를 가지고 있었다. 그는 한강진 주변과 용산이 한성부 지역임에도 불구하고 주민의 호구 파악에 따른 방역(坊役)의 징발은 한성부 5부에서 담당하고, 토지에 대한 전세 징수는 한강진 주변은 양주에서, 용산은 고양군에서 담당해야 하는 방식의 타당성에 의문을 가졌다. 즉 부세 수취와 관련한 성저십리 지역의 이원적 지배를 비판한 것으로, 유형원은 모두 한성부로 일원화되어야 한다고 주장했다.[71]

이러한 양상은 1664년(현종 5) 서부 남대문 밖 석교계(石橋契) 주민들의 소장과 1677년(숙종 3) 동부 숭신방, 인창방 주민들의 상언에서도 확인할 수 있다.

> 신 등이 서부 남대문 밖 석교계 사대부 30여 인이 연명해 올린 소장을 보았는데, 이르기를 "이번 양전할 때에 삼문(三門) 밖 3계(契)는 타량(打量)

70 『반계수록보유(磻溪隧錄補遺)』 권1, 郡縣制 歷代制 漢城府, "今漢江諸里 雖爲京城地 而亦係楊州 故收稅於楊州 龍山之於高陽亦然 人戶與田稅 分主兩處 未知其妥當 此等地 當全入漢城府"

71 유형원이 한성부로 편입해야 한다고 지목한 지역은 양주목의 누원, 노원, 강릉, 태릉, 줄동, 건원릉에서 왕산천, 광진, 삼전도 이내의 땅, 고양군의 창릉, 경릉, 압도, 행주 근처 등지, 압구정, 사평평에서 호현(狐峴) 안쪽과 동작에서 양화도에 이르는 땅이다.

하지 않고 홀로 석교계 사대부 집 뒤 원림(園林)만 고양관에서 타량해 세금을 거두었는데 이는 일찍이 있지 않았던 것이어서 편고(偏苦)가 막심합니다"라고 합니다. 과연 호소한 대로라면 애당초 타량이 실로 균등하지 못하니 청컨대 해읍(該邑)과 해조(該曹)가 명확히 조사해 처치하도록 하십시오.[72]

1677년(숙종 3) 동부 숭신방, 인창방 두 방의 거주하는 방민들이 상언하기를, "원래 방(坊) 안의 땅은 애초 징세하는 법이 없었기에 예로부터 공대(空垈)와 가옥은 칸수만 계산하고, 복수(卜數)는 말하지 않았습니다. 그런데 올해 양주에서 타량할 때 별도로 명호를 세워 '동대문리(東大門里)'라고 했는데, 한 개의 땅에 두 개의 이름은 예부터 들어보지 못했습니다. 리(里)와 방(坊)을 막론하고 일체 양전하는 게 이것이 국법이라면, 삼문 밖은 방명이 있는 곳인데 타량하지 않는 것은 무슨 이유입니까"라고 했습니다.[73]

두 사료에서 공통으로 확인할 수 있는 사실은 한성부 도성 밖 지역임에도 서부 석교계는 고양군에서, 동부 숭신방, 인창방은 양주목에서 양전을 실시해 세금을 거둔다는 점이다.[74] 이는 앞서 유형원이 인호(人戶)와 전세

72 『승정원일기』, 현종 5년(1664) 11월 27일, "臣等卽接西部南大門外石橋契士夫三十餘人聯名呈狀 以爲今番量田時 三門外三契 則不爲打量 而獨於石橋契士夫家後園林 自高陽官 打量收稅 此曾所未有之事 而偏苦莫甚云 果如所訴 則當初打量 實爲不均 請令該邑該曹明査處置"

73 『탁지지(度支志)』 外篇, 版籍司 五部, "肅宗三年丁巳九月 東部崇信仁昌兩坊居民上言 坊內之地 初無徵稅之法 故自古空垈家舍 只計間數 不言卜數 而今年楊州打量之時 別立名號曰東大門里 一地兩名 古未聞也 毋論里與坊 一體打量 若是國法 則三門外之以坊爲名者 不爲打量何哉"

74 고동환은 1677년 동대문 밖 주민의 반발 원인을 같은 성저십리 지역임에도 삼문 밖과 동대문 밖의 수세 방식이 다른 데에서 찾았다. 그는 방에 편입된 도성 밖 지역의 집터와 가옥에 대해 양주목과 고양군의 수세 방식이 다르게 나타난 이유를 두 지역 간 도시화 정도의 차이에서 찾고 있다. 삼문 밖 지역은 칠패, 서소문 시장 등이 들어서면서 도시화가 진전되었던 반면, 동대문 밖 지역은 농경지가 중심이었기 때문에 집터까지도 한꺼번에 양전하여 수세한 것으로 파악했다.

를 한성부와 경기도에서 분장한 데 대한 불합리를 지적한 양상과 유사하다고 할 수 있다. 더욱이 1677년(숙종 3) 동부 숭신방, 인창방의 토지를 양전할 때에 양주에서 별도로 '동대문리'라는 명호를 세운 점은 한성부 행정구역과 다른 양전 대상 지역을 명명한 것이다.

이와 관련해서 주목할 것은 한성부 토지매매문서에서 다른 지역과 달리 토지 소재지가 한성부와 경기도라고, 이중 기재로 나타난다는 점이다. 남부의 경우 1690년(숙종 16) 김씨댁 노 춘금(春金)이 매입한 토지의 소재지는 '고양 부원 상동도(上東道) 남부 이태원'으로 표기되었다.[75] 1749년(영조 25) 황진사 노 필봉(必奉)이 매입한 토지는 '고양 부원면 남부 둔지방 서빙고 1계'로 표기되었다.[76] 서부 서강방 역시 1769년(영조 45) 6월 김의추(金宜秋)의 토지 명문에 '고양 부원면 서부 서강방 신수철리'로 소재지를 표기했다.[77] 이처럼 한성부 토지매매문서에서는 도성 밖 서부와 남부의 토지에 대해 고양 부원면과 한성부 5부를 이중으로 기재했다. 북부의 경우는 '양주 서십리(西十里) 북부 세교리',[78] '양주 서십리 북부 합정리계',[79] '양주 서십리 북부 연서(延曙) 구산리',[80] 양주 서십리 북부 불광리',[81] '양주 서십리 북부 말흘산 황토동(黃土洞)'[82] 등으로 표기하여 양주 서십리와 한성부 5부를 이중 기재했다. 토지 소재지가 이중 기재된 토지매매문서의 경우

그리하여 성저십리 지역에 대한 이중적 통제가 17세기 말에 이르러 점차 이완되었다고 보았다. 고동환, 「조선후기 서울 삼문 밖 지역의 특성」, 『서울학연구』 59, 2015, 170쪽.

75 「002-01 1690년 김씨댁 노 춘금 명문」, 『조선후기 한성부 토지·가옥 매매문서』 2.

76 「009-14 1749년 황진사 노 필봉 명문」, 『조선후기 한성부 토지·가옥 매매문서』 2.

77 「001-07 1769년 김의추 명문」, 『조선후기 한성부 토지·가옥 매매문서』 2.

78 「金奉事代奴北孫土地賣買文記」(서울대학교 규장각한국학연구원, 162113-1)

79 「朴興得土地賣買文記」(서울대학교 규장각한국학연구원, 217425)

80 「004-07 1808년 김봉득 명문」, 『조선후기 한성부 토지·가옥 매매문서』 2.

81 「002-39 1803년 문광익 명문」, 『조선후기 한성부 토지·가옥 매매문서』 2.

82 「003-08 1897년 한 참봉 명문」, 『조선후기 한성부 토지·가옥 매매문서』 2.

모두 한성부 오부-방-계보다 경기도 고양, 양주 지역을 먼저 표기한 것이 특징이다.

그렇다면 이 같은 이중의 지역 표기가 내포하는 의미는 무엇일까. 이를 앞서 유형원이 언급한 정부의 성저십리 운영과의 관련성에서 찾고자 한다. 정부의 성저십리 운영은 조선 초부터 도성 안과는 다른 양상을 보였다. 세조 대 성저십리 지역을 인접해 있는 5부에 각각 분속해 한성부 행정 체제로 흡수했지만, 성종 대 다시 고양군과 양주에 편입해 주민들은 한성부의 방역뿐 아니라 경기도 고양, 양주의 역도 지게 되는 상황이 발생했다. 이에 한성부는 성저십리 주민을 5부로 환속시키고 전세와 생곡초(生穀草) 외에는 잡역에 동원되지 못하도록 했다.[83]

조선 전기 역제(役制) 운영에서 보인 성저십리의 이중적 관리는 유형원의 지적처럼 17세기 이후에도 계속되었고 급기야 성저십리 주민의 전세 미납으로 나타났다. 1693년(숙종 19) 양주의 조세로 바치는 미두의 감급 문제를 아뢰는 과정에서 양주의 전결 가운데 급복(給復)과 실결(實結)을 제외하고 징수해야 할 미두 400여 석 중 200여 석이 미납되었는데 모두 도성 10리 내 전결로 서울에 사는 부호(富戶)들이 내야 하는 것이었다.[84]

18세기 중반에도 성저십리 내 이원적 수취와 해당 주민의 징세 기부 문제가 제기되었다.

> 고양 군수 유증양(柳曾養)이 아뢰기를, "한강에서 현석(玄石)과 저강(渚江), 숭례문과 소의문 두 문밖에 이르기까지는 모두가 고양군의 옛날 부원면(富原面)입니다. 땅은 본 고양군에 소속되어 있고 백성은 한성부에 소속되어 있는데, 특히 도하(都下)에 있다고 하여 그들의 삼세(三稅)를 면해주

83 유승희(2019), 앞의 글, 117~118쪽.

84 『숙종실록』, 19년(1694) 2월 17일.

어 단지 결전(結錢)과 초미(草米)만 바칩니다. 세 명의 서원을 차출하여 수납을 나누어 관장하도록 했으나, 강민들이 게을러서 갖추어 납부하지 않고 관리들을 내쫓아 발을 붙일 수가 없습니다. […] 부원면을 한성부에 소속시켜 해당 각 부(部)가 경사(京司)로 수납하게 하면, 일이 매우 편리하고 마땅하겠으므로 감히 이에 말씀드립니다"라고 했다.[85]

위의 사료에 따르면 한강진에서 현석, 저강에 이르는 지역과 숭례문과 소의문 밖의 경우 토지는 고양에 소속된 데 반해 호구는 한성부에 소속되었다. 이 일대는 고려 후기 부원현 소속으로, 조선 초 성저십리로 이속되었기 때문에 주민들은 삼세(三稅)가 면제되고 결전(結錢)과 초미(草米)만 고양군에 납부했다.

1755년(영조 31)에 간행된 『고양군지』 전안(田案)에 고양군과 부원삼강(富原三江)의 전결을 기록하고 있다. 그 가운데 부원삼강의 전답은 모두 723결 91부 8속으로, 밭이 571결 80부 9속, 논이 152결 10부 9속이다.[86] 1777년(정조 1) 『고양군읍지』에는 고양군 전답이 3,937결 52부 1속이며, 그중 각종 진전(陳田) 및 잡탈전(雜頉田)과 부원삼강의 초결(草結)이 1,755결 87부 5속이다.[87]

『고양군지』에서 말하는 부원삼강 지역은 〈그림 3〉에서 점선으로 표시된 '부안삼강면(富安三江面)'이다. 부안이 부원의 별호였으므로[88] 부원삼강

85 『일성록』, 정조 10년 2월 25일, "高陽郡守柳曾養啓言 自漢江至玄石渚江及崇禮昭義兩門外 皆是本郡舊日富原面也 地屬本郡 民屬京兆 而特以都下之 故免其三稅 只納結錢與草米矣 差出三書員 分掌收納 而江民蕫慢不備納 敺逐官吏 […] 富原一面屬之京兆 使該各部 收納京司 事甚便當 故敢此仰達矣"

86 『고양군지(高陽郡誌)』 田案, "富原三江元帳付田畓幷七百二十三結九十一負八束內 田五百七十一結八十負九束 畓一百五十二結十負九束"

87 『고양군읍지(高陽郡邑誌)』, "元帳付田畓幷三千九百三十七結五十二負一束內 一千七百五十五結八十七負五束各樣陳雜頉及富原三江草結除實田畓二千一百八十一結十四負六束"

88 『고려사(高麗史)』 志 卷第10 地理一 楊廣道 光州牧 果州.

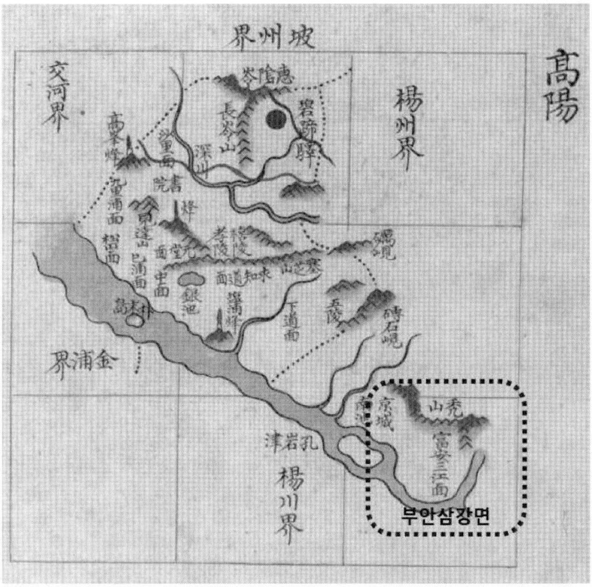

그림 3 〈팔도군현지도〉, 〈고양〉 속 부안삼강면, 서울대학교 규장각한국학연구원

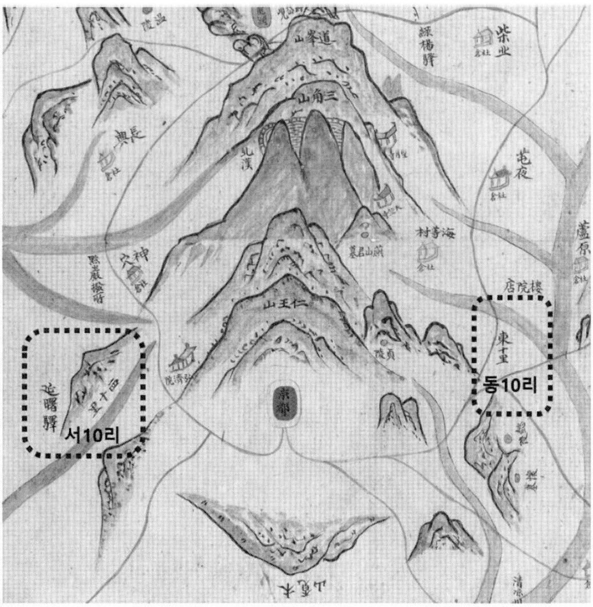

그림 4 〈양주지도〉 속 서십리와 동십리, 1872년, 서울대학교 규장각한국학연구원

과 같은 지역이라고 할 수 있다. 이 지역의 범위는 앞서 고양 군수가 언급한 대로 한강진에서 저강에 이르는 경강 변과 소의문·숭례문 밖 지역이다. 1791년(정조 15) 고양군 부원면 상동도에 있는 내수사 전답이 청학동(青鶴洞), 도저동(桃渚洞), 석교계(石橋契), 청파1계(靑坡壹契) 작작동(灼灼洞), 진위동(振威洞)에 있는데,[89] 앞서 고양 군수 유증양이 말한 숭례문 밖이다.

이러한 양상은 15세기 성저십리 지역이 한성부 5부에 소속되었지만, 전세와 생곡초는 경기도에 부과했던 상황이 17세기 이후에도 지속됐음을 보여준다. 그러나 17세기 말에 이르면 성저십리 주민들은 한성부 주민으로서의 인식이 강했기 때문에 결전과 초미를 제때에 내지 않는 경우가 많았다. 앞서 1693년(숙종 19) 양주의 전결 400여 석 가운데 미납된 200여 석이 한성부 부호들의 몫인 점과 1786년(정조 10) 고양군에서 징수해야 할 결전과 초미를 주민들이 납부하지 않고 오히려 관리를 내쫓은 상황은 이를 말해준다. 따라서 고양군에서는 부원면의 전결을 한성부로 이속해 부세 수취를 일원화해주도록 정조에게 요청했다.

하지만 성저십리의 이원적 관리는 시정되지 않은 채 19세기 말까지 계속되었다. 고양군은 부원면결(富原面結)에 대해 매년 색리(色吏)를 보내 징수하게 했지만, 1895년(고종 32)에 이르기까지 경강의 주민들은 대부분 책임을 전가하면서 납부하지 않았다. 이 시기 부원면의 결수는 모두 600결 92부 5속이었으며, 결전(結錢)은 결당 20냥으로 적지 않았다. 고양군의 경우 이를 징수할 방법이 없자, 탁지부는 한성부에서 결전을 받아 상납하도록 했다.[90] 1895년에 이르러서야 성저십리 지역에 대한 한성부의 일원적인 수취가 이루어진 것이다. 양주 역시 서십리결(西十里結)의 결전을 징수했다. 서십리결에 해당하는 지역은 북부 양철리계, 역계, 불광리계, 갈고

89 『고양군부원면상동도복재내수사전답타양성책(高陽郡富原面上東道伏在內需司田畓打量成冊)』(서울대학교 규장각한국학연구원, 奎18420).

90 『공문편안(公文編案)』 권9, 1895년 11월 9일 훈령 한성부.

개계, 말흘산계 등의 연은방과 세교리계, 연희궁계, 성산리계, 증산리계, 망원정계 등의 연희방 일대였다(그림 4).[91]

이처럼 한성부 토지매매문서 가운데 성저십리 지역 전답에 경기도와 한성부 부·방(部坊)의 이중 기재를 한 이유는 해당 토지가 고양군 부원면 결과 양주 서십리결에 포함되었기 때문이라고 파악된다. 한성부 성저십리 지역의 이원적 운영이 토지문서의 지역명 표기로도 나타나고 있음을 알 수 있다.

5. 맺음말

이 글에서는 영조 대를 중심으로 18세기 국가의 성저십리 운영과 그 의미에 대해서 살펴보았다. 왜란과 호란의 두 전란을 거친 후 국가는 수도 한양의 방어를 강화했고, 이후 한양의 인구 증가와 사회경제적 발전은 생활 공간의 확장을 초래했다. 기존 도성 안 중심의 생활권이 점차 도성 밖과 경강 주변으로 확대되어 도성의 배후지 역할을 했던 성저십리의 중요성은 더욱 강조되었다. 이에 정부는 성저십리 공간의 정비 및 민호 관리를 위한 다양한 정책을 시행했다.

조선시대 성저십리는 한성부 주민의 주요 상장(喪葬) 공간이었다. 이 공간에 대한 정부의 실질적인 규제는 17세기 후반 사산금표의 설정으로 나타났다. 사산의 송목 보호와 금장을 위해 설치한 사산금표의 범위는 현종

91 「楊州西十里西驛調査成冊」, 『경기도각군역둔토조사성책(京畿道各郡驛屯土調査成冊)』(서울대학교 규장각한국학연구원, 奎20920).

대 성저 5리에서 숙종 대 10리까지로 확대되었으며, 최종적인 경계가 1765년(영조 41) 〈사산금표도〉로 제시되었다. 이러한 사산금표의 확장은 18세기 한성부 내 인구 증가 및 도성 밖 거주 공간 확대로 인한 불법 개간, 벌목 등 당시 대두된 사회문제를 정비한 결과였다. 아울러 인근 군현과의 불분명한 경계를 명확히 해 한성부 관할영역을 확실히 하는 조치이기도 했다.

금송, 금장의 규제 외에 정부는 성저십리의 산저 지역에 능묘 및 국가 관련 시설을 조성하고 이를 관리하기 위해 모민정책을 시행해 백성이 거주할 수 있도록 했다. 그 결과 성저십리를 중심으로 한성부 하부 행정체제인 계가 다수 형성될 수 있었고, 이들 계는 한성부 5부-방-계를 정비하는 과정에서 신설된 방에 소속되어 한성부 행정체제로 편입되었다. 이처럼 성저십리는 조선 초기부터 한성부 관리하에 있었지만, 5부 방제에 편입되지는 못하다가 18세기 후반에 이르러서야 한성부 부-방-계의 행정체제 속에 완전히 흡수되어 관리되었다. 하지만 한성부의 일원화된 행정체제와 별도로 성저십리 주민의 조세 부과는 이원적으로 운영되어 호구와 전결의 징수를 각각 한성부와 경기도에서 분담해 관리했다. 이러한 양상은 조선 후기 한성부 토지매매문서에서 경기도 고양 및 양주목의 지명과 한성부 5부-방-계의 이중 기재로 나타났다.

이처럼 성저십리 공간에 대한 국가의 규제, 국가 관련 시설의 조성과 거주지화, 방·계의 신설 등 18세기 성저십리 운영을 위한 일련의 작업은 정조 대 유방무계와 무방유계 지역까지 방과 계를 설치해 한성부 5부-방-계의 행정체제를 확립하는 데 기반이 되었다고 할 수 있다. 또한 성저십리를 조선 초기 '경성과 교'라는 상징적 공간에서 벗어나 도성 배후지 강화와 생활 공간으로의 변화를 유도해 국도 한성부의 온전한 구성원이 되는 데 큰 역할을 담당했다고 할 수 있다.

참고문헌

1. 자료

조선왕조실록, 『비변사등록』, 『승정원일기』.

『경국대전(經國大典)』, 『수교집록(受敎輯錄)』, 『탁지지(度支志)』, 『공문편안(公文編案)』, 『어제수성윤음(御製守城綸音)』, 『북한지(北漢誌)』, 『은대편고(銀臺便攷)』.

『東國輿地志』, 『동국여지비고』, 『신증동국여지승람』, 『大東地志』, 『어영청사례(御營廳事例)』

『삼명시집(三溟詩集)』, 『정유집부북학의(貞蕤集附北學議)』, 『반계수록보유(磻溪隧錄補遺)』

『산릉도감의궤(山陵都監儀軌)』, 『팔도군현지도』(서울대학교 규장각한국학연구원, 古4709-111-v.1-3), 『양주지도』(서울대학교 규장각한국학연구원, 奎10359)

『조선후기 한성부 토지·가옥 매매문서』 2, 서울역사박물관, 2024.

「四山禁標圖」(古軸複 4709-88, 서울대학교 규장각한국학연구원, 1765).

「楊州西十里西驛調査成冊」[『京畿道各郡驛屯土調査成冊』(서울대학교 규장각한국학연구원, 奎20920).

「城北洞曝白爊造契完文節目」(서울역사박물관, 서3732).

「金奉事代奴北孫土地賣買文記」(서울대학교 규장각한국학연구원, 162113-1).

「朴興得土地賣買文記」(서울대학교 규장각한국학연구원, 217425).

2. 논저

고동환, 『조선후기 서울상업발달사연구』, 지식산업사, 1998.

고동환, 「조선후기 경강지역 행정편제의 변동과 인구추세」, 『서울학연구』 24, 2004.

고동환, 「조선후기 서울 삼문 밖 지역의 특성」, 『서울학연구』 59, 2015.

김경록 외, 『조선시대 다스림으로 본 성저십리』, 서울역사편찬원, 2019.

유만주 저, 김하라 역, 『일기를 쓰다 2』, 돌베개, 2015.

유승희, 「조선후기 한성부 무주택자의 거주양상과 특징: 차입(借入), 세입(貰入)의 실태를 중심으로」, 『한국민족문화』 40, 2011.

유승희, 「조선후기 경강(京江) 지역 실태와 강민(江民)의 특성」, 『서울과 역사』 98, 2018.

장서각한국사강의 36

공간으로 본 영조시대

지음 정은주·박진성·윤정·임민혁·김우진·김지영·정해은·이상배·유승희
제1판 1쇄 발행일 2025년 12월 30일 발행인 김낙년 발행처 한국학중앙연구원 출판부
출판등록 제1979-000002호(1979년 3월 31일) 주소 경기도 성남시 분당구 하오개로 323
전화 031-730-8773 팩스 031-730-8775 전자우편 akspress@aks.ac.kr 홈페이지 www.aks.ac.kr

ISBN 979-11-5866-841-9 94910
979-11-86178-07-2 (세트)

—

· 이 책은 2024년도 한국학중앙연구원 장서각 연구사업의 지원을 받아 수행된 연구입니다.